Erfolgskonzepte Praxis- & Krankenhaus-Management

Ihre Erfolgs-Konzepte für Klinik und Praxis
Als Arzt sind Sie auch Führungskraft und Manager: Teamführung, Qualitätsmanagement, Kodier- und Abrechnungsfragen, Erfüllung gesetzlicher Vorgaben, patientengerechtes Leistungsspektrum, effiziente Abläufe, leistungsgerechte Kostensteuerung ...

Zusätzliche Kompetenzen sind entscheidend für Ihren Erfolg.

Agieren statt reagieren
Gestalten Sie zielgerichtet die Zukunft Ihres Unternehmens - als Organisator, Stratege und Vermarkter.

Mehr Informationen zu dieser Reihe auf http://www.springer.com/series/7617

Thomas Standl
Christoph Lussi
Hrsg.

Ambulantes Operieren in Klinik, Praxis und MVZ

Rahmenbedingungen – Organisation – Patientenversorgung

3., überarbeitete Auflage

Mit 30 Abbildungen

Springer

Herausgeber
Thomas Standl
Städtisches Klinikum Solingen gGmbH
Solingen
Deutschland

Christoph Lussi
Praxis für Anästhesiologie
Solingen
Deutschland

Die Darstellung von manchen Formeln und Strukturelementen war in einigen elektronischen Ausgaben nicht korrekt, dies ist nun korrigiert. Wir bitten damit verbundene Unannehmlichkeiten zu entschuldigen und danken den Lesern für Hinweise.

ISBN 978-3-662-49786-9 ISBN 978-3-662-49787-6 (ebook)
DOI 10.1007/978-3-662-49787-6

Die Deutsche Nationalbibliothek verzeichnet diese Publikation in der Deutschen Nationalbibliografie; detaillierte bibliografische Daten sind im Internet über http://dnb.d-nb.de abrufbar.

Springer

Umschlaggestaltung: deblik Berlin
Fotonachweis Umschlag: © K.-H. Krauskopf, Wuppertal

Gedruckt auf säurefreiem und chlorfrei gebleichtem Papier

Springer ist Teil von Springer Nature
Die eingetragene Gesellschaft ist Springer-Verlag GmbH Berlin Heidelberg

Geleitwort

Aufgrund des demographischen Wandels unserer Gesellschaft und auch der Fortschritte in der operativen Behandlung von Krankheitsbildern nimmt die Zahl der Operationen kontinuierlich zu. Nach Angaben der kassenärztlichen Bundesvereinigung (KBV) wurden 2013 ca. 15,8 Mio. Operationen in Deutschland durchgeführt. Davon wurden ca. 4,5 Mio. Operationen im ambulanten Bereich durchgeführt, hiervon wiederum 1,8 Mio. im Bereich des Krankenhauses und der Rest im vertragsärztlichen Bereich bzw. im Ermächtigungsbereich. Der Anteil der ambulanten Operationen wuchs über die letzten beiden Dekaden aus dem einstelligen Prozentbereich in einen heutigen Bereich von 25–30%. Immer noch liegt Deutschland dabei weit hinter anderen Ländern wie z. B. den Vereinigten Staaten und den skandinavischen Ländern, die einen Anteil von 40% bis 60% ambulanter Operationen an den Gesamtzahlen aufweisen. So ist zu erwarten, dass in den nächsten Jahren der Anteil der nicht vollstationären Eingriffe weiter stark ansteigen wird. Viele Operationen mancher Fachdisziplinen werden jetzt schon ambulant durchgeführt wie z. B. in der Augenheilkunde. Es ist zu erwarten, dass weitere Bereiche überwiegend ambulant operieren werden wie z. B. die Hals-Nasen-Ohren-Heilkunde, Handchirurgie, und MKG-Chirurgie und auch große Teile der Gynäkologie.

Zum Einen hat das ambulante Operieren natürlich klare Vorteile unter den Kostengesichtspunkten und wird damit von der Politik und den Kostenträgern stark favorisiert. Volkswirtschaftlich gesehen ist dies sicher sehr sinnvoll zur Reduktion des Krankenversicherungsanteils an den Lohnnebenkosten. Aber der reine Kostengesichtspunkt wäre mir zu kurz gegriffen. Ambulante Operationen haben auch klare Vorteile für die Patienten. Gerade bei einer älter werdenden Bevölkerung ist die Inzidenz von postoperativem kognitivem Defizit (POCD) stark ansteigend. Hier ist das eigene häusliche Umfeld die beste Prophylaxe und Therapie der POCD. Zudem ist im ambulanten Umfeld das Auftreten von multiresistenten Keimen im Vergleich zu stationären Einrichtungen deutlich reduziert. Die häusliche Betreuung und Pflege spart nicht nur Kosten, sondern kann auch die Rekonvaleszenz bei älteren Patienten wie auch in der Kinderchirurgie deutlich beschleunigen.

Das vorliegende Werk befasst sich mit allen Aspekten des ambulanten Operierens und zeigt sowohl die Möglichkeiten als auch dessen Limitationen auf. Eine Aktualisierung dieses Werkes scheint mir außerordentlich sinnvoll, da sich sowohl das operative Spektrum als auch die anästhesiologischen Maßnahmen im ambulanten Bereich ständig ausweiten und verbessern. Ein besonderes Augenmerk muss für uns alle die Patientensicherheit sein. Auch im ambulanten Bereich können hier keinerlei Abstriche hingenommen werden. Es muss der anästhesiologische Arbeitsplatz, an den jeweiligen operativen Eingriff adaptiert, stationär wie auch ambulant, die gleichen Voraussetzungen und Sicherheitsstandards erfüllen. Auf diesen Aspekt wird in diesem Buch ebenfalls eingegangen, auch unter Berücksichtigung der Empfehlung unseres Berufsverbandes und der Fachgesellschaft.

Für jeden ambulant tätigen Anästhesisten und Operateur ist das vorliegende Werk eine gute wissenschaftliche Quelle und eine Möglichkeit, sich über die Facetten des ambulanten Operierens zu informieren.

Prof. Dr. Götz Geldner M.A., D.E.A.A.
Ärztlicher Direktor im Klinikum Ludwigsburg
Präsident des BDA

Vorwort

Kaum ein Bereich im Gesundheitswesen bietet sowohl niedergelassenen Ärzten sowie Klinikern die Möglichkeit, einerseits fachspezifische Aspekte und Besonderheiten patientenbezogen und kundenorientiert umzusetzen und andererseits die politisch gewünschte sektorenübergreifende Zusammenarbeit zwischen ambulantem und stationärem Bereich zu verwirklichen. In den letzten Jahren konnten unterschiedliche Modelle der ambulanten operativen Versorgung wie z. B. OP-Praxen, ambulante Operationszentren (AOZ), medizinische Versorgungszentren (MVZ) oder klinikambulantes Operieren erfolgreich umgesetzt werden.

Die von Gesundheitspolitikern und Kostenträgern gleichermaßen aufgestellte Maxime „ambulant vor stationär" hat in den letzten Jahren zu einer kontinuierlich steigenden Anzahl von ambulant durchgeführten Operationen und Interventionen in Deutschland geführt, auch wenn auf diesem Gebiet im internationalen Vergleich, insbesondere was angelsächsische und skandinavische Länder betrifft, noch deutliche Steigerungsmöglichkeiten bestehen. Die ambulante operative Versorgung hat unbestreitbare Vorteile, vor allem bei speziellen Patientengruppen wie Kleinkindern, Schulkindern oder geriatrischen Patienten, die nach wenigen Stunden wieder in ihre häusliche Atmosphäre zurückkehren können. Auch das Risiko einer Akquise nosokomialer Infektionen ist im ambulant-operativen Bereich geringer als bei stationärer Versorgung.

Letztlich trägt ambulantes Operieren zu einer deutlichen Kostenreduktion im Vergleich zur stationären oder kostationären Versorgung bei. Dies geschieht allerdings zu Lasten der Leistungserbringer, da viele Eingriffe ambulant kaum kostendeckend, geschweige denn gewinnbringend erbracht werden können. Es wäre daher folgerichtig und konsequent, wenn gesundheitspolitischen Absichtserklärungen und dem zunehmenden Druck der Kostenträger der GKV, die über MDK-Prüfungen primäre Fehlbelegungen in Krankenhäusern seit Jahren nicht mehr erstatten, im ambulanten Operieren für die Leistungserbringer eine auskömmliche Finanzierung folgen würde. Eine Anhebung des EBM für die ambulant erbrachten Leistungen würde ein zusätzlicher Motivationsfaktor und Trigger sein, diese in unserem Land weiter auszubauen und damit letztendlich volkswirtschaftlich Gesundheitskosten zu senken.

Das ambulante Operieren nimmt in der Städt. Klinikum Solingen gGmbH einen besonderen Stellenwert ein, da hier bereits 1994 einer der ersten operativen Tageskliniken in einem Krankenhaus der Maximalversorgung in Betrieb genommen wurde. Auf der Basis dieser langjährigen praktischen Erfahrungen entstand im Jahr 2007 die 1. Auflage des vorliegenden Lehrbuches „Ambulantes Operieren" (Herausgeber Profs. Busse und Standl).

Ziel der 2. Auflage im Jahre 2012 war es, alle Akteure des ambulanten Operierens, nicht nur von medizinischer Seite, sondern auch in Bezug auf berufspolitische Aspekte und ökonomische Gesichtspunkte, auch der Kostenträger, zu berücksichtigen. Zielgruppe war daher neben den medizinischen Fächern, die sich dem ambulanten Operieren verschrieben haben, vor allem auch Verantwortliche im Bereich der Krankenhausökonomie und der Krankenversicherungen.

Da die Veränderungen im Gesundheitswesen im Bereich des ambulanten Operierens durch jährliche Änderungen des Katalogs und Anpassung der Rahmenbedingungen sehr schnelllebig sind, war es den Herausgebern in der 3. Auflage sehr wichtig, die jüngsten Veränderungen und

Entwicklungen auf diesem Sektor von ausgewiesenen Experten darstellen zu lassen. Daher wurden neben medizinischen Fragestellungen und Expertenwissen im operativen und anästhesiologischen Bereich schwerpunktmäßig ökonomische und ablauforganisatorische Fragestellungen, z. T. auch unter sehr speziellen Gesichtspunkten, behandelt.

Die Grundgliederung des Lehrbuchs in *allgemeine politische und ökonomische Voraussetzung* sowie *praxisambulantes Operieren, klinikambulantes Operieren* und *medizinische Aspekte* hat sich in der Vergangenheit bewährt und wurde daher beibehalten. Einige Kapitel wurden allerdings vollkommen neu gestaltet, wie z. B. das Kapitel 3 „Ökonomische Aspekte", das für ambulantes Operieren im niedergelassenen Bereich klare betriebswirtschaftliche Grundlagen und Vorgehensweisen auf der Basis volkswirtschaftlicher Hintergründe vermittelt. Ebenfalls neu ist ein Kapitel zum „Qualitätsmanagement" im ambulanten Bereich und zur „Patientenzufriedenheit", da gerade im ambulanten Bereich neben der medizinischen Leistung der Service und die Qualität der erbrachten Dienstleistung besondere Beachtung finden. Die 3. Auflage wird abgerundet durch ein ebenfalls neu hinzugekommenes Kapitel zu Zukunftsvisionen im ambulanten Operieren.

Der besondere Dank der Herausgeber gilt allen Autoren, die ihr jeweiliges Expertenwissen in verständlicher Form für den interessierten Leser gut aufbereitet präsentiert haben. Da es in der heutigen Zeit unter den gegenwärtigen enormen Belastungen fachlicher und ökonomischer Art im Gesundheitssystem nicht selbstverständlich ist, publikatorisch aktiv zu sein und den erheblichen zeitlichen Aufwand für einen Lehrbuchbeitrag zu leisten, kann dieses Engagement nicht hoch genug bewertet werden. Des weiteren möchten sich die Herausgeber ganz herzlich bei Frau Dr. Anna Krätz und Herrn Axel Treiber vom Springer-Verlag für ihre tatkräftige Unterstützung bei der Umsetzung dieser wiederum völlig neu gestalteten und erweiterten 3. Auflage bedanken.

Die Herausgeber wünschen sich mit dieser Auflage dieses Lehrbuches einen Leserkreis, der sich nicht nur aus Ärzten, Pflegenden und Krankenhausökonomen rekrutiert, sondern auch anderen mit dem Gesundheitssystem assoziierten Leistungserbringern und Experten Anstöße und Diskussionsgrundlagen liefert. Wir freuen uns, mit der 3. Auflage des Lehrbuches „Ambulantes Operieren" durch die Mitwirkung vieler unterschiedlicher Experten einen aktuellen Beitrag zu einem wichtigen gesundheitspolitischen Thema liefern zu können.

Prof. Dr. Thomas Standl
Dr. Christoph Lussi,
Solingen, im März 2016

Inhaltsverzeichnis

II Ambulantes Operieren im Krankenhaus

III Praxisambulantes Operieren und vorstationäre Versorgung

Über die Herausgeber

Prof. Dr. Thomas Standl

Facharzt für Anästhesiologie mit Zusatzbezeichnung Rettungsmedizin und Schmerztherapie; nach 5 Jahren als Leitender Oberarzt und stellv. Direktor am Universitätsklinikum Hamburg-Eppendorf seit 2004 Chefarzt der Klinik für Anästhesie, Operative Intensiv- und Palliativmedizin mit Ambulantem Operationszentrum am Klinikum Solingen; von 2008–2014 Medizinischer Direktor und von 2011–2014 stellv. Geschäftsführer der SKS gGmbH; erster Stellvertretender Vorsitzender des BDA Nordrhein und Sprecher der Sektion Schock der DIVI.

Dr. med. Christoph Lussi

Facharzt für Anästhesiologie und Master of Health Business Administration. Nach über 12 Jahren Tätigkeit an Kliniken der Maximalversorgung (u. a. Mitbegründer des ersten Simulatorzentrums in Deutschland zur Weiterbildung und Erforschung der Patientensicherheit) seit über 15 Jahren als niedergelassener Anästhesist und Krankenhausberater in NRW tätig.

Autorenverzeichnis

Appel, Thorsten, PD Dr. Dr.
MKG-Chirurg
Praxisklinik für MKG Bonn-Rhein-Sieg
Alte Heerstraße 56
53757 Sankt Augustin
Deutschland

Augustin, Uta, Dipl. Kffr.
Deutsche Stiftung für chronisch Kranke
Pariser Platz 6
10117 Berlin
Deutschland

Becke, Karin, Dr.
Abteilung für Anästhesie
Cnopfsche Kinderklinik
St.-Johannis-Mühlgasse 19
90419 Nürnberg
Deutschland

Biermann, Elmar, Dr.
Justitiar BDA und DGAI
Geschäftsstelle der DGAI
Roritzer Str. 27
90419 Nürnberg
Deutschland

Chon, Seung-Hun, Dr.
Klinik für Allgemein- und Viszeralchirurgie
Universitätsklinikum Köln
Kerpenerstraße 62
50937 Köln
Deutschland

Dolderer, Manuel
Wittener Institut für Strategie und Management
Wisum
Alfred-Herrhausen-Str. 44
58455 Witten
Deutschland

Eibicht, Sebastian, Dr.
Abteilung Anästhesie, Intensiv- und Notfallmedizin und Schmerztherapie
Klinikum Ansbach
Escherichstraße 1
91522 Ansbach
Deutschland

Flohé, Sascha, Prof. Dr.
Klinik für Unfallchirurgie, Orthopädie, Handchirurgie
Städtisches Klinikum Solingen gGmbH
Gotenstraße 1
42653 Solingen
Deutschland

Follmann, Patrick, Dr.
Klinik für Urologie und Kinderurologie
Städtisches Klinikum Solingen gGmbH
Gotenstraße 1
42653 Solingen
Deutschland

Freesemann, Harbert, Dr.
Abteilung für Anästhesie und Intensivmedizin
St. Marien-Stift
St-Marien-Strasse 1
26169 Friesoythe
Deutschland

Geyer, Götz, Prof. Dr.
Klinik für HNO, Kopf- und Halschirurgie
Städtisches Klinikum Solingen gGmbH
Gotenstraße 1
42653 Solingen
Deutschland

Gottschalk, André, Prof. Dr.
Klinik für Anästhesiologie, Intensiv- und Schmerzmedizin
Diakoniekrankenhaus Friderikenstift
Humboldtstraße 5
30169 Hannover
Deutschland

Gottschalk, Antje, PD Dr.
Klinik für Anästhesiologie und operative Intensivmedizin
Universitätsklinikum Münster
Albert-Schweitzer-Straße 33
48129 Münster
Deutschland

Grapengeter, Martin, Dr.
Klinik für Anästhesiologie, Intensivmedizin und spez. Schmerztherapie
Klinikum Bad Hersfeld
Seilerweg 29
36251 Bad Hersfeld
Deutschland

Haking, Dennis M. Sc.
Centrum für Krankenhausmanagement
Universität Münster
Scharnhorststr. 110
48151 Münster
Deutschland

Helms, Thomas M., Dr.
Vorstand
Deutsche Stiftung für chronisch Kranke
Alexanderstr. 26
90762 Fürth
Deutschland

Herminghaus, Anna, Dr., DESA
Experimentelle Anästhesiologie
Universitätsklinikum Düsseldorf
Moorenstr. 5
40225 Düsseldorf
Deutschland

Heuser, Markus, Prof. Dr.
Klinik für Urologie und Kinderurologie
Städtisches Klinikum Solingen gGmbH
Gotenstraße 1
42653 Solingen
Deutschland

Hofer, Harald, Dr. med.
Arzt für Anästhesiologie
Scheepermannsweg 32
46535 Dinslaken
Deutschland

Krabbe-Steggemann, Cornelia
Steggemann-Architekten
Hofmate 4
48683 Ahaus
Deutschland

Kunde, Ingo, Dr.
Arzt für Anästhesiologie
Praxisklinik im Südpark
Bahnhofstraße 9
42651 Solingen
Deutschland

Kurscheid-Reich, Doris, Dr.
Qualitäts- und Prozessmanagement
Städtisches Klinikum Solingen gGmbH
Gotenstraße 1
42653 Solingen
Deutschland

Lemmen, Sebastian, Prof. Dr.
Zentralbereich für Krankenhaushygiene
RWTH Aachen
Pauwelsstr. 30
52074 Aachen
Deutschland

Leonhardt, Volker, Dr.
HIZ Berlin
Herzschrittmacher- & ICD-Zentrum
Wisbyerstr. 16/17
10439 Berlin
Deutschland

Lewalter, Karl, Dr.
Zentralbereich für Krankenhaushygiene
RWTH Aachen
Pauwelsstr. 30
52074 Aachen
Deutschland

Lussi, Christoph, Dr.
Praxis für Anästhesiologie
Schieferweg 8
42659 Solingen
Deutschland

Maryschok, Markus, Dipl.-Wirtsch.-Inf.
Lehrstuhl f. Gesundheitsmanagement
Universitäsklinikum Erlangen-Nürnberg
Lange Gasse 20
90403 Nürnberg
Deutschland

Mertz, Selinde, Dr.
Klinik für Anästhesiologie und Intensivtherapie
Universitätsklinikum Magdeburg
Leipzigerstraße 44
39120 Magdeburg
Deutschland

Mehler, Joachim, Dr.
Beethovenstr. 62
53115 Bonn
Deutschland

Meyer, Hans J., Prof. Dr. Dr. h. c.
Generalsekretär der Deutschen Gesellschaft für Chirurgie
Luisenstraße 58/59
10117 Berlin
Deutschland

Pfaffenbach, Boris, Prof. Dr.
Klinik für Gastroenterologie
Städtisches Klinikum Solingen gGmbH
Gotenstr. 1
42653 Solingen
Deutschland

Pandya, Michael
Klinik für Anästhesie, Operative Intensiv- und Palliativmedizin
Städtisches Klinikum Solingen gGmbH
Gotenstraße 1
42653 Solingen
Deutschland

Rapp, Stephan, Dr.
Klinik Kitzinger Land
Keltenstraße 67
97318 Kitzingen
Deutschland

Rüth, Jonathan
Bahnhofstraße 27
58452 Witten
Deutschland

Rutt, Georg, Dr.
Frauenarzt und Geburtshilfe
Violstraße 92
47800 Krefeld (Bockum)
Deutschland

Sesterhenn, Andreas, Prof. Dr.
Klinik für HNO-Heilkunde, Kopf- und Halschirurgie
Städtisches Klinikum Solingen gGmbH
Gotenstr. 1
42653 Solingen
Deutschland

Schmickler, Stefanie, Dr.
Augenärzte
Gemeinschaftspraxis
Domhof 15
48683 Ahaus
Deutschland

Schöffski, Oliver, Prof. Dr.
Lehrstuhl f. Gesundheitsmanagement
Universitäsklinikum Erlangen-Nürnberg
Lange Gasse 20
90403 Nürnberg
Deutschland

Schwarz, Hans-Jörg
Stellv. Kaufm. Leiter
Städtisches Klinikum Solingen gGmbH
Gotenstraße 1
42653 Solingen
Deutschland

Standl, Thomas, Prof. Dr.
Klinik für Anästhesie, Operative Intensiv- und Palliativmedizin
Städtisches Klinikum Solingen gGmbH
Gotenstraße 1
42653 Solingen
Deutschland

Steggemann, Winnfried
Steggemann-Architekten
Hofmate 4
48683 Ahaus
Deutschland

Voigt, Christian, Prof. Dr.
Duisburger-Str. 10
10707 Berlin
Deutschland

von Eiff, Wilfried, Univ.-Prof. Dr.
Centrum für Krankenhausmanagement
Universitätsklinikum Münster
Scharnhorststraße 110
48151 Münster
Deutschland

Warweg, Sebastian
C3 Kliniken Holding GmbH
Violstraße 93
47800 Krefeld
Deutschland

Weberus, Christian, Dr.
Erw. Geschäftsführung Kliniken Südostbayern
Klinikum Traunstein
Cuno-Niggl-Straße 3
83278 Traunstein
Deutschland

Weindl, Robert, Dr.
Praxis f. Chirurgie & Unfallchirurgie
Hauptstraße 90
42651 Solingen
Deutschland

Wilhelm, Wolfram, Prof. Dr., DEAA
Klinik für Anästhesiologie und Intensivmedizin
RTH Christoph 8
Klinikum Lünen - St. Marien-Hospital
Altstadtstraße 23
44534 Lünen
Deutschland

Zippel-Schultz, Bettina, Dr.
Deutsche Stiftung für chronisch Kranke
Pariser Platz 6
10117 Berlin
Deutschland

Grundlagen

Entwicklung und Bedeutung des ambulanten Operierens

H. Hofer

T. Standl, C. Lussi (Hrsg.), *Ambulantes Operieren in Klinik, Praxis und MVZ*,
Erfolgskonzepte Praxis- & Krankenhaus-Management
DOI 10.1007/978-3-662-49787-6_1

1.1 Geschichte

Das Konzept des ambulanten Operierens ist keine Erfindung des 20. Jahrhunderts. Schon in der Antike wurden Operationen ambulant durchgeführt, und noch um 1830 war es ein Vorrecht der Adeligen und des gehobenen Bürgertums, Operationen und Krankenpflege zu Hause erfahren zu dürfen. Aufgrund mangelnder Anästhesie und Analgesie beschränkten sich die Eingriffe jedoch auf kurze und unvermeidbare Operationen wie Fremdkörperentfernungen, Reposition von Frakturen oder Abszesseröffnungen. Wird in westlichen Ländern heute eine von zehn Personen pro Jahr operiert, so bedeutet dies eine Steigerung gegenüber der Zeit vor 200 Jahren um das 500-Fache. Die Mortalität war damals aufgrund von Stressreaktionen und Wundinfektionen dramatisch hoch [1, 11].

Zu Beginn des 19. Jahrhunderts wurden Kriegsverletzte zunächst am Rand der Schlachtfelder in Zelten oder Hütten gesammelt und behandelt. Um diese Zeit entstanden die ersten Krankenhäuser, die jedoch den eher armen Bevölkerungsschichten vorbehalten waren.

Erst nach 1840, mit der Entdeckung von Anästhetika wie Lachgas, Äther oder Chloroform und deren Verwendung in der Medizin, wurden umfangreichere Operationen möglich. Nur kurze Zeit später führten die Konzepte der Antisepsis, Asepsis, der allgemeinen Hygiene und später dann die Entdeckung der Antibiotika zu bis dato ungeahnten Möglichkeiten in der Chirurgie – jedoch überwiegend als stationäre Eingriffe.

Bis in die 60er Jahre des 20. Jahrhunderts kann in Deutschland von einer Institution „ambulantes Operieren" nicht die Rede sein. Ganz anders die Situation in Großbritannien und den USA. Schon 1909 berichtete J.H. Nicoll der British Medical Association von etwa 9.000 Patienten, die im Glasgow Royal Hospital for Sick Children ambulant operiert wurden. 1916 errichtete Dr. Ralph Waters in Sioux City, Iowa, die erste anästhesiologische Klinik für kleinere chirurgische Eingriffe und zahnärztliche Behandlungen. Schon 2 Jahre später beschäftigte er 50 Ärzte und Zahnärzte und meinte: „The future of such a venture, I believe, is bright."

Im Jahr 1970 wurde in Phoenix, Arizona, das erste Ambulatory Surgical Center (ASC) durch Dr. Wallace Reed eröffnet. Inzwischen werden in den USA jährlich über 22 Millionen Operationen in 5.000 ASCs durchgeführt [11].

In Deutschland begann Prof. Bourmer ab 1969 mit ambulanter Kinderchirurgie und richtete 1979 das erste Symposium für Ambulantes Operieren aus, wobei die Referenten überwiegend aus dem Klinikbereich kamen. Erst 1987 übernahmen der Hartmannbund und später auch die Politik den Wahlspruch „Soviel ambulant wie möglich, soviel stationär wie nötig". Die Förderung des ambulanten Operierens wurde erstmalig im Jahr 1992 gesetzlich durch den damaligen Gesundheitsminister Horst Seehofer verankert, wobei es der Gesetzgeber zu diesem Zeitpunkt versäumte, einen Modus zu etablieren, der einen freien Fluss der Mittel zwischen stationärer und ambulanter Behandlung ermöglichte [1].

Nach dieser Zeit kam es in Deutschland zu einem sprunghaften Anstieg der Anzahl an Praxiskliniken und ambulanten Operationszentren (AOZ). Obwohl die Vergütungssituation alles andere als optimal gelöst ist, wird sowohl in Praxen, Praxiskliniken, AOZ und auch in den Krankenhäusern zunehmend mehr ambulant operiert.

1.2 Entwicklung in Zahlen

Seit Beginn der statistischen Erfassung ambulanter Operationsfälle in Deutschland im Jahr 1996 hat sich deren Anzahl im Bereich der gesetzlichen Krankenversicherung (GKV) mehr als verdoppelt (◘ Tab. 1.1).

Diese Entwicklung der Fallzahlen korreliert mit den GKV-Ausgaben für ambulante Operationen, wobei eine überproportionale Zunahme im Krankenhaus deutlich wird (◘ Tab. 1.2).

Verglichen mit den Zahlen des ambulanten Operierens in den USA ist zu erwarten, dass sich diese Entwicklung fortsetzt. In Community Hospitals stieg das Aufkommen an ambulanten Operationen von 16,3% aller Operationen im Jahr 1975 auf 63,3% in 2005 und weiter auf 64,5% in 2012 [15]. In den USA werden somit zwei Drittel aller operativen Eingriffe ambulant durchgeführt, in Deutschland nur ein Drittel [4, 12, 13]. Allein von 1996 bis 2006 hat sich in den USA die Zahl der ambulanten Operationen von 20,8 Millionen auf 34,7 Millionen erhöht, wobei die vom Krankenhaus unabhängigen Operationszentren den größten Zuwachs zu verzeichnen hatten. Verglichen mit den krankenhausgebundenen Operationszentren wurden dort auch die kürzeren Operationszeiten und geringeren postoperativen

Tab. 1.1 Ambulante Operationsfälle im Bereich der GKV Gesetzliche Krankenversicherung (GKV) ambulante Operationen in Deutschland [6]

Jahr	Ambulante Operationen
1996	3.847.498
2000	5.351.853
2001	5.244.572
2002	5.273.372
2003	5.566.314
2004	5.670.979
2005	6.850.365
2006	7.320.066
2007	7.569.975
2008	7.914.873
2009	7.860.791
2010	8.289.211
2011	8.445.078
2012	8.357.971
2013	8.222.567

Tab. 1.2 GKV-Ausgaben für ambulante Operationen [2]

Jahr	Ambulante Operationen außerhalb von Krankenhäusern (in Mio. Euro)	Ambulante Operationen in Krankenhäusern (in Mio. Euro)
1999	613,8	84,2
2000	665,7	105,9
2001	794,9	131,3
2002	908,9	160,2
2003	932,5	211,0
2004	936,1	357,4
2005	988,7	400,3
2006	1.367,7	458,5
2007	1.518,0	536,5
2008	1.592,1	599,3
2009	1.542,4	627,1
2010	1.665,6	618,7
2011	1.672,6	616,9
2012	1.699,3	598,0

Liegezeiten registriert. Interessant an dieser Erhebung aus dem Jahr 2006 ist die Tatsache, dass sich deutlich mehr Frauen als Männer einem ambulanten Eingriff unterzogen [3].

Neue endoskopische und atraumatische Operationstechniken sowie gut steuerbare und mit weniger Nachwirkungen behaftete Narkosemittel werden dazu beitragen, diese Entwicklung voranzutreiben.

1.3 Ambulantes Operieren – Warum?

Durchsucht man die Literatur zu diesem Thema, stellt sich heraus, dass gerade in volkswirtschaftlich starken Ländern wie den USA oder in westeuropäischen Staaten das ambulante Operieren propagiert wird. Eigentlich müssten ambulante Eingriffe gehäuft in denjenigen Staaten durchgeführt werden, die nicht die nötigen finanziellen Mittel aufbringen können, den Patienten medizinische Pflege und Übernachtung zu bieten. Gründe, dass dies nicht so ist, sind vermutlich die mangelnden infrastrukturellen Bedingungen, wie Kommunikationsmöglichkeiten und Transportwege, die zwingend mit dem ambulanten Operieren verbunden sind [11].

Die entscheidenden Schlagworte heute sind:
- Patientensicherheit,
- Prozess- und Ergebnisqualität,
- Wirtschaftlichkeit,
- Patienten- und Mitarbeiterzufriedenheit.

Zunehmend wurden in den letzten Jahren Gesetze und Verordnungen erlassen, die die Patientensicherheit und die Qualität erhöhen sollen. Beispielhaft seien die geforderten Qualitätsstandards des § 115b SGB V, die gesetzesähnlichen Richtlinien des Robert-Koch-Instituts, das Infektionsschutzgesetz oder das Medizinprodukte-Betreibergesetz (MPG) erwähnt.

Im Rahmen einer Studie der Kassenärztlichen Vereinigung Bayerns (KVB) in Kooperation mit dem Bundesverband Ambulantes Operieren e.V. (BAO) und der Ludwig-Maximilians-Universität München (LMU) aus dem Jahr 2010 wurden Patientenverläufe bei 4 definierten Eingriffen aus unterschiedlichen Fachgebieten bewertet, die in

Deutschland noch häufig vollstationär durchgeführt werden [8]. Bei den Eingriffen handelte es sich um:

- Verschluss einer Hernia inguinalis (Allgemeinchirurgie),
- submuköse Resektion und plastische Rekonstruktion des Nasenseptums (HNO),
- Exzision und Destruktion von erkranktem Gewebe des Uterus (Myom) (Gynäkologie),
- arthroskopische Refixation und Plastik am Kapsel-Band-Apparat des Schultergelenks (Orthopädie).

Die Studie ergab, dass die genannten Eingriffe sicher und zur Zufriedenheit der Patienten durchgeführt wurden. Die postoperative Komplikationsrate – gemessen an der Zahl der Krankenhauseinweisungen in den ersten 30 postoperativen Tagen – war mit 1,1% (Krankenkassendaten) bzw. 3,2% (Patientenangaben) angesichts der Operationsarten gering und entsprach im internationalen Vergleich der dort evaluierten Qualität ambulanter Operationen.

Angesichts dieser Studienergebnisse kann die Frage heute nicht mehr lauten „Kann ich diese Operation ambulant durchführen?", sondern die Frage muss lauten „Gibt es irgendeinen Grund, den Patienten im Krankenhaus übernachten zu lassen bzw. ändert sich etwas am Ergebnis, wenn der Patient stationär behandelt wird?".

Zur Beantwortung dieser Fragen müssen zudem folgende Faktoren berücksichtigt werden:

- geringeres Risiko nosokomialer Infektionen bei ambulanten Eingriffen [5];
- geringere postoperative kognitive Dysfunktion (POCD), wenn der Patient – insbesondere Kinder oder ältere Patienten – postoperativ direkt in das heimische Umfeld entlassen werden kann [10];
- verminderte Immobilisation mit verbesserter Durchblutung, geringerer Thrombosegefahr, besserer Lungenbelüftung, vermindertem Krankheitsgefühl bei ambulanter Durchführung;
- bessere Kommunikationswege im Setting „ambulantes Operieren", sei es am Krankenhaus, im OP-Zentrum oder in der Praxis – meist wird der Patient von der Aufnahme bis zur Entlassung vom gleichen Team betreut, und dies reduziert Missverständnisse und Informationsverluste.

1.4 Volkswirtschaftliche Aspekte

1.4.1 Vergütungssysteme

Grundsätzlich erfolgt die Honorierung medizinischer Leistungen in Deutschland über drei – möglicherweise demnächst vier – Wege:

- Die Diagnosis Related Groups (DRG) und die damit verbundenen Honorare werden zur Vergütung stationärer Behandlungen herangezogen.
- Der einheitliche Bewertungsmaßstab (EBM) ist die Basis zur Vergütung ambulanter Leistungen im Rahmen der GKV,
- die Gebührenordnung für Ärzte (GOÄ) die Basis der Vergütung für Leistungen im Rahmen der privaten Krankenversicherung (PKV).
- Daneben gibt es weitere Sonderverträge entweder zwischen Kassenärztlichen Vereinigungen und den Krankenkassen, zwischen Operationszentren und Krankenkassen oder zwischen Berufsverbänden und Krankenkassen, wobei das Vergütungsvolumen bei diesen Verträgen gering ist im Vergleich zu den Gesamtausgaben für das ambulante Operieren.

Im Bereich der GKV sind die zur Verfügung stehenden Mittel sektoral budgetiert, sodass eine Einsparung etwa im stationären Bereich nicht zwingend mit einer erhöhten Geldmenge im ambulanten Bereich korrespondiert. Gesundheitspolitiker haben in den letzten Jahren versucht, diese sektorale Budgetierung aufzubrechen, jedoch immer nur im Rahmen von Gesetzesinitiativen und selten über ein verändertes Honorierungsniveau.

Vergleicht man die DRG- und EBM-Honorare für gleiche Operationen, so wird deutlich, dass das Honorar für den ambulanten Eingriff (EBM) mit Beträgen zwischen 15% und 33% des gleichen Eingriffs unter stationären Bedingungen (DRG) vergütet wird [14].

1.4.2 Allokationsprobleme

Es ist nicht weiter verwunderlich, dass die oben beschriebenen unterschiedlichen Vergütungssysteme zu Fehlanreizen und Fehlallokationen vorhandener Ressourcen führen, ist es doch für Krankenhäuser in der Regel lukrativer, einen bestimmten Eingriff stationär zu erbringen, wobei

§ 115b SGB V Grenzen setzt und viele Operationen als zwingend ambulant definiert. So ist der „klassisch ambulante" Eingriff, die Arthroskopie des Kniegelenks, noch immer der zweithäufigste operative Eingriff (289.462 Fälle in 2013) beim vollstationären Patienten [7].

Oberender konnte in einer 2010 durchgeführten Studie nachweisen, dass allein durch die Verlagerung von 25 operativen Eingriffen vom stationären in den ambulanten Sektor zwischen 25 und 515 Millionen Euro – in Abhängigkeit des betrachtenden Patientenkollektivs – eingespart werden könnten [9].

Aufgrund der sektoralen Budgets wurde Beitragsstabilität zur gesetzlichen Krankenversicherung in Deutschland zum volkswirtschaftlichen Effizienzkriterium. Wenn man jedoch das allgemein gültige volkswirtschaftliche Prinzip der Effizienz auf das Operieren übertragen würde, so bedeutete dies, dass Effizienz erst dann eingetreten ist, wenn mit den vorhandenen Mitteln eine weitere Operation nur dann durchgeführt werden kann, wenn an anderer Stelle weniger operiert wird. Die o. g. Studie widerlegt, dass wir volkswirtschaftlich auch nur annähernd an diesem Punkt angekommen sind. Durch eine Verlagerung vieler ambulant durchführbarer Operationen in diesen Bereich würden – ohne Qualitätsverlust – Mittel frei, die wesentlich effizienter eingesetzt werden könnten. Notwendig hierzu ist ein Aufbrechen der Sektorengrenzen zwischen ambulant und stationär und eine betriebswirtschaftlich vernünftige und ausreichende Honorierung der ambulanten Leistungen, da in einer Marktwirtschaft dem Preis einer Ware oder Dienstleistung die Funktion der Verteilung zukommt.

1.5 Zusammenfassung

Das ambulante Operieren ist keine Erfindung des 20. Jahrhunderts, doch musste es in Deutschland neu entdeckt werden. Ökonomischer Druck und nicht zuletzt die Nachfrage durch die Patienten werden dazu führen, dass das ambulante Operieren in Zukunft einen noch größeren Stellenwert einnimmt. Im internationalen Vergleich der westlichen Länder nimmt Deutschland hier nur einen Platz im Mittelfeld ein. Voraussetzung für eine Effizienzsteigerung ist jedoch eine Neuordnung des Vergütungssystems, um Anreize zur Fehlallokation der beschränkten Versichertengelder zu minimieren.

Literatur

[1] Brökelmann J (2006) Entwicklung und Bedeutung ambulanter Eingriffe im internationalen Vergleich. In: Busse, Standl T (Hrsg) Ambulantes Operieren. Springer, Berlin Heidelberg New York Tokio

[2] Bundesministerium für Gesundheit (Hrsg) KJ 1 10 Jahre. http://www.bmg.bund.de. Abgerufen 15.06.2015

[3] Center of Deseas Controll CDC – National Center for Health Statistics Homepage. http://www.cdc.gov/nchs/. Abgerufen 16.06.2015

[4] Cullen KA et al. (2009) Ambulatory surgery in the United States 2006. National Health Stat Reports

[5] Gastmeier P et al. (2003) Erläuterungen zu den Empfehlungen der Kommission für Krankenhaushygiene und Infektionsprävention zur Surveillance von postoperativen Wundinfektionen in Einrichtungen für das ambulante Operieren. Springer, Berlin Heidelberg New York Tokio

[6] Gesundheitsberichterstattung des Bundes (Hrsg) Art der ärztlichen Leistung von Versicherten der Gesetzlichen Krankenversicherung, Abrechnungsfälle/Leistungsfälle (Anzahl). http://www.gbe-bund.de.Abgerufen 15.06.2015

[7] Gesundheitsberichterstattung des Bundes (Hrsg) Die 50 häufigsten Operationen der vollstationären Patientinnen und Patienten in Krankenhäusern. http://www.gbe-bund.de. Abgerufen 15.06.2015

[8] Kassenärztliche Vereinigung Bayerns (Hrsg) (2010) Qualitätsmaßnahme Ambulante Operationen, München

[9] Oberender & Partner (2010) Ökonomische Betrachtung des Ambulanten Operierens. Gutachten, Stand 09.04.2010, Bayreuth

[10] Ouellette RG, Ouellette M (2010) Understanding postoperative cognitive. Lippincott Williams & Wilkins, Philadelphia

[11] Raeder J (2010) Clinical Ambulatory Anesthesia. Cambridge Clinical Guides, Cambridge

[12] Statistisches Bundesamt Deutschland (Hrsg.) (2013) 52 Millionen Operationen und medizinische Prozeduren bei stationären Patienten 2013. Pressemitteilung Nr. 368 vom 22.10.2014

[13] Tofgard C, Parmentier G (2006) International Terminology in Ambulatory Surgery and its Worldwide Practice. International Association for Ambulatory Surgery

[14] Vescia F (2009) Betrachtung der zukünftigen Finanzierung des Ambulanten Operierens in Bezug auf die gleichen Leistungen stationär im Krankenhaus. Berufsverband Deutscher Anästhesisten Bayern

[15] Center of Deseas Controll CDC – National Center for Health Statistics Homepage 2014 http://www.cdc.gov/nchs/hus.htm. Abgerufen 16.06.2015

Politische Rahmenbedingungen und gesetzliche Grundlagen

W. von Eiff, D. Haking

T. Standl, C. Lussi (Hrsg.), *Ambulantes Operieren in Klinik, Praxis und MVZ*,
Erfolgskonzepte Praxis- & Krankenhaus-Management
DOI 10.1007/978-3-662-49787-6_2

2.1 Anlass

Demographischer Wandel, ständige medizintechnische Neuerungen und akuter Personalmangel stellen das deutsche Gesundheitssystem vor Herausforderungen. Die Krankenhäuser sind mit ca. 35% der GKV-Ausgaben der kostenintensivste Leistungsbereich im Gesundheitswesen. Um den kostenträchtigen vollstationären Bereich zu entlasten, hat der Gesetzgeber das ambulante Operieren in das Gesundheitsstrukturgesetz (1992) aufgenommen. Zwar sind die ökonomischen und patientenbezogenen Vorteile des ambulanten Operierens im internationalen Vergleich nicht umstritten; dennoch hat sich diese Versorgungsform in Deutschland eher zögerlich etabliert.

2.2 Konzeptansatz und rechtliche Grundlagen

2.2.1 Ambulantes Operieren

Ambulantes Operieren in Deutschland ist definiert als „Eingriff, bei dem der Patient die Nacht vor und nach dem Eingriff zu Hause verbringt" [11].

Der Eingriff soll ohne Minderung von Qualität oder Sicherheit gegenüber einer stationären Behandlung durchgeführt werden. An welchem Ort der Eingriff vorgenommen wird, spielt keine übergeordnete Rolle. Es muss jedoch eine eigenständige organisatorische Einheit existieren, die dafür sorgt, dass Patienten ohne Gefährdung operiert und behandelt werden können [11]. Die Veranlassung für eine ambulante Operation sollte in der Regel durch einen Überweisungsschein erfolgen. Handelt es sich um einen Notfall, ist allerdings auch die Versichertenkarte mit dem Personalausweis zulässig [5].

2.2.2 Rechtliche Rahmenbedingungen

Die rechtlichen Rahmenbedingungen für das ambulante Operieren wurden erstmals durch das am 01.01.1993 in Kraft getretene „Gesetz zur Sicherung und Strukturverbesserung der gesetzlichen Krankenversicherung – GSG" geschaffen. Die Regelungen ambulanter Operationen im Krankenhaus sind in § 115b Abs. 1 SGB V enthalten.

AOP-Vertrag

Der Spitzenverband der Krankenkassen, die Deutsche Krankenhausgesellschaft (DKG) und die Kassenärztliche Bundesvereinigung haben sowohl einen Katalog der ambulant durchführbaren Operationen (AOP-Vertrag) als auch die Vergütungsregeln für Krankenhäuser und Vertragsärzte vereinbart. Aufgrund der sich jährlich ändernden Operationsprozeduren und deren Abrechnungsregelungen (OPS-Codes) wird dieser Katalog kontinuierlich angepasst.

Aktuell gilt der überarbeitete AOP-Vertrag, der am 16. Mai 2014 vom GKV-Spitzenverband, der Deutschen Krankenhausgesellschaft und der Kassenärztlichen Bundesvereinigung verabschiedet wurde.

Der Fokus liegt insbesondere auf der Vereinheitlichung der Rahmenbedingungen im Niedergelassenen- sowie im Krankenhausbereich. Der Vertrag beinhaltet in Anlage 1 alle Operationen, die vom Krankenhaus ambulant durchgeführt werden dürfen. Der Katalog soll nicht dazu verpflichten, alle zur ambulanten Operation fähigen Leistungen auch tatsächlich ambulant durchzuführen. Es wird unterschieden zwischen

- Leistungen, die in der Regel ambulant erbracht werden dürfen, und
- Leistungen, bei denen sowohl eine ambulante als auch eine stationäre Leistung erbracht werden kann.

Die Entscheidung obliegt dem behandelnden Arzt, der den individuellen Einzelfall zu betrachten hat. Der Arzt entscheidet letztendlich über Art und Umfang des Eingriffs und hat sich zu vergewissern, dass der Patient nach Entlassung aus der unmittelbaren Betreuung des operierenden Arztes auch im häuslichen Bereich sowohl ärztlich als auch ggf. pflegerisch angemessen versorgt werden kann.

Teilnahme eines Krankenhauses am ambulanten Operieren Für die Teilnahme eines Krankenhauses am ambulanten Operieren ist es gemäß § 115b SGB V erforderlich, einen Antrag an den Zulassungsausschuss (nach § 96 SGB V) zu stellen und die Teilnahme genehmigen zu lassen. Hierzu bedarf es einer Mitteilung an

- die Landesverbände der (Primär-) Krankenkassen,
- die Verbände der Ersatzkassen,
- die zuständige kassenärztliche Vereinigung und
- den Zulasssungsausschuss.

Ohne diesen Antrag besteht kein Vergütungsanspruch gegenüber den Kostenträgern [13]. Der Antrag ist nicht von der Bedarfsplanung abhängig. Grundsätzlich darf ein Krankenhaus nur diejenigen ambulanten Operationen durchführen, die dort auch stationär angeboten werden [5]. Der Antrag erfolgt in maschinenlesbarer Form über ein Formular des GKV-Spitzenverbands und der Deutschen Krankenhausgesellschaft. Dort sind, neben den allgemeinen Daten des jeweiligen Krankenhauses, die Leistungen aus dem Katalog des ambulanten Operierens mit der zugehörigen EBM-Ziffer anzugeben. Zudem müssen diejenigen abteilungsbezogenen Leistungsbereiche gemeldet werden, in denen ambulante Eingriffe erbracht werden sollen.

Vergütung ambulanter Leistungen Die Vergütung der ambulanten Leistungen bei GKV-Patienten erfolgt gemäß den im AOP-Vertrag festgelegten Regelungen und auf Grundlage des jeweils gültigen EBM. Ambulant erbrachte Leistungen für Privatpatienten und Selbstzahler können anhand der Gebührenordnung für Ärzte (GOÄ) abgerechnet werden.

Bis zum 01.01.2009 unterlagen ambulant erbrachte Operationen einer Budgetdeckelung, die sich bei Krankenhäusern ausschließlich auf den monetären Bereich eines Budgets bezog. Niedergelassene Operateure hatten sogar noch eine mengenmäßige Begrenzung.

> **Seit 2009 unterstehen ambulante Operationen besonders förderungsfähigen Leistungen, die keiner Mengenbegrenzung unterliegen und neben dem normal geltenden Preis eines EBM-Punkts mit einem Zuschlag vergütet werden.**

Facharztstandard Grundsätzlich ist geregelt, dass Leistungen nur nach Facharztstandard erbracht werden dürfen. Die Eingriffe sind gemäß ihrem Gefährdungsgrad in folgende Kategorien gegliedert:

- Operationen,
- kleine invasive Eingriffe,
- invasive Untersuchungen,
- vergleichbare Maßnahmen und Behandlungen sowie
- Endoskopien[1]

Anforderungen an die Ausstattung Auch wenn der Ort der Leistungserbringung nicht entscheidend ins Gewicht fällt, so gibt es doch detaillierte Anforderungen an die bauliche, apparativ-technische, hygienische und personelle Ausstattung. Diese gilt es einzuhalten, denn ggf. kommt es zu Überprüfungen und Bereichsbegehungen durch die Landeskommission „Qualitätssicherung Ambulantes Operieren" [1].

> **Die Anforderungen sind in der am 18.09.2006 (letzte Änderung am 28.11.2011) in Kraft getretenen „Vereinbarung von Qualitätssicherungsmaßnahmennach § 135 Abs. 2 SGB V zum ambulanten Operieren" enthalten.**

2.2.3 Das Konzept des ambulanten Operierens

Aus Sicht des Patienten

Aus Sicht des Patienten bieten ambulante Operationen die Möglichkeit, nach der Behandlung schnell in die häusliche Umgebung zurückzukehren. Gerade für Kinder und ältere Menschen ist es psychologisch von Vorteil. Auch die Gefahr einer Wundinfektion ist für den Patienten durch die kurze Verweildauer erheblich geringer. Darüber hinaus hat der Patient deutlich mehr Mitspracherecht und Einflussmöglichkeiten als bei einem stationären Aufenthalt. Der Patient kann den Operateur frei wählen und mit diesem Ort und Termin der Operation vereinbaren.

1 Diese Unterteilung erfolgte auf Grundlage der Empfehlungen des Robert-Koch-Instituts.

Auch die Organisation der häuslichen Nachsorge kann ggf. eigenverantwortlich erfolgen.

Generell werden nur Operationen ambulant durchgeführt, die ein minimales Risiko mit sich bringen. Die Entscheidung, ob eine Leistung ambulant oder stationär erbracht wird, trifft der behandelnde Arzt. Der durchführende Arzt ist verpflichtet, „in jedem Einzelfall zu prüfen, ob Art und Schwere des beabsichtigten Eingriffs, unter Berücksichtigung des Gesundheitszustands des Patienten, die ambulante Durchführung der Operation nach den Regeln der ärztlichen Kunst mit den zur Verfügung stehenden Möglichkeiten erlauben".[2] Bei der Entscheidung spielt die individuelle Konstitution des Patienten eine erhebliche Rolle. Der Arzt muss entscheiden, ob der Patient willens und in der Lage ist, die prä- und postoperativen Verhaltensmaßnahmen einzuhalten, also inwieweit der Patient die notwendige Compliance mitbringt [11]. Letztendlich kann die Operation nur durchgeführt werden, wenn auch der Patient mit dem ambulanten Eingriff einverstanden ist; dazu hat er eine Einwilligungserklärung zu unterschreiben. Studien haben belegt, dass die Gesamtzufriedenheit der ambulant operierten Patienten vergleichsweise hoch ist, und dass diese Form der Leistungserbringung gerne angenommen wird [1]. Trotz allem ist das ambulante Operieren im Bewusstsein der Öffentlichkeit nicht signifikant verbreitet. Eine mangelnde Aufklärung führt dazu, dass zahlreiche Patienten dieser Operationsform mit Vorurteilen und Skepsis gegenüberstehen.

▪▪ Aus ökonomischer Sicht

Aus ökonomischer Sicht bietet die Förderung des ambulanten Operierens dem deutschen Gesundheitssystem einen entscheidenden Vorteil. Die Gesamtausgaben können durch eine Verlagerung bestimmter Operationen vom stationären in den ambulanten Bereich deutlich gesenkt werden. Allerdings sind die in der Literatur zum Teil nachlesbaren Einsparpotenziale von mehr als einer halben Milliarde Euro pro Jahr [6] weder vom Bewertungsansatz nachvollziehbar noch in dieser Höhe unumstritten.

▪▪ Aus medizinischer Sicht

Aus medizinischer Sicht hat die Entwicklung von neuen und schonenden Operations- und Narkoseverfahren dazu beigetragen, ein großes Spektrum an ambulant durchführbaren Operationen zu entwickeln [3]. Bei der Entscheidungsfindung werden spezielle Selektionskriterien angewendet, die vom Bundesverband für Ambulantes Operieren e.V. in Leitlinien festgelegt wurden:

- Für die Eignung des Patienten zur ambulanten Durchführung einer Operation ist es bedeutsam, dass die Risiken einer Nachblutung sowie von pulmonalen Komplikationen nach der Operation minimal sind.
- Die Eingriffe nach einer OP dürfen keine spezielle Pflegebedürftigkeit verlangen und müssen eine rasche Flüssigkeits- und Nahrungsaufnahme zulassen.
- Für die Eignung des Patienten für eine ambulante Operation sind sowohl soziale Aspekte, medizinische sowie bestimmte Entlassungskriterien zu beachten.
- Die räumlichen sowie die häuslichen Betreuungsmöglichkeiten müssen geprüft werden [7].

▪▪ Aus Sicht des Krankenhauses

Aus Sicht eines Krankenhauses mit hoher Bettenauslastung bietet das ambulante Operieren

- zum einen eine Möglichkeit, die frei gewordenen Bettenkapazitäten für schwere Fälle zu nutzen, und
- zum anderen eine zusätzliche Erlösquelle, durch die Abkopplung aus dem stationären Budget.

Beide Leistungen in einem Krankenhaus anzubieten, lohnt sich insbesondere aufgrund

- der Größenvorteile gegenüber einer niedergelassenen Arztpraxis,
- der hohen technischen und apparativen Ausstattung sowie
- der bestehenden Infrastruktur.

Vertragsärztekönnen zusätzlich mit eingebunden werden, indem ihnen Infrastruktur und Ausstattung zur Verfügung gestellt werden, damit sie ihre Operationen am Krankenhaus kostengünstiger durchführen können. Das Krankenhaus generiert damit zusätzliche Einnahmen durch Nutzungsentgelte.

2 § 4 Abs. 2 Satz 1 der Vereinbarung von Qualitätssicherungsmaßnahmen nach § 135 Abs. 2 SGB V zum ambulanten Operieren.

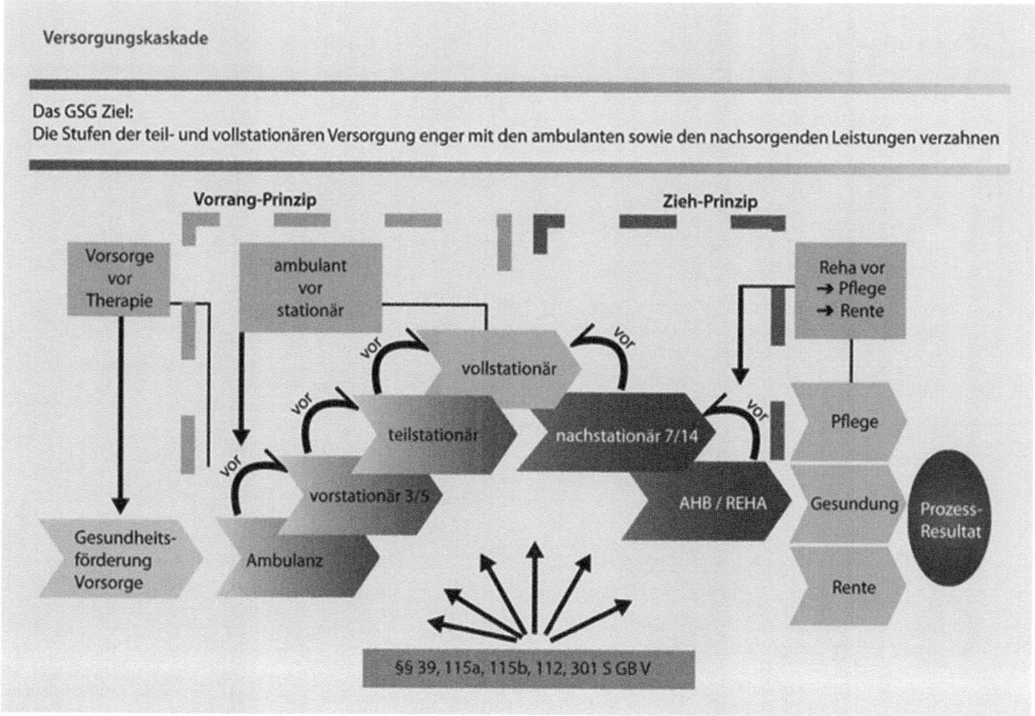

■ **Abb. 2.1** Die Versorgungskaskade

Es ist zudem davon auszugehen, dass ein Vertragsarzt, der am Krankenhaus operiert, die Qualität der medizinischen Leistungen in diesem Haus kennt und auch weiterempfiehlt bzw. Patienten für stationäre Eingriffe an das Krankenhaus überweist.

2.3 Gesundheitspolitische Ziele

■ ■ Gesetzliche Vorgabe

Gemäß § 39 Absatz 1 SGB V setzt der Gesetzgeber die Krankenhausbehandlungsbedürftigkeit fest; d. h., dass Patienten nur dann einen Anspruch auf vollstationäre Behandlung haben, wenn das Behandlungsziel nicht durch ambulantes Operieren oder stationsersetzende Maßnahmen erreicht werden kann.

Diese Vorgabe stützt das gesundheitspolitische Ziel, vermehrt teure stationäre operative Leistungen durch kostengünstigere ambulante Eingriffe zu ersetzen. Mit dem § 39 SGB V sind klare Versorgungsregeln etabliert, die eine Versorgungskaskade bewirken (■ Abb. 2.1) [20].

Durch wirksame, bereichsübergreifende Organisationsstrukturen (ambulant und stationär) wird eine effiziente Auslastung der technischen, apparativen sowie räumlichen Ausstattung erreicht, und die frei gewordenen Bettenkapazitäten können wiederum für schwerere Fälle genutzt werden:
- Zum einen führt dies zu einer effizienten und wirtschaftlichen Leistungsaufteilung zwischen den Sektoren,
- zum anderen profitieren die Krankenkassen und somit die Solidargemeinschaft durch geringere Ausgaben pro Operation.

Gesamtwirtschaftlich gesehen führt eine schnelle Genesung des Patienten durch geringere körperliche und psychische Belastungen zu einer früheren Rückkehr in das Berufsleben.

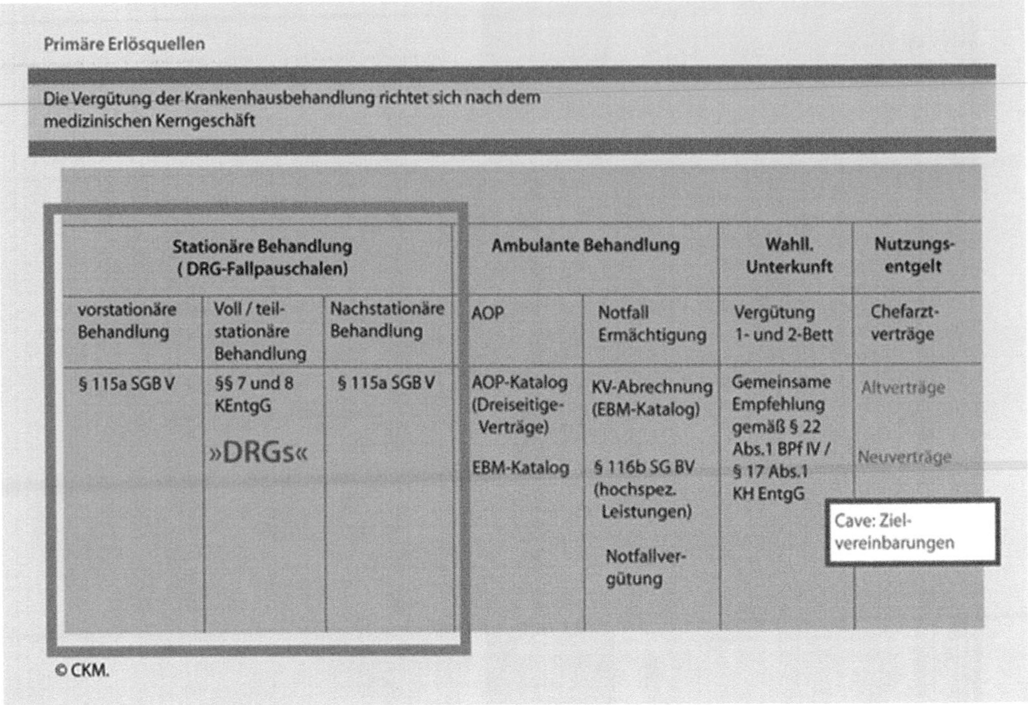

Abb. 2.2 Erlösquellen im Krankenhaus

Entscheidung pro oder kontra ambulante Operation

Die Entwicklungen der letzten Jahre zeigen jedoch, dass es immer noch genügend Anreize gibt, eine Entscheidung für oder gegen eine ambulante Operation nicht aus medizinischen Gründen zu treffen, sondern aufgrund übergeordneter finanzieller und standespolitischer Kriterien. Dies liegt u. a. darin begründet, dass die Kurzzeitchirurgie vollständig in den Bereich der stationären Versorgung fällt, ambulante Leistungen jedoch aus dem System der Vertragsärzte stammen und somit zwei kontrahäre Gruppen mit völlig unterschiedlichen Abrechnungsmodalitäten zusammengeführt werden:

- Stationäre Leistungen werden über Fallpauschalen (DRGs) abgerechnet,
- ambulante Leistungen über den EBM

Den Krankenhäusern sollte mit der Ausgliederung aus dem stationären Budget ein finanzieller Anreiz geschaffen werden, zusätzliche Leistungen zu erbringen und somit eine weitere Erlösquelle zu generieren (Abb. 2.2); aus Sicht des Krankenhauses besteht jedoch ein viel größerer Anreiz, den Patienten stationär zu behandeln. Eine Abrechnung über DRG-Fallpauschalen hat im Schnitt einen bis zu 7-mal höheren Erlöswert als eine ambulante Vergütung [11]. In Tab. 2.1 und Tab. 2.2 werden die Erlöse einer ambulanten bzw. stationären Operation einer Hernia inguinalis einander gegenübergestellt.

Die Erlöse einer ambulant bzw. stationär durchgeführten Tonsillektomie lassen sich anhand von Tab. 2.3 und Tab. 2.4 vergleichen.

Abrechnung ambulanter Leistungen

Bis zum Jahr 2009 erfolgte die Abrechnung ambulanter Leistungen unter Budgetbegrenzungen. Seit dem 1. Januar 2009 gelten die ambulanten Operationen als besonders förderungswürdige Leistungen und werden außerhalb der morbiditätsbezogenen Gesamtvergütung ohne Mengenbegrenzung und mit einem Strukturqualitätsaufschlag je Punkt vergütet. Für die Jahre 2011 und 2012 galt die Regelung, dass nur gesetzlich vorgeschriebene oder vom

Tab. 2.1 Erlös: Ambulante Operation einer Hernia inguinalis

		Kategorie	EBM-Ziffer	Punkte	Vergütung
OPS-Code	5530.30	OP-Vorbereitung	31012	375	38,52
Beschreibung	Verschluss einer Hernia inguinalis mit alloplastischem Material, offen chirurgisch	Operation	31153	2.223	228,34
		Überwachungskomplex	31505	1.031	105,90
		Nachbehandlung Überweiser	31608	233	23,93
		Anästhesie	31823	1.542	158,39
		Briefversand (Kurzmitteilung nach § 8)	40120		0,55
		Vergütung gesamt			**555,63**
		Zuzüglich Sachkosten nach Originalrechnung: z. B. Netze, Nahtmaterial, Narkosegas, Sauerstoff			

(Eigene Darstellung in Anlehnung an [14, 15, 16])

Bundesausschuss definierte Präventionsleistungen unbegrenzt vergütet werden und alle anderen, extrabudgetär vergüteten Leistungen einer Reglementierung unterliegen. Ferner durfte die Gesamtvergütung für extrabudgetäre Leistungen nur um 0,75% wachsen [8, 9]. Aktuell besteht eine solche Reglementierung nicht.

Eine Reglementierung würde zu weit reichenden Konsequenzen für das ambulante Operieren führen, denn eine Budgetdeckelung wird automatisch Fallzahlbegrenzungen und Preisabstaffelungen nach sich ziehen. Eine Preisabstaffelung wiederum hätte sinkende Punktwerte zur Folge und würde bei den Operateuren zu erheblichen finanziellen Belastungen führen. Hinzu kommt, dass der AOP-Vertrag in den meisten Fällen keine Vergütung von Sachmitteln vorsieht [12]. Konsequenz ist, dass die meisten ambulanten Operationen nicht mehr kostendeckend erbracht und die Kosten nicht ohne ernsthafte qualitative Einbußen gesenkt werden können:
- Zum einen widerspricht dies einem ethischen Verständnis bei der Erbringung medizinischer Leistungen,
- zum anderen haben Krankenhäuser die Leitlinien für Maßnahmen der Qualitätssicherung einzuhalten und umzusetzen und dieses in einer Erklärung rechtlich anzuerkennen.

Die Erfüllung dieser Voraussetzungen bewirkt aber Kosten, die unter den o. g. Rahmenbedingungen kaum zu decken sind. So ist in den Leitlinien z. B. geregelt, dass Leistungen nur nach Facharztstandard zu erbringen sind. An dieser Stelle sind jedoch deutliche Grenzen gesetzt. Denn die Einbindung der Weiterbildung erfordert eine angemessene personelle Ausstattung, führt aber auch zu Verzögerungen in den Abläufen – woraus dann wiederum Kostensteigerungen entstehen.

Interessenskonflikte

Neben den finanziellen Gegebenheiten stellen auch Interessenskonflikte zwischen unterschiedlichen Gruppen eine große Hürde dar:
- Der Gesetzgeber hat durch das SGB V die Zuständigkeit für Fragen der Qualitätsanforderung sowohl an die Einrichtungen als auch an die operierenden Ärzte zu regeln.
- Über den § 115b SGB V wurde diese Regelungskompetenz auf die Partner der Selbstverwaltung (Spitzenverbände der Krankenkassen, KBV und DKG) übertragen. Diese haben die Regelungskompetenz in einem dreiseitigen Vertrag zum § 115b SGB V (AOP-Vertrag) umgesetzt.
- Eine weitere Normgebungsinstanz ist das Robert-Koch-Institut, das die hygienischen Voraussetzungen regelt.

Tab. 2.2 Erlös: Operation einer Hernia inguinalis mit stationärer Aufnahme

DRG	Beschreibung	OPS	Beschreibung	Relation	Erlös
G24B	Eingriffe bei Hernien ohne plastische Rekonstruktion der Bauchwand	5-530.30-32	Verschluss einer Hernia inguinalis mit alloplastischem Material, offen chirurgisch	0,775	2.142,20

(Eigene Darstellung in Anlehnung an [14, 15, 16])

- Die Ärztekammern sind für die Regelung der berufsrechtlichen Vorgaben auf Landesebene zuständig und
- die kassenärztliche Vereinigung vor Ort für die Genehmigung der Abrechnung operativer Eingriffe bei GKV-Patienten [11].

Zwar wurde mit den verschiedenen Normengebern eine einheitliche Voraussetzung für das ambulante Operieren geschaffen, bei Änderungen der Vereinbarungen oder bei der Neuaufnahme von Leistungen in den AOP-Katalog kann es jedoch zu langwierigen Verhandlungsprozessen kommen [4].

2.4 Flankierende Maßnahmen zur Effizienzsteigerung und Qualitätssicherung

Um den Ausbau ambulanter Operationen zu fördern, bedarf es flankierender Maßnahmen. Das größte Problem liegt in der Finanzierung ambulanter Eingriffe.

Fallbezogene Vergütung

Um eine Mengenausweitung ambulanter Leistungen zu erreichen, ist die erneute Einführung einer Budgetdeckelung kontraproduktiv. Anreizkonform wäre eine fallbezogene Vergütung in Form einer Fallpauschale. Erste Schritte wurden durch die Einführung des § 20 „Einführung eines pauschalierten Entgeltsystems" im AOP-Vertrag unternommen. Zweckmäßig wäre darüber hinaus eine explizite Berücksichtigung von Weiterbildungsleistungen bei der finanziellen Ausstattung, um langfristig den Bedarf an Fachärzten sichern zu können. Auch der medizinisch-technische Fortschritt sowie die Förderung der Entwicklung weiterer schonender Eingriffsverfahren müssen in der Finanzierung Berücksichtigung finden. Ebenso sind die verwaltungstechnischen Hürden zu vereinfachen, um Leistungen schneller in den Katalog aufzunehmen.

Erfüllung der Leitlinien zur Qualitätssicherung

Krankenhäuser haben bei der Erbringung ambulanter Operationen die Leitlinien zur Qualitätssicherung zu erfüllen. Dies ist auf der einen Seite zwar ein signifikanter Kostenfaktor, führt aber bei dem richtigen Einsatz der krankenhausindividuellen Gegebenheiten, der vorhandenen Infrastruktur und einer effizient durchdachten Organisation zu deutlichen Prozessverbesserungen und somit langfristig zu erheblichen Kosteneinsparungen.

Die Erfüllung der Leitlinien führt dann letztendlich zu qualitativ hochwertigen Abläufen, zur Einhaltung von Hygienevorschriften und zu medizinisch qualitativ durchgeführten Leistungen und zufriedenen, schnell genesenden Patienten.

Kooperationen

Es ist bekannt, dass Patienten insbesondere die schlechten Erfahrungen aus einem Krankenhausaufenthalt an ihr Umfeld kommunizieren. Keine schlechten Nachrichten sowie das Ausbleiben von Hygieneskandalen sind für ein Krankenhaus wie ein Qualitätssiegel. Dies wiederum hat positive Auswirkungen auf die einweisenden Ärzte, diese werden durch exzellente Qualität aufmerksam gemacht und überweisen ihre Patienten. Dieser Effekt der Einweiserbindung kann zudem durch Einweiserkooperationen gestärkt werden. Ferner führen mögliche Kooperationsvereinbarungen mit Krankenkassen dazu, dass Patienten an die entsprechenden Kooperationskrankenhäuser und ambulante

Tab. 2.3 Erlös: Ambulante Tonsillektomie

		Kategorie	EBM-Ziffer	Punkte	Vergütung
OPS-Code	5-281.0	OP-Vorbereitung	31012	375	38,52
Beschreibung	Tonsillektomie (ohne Adenotomie): mit Dissektionstechnik	Operation	31232	1.593	163,63
		Überwachungskomplex	31503	513	52,69
		Nachbehandlung Überweiser	31658	288	29,58
		Anästhesie	31822	1.257	129,12
		Briefversand (Kurzmitteilung nach § 8)	40120		0,55
		Zwischensumme			**414,09**
		Sachkostenpauschale nach AOP-Vertrag § 9 Abs. 3 (7% auf Gesamthonorar)			28,99
		Vergütung gesamt			**443,08**
		Zuzüglich Sachkosten nach Originalrechnung, z. B. Netze, Nahtmaterial, Narkosegas, Sauerstoff			

(Eigene Darstellung in Anlehnung an [14, 15, 16])

OP-Zentren überwiesen werden und ein ebenfalls in die Kooperation eingebundener niedergelassener Arzt den reibungslosen Ablauf koordiniert sowie die erforderliche Vor- und Nachsorge übernimmt. Zusätzlich sind noch Kooperationen mit operierenden Vertragsärzten zur gemeinsamen Nutzung der ambulanten Ausstattung denkbar. So werden Leerzeiten vermindert, und das Krankenhaus vereinnahmt zusätzliche Erlöse durch die Nutzungsentgelte. Der Vertragsarzt muss keine teuren Investitionen tätigen, sondern zahlt eine monatliche Nutzungsgebühr an das Krankenhaus. Im Falle eines gemeinsam aufgebauten und genutzten OP-Zentrums teilen sich die beiden Parteien die Kosten. Einen weiteren Wettbewerbsvorteil können sich die Krankenhäuser durch das Erbringen besonderer ambulanter Operationen (sog. Leuchttürme) aufbauen. Bei herausragendem Ruf auf diesem Fachgebiet werden die Patienten und Einweiser überregional und im besten Falle international aufmerksam. Auch eine zielorientierte Organisation der Nachsorge durch ein abgestimmtes Leistungssetting wie z. B. die Anbindung an einen ambulanten Pflegedienst ist von Vorteil. Zur Qualitätssicherung gehört es zudem, sicherzustellen, dass der Patient nach der Operation in eine heilungsfördernde Umgebung zurückkehrt. Die Einbindung von Angehörigen in die Behandlung sowie die Nachsorge sind daher wichtige Qualitätskriterien.

▪▪ Patientenhotel

Eine weitere Einnahmequelle bietet die Errichtung eines Patientenhotels. Durch die Errichtung wird eine Verbindung zwischen Krankenhaus und Hotellerie geschaffen, die auch die Möglichkeit der postoperativen Kontrolle gewährleistet. Das Patientenhotel kann sowohl in einem eigenständigen Gebäude auf dem Gelände des Krankenhauses als auch auf einer hotelartig aufgebauten Station untergebracht sein (Hotelstation) [10]. Das Konzept ist unter anderem in den skandinavischen Ländern, den USA und Australien bereits verbreitet und etabliert [2]. Ambulante Patienten haben im Patientenhotel die Möglichkeit, am oder im Krankenhaus zu übernachten. Gerade für Patienten mit einer weiten Anreise ist es eine Möglichkeit, schon am Vorabend anzureisen. Aber auch für die Angehörigen stationärer Patienten ist das Patientenhotel eine Möglichkeit, in der Nähe des Patienten zu

Tab. 2.4 Erlös: Tonsillektomie mit stationärer Aufnahme

DRG	Beschreibung	OPS	Beschreibung	Relation	Erlös
D30B	Tonsillektomie außer bei bösartiger Neubildung oder verschiedene Eingriffe an Ohr, Nase, Mund und Hals ohne äußerst schwere CC, ohne aufwändigen Eingriff, ohne komplexe Diagnose	5-281.0	Tonsillektomie (ohne Adenotomie): mit Dissektionstechnik	0,710	1.961,30

(Eigene Darstellung in Anlehnung an [14, 15, 16])

bleiben. Die Ausgestaltung des Patientenhotels kann auch auf Selbstzahlerpatienten ausgeweitet werden, bei denen die Versorgungsleistungen überwiegen, und die Hotelkomfort genießen möchten.

2.5 Fazit und Ausblick

- Ambulantes Operieren ist unter dem Gesichtspunkt der nachhaltigen Finanzierung des Gesundheitssystems ein Beitrag zur Kostensenkung.
- Hinweise auf vergleichsweise geringere Infektionsraten und postoperative Komplikationen belegen die medizinische Qualität ambulanter Operationen.
- Vorteile aus Patientensicht sind die kurze Verweildauer und die Rekonvaleszenz in der gewohnten sozialen Umgebung, ohne Störungen durch Mitpatienten und Besucher und ohne die für den Krankenhausbetrieb typischen Restriktionen wie Benutzung einer Toilette durch mehrere Personen und Einschränkungen der Intimsphäre.
- Voraussetzung für erfolgreiches ambulantes Operieren ist eine eingriffs-, sozial- und risikobezogene Selektion der Patienten. Wichtige Risikoprofildaten sind Mehrfacherkrankungen, Einschränkungen in der Bewältigung des täglichen Lebens und Alleinleben.
- Eine Selektionshilfe bietet das „Appropriateness Evaluation Protocol" (AEP-Kriterien). Entscheidend ist also nicht, ob eine Operation im Katalog steht und generell ambulant durchführbar ist, sondern, ob und für welche Operation der Patient geeignet ist.
- Die Vergütung ambulanter Operationen sollte in Zukunft über ein spezielles DRG-System erfolgen, wobei die Betriebskostenkalkulation um Investitionsanteile sowohl für Krankenhäuser als auch im EBM-Katalog ergänzt werden sollte. Optimales ambulantes Operieren erfordert eine baulich-funktionale Struktur sowie ein Organisations- und Steuerungskonzept für den Patientendurchlauf, das konzeptionell vom stationären Ansatz deutlich abweicht und auch von diesem getrennt werden sollte. Die aktuelle Vergütung ambulanter Operationen ist sowohl im stationären wie auch im ambulanten Bereich nicht kostendeckend und von daher – ökonomisch betrachtet – eher eine Belastung für die Leistungsanbieter.
- Erfolgversprechend sind Kooperationsmodelle zwischen Krankenhäusern und operativ tätigen MVZ, mit dem Ziel, Ressourcen gemeinsam zu nutzen und über Rotationsprogramme die ärztliche Weiterbildung zu sichern.
- Einerseits hat die derzeitige Preispolitik durch Gesetzgeber und Kostenträger dazu geführt, dass ambulante Eingriffe (derzeit 37% aller Operationen) eine rückläufige Tendenz aufweisen; andererseits sind auch die Zunahme von chronisch kranken Patienten sowie die steigende Zahl multimorbider und älterer Patienten für diesen Trend maßgebend.

Literatur

[1] Blum K (1998) Patientenzufriedenheit bei ambulanten Operationen – Einflussfaktoren der Patientenzufriedenheit und Qualitätsmanagement im Krankenhaus. Juventa Verlag, Weinheim

[2] Franke DH (2007) Krankenhaus-Management im Umbruch: Konzepte – Methoden – Projekte. Kohlhammer, Stuttgart
[3] Ingenhoven E (2003) Qualitätssicherung und Vergütung beim Ambulanten Operieren. Positionspapier des Bundesverbandes für Ambulante Arthroskopie (BVASK) e.V. http://www.ingenhoven.de/downloads/Positionspapier503.pdf. Abgerufen 08.02.2011
[4] Lüngen M, Lauterbach KW (2004) Gesundheitspolitischer Rahmen für die ambulante und kurzzeitstationäre Chirurgie. Der Chirurg 75(2):113–119
[5] Niehues C, Brachmann M, Geppert R, Sobotta R (2011) Erlösarten und Erlöspotenziale der Notaufnahme. In: Von Eiff W, Dodt C, Brachmann M, Niehues C, Fleischmann T (Hrsg) Management der Notaufnahme. Kohlhammer, Stuttgart
[6] Oberender & Partner (2010) Ökonomische Betrachtung des ambulanten Operierens. Gutachten im Auftrag vom Bundesverband für ambulantes Operieren e.V. (BAO)
[7] O.V. (2011a) Leitlinien für das ambulante Operieren. http://www.operieren.de/content/e3224/e308/e331/e334/. Abgerufen 15.05.2015
[8] O.V. (2011b) Koalition beginnt Detailarbeit an Reform der Krankenversicherung Kostenanstieg für Kliniken, Ärzte und Kassen begrenzen. FAZ vom 15. August 2010
[9] O.V. (2011c) Extrabudgetäre Leistungen: Mengenbegrenzungen und Abstaffelung. Ärztezeitung 17. August 2010
[10] Richter FJ, Schierbrock M (2009) Patientenhotel und Hoteldienstleistungen im Gesundheitswesen – nur eine Modeerscheinung oder langfristige Zukunftssicherung? In: Goldschmidt AJW, Hilbert J (Hrsg) Gesundheitswirtschaft in Deutschland. Wikom, Wegscheid; S 802–821
[11] Rüggeberg JA (2006) Ambulantes Operieren – eine Standortbeschreibung. Der Urologe 8:939
[12] Steiner P, Volkmer F (2009) Fairer Wettbewerb? Problembereiche der Erbringung ambulanter Leistungen durch Krankenhäuser. KU Gesundheitsmanagement 4:17–21
[13] Zimmermann GW (2007) Gesetzliche Grundlagen und betriebswirtschaftliche Aspekte. In: Busse J, Standl T (Hrsg) Ambulantes Operieren. Springer, Heidelberg New York Tokio
[14] AOP-Katalog Abschnitt (2015). http://www.kbv.de/media/sp/AOP_Vertrag_Anlage_1.pdf. Abgerufen 15.05.2015
[15] Einheitlicher Bewertungsmaßstab (EBM) (2015), Bd 1. Deutscher Ärzte-Verlag, Köln
[16] Fallpauschalenkatalog (2015). http://www.g-drg.de/cms/inek_site_de/layout/set/einspaltig/G-DRG-System_2015/Fallpauschalen-Katalog/Fallpauschalen-Katalog_2015. Abgerufen 15.05.2015
[17] GSG – Gesetz zur Sicherung und Strukturverbesserung der gesetzlichen Krankenversicherung vom 21. Dezember 1992, zuletzt geändert durch Artikel 205 der Verordnung vom 25. November 2003 (BGBl. I S. 2304). Abgerufen 15.05.2015
[18] Vertrag nach § 115 b Abs. 1 SGB V, Ambulantes Operieren im Krankenhaus vom 16. Mai 2014. Abgerufen 15.05.2015
[19] Qualitätssicherungsvereinbarung nach § 115b SGB V, Vereinbarung von Qualitätssicherungsmaßnahmen nach § 135 Abs. 2 SGB V zum ambulanten Operieren vom 28. November 2011
[20] von Eiff W (1999) Führen durch Vergleichen. Zweck, Struktur und Informationswert eines entscheidungsorientierten Preisvergleichs. In: von Eiff W (Hrsg) Krankenhäuser im Leistungsvergleich. Wettbewerbssteuerung im Gesundheitswesen durch Betriebsvergleiche. Gütersloh. S. 55–118

Ökonomische Aspekte

H. Hofer

T. Standl, C. Lussi (Hrsg.), *Ambulantes Operieren in Klinik, Praxis und MVZ*,
Erfolgskonzepte Praxis- & Krankenhaus-Management
DOI 10.1007/978-3-662-49787-6_3

3.1 Einleitung

Das ambulante Operieren ist ein wesentliches Standbein des deutschen Gesundheitswesens geworden. Dies nicht nur für den Chirurgen, Zentrumsbetreiber, Anästhesisten, oder auch die Angestellten in diesen Settings, sondern auch für den Staat, der die Kosten stationärer Aufenthalte einspart. Die Qualität der Operationen ist in diesen Einrichtungen mindestens genauso sicher und hochwertig wie im stationären Bereich [1]. Ambulante Operationen verursachen geringere volkswirtschaftliche Kosten, werden jedoch deutlich schlechter als stationäre Eingriffe vergütet und haben einen spürbaren ökonomischen Einfluss auf lokaler Ebene.

Diese volkswirtschaftlichen und betriebswirtschaftlichen Aspekte sollen im Folgenden näher beschrieben und erklärt werden. Ebenso wie die Erklärung der gesamtwirtschaftlichen Zusammenhänge in diesem Sektor des Gesundheitswesens (Makroökonomie) ist natürlich eine Betrachtung einzelner Wirtschaftssubjekte (Haushalte und Unternehmen) wichtig, um betriebswirtschaftliche Erkenntnisse darzustellen (Mikroökonomie).

3.2 Volkswirtschaftliche Aspekte

Einrichtungen zum ambulanten Operieren müssen spezialisiertes Instrumentarium, Röntgengeräte, Anästhesiearbeitsplätze genauso vorhalten wie Operationssäle, Aufwachräume und ebenfalls auf die jeweilige Tätigkeit spezialisiertes Personal. All diese Faktoren müssen bezahlt werden. Dass die Einnahmen in Summe dabei immer über den Ausgaben liegen sollten ist trivial, soll an dieser Stelle jedoch erwähnt werden, da volkswirtschaftliche Betrachtungen nur sinnvoll sind, wenn die Unternehmen (Praxen und Operationszentren) langfristig am Markt bleiben. Aus makroökonomischer Sicht sind Ausgaben von diesen Unternehmen wichtig und tragen zur Erhöhung des Bruttoinlandsproduktes (BIP) bei.

3.2.1 Bevölkerungsentwicklung in Deutschland – eine Herausforderung

Betrachtet man den Gesundheitsmarkt, so kommt man nicht umhin, sich auch mit der immer älter werdenden Gesellschaft in Deutschland zu befassen.

Es ist bekannt, dass eine immer geringer werdende Anzahl von jungen, erwerbsfähigen Personen eine zunehmend größere Anzahl älterer und damit auch kränkerer Personen im Rahmen unseres Solidarsystems finanzieren muss. Zwangsläufig müssen somit die knappen Ressourcen für das Operieren besser verteilt werden. Wie im Folgenden ausgeführt wird, ist das ambulante Operieren mit seinen Kostenvorteilen der einzige Weg, Versichertengelder einzusparen und somit für andere Diagnostik- und Therapiefelder zur Verfügung zu haben. Leider scheint diese eher triviale Erkenntnis weder bei den Beitragszahlern noch bei den Versicherungen mit allen Konsequenzen angekommen zu sein.

Eine wesentliche Ursache hierfür ist unser 2-gliedriges Gesundheitssystem, das den ambulanten Bereich strikt vom stationären Bereich trennt. Versuche der Politik, diesen Zustand zu ändern, sind oftmals halbherzig oder nicht wirkungsvoll. Die ambulante spezialfachäztliche Versorgung (ASV) mag hierfür ein Beispiel sein. Dieses Gesetz gibt es schon seit 1988 und wurde oft im Wortlaut verändert. Noch 2013 war geplant, eine größere Anzahl ambulanter Operationen in den Katalog der ASV zu implementieren mit entsprechender Honorierung. Später sollte die Vergütungssystematik des Einheitlichen Bewertungsmaßstabes EBM durch eine eigene für die ASV abgelöst werden. Geblieben ist nichts! Angst vor den finanziellen Folgen und sicher auch Lobbyismus haben zum Streichen dieser Gesetzesvorlage geführt. 2015 im Rahmen des Versorgungsstärkungsgesetzes wurde wieder die ASV thematisiert, vom ambulanten Operieren war jedoch nicht mehr die Rede.

Vermutlich werden erst finanzielle Zwänge auf der Seite der Politik und der Krankenkassen und finanzielle Anreize auf der Seite der Patienten und Ärzte diesen Zustand verändern.

3.2.2 Das Honorarsystem in Deutschland

Wie andere medizinische Leistungen auch, wird das ambulante Operieren in Deutschland hauptsächlich über drei Systeme vergütet:

- Den **einheitliche Bewertungsmaßstab EBM**. Dieser ist die Basis der Vergütung für Leistungen an allen gesetzlich Krankenversicherten (GKV). Im Kapitel 31.1 des EBM werden OPS-Codes aufgelistet, die jeweils einer operativen Prozedur entsprechen. Der Aufwand sowohl in instrumenteller, personeller und zeitlicher Hinsicht ist bei diesen Prozeduren normativ festgelegt, ebenso wie die Vergütung. Jede dieser Prozeduren wird zunächst mit einer Punktzahl versehen, dieses dann wiederum mit einem Punktwert, so dass sich durch Multiplikation der beiden Werte ein Europrodukt ergibt, das zur Auszahlung kommt. Es ist unschwer vorstellbar, dass sowohl Punktzahl als auch Punktwert staatlichen Einflüssen unterliegen, sodass jederzeit staatlich „verordnet" eine Änderung der genannten Werte erfolgen kann.
- Den § 115b SGB V (**AOP-Vertrag**). War dieser Vertrag bis Ende 2009 durch das erweiterte Bundesschiedsamt beschlossen, so haben GKV-Spitzenverband, Deutsche Krankenhausgesellschaft (DKG) und Kassenärztliche Bundesvereinigung (KBV) ab dem 01.01.2010 den neuen AOP Vertrag besiegelt. Der AOP-Vertrag lehnt sich mit seinen drei Teilen eng an den EBM an. Viele operative Prozeduren sind in beiden Werken beschrieben und entsprechend vergütet, wobei die Vergütung im Rahmen des § 115b SGB V in manchen Bundesländern durch die Krankenkassen subventioniert wird, d. h. ein höherer Punktwert zur Auszahlung kommt. Eine Kontinuität ist aber nicht gewährleistet, da die meisten dieser Verträge mit einem erhöhten Punktwert meist nur eine Laufzeit von einem Jahr haben. Der Vertrag beschreibt dabei die Prozeduren, die ausschließlich ambulant erbracht werden dürfen ebenso wie Prozeduren bei denen das Krankenhaus entscheiden kann, ob Gründe gegen die ambulante Durchführung sprechen.
- Die **Gebührenordnung für Ärzte** (GOÄ) 1996. Die GOÄ gilt für alle Privatpatienten oder auch Patienten, die Selbstzahlerleistungen (kosmetische Operationen, zahnärztliche Narkosen bei Erwachsenen etc.). Wie im Namen schon erkennbar, wurde die GOÄ seit 1996 nicht mehr reformiert, enthält also viele obsolete Leistungen und nennt viele Leistungen nicht, die heute Standard sind. Des Weiteren sind viele Gebührenordnungspositionen unterfinanziert, sodass diese teilweise nicht mehr erbracht werden können. Eine Reform dieser Gebührenordnung ist dringend und wird seit Jahren durch die Politik aber auch durch die Bundesärztekammer (BÄK) verzögert.
- Des Weiteren gibt es einige **Sonderverträge** zum ambulanten Operieren, die einzelne – aus der Sicht der Krankenkassen – förderungswürdige Leistungen zum Inhalt haben. Die Kataraktverträge zwischen den Krankenkassen und dem Bund Deutscher Ophthalmochirurgen (BDOC) seien hier an erster Stelle genannt, da die Kataraktoperationen die bei Weitem häufigste ambulante Operation darstellt. Schon an diesem Vertrag zeigt sich aber, dass bei den Krankenkassen kein Interesse an der Förderung anderer beteiligter Fachgruppen – wie etwa der Anästhesisten – besteht. Diese sind in dem Vertrag nicht erwähnt.
- Die **Diagnosis Related Groups** (DRG, diagnosebezogene Fallgruppen) bilden das Honorierungssystem stationärer Behandlungen – und somit auch Operationen – ab. Diese Vergütungssystematik orientiert sich an einem Basisfallwert, der je nach entsprechender Operation mit einem Faktor multipliziert wird. Diese DRGs liegen in den Vergütungen in den meisten Fällen deutlich höher als die Fallwerte im Rahmen des EBM – Systems oder der Vergütung nach § 115b SGB V und bieten somit

einen Anreiz, grundsätzlich ambulant durchführbare Eingriffe doch stationär zu behandeln, da im Vergleich Mehrerlöse möglich sind. Dieses oft als „moral hazard" bezeichnete Problem ist in dem derzeitigen Vergütungssystem, das streng zwischen ambulant und stationär unterscheidet, nicht lösbar. Insbesondere ambulante Operationszentren sind seit einigen Jahren in der Lage, mit Krankenkassen Vergütungen auf dieser DRG-Basis – u. U. vermindert um einen bestimmten prozentuale Anteil – auszuhandeln, vor allem wenn sie in der Lage sind, Übernachtungsmöglichkeiten für die Patienten anzubieten. Hier liegt einer der wenigen Schnittpunkte in der Vergütung zwischen Krankenhaus und ambulantem Bereich.

Die verschiedenen Vergütungssysteme in Deutschland: Für das ambulante Operieren der EBM, der § 115b SGB V, die GOÄ 96 und wenige Sonderverträge sowie für das stationäre Operieren die DRGs und die GOÄ 96.

3.2.3 Makroökonomischer Nutzen ambulanter Operationen

Auch wenn die meisten Daten zu diesem Aspekt aus den USA vorliegen, gibt es doch die sog. Oberender-Studie, die die Unternehmensberatung Oberender & Partner 2010 für den Berufsverband für ambulantes Operieren e.V. erstellt hat [9, 10].

Aus verschiedenen Fachbereichen der Gynäkologie, Orthopädie, Chirurgie, Handchirurgie, Urologie oder Gefäßchirurgie wurden Eingriffe ausgewählt, die problemlos ambulant erbracht werden können. Für diese Eingriffe wurden die Erlöse im ambulanten EBM-System oder nach § 115b SGB V errechnet und mit den DRG-Erlösen verglichen. Je nachdem welche Annahmen dem jeweiligen Szenario zu Grunde lagen, ergab sich auf Grund der ambulanten Durchführung des Eingriffs ein Einsparpotenzial zwischen 25 und 515 Mio. Euro [10].

Die direkten Ersparnisse durch Verlagerung von stationären Eingriffen in den ambulanten Bereich werden aber übertroffen von den gesamtwirtschaftlichen Einflüssen, die durch Erwerb teurer Instrumente, Anstellung von Personal, Mieten und Zahlung von Steuern, um nur einige zu nennen, entstehen. So haben Studien mehrerer US amerikanischen Organisationen, die die jeweiligen ambulanten Operationszentren der einzelnen Staaten repräsentieren, durch eine Input-Output Analyse gezeigt, dass für jeden Dollar, den die Operationszentren ausgeben, ein Mehrwert zwischen US Dollar 2,21 und 2,49 anfällt (Multiplikatoreffekt) [1, 3]. So ergeben sich für den Staat Oregon im Jahr 2012 ca. 612 Mio. US Dollar als Mehrwert allein durch das Vorhandensein von Operationszentren [1]. Oregon hat dabei gerade 3,7 Mio. Einwohner. Wenn diese Angaben auch nur im Entferntesten stimmen, müsste sich in Deutschland ein Mehrwert für Staat (Steuern), Bürger (Angestellte) und Unternehmen (Zulieferer) von ca. 13 Milliarden Euro ergeben.

Ein noch größerer Vorteil ambulanten Operierens ist die geringe Inzidenz nosokomialer Infektionen. In Deutschland erkranken jährlich 400.000 bis 600.000 Menschen an nosokomialen Infektionen, wobei die Zahlen je nach Studie durchaus schwanken. 10.000 bis 15.000 Menschen sterben jährlich daran [2, 5, 6]. Dass dies volkswirtschaftliche Kosten durch zusätzliche Krankheitstage, Arbeitsunfähigkeit oder eventuell sogar Berufsunfähigkeit verursacht, ist selbsterklärend. Die meisten dieser nosokomialen Infektionen werden im Krankenhaus erworben, die wenigsten beim ambulanten Operieren. Dies wird an Hand von Indikatoroperationen wie etwa Kniegelenksarthroskopien, Hallux-Operationen, Hernienverschluss, Operation des Karpaltunnelsyndroms oder Kataraktoperationen (AMBU-KISS) ermittelt [7]. Obwohl die geringe Inzidenz nosokomialer Infektionen bei ambulanten Operationen belegt ist [6], werden sämtliche gesetzgeberische Maßnahmen zur Hygiene, die Krankenhäuser betreffen, auch auf Einrichtungen des ambulanten Operierens ausgeweitet. Dies belastet einerseits das betriebswirtschaftliche Ergebnis von Einrichtungen des ambulanten Operierens, anderseits führen gegebenenfalls notwendige Neuinvestitionen – sofern diese überhaupt noch getätigt werden können – über den oben beschriebenen Multiplikatoreffekt zu einem gesamtwirtschaftlichen Gewinn und tragen zu einem steigenden Bruttoinlandsprodukt (BIP) bei.

Auch bezüglich nosokomialer Infektionen liegt belastbares Datenmaterial zu den Kosten vor allem aus den USA vor. Laut einer Studie, die zwischen 1990 und 2000 durchgeführt wurde, belaufen sich die mittleren Kosten einer durchschnittlichen nosokomialen Infektion auf 13.973 US Dollar [11]. Die Werte dürften für Deutschland derzeit eher höher liegen.

Diese Kosten entstehen durch:

- Opportunitätskosten: stationäre und ambulante Behandlung, Arztkosten und Pflegekosten,
- private Kosten für Patient und Betreuer: Reisen, Arzneimittel, Angst, Tod,
- Produktionsverlust wegen Morbidität und Pflegebedürftigkeit.

Gesetze und Verordnungen sollen bewirken, dass die Zahl nosokomialer Infektionen zurückgeht. Bei der geringen Zahl nosokomialer Infektionen beim ambulanten Operieren ist jedoch nicht zu erwarten, dass sich ein großer finanzieller Effekt einstellen wird. Durch den Kauf von Geräten und Instrumenten, der Bezahlung von zusätzlichem Personal, von größeren Einrichtungen mit höherer Miete profitiert die Volkswirtschaft, ob aber damit die betreffende Einheit überleben kann, sei dahingestellt. Letztlich werden gestiegene Kosten über die Krankenversicherer auf den Patienten oder die Allgemeinheit umgewälzt. Einige dieser Gesetze und Verordnungen seinen hier beispielhaft genannt:

- Gesetz zur Verhütung und Bekämpfung von Infektionskrankheiten bei Menschen (IfSG letztmalig geändert am 20.04.2013),
- Daraus abgeleitet: Verordnung über die Hygiene und Infektionsprävention in medizinischen Einrichtungen (HygMedVO vom 13. März 2012),
- Anforderungen an die Hygiene bei der Aufbereitung von Medizinprodukten (Bundesgesundheitsblatt 2012),
- Verordnung über Medizinprodukte: Medizinproduktegesetz
- Vorgaben des § 115b SGB V.

Aber nicht nur das Gesundheitssystem an sich verhindert oftmals die Erweiterung des ambulanten Operierens. Andere finanzielle Anreize führen ebenso zu Fehlallokationen. Viele Patienten haben eine Zusatzversicherung für stationäre Aufenthalte mit Auszahlung von Krankentagegeld bei stationärem Aufenthalt, weshalb manche Patienten einen stationären Aufenthalt einer ambulanten Behandlung vorziehen. Zwar wird die Behandlung insgesamt teurer, aber nur zu Lasten der Krankenkasse. Der Patient hat vermeintlich einen monetären Vorteil. Vermeintlich deshalb, weil letztlich diese Ausgaben wieder auf die Beitragszahler umgelegt werden, wenn auch mit einer zeitlichen Verzögerung.

Manche Ärzte überweisen Patienten nicht zur ambulanten Operation unter der Vorstellung, dass der Kollege seinen Patienten „behält" oder sein Budget durch die ambulante Operation geschmälert wird. Inhaltlich nicht zutreffend, aber auch Ärzte haben „diffuse" Ängste.

3.2.4 Zusammenfassung

Die immer älter werdende Bevölkerung Deutschlands wird Politik und Krankenkassen zwingen, das ambulante Operieren vermehrt in den Fokus zu setzen und auch finanziell besser auszustatten. Eine Reform des Vergütungssystems ist dabei unumgänglich, denn letztlich ist in einer geregelten und sozialen Marktwirtschaft Geld immer noch die treibende Kraft für Veränderungen. Über verschiedene Vergütungssysteme erfolgt die Honorierung ärztlicher Tätigkeit beim ambulanten Operieren. Soweit die Unternehmen (Praxen, Operationszentren) am Markt bleiben, haben diese einen großen volkswirtschaftlichen Nutzen. Jede Ausgabe dieser Einrichtungen führt über Multiplikatoreffekte zu einer Erhöhung des Bruttoinlandsproduktes meist auf lokaler Ebene. Strengere, neue Gesetze und Verordnungen zwingen die Marktteilnehmer zu erhöhten Ausgaben. Die geringere Inzidenz nosokomialer Infektionen beim ambulanten Operieren kann in ihren volkswirtschaftlichen Auswirkungen fast vernachlässigt werden. Nosokomiale Infektionen treten vor allem im stationären Bereich auf und führen zu Folgekosten in Milliardenhöhe.

3.3 Betriebswirtschaftliche Aspekte

Für die Betrachtung betriebswirtschaftlicher Zusammenhänge erscheint es sinnvoll, sich am „Lebenszyklus" eines Unternehmens „ambulantes Operieren" zu orientieren. Dies beginnt mit der Entscheidung in welcher Gesellschaftsform das Unternehmen firmiert, welche mikroökonomischen Entscheidungen zu treffen sind, der Einfluss unserer Steuergesetzgebung auf diese und am Ende die Aufgabe des Unternehmens und dessen Wert.

Die Mikroökonomie untersucht Entscheidungsprobleme und Marktmechanismen. Sie ist eigentlich Teil der Betriebswirtschaftslehre. Mikroökonomie beschäftigt sich mit Märkten auf welchen Dienstleistungen gekauft (Patient) und verkauft (Arzt) werden, ein Vorgang, der eigentlich zu einem Marktgleichgewicht und Preisbildung führen sollte.

Vermutlich ist dieses Kapitel für den Unternehmer Arzt oder OP-Zentrumsbetreiber das Interessantere. Neben der Beleuchtung betriebswirtschaftlicher Aspekte wird auf die Möglichkeiten der Niederlassung verbunden mit der Gesellschaftsform der Praxis, die steuerlichen Auswirkungen hingewiesen und die Honorierung beleuchtet. Zudem wird versucht, Hinweise zu geben, welchen ideellen Wert eine Praxis durch das ambulante Operieren generiert.

3.3.1 Möglichkeiten der Niederlassung verbunden mit ambulanten Operationen

Ambulantes Operieren findet innerhalb und außerhalb des Krankenhauses statt. In beiden Fällen sind Investitionskosten zu tragen, um die Tätigkeit gesetzeskonform durchführen zu können. Während Krankenhäuser dabei auf einen Träger zurückgreifen können, sind es meist ein oder mehrere Praxisinhaber, die diese Investitionen aus Eigenmitteln finanzieren müssen. Die Gruppe der Niedergelassenen kann jedoch auch den höheren Benefit haben, sollten Gewinne erzielt werden. Schon an dieser Stelle sei der Gewinnbegriff verdeutlicht. Das Einkommensteuerrecht spricht bei Personen, die ihren Gewinn durch eine Einnahme-Überschussrechnung ermitteln, eben von Gewinn, der dem Unternehmer als Gewinn zum persönlichen Verbrauch oder für Neuinvestitionen zur Verfügung steht. Wenn im Gegensatz dazu eine GmbH (Krankenhaus oder ambulantes Operationszentrum) von Gewinn spricht, so sind in diesem Fall die Lohnkosten schon als Betriebsausgaben abgezogen. Vom Gewinn des Praxisinhabers müssten also fiktiv ein Gehalt und die Sozialversicherungskosten abgezogen werden, um beide Gewinnbegriffe vergleichbar zu machen.

Welche Niederlassungsformen gibt es:

- Die **Einzelpraxis**. Im Zusammenhang mit ambulanten Operationen im großen Stil sicherlich eine eher riskante Investition. Nicht nur ist der Investitionsbetrag zum Aufbau der Operationsmöglichkeiten von einem Einzelnen zu tragen. Nach Aufnahme der Tätigkeit kann ein Arzt zu einem Zeitpunkt auch nur einer Tätigkeit nachgehen: Akquise von Patienten oder Operationen. Hier gibt es sicherlich einen gewinnoptimierenden Schnittpunkt, jedoch ist dieser nur empirisch zu ermitteln und somit langwierig. Als Rechtsform kommt nur die des Einzelunternehmers in Frage. Gründungsaufwand entsteht in formaler Hinsicht faktisch nicht.
- Die **Berufsausübungsgemeinschaft** (BAG) hat diese dargestellten Probleme nicht und ist vermutlich in der Lage, kurzfristige Liquiditätsengpässe auf Grund persönlicher Sicherheiten mit Krediten zu überbrücken. Bei größeren BAGs stellt sich natürlich die Frage der Reibungsverluste auf Grund von Unstimmigkeiten zwischen den Partnern bezüglich Investitionen, Personalführung, Gewinnverteilung, Urlaubsplanung oder Arbeitszeiten, um nur einige zu nennen. Als Gesellschaftsform kommen in Frage: die Gesellschaft bürgerlichen Rechts (GbR) oder die Partnerschaftsgesellschaft, die das medizinische Risiko auf den einzelnen limitiert und gerade im operativen Bereich zu bevorzugen ist. Der Gründungsaufwand hält sich in Grenzen.
- Das **Medizinische Versorgungzentrum** (MVZ). Das MVZ an sich ist keine Rechtsform, sondern ein Zugammenschluss von Gesellschaftern, die in der Form einer GbR, Partnerschaftsgesellschaft, Genossenschaft oder Gesellschaft mit beschränkter Haftung (GmbH) zusammenarbeiten. Die Aktiengesellschaft (AG) ist keine erlaubte Rechtsform. Bei MVZs in der Form der AG handelt es sich um Altfälle. Das MVZ als GmbH hat eine eigene Rechtspersönlichkeit, die auch Ärzte anstellen kann, soweit

Vertragsarztsitze vorhanden sind. Vorteile sind eine beschränkte Haftung (jedoch nicht für medizinisch verursachte Schäden) und die Rettung des Vertragsarztsitzes vor einem Aufkauf durch die zuständige Kassenärztliche Vereinigung, der seit Inkrafttreten des Versorgungsstärkungsgesetzes am 01.08.2015 in zu 140% überversorgten Gebieten gem. Bedarfsplanung vorgesehen ist. Eine Umwandlung des eigenen Vertragsarztsitzes in einen Angestelltensitz ist möglich. Die MVZ-GmbH bietet mehr Gestaltungsmöglichkeiten als die anderen Gesellschaftsformen. Der Gründungsaufwand ist verglichen mit den anderen Formen höher, die Besteuerung durch anfallende Gewerbesteuer insgesamt höher. Zudem besteht Buchführungspflicht, die zu Folgekosten durch Steuer- und Rechtsberatung führen wird.

- Eigentlich eine Variante der drei o. g. Rechtsformen ist das **Ambulante Operationszentrum** (AOZ). Darunter versteht man im Allgemeinen ein Institut, an dem **nur** Operationen durchgeführt werden. Solche Einrichtungen sind oft –aber nicht nur – von Anästhesisten gegründet und geleitet. In diesem Fall nutzt der Chirurg diese Operationseinrichtung und bezahlt für die Nutzung entweder pauschal, pro Operation oder pro Zeiteinheit (pro Minute, halbe Stunde, Stunde, halber Tag), entweder mit Grundgebühr oder ohne. Die Höhe dieser Nutzungsgebühr wiederum ist abhängig von den Vorhaltekosten des AOZ, dem benötigten Instrumentarium und den Personalkosten etc. Ein solches AOZ kann in jeder der oben erwähnten Rechtsformen geführt werden, wobei der Gesellschaftsform der GmbH aus Sicht des Autors auf Grund von Haftungs- und steuerlichen Gründen der Vorzug zu geben ist.

3.3.2 Mikroökonomische Aspekte

Die Einnahmen müssen mittelfristig die Ausgaben übersteigen. Eine triviale Erkenntnis, die keine Kenntnisse der Betriebswirtschaftslehre erfordert, aber unabdingbar für den wirtschaftlichen Erfolg ist.

Wie oben dargestellt, entzieht sich die Einnahmeseite auf Grund der verschiedenen Gebührenordnungen weitgehend dem Einfluss des Praxisinhabers. Nur durch Frequenzsteigerung der Operationen kann man die Einnahmen erhöhen. Ausnahmen hiervon bieten die kosmetische Chirurgie und einige wenige Wahlleistungseingriffe. Frequenzsteigerung beinhaltet jedoch ethische Probleme: Wird die Indikation zu weit gestellt, wird die Eingriffszeit zu Lasten der Qualität verkürzt oder werden gar hygienische Standards heruntergefahren, um die hohen Fallzahlen abarbeiten zu können?

Viele der häufig durchgeführten ambulanten Operationen werden beim gesetzlich krankenversicherten Patienten über den § 115b SGB V abgerechnet. Mit der Teilnahme an diesem Vertrag verpflichten sich Krankhäuser und Niedergelassene zu gewissen Qualitätsstandards. Die schon weiter oben dargestellten Gesetzesvorgaben zwingen den Betreiber der ambulanten Operationseinrichtung zu Hygienestandards, die in den letzten Jahren zunehmend ausgeweitet wurden und zu deutlich höheren Investitions- und Betriebskosten geführt haben.

Beispielhaft sei die Instrumentenaufbereitung erwähnt. Hier ein Auszug aus den „Anforderungen an die hygienische Aufbereitung von Medizinprodukten in Nordrhein-Westfalen":

> » Für die Aufbereitung von „semikritisch B" und kritischen Medizinprodukten ist ein eigener Aufbereitungsraum obligat. Die hygienische Aufbereitung in nur einem Raum kommt in einer ZSVA (Zentrale Sterilgutversorgungsabteilung, Anm. des Autors) nicht und in der Aufbereitungseinheit eines ambulanten OP-Zentrums in Abhängigkeit des Risikos und wegen der Menge der aufzubereitenden Medizinprodukte in der Regel ebenfalls nicht in Betracht ,..... Bei maschinellen Prozessen ermöglichen Durchlademaschinen eine optimale Trennung von rein und unrein (Mehrraumlösung).

Allein aus dieser Formulierung zeigt sich, wohin der Gesetzgeber will. Immer höhere Auflagen und immer kostspieligere Kontrollen der Umsetzung dieser Auflagen, sowohl durch den Unternehmer selbst als auch durch Mitarbeiter von

Gesundheitsämtern, Bezirksregierungen und Kassenärztlichen Vereinigungen, haben in den letzten Jahren viele ambulante Operateure veranlasst, die Aufbereitung und Sterilisation an dafür spezialisierte Unternehmen zu vergeben und nicht mehr in eigener Praxis durchzuführen. Dass hier zusätzliche Kosten für das ambulante Operieren entstanden sind, ist augenscheinlich, ob damit ein Gewinn im Hygienebereich generiert wurde, erscheint fraglich.

Leider sind die Einnahmen nicht im entsprechenden Umfang gestiegen. Eine vernünftige Refinanzierung durch die Krankenkassen ist nicht in Sicht, auch wenn das ambulante Operieren deutlich günstiger ist als dieselbe Operation im stationären Bereich. Die derzeit stagnierenden Zahlen des ambulanten Operierens sind aus Sicht des Autors Ausdruck einer Verringerung ambulanter Operationseinheiten entweder durch Aufgabe dieser Tätigkeit oder durch Verlagerung in ambulante Operationszentren. Dieser Konzentrationsprozess erscheint politisch gewollt, führt jedoch zu höheren Kosten auf Seiten der Operateure und damit zu einer Gewinnreduktion beim Arzt ohne einen Gewinn für den Patienten.

Die ambulanten Operationen werden im KV-Bereich weitgehend außerhalb jeder Budgetierung vergütet. Mit ein Grund, dass viele jung niedergelassene Ärzte in diesem Bereich tätig werden wollen, da hier eine der wenigen zusätzlichen Einnahmequellen besteht. In den Jahren 2014 und 2015 erfolgte eine Steigerung des sog. Bundesweiten Orientierungspunktwertes (BOP) um 1,7% bzw. um 1,4%. Leider erfolgte eine prozentuale Anpassung dieses Punktwertes eben erst ab dem Jahr 2014. Lange Jahre zuvor gab es keine Anpassung oder eher ein Absenken des allgemeinen Punktwertes, sodass die Vergütung auch heute noch nicht das erforderliche Niveau erreicht hat, da die Inflationsraten von 2005 bis 2012 zwischen 0,5% und 3,3% lagen.

Wenn man in einer Modellrechnung ceteris paribus, d. h. unter Beibehaltung aller sonstige Parameter, eine Steigerung der Einnahmen um die Steigerung des BOP annimmt (also etwa 1,7%), die Lohnkosten p.a. um 3% erhöht, die Sachkosten um 2% so führt dies zu einer Gewinnerhöhung um 0,6% p.a., also unterhalb der Inflationsrate. Schon eine Mieterhöhung für Operationsräume führt zu einer Gewinnreduktion auch ohne Einbeziehung der Inflationsrate.

Basis dieser Berechnung jeweils auf den Umsatz bezogen:

- Lohnkosten: 20%
- Sachkosten: 25%
- Miete/AfA: 15%
- Gewinn: 40%

Dies veranlasst den Unternehmer „Arzt" zu einem Vorgehen nach einem der beiden ökonomischen Prinzipien:

- Erreichen eines vorgegebenen Ziels mit möglichst geringen Mitteln (Minimalprinzip) oder
- mit vorgegebenen Mitteln einen größtmöglichen Output zu erreichen (Maximalprinzip).

Auf Dauer führt insbesondere das Minimalprinzip beim ambulanten Operieren zu einer Reduktion der Standards.

An Hand obiger Modellrechnung wird verständlich, dass – unter der Prämisse eines zumindest gleichbleibenden erwünschten Gewinns mit Inflationsausgleich – das Minimalprinzip angewendet werden muss. Nur wenn sinkende Gewinne in Kauf genommen werden, kann durch Neuinvestition der Praxiswert (s. u.) erhalten bleiben.

> **Das ambulante Operieren in Deutschland ist nicht ausreichend finanziert. Immer stringentere gesetzliche Vorgaben zu Hygiene, Arbeitsschutz etc. verteuern das ambulante Operieren, sodass die marginalen Erhöhungen der Honorare durch unbedingt nötige Neuinvestitionen aufgebraucht werden. Ein Inflationsausgleich findet durch die Honorarerhöhung nicht statt.**

3.3.3 Steuerliche Aspekte

Steuern sind ein wesentlicher Aspekt unseres Gemeinwohls, denen wir täglich begegnen. Auch der Arzt führt eine unternehmerische Tätigkeit aus, die grundsätzlich der Umsatzsteuer unterliegen würde. Eine unternehmerische Tätigkeit im Sinne des Umsatzsteuergesetzes ist eine selbstständig ausgeübte gewerbliche oder berufliche Tätigkeit. Die Nachhaltigkeit der Tätigkeit ist erforderlich, eine Gewinnerzielungsabsicht aber nicht. Ist also ein Arzt in einer eigenen Praxis tätig oder an einer Praxisgemeinschaft beteiligt, ist er auch Unternehmer im Sinne des Umsatzsteuergesetzes. Erst in § 4 Nr. 14 UStG wird festgelegt, dass auf die Honorare aus ärztlicher Tätigkeit und aus Krankenhausbehandlung keine Umsatzsteuer zu entrichten ist. Ausnahmen hiervon sind etwa kosmetische Operationen, bei denen keine medizinische Indikation besteht. In diesem Fall sind die Honorare von Operateur und Anästhesist umsatzsteuerpflichtig.

Die Gewinne aus dem ambulanten Operieren werden mit Einkommensteuer (ESt) belastet. Die Gewinne aus BAGs und MVZs in der Rechtsform einer Personengesellschaft (GbR, Partnerschaftsgesellschaft) werden zunächst über eine sog. „Gesonderte und einheitliche Feststellung" vom Finanzamt auf die einzelnen Gesellschafter verteilt. Danach versteuern die einzelnen Gesellschafter diese Gewinne im Rahmen ihrer Einkommensteuererklärung.

Anders sieht es bei der MVZ-GmbH als Kapitalgesellschaft aus, die zunächst der Gewerbesteuer und der Körperschaftsteuer unterliegt. Es unterliegt jedoch nur der Gewinne der Unternehmung dieser Steuerpflicht, hier sind also die Lohnzahlungen ggf. an den mitarbeitenden Gesellschafter schon in Abzug gebracht. Eine Gefahr liegt in einer zu hohen Lohnzahlung für diese Personengruppe, die vom Finanzamt als verdeckte Gewinnausschüttung gewertet werden könnte. Die Gewerbesteuersätze sind in den verschiedenen Städten und Gemeinden je nach Hebesatz unterschiedlich. Während Gewerbesteuer bei Personenunternehmen auf die Einkommensteuerlast gem. § 35 EStG angerechnet wird, gibt es diese Möglichkeit bei Kapitalgesellschaften nicht. Weiter werden die Gewinne mit Körperschaftssteuer belastet. Der Körperschaftsteuersatz beträgt unter Berücksichtigung des Solidaritätszuschlages 15,825%.

Der nach Zahlung der Gewerbesteuer und Körperschaftsteuer verbleibende Gewinn kann entweder im Unternehmen verbleibe (Thesaurierung) oder wird an die Anteilseigner ausgeschüttet. Bei der Thesaurierung hat die Kapitalgesellschaft einen Vorteil gegenüber der Personengesellschaft, da die Gesamtsteuerlast des thesaurierten Betrages deutlich geringer ist als auf Gewinn zu zahlende Einkommensteuer. Werden die Gewinne jedoch ausgeschüttet, so entfällt 25% Abgeltungssteuer auf die Ausschüttung der Kapitalgesellschaft. Insgesamt ist die Gesamtsteuerbelastung höher als bei der Einkommensteuer.

Vor dem Hintergrund des ab 01.08.2015 geltenden Versorgungsstärkungsgesetzes und der Verpflichtung der regionalen Kassenärztlichen Vereinigungen zum Aufkauf von Praxen und Vertragsarztsitzen in zu 140% überversorgten Bereichen werden von vielen Praxen Überlegungen angestellt, wie die Vertragsarztsitze zu „sichern" sind. Rechtssicher ist dies nur über die Umwandlung der bestehenden Praxis in eine MVZ-GmbH und Einbringung der Praxissitze in diese GmbH als Angestelltensitze. Dieser Angestelltensitz könnte zu einem späteren Zeitpunkt gem. § 95 Abs. 9b SGB V wieder in einen Vertragsarztsitz umgewandelt werden.

Hier wird also eine Personengesellschaft in eine Kapitalgesellschaft umgewandelt, entweder unter Aufdeckung stiller Reserven oder durch Einbringung. Wird diese Kapitalgesellschaft oder Teile davon innerhalb einer Frist von 7 Jahren verkauft, so wird die Einbringung gem. Umwandlungssteuergesetz jahresanteilig rückabgewickelt. Dies kann zu deutlichen Nachteilen bei der Veräußerung von Anteilen an der Gesellschaft führen, da ggf. der Steuervorteil gem. §§ 16 und 34 EStG verloren gehen kann. Eine Konsultation eines im Umwandlungssteuerrecht kundigen Steuerberaters ist hier vor Umwandlung dringend anzuraten, wie natürlich vor jeder einschneidenden betrieblichen Maßnahme.

3.3.4 Der Praxiswert

Beim Kauf einer Praxis oder Anteilen davon ist der Wert der Praxis ein Entscheidungskriterium nicht nur für den Käufer, sondern auch für den Verkäufer.

Die materiellen Güter einer ambulant operativ tätigen Einrichtung sind meist gut aus dem Anlagenverzeichnis zu entnehmen. Die Buchwerte weichen meist von den gemeinen Werten (Wert, der bei Veräußerung des Wirtschaftsgutes zu erzielen wäre) ab. Anders kann man den Wert eines Wirtschaftsgutes auch mit dem Teilwert ansetzten (der Wert, den das Wirtschaftsgut hat, wenn man den ganzen Betrieb kauft).

Immaterielle Wirtschaftsgüter können sein: der Patientenstamm, der Stamm der Operateure, die Lage der Einrichtung, die Organisation der Einrichtung insbesondere ob alle gesetzlichen Vorgaben hinsichtlich Hygiene, Arbeitgeberpflichten etc. umgesetzt wurden und viele weitere Kriterien.

In der Realität wird man sich nicht jedes einzelne Wirtschaftsgut ansehen, sondern die operative Einrichtung oder die Praxis als Ganzes. Dabei haben sich verschiedene Bewertungsmethoden durchgesetzt, die aber zu deutlich unterschiedlichen Ergebnissen führen.

- Die **Ertragswertmethode**: Grundsätzlich wird hier der durchschnittliche Gewinn (zum Gewinnbegriff s. o. – hier ist der Gewinn nach Abzug eines fiktiven Unternehmergehaltes gemeint) der letzten Jahre hochgerechnet auf den zu erwartenden Gewinn der nächsten Jahre – oder der Ewigkeit – und mit einem Zins abdiskontiert. Streitigkeiten ergeben sich hinsichtlich des zu verwendenden Zinssatzes und der Länge der zu wählenden Periode. Diese Methode ist für Arztpraxen, Operationszentren eher schlecht geeignet und führt tendenziell zu unrealistisch hohen Werten.
- Die **modifizierte Ertragswertmethode**: Hier wird im Grunde der Wert ermittelt den die bestehende Praxis gegenüber der hat, die der Erwerber auch selbst hätte aufbauen können.
- Die Darstellung dieser modifizierten Ertragswertmethode würde den Umfang dieses Buches sprengen. Einen guten Überblick erhält man auf der Homepage der „Vereinigung der öffentlich und vereidigten Sachverständigen für Bewertung von Arzt und Zahnarztpraxen".
- Heute die gängigste und gerichtsfesteste Methode der Wertfindung, wobei auch hier einige Schwächen erkennbar sind.
- Die **Umsatzmethode**: Hier werden Umsatzzahlen der Vergangenheit mit einem Faktor multipliziert und sollen zu einem Wert der Praxis führen. Sicherlich die ungenaueste Darstellung des wirtschaftlichen Wertes einer operativen Einheit.

Dass der Verkäufer eines AOZ oder einer operativ tätigen Praxis einen möglichst hohen Preis haben möchte und der Käufer einen möglichst geringen Preis zahlen will, ist selbsterklärend. Letztlich liegt es am Käufer unter Würdigung der materiellen und immateriellen Eigenschaften der Praxis, zu entscheiden, in welcher Zeit sich seine Investition – unter Einbeziehung sog. weicher Faktoren wie Urlaub, Arbeitszeit, Freizeit, wohnortnahe Lage, Verkehrswege – gegenüber einer Tätigkeit im Krankenhaus rechnet. Man spricht hier von Opportunitätsgewinnen. Dies ist aus der Sicht des Autors eine wesentlich wichtigere Entscheidung als der Kaufpreis alleine.

3.3.5 Zusammenfassung

Es gibt verschiedene Formen der Niederlassung, sowohl unterschieden durch die Anzahl der Ärzte als auch in gesellschaftsrechtlicher Hinsicht. Für eine operativ tätige Einheit erscheint die Niederlassung in Einzelpraxis eher risikobehaftet, eine Tätigkeiten mit weiteren Partner reduziert zwar den Gewinn des Einzelnen, führt aber zu einer Risikodiversifizierung. Auf Grund der verschiedenen Gebührenordnungen ist die Einnahmeseite beim ambulanten Operieren im Wesentlichen über die Frequenz der Operationen zu beeinflussen, dies führt gegebenenfalls zu ethischen Problemen. Zunehmende gesetzliche Vorgaben verteuern das Setting „ambulantes Operieren". Für verschiedene Dienstleistungen ist ein Outsourcing durchaus überlegenswert. Die Honorarerhöhungen im Bereich der GKV gleichen Inflationsraten nur unzureichend, wenn überhaupt, aus. Unterschiedliche Gesellschaftsformen bedingen unterschiedliche Steuerarten, die dem Unternehmer bekannt sein sollten. Besonders für den Unternehmer in einer Kapitalgesellschaft gibt es Fallstricke im Steuerrecht, die profunde steuerliche Beratung nötig machen. Selbst am Ende der beruflichen Tätigkeit ist keinesfalls immer mit dem reibungslosen Verkauf der Praxis oder eines Teils davon zu rechnen. Neben dem Finden eines Nachfolgers gibt es unterschiedliche Auffassung zur Bewertung der Verkaufs- bzw. des Kaufgegenstandes „ambulant operative Praxis".

Literatur

[1] Schneider JE (2013) The Economic Impact of Ambulatory Surgery Centers in Oregon. http://www.orgegonasc.com. Abgerufen 29.06.2015

[2] Bundesministerium für Gesundheit (Hrsg) KJ 1 10 Jahre. http://www.bmg.bund.de. Abgerufen 28.06.2015

[3] Schneider JE, Dumville A (2010) The Economic Impact of Ambulatory Surgery Centers in Washington. http://www.wasca.net. Abgerufen 29.06.2015

[4] Cullen KA et al. (2009) Ambulatory surgery in the United States 2006. National Health Stat Reports

[5] Gastmeier P et al. (2003) Erläuterungen zu den Empfehlungen der Kommission für Krankenhaushygiene und Infektionsprävention zur Surveillance von postoperativen Wundinfektionen in Einrichtungen für das ambulante Operieren. Springer, Berlin Heidelberg New York Tokio

[6] Gastmeier P (2008) Nosokomiale Infektionen in Deutschland: Wie viele gibt es wirklich? Eine Schätzung für das Jahr 2006. Med Wochenschrift 133

[7] AMBU-KISS Nationales Referenzzentrum für Surveillance von nosokomialen Infektionen. http://www.nrz-hygiene.de/surveillance/kiss/ambu-kiss/ Abgerufen 29.06.2015

[8] European Centre for Disease and Control (Hrsg) (2007) Healthcare-associated Infections (HCAI)

[9] Anforderungen an die hygienische Aufbereitung von Medizinprodukten in Nordrhein-Westfalen Stand 01.12.2013 http://www.brd.nrw.de/gesundheit_soziales/ Abgerufen 28.06.2015

[10] Oberender & Partner (2010) Ökonomische Betrachtung des Ambulanten Operierens. Gutachten, Stand 09.04.2010, Bayreuth

[11] Vandijck DM et al. (2008) Daily cost of antimicrobial therapy in patients with intensive Care Unit-acquired, laboratory confirmed bloodstream infection. International Journal of Antimicrobial Agents 31: 161–165

Patientensicherheit

C. Lussi

T. Standl, C. Lussi (Hrsg.), *Ambulantes Operieren in Klinik, Praxis und MVZ*,
Erfolgskonzepte Praxis- & Krankenhaus-Management
DOI 10.1007/978-3-662-49787-6_4

4.1 Einführung

Im Jahr 2000 schockte das Institute of Medicine aus den Vereinigten Staaten von Amerika die Medizinwelt mit dem Bericht „To Err is Human". Es war zu lesen, dass die amerikanische Gesundheitsversorgung durch Fehler in der Behandlung von Patienten den sechsten Platz der amerikanischen Letalitätsstatistik einnehmen (44.000–98.000 Tote) – selbst bei der niedrig geschätzten Zahl über der Anzahl der Sterbefälle durch ein Mammakarzinom oder durch Verkehrsunfälle [18]. Diese drastischen Zahlen basierten auf mehreren gut recherchierten Studien und eröffneten erstmals die Dimension unerwünschter Behandlungsereignisse, die mühelos auf alle anderen Staaten der Welt übertragbar ist. Dieser sehr hohen Zahl an vermeidbaren Todesfällen steht ein bislang (im Vergleich zu Hochrisikobereichen wie Luft- und Raumfahrt, Schifffahrt und Atomenergietechnik) minimaler wirtschaftlicher Einsatz für Sicherheitssysteme gegenüber [9, 11, 15].

Für die ambulant operative Medizin sind nur wenige spezielle Studien durchgeführt worden. Dennoch können Rückschlüsse aus Krankenhausstudien und konservativ operativer Medizin einen Anhaltspunkt für die große Notwendigkeit eines professionellen Umgangs mit der Thematik geben.

Seit den 1980er Jahren haben Wissenschaftler an einigen anästhesiologischen Zentren in der Schweiz, den Niederlanden, Dänemark und den Vereinigten Staaten die Fehler in der Medizin nach dem Muster der Luftfahrt aufgearbeitet. Kleinere wissenschaftliche Studien unterstützten die Aussage, dass Fehler in mehr als 60% der Fälle durch den Faktor Mensch ausgelöst werden [8–10]. Gemeinsam mit der NASA und Arbeitspsychologen wurde der Bereich der human factors, also der Wechselwirkung zwischen Mensch, Technik und Organisation behutsam in den medizinischen Sprachgebrauch eingeführt – mit vielen Widerständen durch das streng hierarchisch organisierte System [12, 13].

Inzwischen ist sehr viel auf dem Sektor der Patientensicherheit geschehen, wie im Folgenden Kapitel aufgeführt wird. Nach § 135a Abs. 2 Nr. 2 SGB V sind die Leistungserbringer verpflichtet, einrichtungsintern ein Qualitätsmanagement (QM) einzuführen und weiterzuentwickeln. Speziell die Aufnahme der Verpflichtung zum Risikomanagement und Patientensicherheit im Rahmen des Qualitätsmanagements in das „Patientenrechtegesetz" 2013 hat hier eine große Breitenwirkung entfalten können, die durch Projekte der Weltgesundheitsorganisation, der Europäischen Union und verschiedenen Ärztekammern und Kassenärztlichen Vereinigungen unterstützt werden. Es ist eine Frage von gezielten Anstrengungen in diese Richtung, bis eine umfassende und transparente Sicherheitskultur entstehen wird, die redundante Sicherheit in medizinische Versorgungseinheiten integriert. Die ambulante Medizin hat zwar den Nachteil geringerer personeller Ressourcen gegenüber Krankenhäusern, dafür aber den Vorteil eines aktiven Patientenkontaktes und eines schlanken Prozessspektrums, welches durch geeignete Maßnahmen zu einer hohen Sicherheitskultur führen können [27, 31].

Anhand eines Falles wird in der Folge ein Behandlungsfehler systematisch untersucht, um die Vielschichtigkeit der Ansätze zur Verbesserung der Patientensicherheit aufzuzeigen.

4.2 Systemische Fallanalyse

Ein Fall aus der Praxis

Ein OP-Nachmittag mit 32 intravitrealen Injektionen zur Behandlung einer feuchten Makuladegeneration am Auge (in Tropfanästhesie) steht an. Im OP sind neben dem Operateur 4 medizinische Fachangestellte mit Tätigkeiten an Sterilgutassistenz, Dokumentationsassistenz, Tischassistenz und Springertätigkeit. Anhand des OP-Plans und der Liste im Praxisprogramm werden die Patienten in den OP begleitet (Doku-Kraft), die OP-Seite mittels Tupfer auf der zu operierenden Seite markiert, weiter mittels Gel anästhesiert und eine Wunddesinfektion durchgeführt. Danach werden die Patienten auf ihrer Trage in den OP gefahren, binnen etwa 3 Minuten operiert und wieder hinaus gefahren. Es sind immer 4 Patientenliegen parallel im Einsatz. Pro Stunde werden etwa 12 Patienten operiert. Im Laufe des OP-Geschehens erhält der 8. Patient ein falsches Präparat in das richtige Auge. Dieses wird erst nach Ablauf des OP-Tages bemerkt.

In der systemischen Fallanalyse hat sich das London-Protokoll von Vincent als ein sehr objektives und anwenderfreundliches Modell erwiesen [24]. Es unterteilt die Analyse in 7 Prozesse:

▪ ▪ Identifikation und Entscheidung zur Untersuchung

Es war kein schwerwiegender Zwischenfall, da die Medikamente, die in den Glaskörper injiziert werden, in der Regel synergistisch wirken. Da jedoch die Praxis sehr viele Eingriffe dieser Art durchführt (>2.000/Jahr), kann das Problem potenziell nochmals auftreten. Außerdem erschien es bereits am OP-Tag unklar warum das verkehrte Medikament verabreicht wurde. Es wurden frühzeitig einige Ungereimtheiten gesehen. Daher erfolgte der Entschluss die Fallanalyse durchzuführen.

▪ ▪ Auswahl der Mitglieder des Untersuchungsteams

Das Untersuchungsteam bestand aus einem Augenarzt, der u. a. die Injektionen durchführt, einem an den Eingriffen in Lokalanästhesie nicht beteiligten Anästhesisten, der mit Fallanalysen viel Erfahrung hat und je einer erfahrenen medizinischen Fachangestellten aus dem OP-Bereich und aus dem Diagnostik/Sprechstundenbereich.

▪ ▪ Organisation und Datensammlung

Es wurde die Patientenakte analysiert, die Bestellungen gesichtet, alle Mitarbeiter des OP-Tages befragt, die Mitarbeiter des Bestellprozesses und des Diagnoseteams befragt und die gelagerten Medikamente gesichtet. Mit Hilfe dieser Daten war es möglich einen chronologischen Ablauf des Zwischenfalls zu erstellen.

▪ ▪ Chronologischer Ablauf des Zwischenfalls

Dienstags wurde die Indikation zum Eingriff mittels Fluoreszenzangiographie gestellt. Die untersuchende Ärztin verschrieb das Präparat Ranibizumab. Auf dem handgeschriebenen OP-Plan wurde Aflibercept notiert. Die Bestellung von Ranibizumab an die liefernde und produzierende Apotheke (ausgeeinzeltes steriles Medikament) noch am Dienstag gefaxt.

Donnerstags erfolgte die Lieferung und Kontrolle der Bestellung auf Vollständigkeit. Dabei werden die bestellten Präparate mit dem Lieferschein verglichen und die Namen der Patienten mit den Namen auf dem OP-Plan verglichen.

Am OP-Freitag wurde die Patientendokumentation vor Beginn der OPs mit Chargennummern, beteiligtem Personal und Terminierung der Nachschau durchgeführt. Dabei wurden die Präparate nochmals auf Vollständigkeit überprüft. Es wurden keine fehlenden Medikamente festgestellt – mit Ausnahme der Medikamente, die Patienten selber zum Eingriff mitbrachten.

Der OP-Tag verlief vom Ablauf her zügig, trotz zweier neuer Mitarbeiterinnen im OP, die eingearbeitet werden mussten. Es konnten in der ersten Stunde 12 Patienten, in der zweiten Stunde 11 Patienten operiert werden. In der letzten Stunde mussten nur noch 9 Patienten operiert werden. Alle Eingriffe verliefen von der Durchführung her problemlos. Der drittletzte Patient wurde ebenso problemlos operiert. Erst nach dem Abschluss aller Eingriffe fiel auf, dass ein Medikament übrig blieb, welches für einen Patienten vorgesehen war. In der akribischen Suche fiel zunächst auch nicht auf, dass ein Patient ein falsches Medikament erhalten hatte, da sämtliche Patienten die Medikamente des OP-Plans injiziert bekommen hatten.

Montag nach der OP hatte die OP-Leitung und die Operateurin, unabhängig voneinander, festgestellt, wo der Fehler gefunden werden konnte.

▪ ▪ Fehlerhafte Vorgänge identifizieren

Es wurde zwar das richtige Medikament bestellt und bevorratet, jedoch wurde der Eingriff mit einem anderen Präparat auf den handgeschriebenen OP-Plan fixiert. Dieser Fehler geschah 3 Tage vor dem Eingriff. Die Medikamentenbevorratung nach Lieferung erfolgt mittels Lieferschein und nicht OP-Plan oder mit OP-Plan (Patientenname). Dieses erfolgte am Tag vor der Operation. Der Name auf dem vorhandenen, ausgeeinzelten Medikament (nicht spezifischem Präparat) und der Patientenname wird auf dem OP-Plan werden am OP-Tag verglichen und mit den jeweiligen Instrumentensets dokumentiert. Etwa 11 Eingriffe je Stunde inklusive Ein- und Ausschleusen über 3 Tragen bedingen einen schnellen Ablauf. Ein nicht direkt vorhandenes OP-Set wird durch ein Ersatzset und Präparat ersetzt.

An diesen 4 Stellen erfolgten jeweils Fehler, die zu der Medikamentenverwechslung geführt haben.

Fehlerbegünstigende Faktoren identifizieren

Es gibt bei dieser Verwechslung, die glücklicherweise für den Patienten ohne Konsequenz verlief, eine große Anzahl an fehlerbegünstigenden Faktoren. Diese können in einem Diagramm nach Ishihara aufgezeigt werden. Begünstigende Faktoren sind:

- Medikament
  - Originalpräparat teuer (Eingriff als Fallpauschale)
  - Zu großes Injektionsvolumen im Originalpräparat (Handlingproblem)
  - Ausgeeinzelt über Spezialapotheken erhältlich (Preis entscheidet)
  - In gleicher Verpackung ausgeeinzelt (unabhängig vom Präparat)
  - 3 Tage Vorlauf vor Lieferung (bei dringlicher Indikation: Austausch)
  - begrenzte Haltbarkeit der Präparate (begünstigt Austausch)
  - mehrere ähnliche Präparate
  - Reservebevorratung in der Regel vorhanden
  - ID mittels Kontrollzettel auf der Trage (nicht farbkodiert)
- Patient
  - Ältere, meist morbide Patienten (häufiger krank)
  - Häufig zugewiesene Patienten (ID erschwert)
- Team
  - 3–4 MFA (mit regelmäßiger Fluktuation)
  - 1 Augenarzt (sprunghafte Planung, willensstark)
  - 2 junge MFA (geringeres Problembewusstsein)
  - Individuelle Faktoren
  - Überforderung einzelner MFA (Parallelprozesse Schleusen, Richten, Operieren, Desinfizieren/Sterilisieren)
  - Selbstbehauptung (gelegentlich nicht ausgesprochene Konflikte)
- OP-Setting
  - 2 OP-Säle
  - 30–40 Patienten
  - 1 OP-Schleuse
  - Organisation
  - Begrenzte OP-Kapazität für intravitreale Eingriffe (Sprechstunden, Kataraktchirurgie, Diagnostik müssen auch erledigt werden)
  - Zeitdruck (30–40 Eingriffe in 3 h)
  - Hohe Zuweiserquote
  - Eingriff von den Krankenkassen pauschal vergütet
  - Bestellteam und OP-Team sind voneinander komplett getrennt

In der Bewertung der fehlerbegünstigenden Faktoren sind viele Faktoren wichtig. Die Vergütung als Pauschale führt zu einem möglichst kostengünstigen Einkauf. Somit sind die Präparate zwar am OP-Tisch gut zu verarbeiten, jedoch fallen Sicherheitsmerkmale wie unterschiedliches Präparatdesign weg. Dieses steigert die Verwechslungsgefahr. Das Bestellwesen von ausführenden OP-Team zu trennen birgt die Gefahr, dass durch die Entkopplung der Prozesse mögliche Fehler im ersten Teil der Kette nicht erkannt werden.

Eine sprunghafte und dominante Teamleitung, die häufiger eine Patientenreihenfolge im OP zur Programmbeschleunigung ändert, erfordert ein hochflexibles Team. Die Wahrscheinlichkeit, dass Änderungen nicht kommuniziert werden oder nicht registriert werden, ist hoch – insbesondere bei 10 Patienten je Stunde.

Empfehlungen ableiten und Maßnahmenplan entwickeln

Im Team wurden folgende Maßnahmen besprochen, die eine Fehlerwahrscheinlichkeit weiter reduzieren können. Das Bestellwesen wurde nicht verändert. Es wurde jedoch eine Checkliste erstellt, die bereits bei der Bestellung eine zwischen OP-Plan und Bestellliste unterschiedliche Medikamentenangabe aufzeigt. Diese Checkliste wurde auch für die Kontrolle der Lieferung dahin gehend erweitert, dass in der Patientenakte das Medikament mit der Lieferung und dem OP-Plan verglichen wird. Die Kontrolltermin-Zettel wurden auf die jeweiligen Medikamente farbkodiert. Die einheitliche Verpackung wird bereits bei Kontrolle der Lieferung mit entsprechenden Farbaufklebern versehen, um die Fehlerwahrscheinlichkeit zu verringern.

Es wurde besprochen nicht mehr als 25 Patienten je OP-Tag zu operieren. Dieses reduziert den Zeitdruck und ermöglich gleichzeitig dem Operateur sich an den abgesprochenen OP-Plan zu halten, damit er immer rechtzeitig in die folgende Sprechstunde kommen kann. Außerdem wurde für das Team Timeout bewusst die Kommunikationsschleife

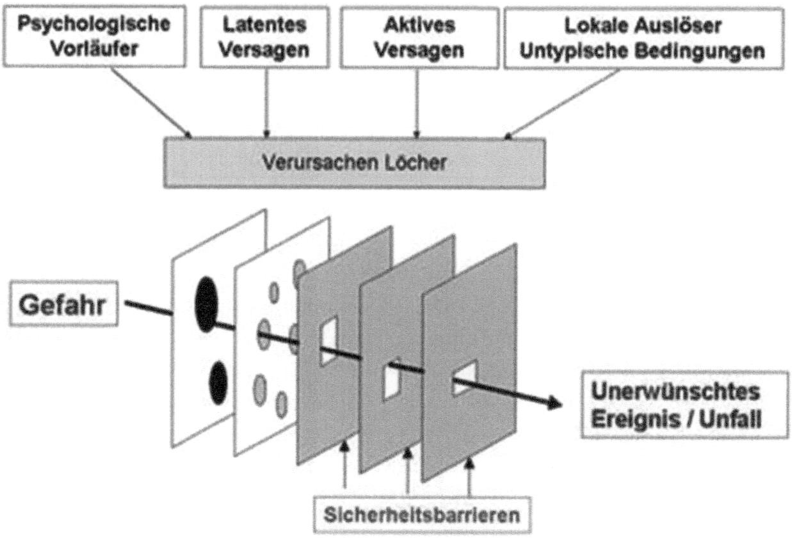

Abb. 4.1 Schweizer-Käse-Modell (nach Reason)

eingeführt, dass der Operateur das Präparat und die OP-Seite benennt und der OP-Springer das zur Verfügung stehende Präparat vor Beginn des Eingriffs zeigt.

Mit diesem Maßnahmenkatalog sollte sich ein Verwechslungsfehler deutlich eher ausschließen lassen, auch wenn nicht alle Eventualitäten abgesichert sind (es gibt noch keine Patientenarmbänder – jedoch Pflasterstreifen mit Namen versehen, farbige Aufkleber können auf das falsche Medikament aufgeklebt werden). Bislang ist dieses System seit nunmehr 2 Jahren erfolgreich umgesetzt worden.

Zusätzlich wurden mehrere Allgemeinmaßnahmen durchgeführt:

In der Praxis wird seit 5 Jahren ein Notfalltraining durchgeführt. Es wurde modifiziert, um Teamaspekte zu verdeutlichen und zu trainieren. Mit Hilfe von Rollenspielen in Notfallsituationen wurden Teamaspekte Kommunikation, Führung, Aufgabendelegation und Feedback zur Steigerung der „situation awareness", also Fehlervigilanz, durchgeführt.

4.3 Systemische Fehlerbetrachtung

Bereits 1990 entwickelte Reason das „Schweizer-Käse-Modell" vor dem Hintergrund einer systemorientierten Sichtweise der Fehlergenese, welches auch die Basis der zuvor aufgeführten Fallaufarbeitung darstellt (Abb. 4.1) [17, 19].

Dieses ist eine Abkehr von der traditionellen, personenorientierten Sichtweise, in der die aktiven Mitarbeiter im Gesundheitssystem bei einem unterlaufenen Fehler persönlich beschuldigt werden („wer war das? oder „name, blame, shame"). Nach einer Maßregelung erfolgt dann der Hinweis, besser aufpassen zu müssen.

Das Reasonsche Modell beruht auf der Erkenntnis, dass Fehler erst durch Sicherheitslücken im System zum Tragen kommen und nicht durch die Unfähigkeit des Einzelnen [21, 25].

Heutzutage wird analog anderer Hochrisikobereiche (Luft- und Raumfahrt, Energiesektor) eine systemorientierte Sicht auf Fehler in der Medizin gefordert. Fehler müssen nicht zu Schäden führen. Es wird sogar davon ausgegangen, dass Menschen oder auch ein ganzes System Fehler machen. Das System muss jedoch derart robust und redundant gestaltet sein, dass Fehler nicht zu Behandlungsschäden führen. Auf das Schweizer-Käse-Modell hin übertragen bedeutet das, dass die Scheiben weniger Löcher aufweisen – zum Beispiel durch regelmäßig angepasste organisatorische Prozesse, optimales Gerätedesign und sichere Medikamente (nicht nur pharmakologisch, sondern auch vom Produktdesign her).

Reason sprach in seinen Publikationen vom scharfen Ende der „Fehlerklinge", wenn es um **aktive Fehler** durch Handelnde ging und vom stumpfen Ende der Klinge, wenn **latente Fehler**, die teils Jahre im System schlummern ursächlich eine Hauptrolle bei Zwischenfällen spielen [16].

Bei den aktiven Fehlern kann man verschiedene Formen unterscheiden wie beispielsweise Ausrutscher, regelbasierte oder wissensbasierte Fehler und bewusste Regelübertretungen. Ausrutscher im täglichen Leben sind beispielsweise die falsche Eingabe von PIN-Nummern aus Gedankenlosigkeit, obwohl man „seine" PIN kennt. Regelbasierte Fehler resultieren aus der falschen Anwendung von richtigen Regeln und können zu einem Tunnelblick führen. Im Gegensatz zu Ausrutschern finden diese Fehler auf der Planungsebene statt [21, 33]. Regelübertretungen stellen Abkürzungen dar, die mit einer „Belohnung" einhergehen, z. B. das Überqueren einer roten Ampel, um schneller an sein Ziel zu gelangen. Die Eindämmung solcher Verhaltensweisen stellen eine große Herausforderung in Medizinbetrieben dar [1–7].

Zusätzlich müssen fehlerinduzierende Vorbedingungen und latente Fehler bei der Analyse von Zwischenfällen und aktiven Fehlern berücksichtigt werden [20].

Fehlerursachen

- Psychologische Faktoren
  - Konflikte
  - Stress
  - Erschöpfung
- Lokale Auslöser, atypische Bedingungen
  - Neues Team
  - Unbekannte, neue, komplexe Aufgabe
  - Zeitdruck
  - Umgebungsfaktoren (Lautstärke, Beleuchtung)

Die genannten Vorbedingungen reduzieren ein proaktives Sicherheitsdenken und damit die situative Aufmerksamkeit. Somit vergrößern sie in vielerlei Hinsicht die Löcher des Schweizer Käses durch verkürzte Entscheidungsfindungen, reduzierte und inadäquate Kommunikation, unzureichende Gesamterfahrung und Produktionsdruck.

Ein weiterer wichtiger Aspekt in der Fehlerforschung liegt in der Untersuchung latenter Fehler. Diese wurden jahrelang nicht beachtet, bis aus anderen Bereichen, wie der Raum- und Luftfahrt deutlich wurde, dass diese zu einem großen Prozentsatz an der Entstehung von Zwischenfällen beteiligt sind [14]. Sie schlummern oft jahrelang im System, bevor letztendlich ein Zwischenfall entsteht. Beispielsweise dauerte es über 9 Jahre bis eine Managemententscheidung der NASA und des Raketentriebwerkherstellers Morton Thiokol über die Produktentwicklung einer Unterlegscheibe (!) den verheerenden Challenger-Space-Shuttle-Unfall verursachte.

Latente Fehler schlummern in der Medizin im technischen Bereich von Geräten und Pharmaka, aber auch in der Organisation und Führung des Betriebes, den politischen Rahmenbedingungen, einzelner Teammitglieder oder des Teams. Beispielsweise ist ganz aktuell die EDV als ein großes Sicherheitsrisiko in vielen Bereichen der Medizin durch Cyberkriminalität hervorgetreten. Denkbar ist eine Veränderung von Diagnoseprogrammen, Sterilisationsprogrammen, usw. durch Dritte, welche die Sicherheit beeinträchtigen können [33]. So hat der technische Fortschritt durch Digitalisierung auch eine zweite fehlerinduzierende Komponente erhalten, an die man vor 20–25 Jahren nicht gedacht hatte.

Zurückkommend auf das Schweizer-Käse-Modell ist also das Ziel, die Anzahl der Scheiben zu erhöhen und gleichzeitig die Löcher des Käses zu verkleinern. Dieses führt dazu, dass einzelne Fehler im System weniger Auswirkung auf das Ergebnis haben. Welche Sicherheitsfaktoren haben wir bereits?

4.4 Sicherheitsfaktoren

4.4.1 Algorithmen und Leitlinien

Algorithmen spielen in vielen standardisierten Situationen eine sicherheitsrelevante Rolle und erlauben – beispielsweise in Notfallsituationen – problemlos die Bildung von Ad-hoc-Teams. Gerade das Beispiel der Reanimation mit strengen Regeln des BLS („basic life support") und ALS („advanced life support") zeigt nunmehr seit Jahrzehnten einen großen Erfolg und eine Breitenwirkung [29].

Leitlinien stellen hingegen die Basisstandards von Behandlungsschritten und Ausstattung in personeller und apparativer Sicht dar. Hiermit können Fachgesellschaften flächendeckend proaktives sicherheitsorientiertes Arbeiten vorgeben, wie beispielsweise die DGAI Minimalforderungen an die Arbeitsplätze pädiatrischer Anästhesie angibt oder Gastroenterologen Leitlinien zur Sedierung von Endoskopie-Patienten herausgeben [34].

4.4.2 Checklisten, Handlungsanweisungen

Ein Instrument zur Erhöhung der Patientensicherheit bei Operationen sind OP-Checklisten.

Das Bundesministerium für Gesundheit fördert die Teilnahme des Ärztlichen Zentrums für Qualität in der Medizin (ÄZQ) am internationalen WHO-Projekt „Action on Patient Safety: High 5s", dessen Zielsetzung die bedeutsame, nachhaltige und messbare Reduzierung von unerwünschten Ereignissen in der Patientenversorgung durch die Implementierung von standardisierten Handlungsempfehlungen (SOP = Standard Operating Procedures) ist.

Für den Bereich ambulanter Operationen gibt es derzeit eine adaptierte Form des „High-5s"-Konzeptes aus dem stationären Krankenhausbereich, der dafür Sorge trägt, dass weder Patient, noch Eingriff, noch OP-Seite verwechselt werden könnten. Die „High-5s"-SOP der Weltgesundheitsorganisation WHO wurden dementsprechend als Handlungsempfehlungen regionaler Kassenärztlicher Vereinigungen für den ambulant operierenden Bereich übernommen (KVNO, KVWL), nachdem für Krankenhäuser ein positiver Effekt gezeigt werden konnte [27].

Im einzelnen sieht dies wie folgt aus:

- Identifikation und Aufklärung des Patienten,
- Markierung des Eingriffsortes am Patienten,
- Narkoseeinleitung: Identifikation des richtigen Patienten für die richtige Operation,
- Team-Time-Out im Operationsraum (Geräte, Medikamente, Vollständigkeit der Verbrauchsmittel).

Manser und Team konnten den Effekt solcher SOP im ambulanten Bereich mit dem Ergebnis untersuchen, dass von den eingesendeten Befragungen (>400 Praxen) mehr als 50% die WHO Empfehlung umsetzen und subjektiv auf der einen Seite einen höheren Fokus auf den Bereich Patientensicherheit erhalten und spüren. Die Standardisierung wurde als Qualitätsgewinn in vielen Praxen angesehen [28].

Folgerichtig hat der Gemeinsame Bundesausschuss (GBA) am 17.12.2015 einen Beschluss gefasst, dass Checklisten bei Operationen verbindlich anzuwenden seien. Lediglich die Art der Checkliste wird nicht spezifiziert. Hier gibt es Vorschläge durch die Berufsverbände.

4.4.3 Kommunikation

Die Analyse vieler Zwischenfälle zeigt deutlich auf, dass Kommunikationsdefizite verschiedenster Ursachen ursächlich für Zwischenfälle sind. Eine Vorbesprechung („briefing") kann ein Team auf die Aufgaben vorbereiten und regelmäßige Nachbesprechungen („debriefing"), auch ganz kurz, um gute Abläufe zu verstärken und weniger gute Abläufe zu optimieren, sind sehr hilfreich. Standardisierte Übergaben mit Angaben zu Patient, Behandlung, Anweisung und Schwierigkeiten sowie eine Wiederholung dieser Angaben durch den Empfänger der Nachricht können zu einer deutlichen Verringerung von Kommunikationsproblemen beitragen. 2014 haben Starmer und Team an 9 Krankenhäusern eine standardisierte Kommunikation in den ärztlichen Übergaben eingeführt, die zu einer um 23% verringerten Fehlerrate führte [32].

4.4.4 Team-Training

Ein Training zur Lösung schwieriger und kritischer klinischer Situationen in der Gruppe gibt Mitarbeitern Sicherheit im Ernstfall. Außerdem macht es auf die Bedeutung von Human Factors wie Verantwortung, Führung, Kommunikation, geteilten mentalen Modellen und situationsbewusstes Handeln aufmerksam [23, 31]. Es hilft gerade motivierten Mitarbeitern Schwächen im System aufzufangen. Jedoch ist dieses Training mit Zeit und Kosten verbunden.

In Deutschland werden diese Trainings von verschiedenen öffentlichen und privaten Trägern mit unterschiedlichen Methoden angeboten, die nicht selten aus dem Bereich der Luftfahrt stammen oder Ableger universitärer Einrichtungen sind. Angefangen von Notfallschulungen in der eigenen Praxis (die ein Hauptaugenmerk auf eine Ausführung von Algorithmen und Teamwork in der Praxis legen) bis hin zu in die Tiefe führenden Kurse zum Thema Patientensicherheit mit psychologischen Hintergründen oder Human-Factors-Training am Patientensimulator bietet Deutschland umfassende Trainingsmöglichkeiten an.

4.4.5 Praxis- und Ablaufplanung nach Human-Factors-Gesichtspunkten

Bereits in der Planungsphase vor Anschaffungen kann die Praxisführung viel im Bereich Sicherheitskultur verwirklichen. Häufig werden in ambulant operierenden Einrichtungen Geräte, Medikamente, OP-Sets und auch Räumlichkeiten nahezu ausschließlich nach 2 Kriterien ausgesucht: niedrige Kosten und Erfüllung gesetzlicher Normen. Nicht selten erkauft man sich auf diese Art und Weise eine Menge schlummernder latenter Fehler. Beispielsweise sind einige Geräte zwar günstig, jedoch so kompliziert in der Handhabung, dass Mitarbeiter viele Wochenstunden mit Checklisten zum Erhalt des Betriebes gebunden sind, die dann an anderer Stelle der Behandlungskette fehlen und beim Mitarbeiter Produktionsdruck auslösen können. Als anderes Beispiel seien ausgeeinzelte Medikamente aus Apotheken genannt, die sich darauf spezialisiert haben, sehr teure Originalpräparate in mehrere Teildosen steril aufzuteilen und deutlich günstiger als das Originalpräparat an Praxen zu verkaufen, die bestimmte Eingriffe als Fallpauschale vergütet bekommen und dementsprechend ein Interesse am günstigen Einkauf erhalten. Die Apotheken führen diese Aufteilungspraxis in der Regel für verschiedene Präparate durch. Bis auf einen kleinen Aufdruck sieht die sterile Verpackung des Medikaments gleich aus, welches gegenüber Originalpräparaten eine erheblich gesteigerte Verwechslungsgefahr induziert.

Im Bereich der Personalplanung ist ein gesunder Kompetenzmix im Team und eine Verringerung von Überforderungssituationen für Einzelne ein übergeordnetes Ziel. Das Vorleben einer positiven Sicherheitskultur durch die Praxisführung mit Besprechungen von Beinahe Zwischenfällen als Lerneinheit, Fairness gegenüber Mitarbeitern und Erarbeitung von gemeinsamen mentalen Modellen in Gruppensitzungen unterstützen ein positives Klima.

4.4.6 Critical Incident Reporting System (CIRS)

„Aus Fehlern lernen" ist das zugrundeliegende Prinzip und steckt in den EDV gestützten Berichts- und Lernsystemen des Gesundheitswesens, auch Critical Incident Reporting System, kurz CIRS genannt. CIRS ermöglicht es allen Mitarbeitern im Gesundheitswesen aus Berichten von anderen über kritische Ereignisse oder Fehler zu lernen. Durch eine systematische Analyse der Berichte kann Wissen über Ursachen gewonnen werden. Daraus können Präventionsmaßnahmen entwickelt und in der klinischen Praxis etabliert werden [31]. Ziel ist eine Verbesserung der Patientensicherheit. Aus diesem Grund wurden die Berichtssysteme auch in das Patientenrechtegesetz von 2013 aufgenommen. Man unterscheidet offene und geschlossene Systeme, die im kleinen Bereich (Praxisnetz, Krankenhaus, Krankenhausverbund) oder auch im größeren Bereich (Fachgesellschaft, Ärztekammer) anzusiedeln sind. Für eine hohe Akzeptanz müssen die Meldesysteme folgende Faktoren erfüllen:

- Anonymität und Freiwilligkeit,
- unabhängig und systemorientiert,
- vertrauliche Bearbeitung der Berichte,
- sanktionsbefreit,
- Analyse durch Experten,
- zeitnahe Rückmeldung an den Berichtenden,
- einfach zu nutzen.

Die Ergebnisse des CIRS münden nicht selten in einer Optimierung identifizierter Struktur- und Prozessprobleme als ein wichtiger Punkt des Risikomanagements im Qualitätsmanagement, jedoch mindestens in einem gesteigerten Problembewusstsein. Größere Meldesysteme erlauben einen Blick über den eigenen Tellerrand hinaus. Insgesamt wird ein aktives Praxisteam bei der Teilnahme an solchen Systemen zu einer aktiveren Sicherheitskultur bewegt.

Nachteil eines solchen Systems kann eine nicht repräsentative Darstellung von Zwischenfällen sein, da Bereiche mit einer gesunden Sicherheitskultur eher berichten als Bereiche, in denen diese noch nicht tief integriert ist.

4.5 Zusammenfassung:

In der Medizin ist das Thema Patientensicherheit vergleichsweise stiefmütterlich behandelt worden, obwohl jährlich in der Welt hunderttausende Menschen durch medizinische Behandlungsfehler sterben und Schaden erleiden. Durch das Patientenrechtegesetz 2013 ist dieser Bereich unseres Handelns in einen adäquaten Fokus gerückt worden. Viele Hochrisikobereiche wie die Luftfahrt oder Energiesektoren investieren viele Ressourcen in den Sicherheitsbereich und haben bereits viele wissenschaftlich fundierte Vorarbeiten geleistet, die seit den 1980er Jahren auch in der Medizin Anwendung finden. Es gibt eine Reihe von Werkzeugen die Sicherheitskultur in ambulant operierenden Bereichen zu steigern, auch wenn sie teilweise kostenintensiv sind. Sie sind nicht schwierig zu erlernen, müssen jedoch konsequent in der täglichen Arbeit umgesetzt, trainiert und von der Praxisführung gelebt werden. Für den ambulant operativen Bereich ergeben sich durch das eingeschränkte Behandlungsspektrum besonders große Chancen ein funktionierendes System zu implementieren, insbesondere wenn Ärztekammern und Kassenärztliche Vereinigungen neben den implementierten Meldesystemen flankierende Maßnahmen zum Thema Sicherheitskultur, wie beispielsweise Lernprogramme, anbieten können.

Literatur

[1] Marx D (2009) Whack-a-Mole: The Price we pay for expecting perfection. By your side studios, Plano, TX. http://www:whackamolethebook.com
[2] Wachter RM, Pronovost PJ (2009) Balancing „no blame" with accountability in patient safety. N Engl J Med 361: 1401–1406
[3] Hickson GB, Pichert JW, Webb LE et al. (2007) A complementary approach to promoting professionalism: identifiying, measuring and addressing unprofessional behaviors. Acad Med 82:1040–1048
[4] Rogers AE, Hwang WT, Scott LD et al. (2004) The working hours of hospital staff nurses and patient safety. Health Aff (Millwood) 23: 202–212
[5] Auerbach AD, ladefield CS, Shojania KG (2007) The tension between needing to improve care and knowing how to do it. N Engl J Med 357:608–613
[6] Pronovost PJ, Sexton B (2005) Assessing safety culture: guidelines and recommendations. Qual Saf health Care 14:231–233
[7] Amalberti R, Vincent C, Auroy Y (2006) Violations and migrations in health care: a framework for understanding and management. Qual Saf Health Care 15: 166–171
[8] Chopra V, Bovill JG, Spierdijk J (1990) Accidents, near accidents and complications during anaesthesia. Anaesthesia 45: 3–6
[9] Cooper JB, Newbower RS, Long CD, McPeek B (1978) Preventable anesthesia mishaps: a study of human factors. Anesthesiology 49: 399–406
[10] Cooper JB, Newbower RS, Kitz RJ (1984) An analysis of major errors and equipment failures in anesthesia management: considerations for prevention and detection. Anesthesiology 60: 34–42
[11] Helmreich RL, Foushee HC (1993) Why crew resource management? Empirical and theoretical bases of human factors training in aviation. Aus: Wiener E, Kanki B, Helmreich RL (eds) Cockpit Resource Management. Academic Press, San Diego, pp 3–45
[12] Gaba DM (1992) Improving anesthesiologists´performance by simulating reality. Anesthesiology 76: 491–494
[13] Schaefer HG, Helmreich RL (1994) The importance of human factors in the operating room. Anesthesiology 80: 479
[14] Helmreich RL (2000) On error management: lessons from aviation. BMJ 320: 781
[15] Leape LL (1994) Errors in Medicine. JAMA 272: 1851–1857
[16] Cook RI, Woods DD (1994) Operating at the sharp end: the complexity of human error. In: Bogner MS (ed) Human Error in Medicine. Hillsdale, Erlbaum, pp 255–310
[17] Reason JT (1990) Human Error. Cambridge University Press, New York
[18] Institue of Medicine – To Err is Human: Building a safer health system (1999) National Academy Press, Washington
[19] Reason JT (2000) Human Error: models and management. BMJ 320: 768
[20] Berkun MM (1964) Performance decrement under psychological stress. Human Factors 6: 12–30
[21] Harris JE (1984) Remembering to do things: a forgotten topic. In Harris JE, Morris P: Everyday memory, actions and absent-mindedness. Academic Press, London
[22] Norman DA (1988) The psychology of everyday things. Basic Books, New York
[23] Hörmann H-J (1995) FOR-DEC. A prescriptive model for aeronautical decision making. In Fuller R, Johnston N,

McDonald N (eds) Human Factors in Aviation Operations. Proceedings of the 21 st Conference of the European Association for Aviation Psychology (EAAP) (Vol. 3) (pp. 17–23). Aldershot Hampshire, Avebury Aviation. ISBN 0-291-39825-1
[24] Taylor-Adams S, Vincent C (2004) Systems analysis of clinical incidents: the London protocol. Clinical Safety Research Unit. Imperial College London, Department of Surgical Oncology and Technology 10: 211–220
[25] Wachter RM (2012) Understanding Patient Safety, 2nd ed. McGraw-Hill, pp 193ff
[26] http://www.aezq.de/patientensicherheit/fehlertheorie/#3, zuletzt aufgerufen am 28.12.2015
[27] https://www.kvwl.de/mediathek/kompakt/2014_10.pdf, zuletzt aufgerufen 28.12.2015
[28] https://www.ifpsbonn.de/projekte/he-ambulant, zuletzt aufgerufen am 28.12.2015
[29] http://www.grc-org.de/leitlinien2015, zuletzt aufgerufen 28.12.2015
[30] http://ntl.bts.gov/lib/7000/7500/7585/jatww3-1wilson.pdf, zuletzt aufgerufen am 28.12.2015
[31] http://www.aps-ev.de/angebote/handlungsempfehlungen/, zuletzt aufgerufen 28.12.2015
[32] Starmer AJ et al. (2014) Changes in Medical Errors after Implementation of a Handoff Program. NEJM 371;19:1803–1817
[33] http://www.welt.de/politik/deutschland/article152471885/Hacker-haben-in-deutschen-Kliniken-leichtes-Spiel.html, zuletzt aufgerufen am 21.2.2016
[34] Riphaus A, Wehrmann T et al. (2013) Anästh Intensivmed 54:39–42

Ablauforganisation und Planung

M. Pandya

T. Standl, C. Lussi (Hrsg.), *Ambulantes Operieren in Klinik, Praxis und MVZ*,
Erfolgskonzepte Praxis- & Krankenhaus-Management
DOI 10.1007/978-3-662-49787-6_5

5.1 Einleitung

Eine der Herausforderungen bei der Planung und Implementierung eines ambulanten Operationszentrums (AOZ) ist sicherlich das Spannungsfeld zwischen

- der medizinischen Anforderung und Notwendigkeit einerseits und
- den ökonomischen Rahmenbedingungen im DRG-/EBM-Zeitalter andererseits [15].

Eine Kostenträgerrechnung des Ökonomen wird beim verantwortlichen Anästhesisten oder Chirurgen zunächst auf Minderverständnis stoßen. Ebenso wenig wird der kalkulierende Ökonom die Tragweite erkennen, die z. B. aus dem Fehlen einer notfallerprobten Fachpflegekraft resultiert, wenn die Erholungszone für ambulante Patienten räumlich zu weit disloziert ist. Der fest angestellte Klinikarzt wird in diesem Kontext sicherlich mehr Distanz zu betriebswirtschaftlichen Fragestellungen zeigen als der praxisambulant tätige Kollege, der Umsatzeinbußen sofort schmerzlich spürt [2].

Die Argumente, die für das ambulante Operieren sprechen, sind hinreichend belegt, jedoch gibt es für die beteiligten Partner sehr unterschiedliche Motivationsschwerpunkte:

- Für die Kostenträger (GKV/PKV) zählt vornehmlich die Kostenersparnis im Vergleich zur stationären Leistungserbringung.
- Der praxisambulant tätige Operateur kann sich neben seinem regulären Praxisbetrieb profilieren und zusätzliche Einnahmen generieren. Der praxisambulant tätige Anästhesist wird alles tun, um eine möglichst hohe Schlagzahl an Narkoseleistungen zu erreichen, da seine Umsatzsituation unmittelbar hiervon abhängt [2]. Perfekter Service für die Patienten und operativen Kollegen, Patientenorientiertheit und höchste Zuverlässigkeit bei erstklassiger, werbewirksamer Präsentation, auch über das Internet, sind hier meist selbstverständlich.
- Das ambulante Operieren im Krankenhaus wurde zunächst als Verlustgeschäft betrachtet, da man vermeintlich Ressourcen, die sonst dem stationären Sektor zugute gekommen wären, blockierte [5, 19]. Heute erkennt man im klinischen Bereich jedoch Akquise- und Imagefaktor, bei gleichzeitig hoher Akzeptanz vonseiten des Behandelten [2, 11]. Das AOZ präsentiert sich als Visitenkarte des Krankenhauses: „Der heutige ambulante Fall kann der stationäre Fall von morgen sein" [12].
- Ein Marktvorteil des ambulanten Operierens im Krankenhaus ist nach wie vor die stationäre Anbindung, die man im Rahmen von Campus-Konzepten auch niedergelassenen Ärzten in Kooperationsverträgen anbieten kann.
- In der Klinik lassen sich teilseparierte AOZ-Modelle leichter realisieren, bei denen man auf stationäre, punktuell unausgelastete Ressourcen zurückgreift (Zentralsterilisation, ungenutzte Räumlichkeiten, Reinigungsdienst, Schreibdienst, Apotheke, Zentrallager, Transportdienste) [10, 15, 19]. Anhaltsweise lässt sich die Erlössituation anhand des AOP-Katalogs überschlagen und unter Vorbehalt für eine erste Planungsphase heranziehen (◘ Abb. 5.1).

▪▪ Rückwärtskalkulation

Laut Krankenhausbarometer 2010 betrug der durchschnittliche Erlös pro Fall 343 € [18]. Bei einer angenommenen durchschnittlichen Saalverweilzeit (inkl. Wechselzeit) von 48 min pro Eingriff und 480 min/8 h Tageskontingent ergäbe sich eine Fallzahl von 10 pro Tag à 343 €. Unter dieser Voraussetzung könnte ein ambulantes OP-Team bei einer 40-h-Woche ca. 68.600 € Umsatz/Monat erreichen und einen Jahresumsatz von 823.200 € anstreben [in Anlehnung an [8]; vgl. auch [3].

5.2 Voraussetzungen

Alle organisatorischen und planerischen Erwägungen zielen also darauf ab, bei selbstverständlich adäquaten medizinischen Rahmenbedingungen, alle räumlichen, personellen und logistischen Voraussetzungen zu schaffen, die notwendig sind, um kostendeckend und gewinnbringend zu arbeiten. Gesetzliche Anforderungen, Richt- und Leitlinien der Fachgesellschaften geben dabei den Rahmen vor, der die Qualität der medizinischen Leistung garantiert [4, 13].

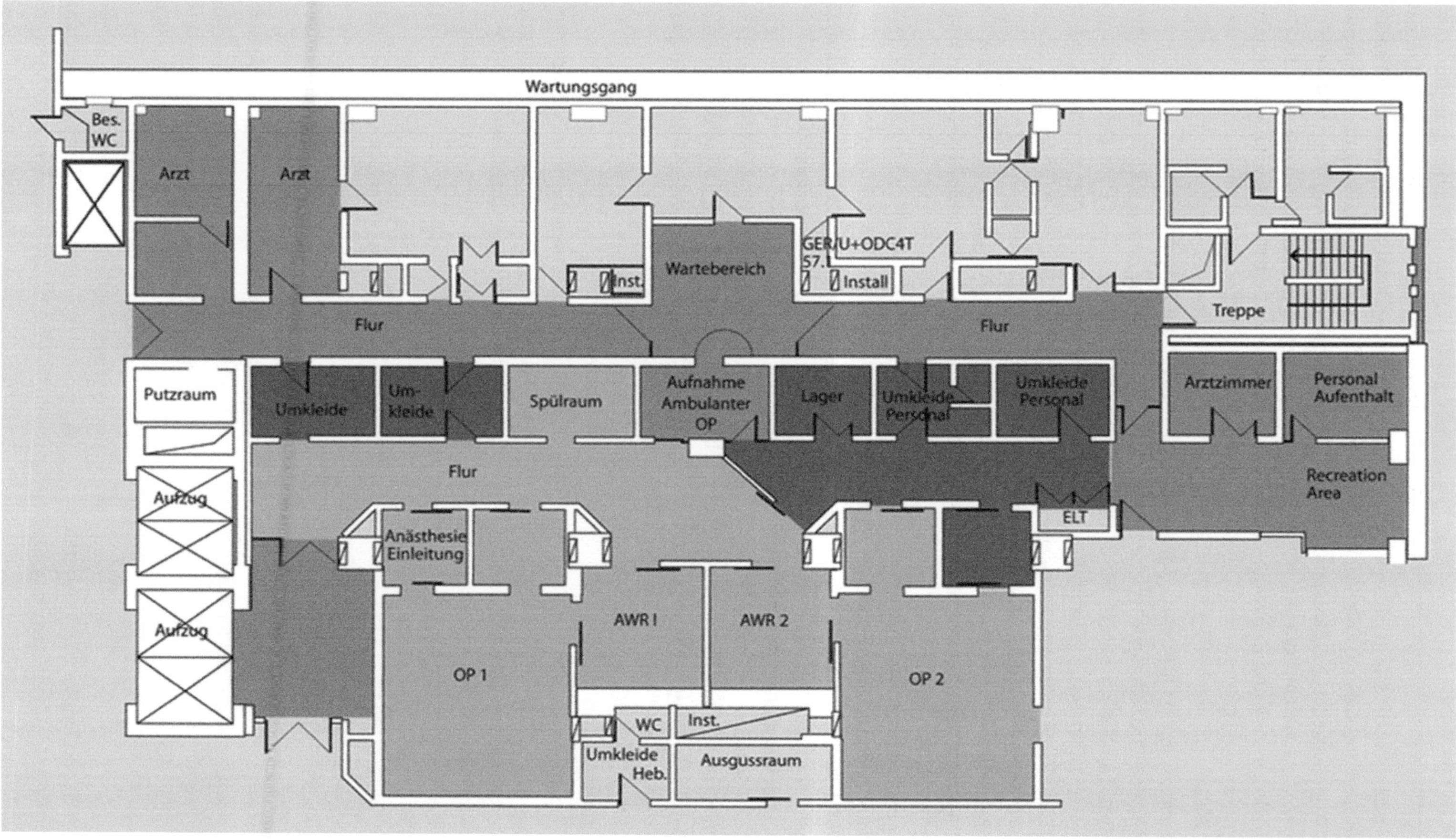

Abb. 5.1 Beispiel für ein weitgehend separiertes Modell eines AOZ, wie es im Städtischen Klinikum Solingen gGmbH 2009 umgesetzt wurde. Nach Fertigstellung eines neuen OP-Trakts wurden die abgebildeten Operationssäle frei und boten sich auch aufgrund ihrer exponierten Lage in der Nähe der zentralen Eingangshalle („Laufkundschaft“) für die Etablierung eines AOZ an. Die Zentralsterilisation wird vom AOZ mitgenutzt

5.2.1 Räumlichkeiten

Grundvoraussetzung, um mit einem schlanken Personalschlüssel effizient und sicher arbeiten zu können, sind geeignete Räumlichkeiten. Es gilt, Räume so groß wie nötig, das AOZ aber so kompakt wie möglich zu halten. Wege bedeuten Zeit, und Zeit kostet Geld.

▪▪ Zu lange Wege

Ein langer Zugang zu einem OP oder zur postoperativen Erholungszone wird sich in mehrfacher Weise ungünstig auswirken:

- für jeden Meter fallen Betriebskosten an,
- man wird mehr Zeit für Patiententransfer investieren müssen als auf einem kurzen Flur,
- die Kommunikationswege verlängern sich, die „Überschaubarkeit" im Sinne des Wortes geht verloren.

Anders formuliert: Eine Minute Zeitverlust pro Patient bedeutet 10 min Zeitverlust bei obigem Rechenexempel mit 10 Patienten. Das wiederum entspricht einem durchschnittlichen Einnahmeverlust von € 343:6 – € 57,16 [15].

Die in der ► Übersicht aufgelisteten Bereiche sind in einem AOZ abzubilden.

Bereiche eines AOZ

- Wartebereich
- Empfang
- Patientenumkleiden mit Nasszelle
- Personalumkleiden mit Nasszellen
- OP-Saal für nicht kontaminierte Regionen (Gr. 1) [84]
  - Ggf. weitere OP-Säle
  - Zugehörige Waschräume, Lagerhaltung, Geräteraum
  - Schmutzraum
- Aufwachraum
- Erholungszone Sozialraum/Teeküche
- Arztzimmer, Büroraum
- Sterilisation/Aufbereitung

▪▪ Wartebereich und Empfang/Praxisbereich

Entree, Empfang und Wartebereich sind das Aushängeschild und damit mutmaßlich „Point of Sale" eines AOZ. Es sind die Bereiche, die im Zeitalter der Internetpräsentation und Homepagegestaltung optisch und emotional ansprechend als legale Werbung für das Produkt „ambulante Operation" gerne präsentiert werden [9]. Hier entscheidet sich auch, ob der Patient, der sich mit Angst oder Unbehagen zur ambulanten Operation begibt, tatsächlich eintritt.

▪▪ Patientenumkleiden

Die Umkleide des Patienten bildet eine Schleuse zum OP-Trakt bzw. aus dem OP-Trakt wieder heraus. Sie sollte rollstuhlfähig sein, mit WC ausgestattet sein und Stauraum für Kleidung, Sitz- und Liegegelegenheiten bieten. Je nach Ablauforganisation sollte der Anschluss an eine interne Kommunikationsanlage oder eine Notklingel vorhanden sein.

▪▪ Personalumkleiden mit Nasszelle

Umkleiden und Toiletten müssen schnell erreichbar sein. Bei engem Personalschlüssel und angestrebter minimaler Wechselzeit ist gegenseitige Unterstützung über den Schleusenbereich hinaus oftmals notwendig. Hygienische Vorgaben wie Wäschewechsel müssen eingehalten werden können.

▪▪ Operationssäle

Kernstück eines Ambulatoriums sind die OP-Säle. Die Ausstattungsmerkmale entsprechen grundsätzlich denen eines stationär genutzten Operationsraums. Alle Details hierzu sind in der Qualitätssicherungsvereinbarung nach § 115b SGB V festgelegt.

Um reibungslose, getaktete OP-Abläufe mit kürzester Wechselzeit zu gewährleisten, hat es sich bewährt, die OP-Säle innerhalb des klinikambulanten Operierens, abgekoppelt vom stationären Betrieb vorzuhalten – wie es im praxisambulanten Bereich selbstverständlich ist. Vollintegrierte Organisationsformen, bei denen die Ressourcen eines stationären Zentral-OPs mitgenutzt werden, können sich in Einzelfällen anbieten, jedoch wird man alles tun müssen, um Wechselzeit und Transferzeit zu minimieren (◘ Tab. 5.1) [11, 15, 12]. Geht man von einem ambulanten OP-Team aus, kann es sich rechnen, einen zweiten Eingriffsraum vorzuhalten.

Tab. 5.1 Prozessdaten im Vergleich [11]

Prozessdaten (Zeitrechnung in Minuten)	Krankenhaus	GmbH am Krankenhaus	Vertragsarzt	Kalkulationszeit nach EBM
Durchschnittliche Anästhesieeinleitungszeit (Anästhesiepräsenz-Schnitt Anfang)	28	15	10	Durchschnittlich von K1–K4 15 min
Dauer Rüstzeit (Saalzeitanfang-Schnitt)	28	15	11	
Dauer Anästhesie inkl. Vorbereitung, (Anästhesiepräsenz-Anästhesiebeginn)	10	8	5	
Anästhesiepräsenz nach OP (Naht-Saalende)	13	6	4	
Prä- und postoperative Zeit gesamt	41	21	15	
Rüstzeit (Vorbereitung Tisch) lt. Erhebungen	10	4	4	
SN-Zeit: Auswertung, Dokumentation	41	24	17	
Durchschnittliche SN-Zeit	33	26	28	38

SN-Zeit: Schnitt-Naht-Zeit

Aufwachraum

Jede Anästhesiefachkraft weiß um die besonderen Risiken und Gefahren, die in der ersten unmittelbaren postoperativen Phase für den Patienten bestehen. Die Vorgaben, die an einen Aufwachraum gestellt werden, sind von den Fachgesellschaften und Berufsverbänden entsprechend formuliert. Im AOZ wird man, wiederum unter Berücksichtigung des schmalen Personalschlüssels, einen Weg finden müssen,

- eine absolut adäquate, sichere Nachbetreuung zu gewährleisten,
- ohne vermeidbare, zusätzliche personelle Ressourcen vorhalten zu müssen, und ohne unnötig Zeit zu verlieren.

Dafür ist eine Grundvoraussetzung, dass OP und AWR unmittelbar aneinander angrenzen. Der ambulante Patient weist in der Mehrzahl der Fälle keine relevanten Komorbiditäten auf und wird nach OP-Ende sehr schnell wach, mit stabilen Vitalparametern in den AWR verlegt werden können. Mit Blick auf die Wechselzeiten muss die Transferzeit in den Aufwachraum minimal gehalten werden. Durch die „Next-door"-Ausrichtung kann der Anästhesist Schmerzen, postoperative Unruhe oder sonstige Beschwerden des Patienten im AWR therapieren, während der nächste Patient im OP-Saal für die Narkose vorbereitet wird. Bis der Patient vom Anästhesisten als grundsätzlich aus dem AWR entlassungsfähig bewertet wird, darf die nächste Narkose nicht eingeleitet werden, es sei denn, weitere personelle Ressourcen sind verfügbar [1, 16].

Erholungszone (Recreation Area)

Der typische ambulante Patient verlässt den Aufwachraum zu Fuß, geht in Begleitung der Pflegekraft zur Umkleide zurück, um anschließend in einer Erholungszone weiterbetreut zu werden. Diese Erholungszone ersetzt das traditionelle Patientenzimmer. Der Patient wird angekleidet in einem verstellbaren medizinischen Liegestuhl („Fernsehsessel") gelagert.

Spätestens hier soll der Patient trinken und essen dürfen. Ob man eine kleine Teeküche einrichtet oder einen erforderlichen Sozialraum mitnutzt, ist Ermessenssache und hängt von den Räumlichkeiten und den Ressourcen ab. Abgesehen von speziellen Sitzgelegenheiten und Material für eine medizinische Notversorgung, wie sie in einem normalen Praxisbetrieb vorgehalten werden, schadet es nicht, wenn die Erholungszone im Sinne der Werbewirksamkeit „Ambiente" bietet. Ähnlich wie im Warteraum wird man hier auch Angehörigen bzw. Bezugspersonen Zutritt gewähren.

Sterilisation/Aufbereitung

Das Betreiben einer eigenen Sterilgutaufbereitung ist ressourcenintensiv und wird mit erheblichen, insbesondere haftungsrechtlichen Konsequenzen verbunden sein, wenn geltende Gesetze, Verordnungen, Regeln und Normen verletzt werden. Eigene Räumlichkeiten, getrennt nach rein und unrein, Geräte, Packvorgang, Lagerung, Hygieneplan, Logistik und Qualitätssicherung erfordern ein hohes Maß an Professionalität.

Kooperationen im praxisambulanten Bereich respektive Mitbenutzung einer gut organisierten zentralen Sterilisationseinheit im krankenhausambulanten Sektor sind heute unumgänglich [14].

Arztzimmer/Büroraum

Für Vorgespräche, Entlassungsgespräche, ärztliche Untersuchung und administrative Tätigkeiten der verschiedenen medizinischen Disziplinen benötigt man Bürokapazitäten. Mit einem angepassten Zeitmanagement lassen sich wenige Büroarbeitsplätze effizient von allen nutzen. Insbesondere im klinikambulanten Bereich erfordert dieser Aspekt gelegentlich ein Umdenken.

5.2.2 Personal

Um kostendeckend ambulantes Operieren betreiben zu können, ist es zwingend notwendig, mit einem schlankeren Personalschlüssel zu arbeiten als im stationären Bereich [8, 11]. Um dennoch höchste Qualität und Effizienz bieten zu können, wird man nicht umhin kommen, in der „Personalpolitik" andere Prioritäten zu setzen. Die Anforderungen an die Qualifikation des Anästhesie- und OP-Teams finden sich in der Qualitätsvereinbarung der Berufsverbände [1, 13] und haben Leitliniencharakter. In Abhängigkeit vom operativen Spektrum und der personellen Aufstellung in der Praxis oder mit Anbindung an eine Klinik, wird der unternehmerisch Verantwortliche – in der Praxis meist der Arzt – darüber zu befinden haben, inwieweit geltende Leitlinien unter ökonomischen Gesichtspunkten auslegbar sind. Hiervon wird es abhängen, ob weitere Kostenreduktionen, insbesondere auch über den Einsatz entsprechend niedrigerer Tariflohngruppen wie z. B. die der medizinischen Fachangestellten (MFA) möglich erscheint [11, 16]. Konsekutiv hat es sich sehr bewährt, diese Herausforderung mit einem fest eingespielten Team mit ausgeprägter Motivation und Verantwortungsbereitschaft bei gleichzeitig hoher Qualifikation und Standardisierung der Prozessabläufe zu bestehen [11, 21]. Im praxisambulanten Operieren ist es üblich, MFA an zulässigen Schnittstellen (Springertätigkeiten, Lager, Patientenbegleitung) einzusetzen. Auch speziell weitergebildete Anästhesietechnische Assistenten (ATA) gewinnen an Bedeutung.

Da man weithin erkannt hat, dass AOZ als eigenständige Einheiten – wie beim praxisambulanten Operieren selbstverständlich – mit diesem personellen Umstand effizienter und qualitativ mindestens auf Augenhöhe mit den Kliniken arbeiten, ist es sicherlich gerechtfertigt, zumindest die notwendige Quantität der ausgewiesen qualifizierten OP- und Anästhesiefachpflegekräfte zu prüfen. Für MFA ist die Arbeit im AOZ mit einer nicht unerheblichen Aufwertung des Berufsbilds verbunden. Bei entsprechender Eignung und Motivationslage wird man unter Beachtung der Qualifikationsgrenzen zu den Pflege- und Funktionskräften im OP sehr wertvolle und effiziente Teammitglieder im AOZ generieren können. Den Kernkompetenzen der Anästhesie- und OP-Pflegekräfte bzw. operativ-technischen Assistenten (OTA) wird man schon aus forensischen Gründen Rechnung tragen. Den entsprechenden Fachkräften wird eine zusätzliche Verantwortung für den eigenständigen Bereich „AOZ" übertragen werden können. Diese Verantwortung und die Möglichkeit, außerhalb eines Schicht- oder Bereitschaftsdienstmodells hohe Anerkennung zu finden, kann für diese Berufsgruppen ein Leitmotiv sein.

5.2.3 OP-Ausstattung

> **Die Mindestanforderungen an die bauliche, apparativ-technische und hygienische Ausstattung sind in der Richtlinie der Bundesärztekammer zur Qualitätssicherung ambulanter Operationen von 1994 festgelegt [20].**

Neben der Beschreibung von Wand- und Bodenbelägen, Beleuchtung sowie Be- und Entlüftung werden Lagerungsartikel zur fachgerechten Lagerung, fachspezifisches operatives Instrumentarium mit ausreichenden Reserveinstrumenten sowie eine Notfallausstattung erwähnt.

Die Praxis zeigt, dass die fachspezifischen Anforderungen teils erheblich sein können. Röntgengeräte mit entsprechender Ausstattung und personelle Qualifikation sind bei unfallchirurgisch-orthopädischen Eingriffen, aber auch bei Operationen mit Kontrastmitteldarstellung unabdingbar. Der Augen- und HNO-Arzt wird ein Mikroskop einsetzen; Endoskopieturm, Laser und aufwändige endoskopische Instrumentarien müssen je nach „Eingriffsportfolio“ vorgehalten werden. Im klinikambulanten Bereich, d. h., bei Mitbenutzung potenziell stationärer Ressourcen wird man es leichter haben, instrumentell aufwändige Eingriffe auch vereinzelt zu integrieren.

Im praxisambulanten Sektor muss die Nachhaltigkeit teurer Anschaffungen geprüft und ggf. über Kooperationen abgesichert werden, die den mutmaßlich notwendigen Patientenzulauf zumindest über marktanalytische Aussagen wahrscheinlich machen.

5.3 Umsetzung des ambulanten Operierens im Alltag

5.3.1 OP-Planung und Koordination

Die Ablauforganisation und Planung im AOZ wird, wie an anderer Stelle bereits kurz angedeutet, räumliche, personelle und logistische Aspekte sehr genau berücksichtigen müssen, um den erforderlichen „Workflow“ zu erzielen und gleichzeitig Zufriedenheit bei Patienten, operierenden Kollegen und den Mitarbeitern des AOZ zu erzeugen.

Berücksichtigen sollte man im Vorfeld auch die „Lauflinie“ der Patienten, bevor diese zur Operation erscheinen. Wie bei jeder Dienstleistung möchte der „Kunde“ Patient zügig und zeitnah bedient werden und möglichst nicht mehrfach einbestellt werden. Dieser Umstand klingt zwar selbstverständlich, jedoch wird diesem im medizinischen Alltag durch unzureichende Verzahnung an den Schnittstellen nicht immer Rechnung getragen. Bei wachsendem Konkurrenzdruck und gleichzeitig zunehmender Erwartungshaltung des Patienten ist davon auszugehen, dass der Patient sich präoperativ informiert hat und Vergleiche anstellen wird.

Der praxisambulante Bereich punktet in der Regel durch den persönlichen Kontakt des Patienten mit dem Operateur und Anästhesisten im Vorgespräch, der zur unmissverständlichen und sicherlich auch flexibleren Terminplanung führen kann. Beim klinikambulanten Operieren wird man diese Form der persönlichen Betreuung anstreben, aber nicht regelhaft erreichen können, da dienstplanerische Aspekte sowie berufs- und fachspezifische Ablauforganisationen in erhöhtem Maße berücksichtigt werden müssen. Eine weitgehende Individualisierung lässt sich aber durch ein speziell für das klinikambulante Operieren eingesetztes interprofessionelles Team in ähnlicher Form wie im niedergelassenen Bereich umsetzen.

5.3.2 Saalverweilzeit

Zu einer belastbaren, zuverlässigen OP-Terminplanung gehört die Kenntnis operationsspezifischer Zeitabläufe. Ambulante Operationen sind planbare Eingriffe, die in aller Regel hoch standardisiert durch die gleichen fachoperativen Partner durchgeführt werden. So lassen sich inkl. Vor- und Nachbereitungszeit gut kalkulierbare Saalverweilzeiten ermitteln, innerhalb derer entsprechende Eingriffe durchgeführt werden können. Fehleinschätzungen und Missverständnisse lassen sich minimieren, da die Saalverweilzeit Arbeitsschritte wie Lagerungsprozeduren, steriles Abwaschen und Abdecken, Narkoseein- und -ausleitungszeit berücksichtigt. Listen mit entsprechenden Zeitangaben können jederzeit angepasst werden und dienen z. B. den MFA als eine erste zuverlässige Hilfe beim Generieren des OP-Plans.

Die ermittelten Zeitfenster erlauben in der Folge eine getaktete Einbestellpraxis, die dem Patienten unnötige Warte- und unnötig lange Nüchternzeiten erspart.

5.3.3 Eingriffshierarchie

Die Rangfolge operativer Eingriffe im AOZ folgt vornehmlich operativ-hygienischen, anästhesiologischen und terminplanerischen Gesichtspunkten und hängt auch vom Spektrum ab.

Das Anästhesie-Team wird bemüht sein, z. B. Kindernarkosen in speziellen Zeitfenstern (Nüchternheitsgebot) unterzubringen, der AOZ-Betreiber möchte natürlich spezielle patientenbezogene Planungswünsche berücksichtigen, andererseits allen tätigen operativen Kollegen ein gewünschtes OP-Zeitkontingent gewährleisten.

5.3.4 Planungssicherheit

Als Koordinator im AOZ ist man nicht nur abhängig von der Zuverlässigkeit des angebotenen räumlichen, personellen und technischen Konzepts.

Der Faktor „Patient und häusliches Umfeld" kann mit einem Handstreich einen gut organisierten OP-Tag empfindlich treffen, wenn es durch Krankheit, Verspätung, nicht eingehaltene Nüchternheit oder sonstige Faktoren zu OP-Ausfällen und damit sofort zu Umsatzeinbußen kommt. Die OP-Planung wird Aspekte berücksichtigen, die im traditionellen stationären Operieren sonst nur wenig beachtet werden müssen.

Grundverständnis, Verantwortungsgefühl, Terminverständnis und nicht zuletzt eine zuverlässige häusliche Versorgungssituation sind beim Patienten häufig schwieriger zu beurteilen als die ASA-Risikogruppe [21]. Defizite bei diesen „weichen Kriterien" können nach eigener Erfahrung gelegentlich zu Störungen der OP-Planung führen. Patientenorientierte, inhaltlich standardisierte Aufklärungs- und Informationsgespräche sowie ansprechendes, aussagekräftiges Informationsmaterial sind essenziell.

> **Die Kriterien zur Patienteneinschätzung sind in der Leitlinie für Ambulantes Operieren bzw. Tageschirurgie der DGAI beschrieben [6].**

5.4 Die Implementierung des Ambulanten Setting

Wie bereits an anderer Stelle erwähnt, kann „der ambulante Patient von heute der stationäre Patient von morgen sein" [12]. Im Gegenzug demaskiert sich im klinikambulanten Operieren zusätzlich eine gegenläufige Entwicklung: „Der stationäre Patient von heute ist der ambulante Patient von morgen". Auch zeigt sich im Klinikalltag, dass es durchaus einen relevanten Anteil an Patienten gibt, der stationär betreut werden muss, jedoch von seinem anästhesiologischen und operativen Anspruch in Einzelfällen sehr gut über die ambulant-operative Logistik abgewickelt bzw. betreut werden kann. Hier entwickeln sich rasch gute Synergismen zwischen stationärem und ambulantem OP-Management. Die Kenntnis der individuellen Möglichkeiten und der Ressourcen ist hierfür jedoch zwingend Voraussetzung.

5.5 Zusammenfassung

Die Ablauforganisation und Planung eines AOZ folgen ökonomisch betrachtet nicht wirklich anderen Kriterien als im traditionellen stationären Bereich. Bei der Implementierung eines AOZ-Konzepts wird man jedoch im Sinne eines hoch komprimierten „Change-Managements" einige sehr tief verwurzelte, gewohnte Strukturen direkt auf den Prüfstand bringen, damit eine leistungsfähige ambulante OP-Einheit, die modernsten medizinischen Anforderungen genügen muss, dem Kostendruck und der offensichtlich nur mühsam erreichbaren Kostendeckung begegnen kann. Alles muss auf einen optimalen „Workflow" zugeschnitten sein. Flexible Variablen wie OP-Wechselzeiten und auch personelle Erfordernisse müssen geprüft werden. Eine weitere Herausforderung ist die Entwicklung und Aufrechterhaltung einer hohen Motivation für die Arbeit, aber auch die Behandlung im ambulanten OP-Zentrum – d. h. nicht nur bei den Mitarbeitern aller Berufsgruppen im AOZ, sondern auch bei den Patienten, für die die Unterschiede zwischen ambulant-operativen und stationär-operativen Abläufen teils mit erheblichen Umdenkprozessen verbunden sind.

Sehr befriedigend und die beste persönliche Qualitätskontrolle ist der sofort ersichtliche „Tageserfolg", wenn der ambulant operierte Patient schon nach kurzer Zeit beschwerdekontrolliert, aufrecht und zufrieden das AOZ verlässt. Diesen Erfolg kann und möchte man täglich erleben!

Literatur

[1] BDA (2009) Empfehlungen zur Überwachung nach Anästhesieverfahren. Anästh Intensivmed 50:485–488

[2] Brökelmann J (2006) MVZ – Herausforderung für ambulante Operateure und Anästhesisten. Ambulant operieren 2:85–88

[3] Brökelmann J (2005) Praxiskosten der Operationen nach der OP-Blockierungszeitmethode. Ambulant operieren 2:93–95

[4] Bundesgesundheitsblatt 40 (1997) Anforderungen der Hygiene beim ambulanten Operieren in Krankenhaus und Praxis; S 361–365

[5] Clade H (1996) Ambulantes Operieren: Sparpotential in Milliardenhöhe. Dtsch Arztebl 93(3):A-75/B-65/C-65

[6] DGAI (1998) Leitlinie für ambulantes Operieren bzw. Tageschirurgie. Anästhesiologie & Intensivmedizin 4(39):201f

[7] March S, Swart E, Robra B (2006) Patientenzufriedenheit beim ambulanten/kurzzeitchirurgischen Operieren in einer Praxisklinik. Gesundheitswesen 68:376–382 (Stichwort → Qualitätsermittlung)

[8] Morar R, Mutter C, Keller C (2003) Ambulante Operationen als neue Verdienstchance – Wie Krankenhäuser durch separate Leistungen ihre finanzielle Situation verbessern können. f & w 3(20):258

[9] (Muster-)Berufsordnung für die deutschen Ärztinnen und Ärzte (2006) § 27: Erlaubte Information und berufswidrige Werbung

[10] Radas C (2004) Ambulantes Operieren – Neue Behandlungskonzepte auf dem Prüfstand. Dtsch Arztebl 101(15):A-1000/B-829/C-810

[11] Schulz G (2008) Kosten und Erlöse des „Ambulanten Operierens" unter den bestehenden sozialrechtlichen Rahmenbedingungen – eine exemplarische Analyse, Kurzfassung einer Diplomarbeit der Hochschule Niederrhein 2007. Ambulant operieren 3:125–130

[12] Timm L (2007) Schlanker und effizienter – Etablierung von AOP-Centern an kleineren Klinikstandorten. KU 5(76):401–403

[13] Vereinbarung von Qualitätssicherungsmaßnahmen bei ambulanten Operationen und stationsersetzenden Eingriffen einschließlich der notwendigen Anästhesien (§ 115b Abs. 1 Satz 1 Nr. 3 SGB V)

[14] Vescia, F, Becker M (2006) Automatisierte Dokumentation der Instrumentenaufbereitung als qualitätssichernde Maßnahme. Ambulant operieren, Ausgabe 03/06

[15] Volkmer F (2008) Das ambulante Operieren im Krankenhaus. Grundlagen, Entscheidungsfaktoren, Kalkulation, Planung. Diplomica Verlag, Hamburg

[16] Zivilrecht. LG Mainz t. V. 09.04.2014 – 2 0 266/11. Schadenersatz wegen Organisationsverschulden (hier: Einsatz von nicht qualifiziertem Personal). Pflegerecht 2014; 18(6):368

[17] Brökelmann J, Reydelet J (2006) Zahl der Operationen in Deutschland – im Krankenhaus und in der Praxis. In: BAO – Aktuelles Archiv (→ Akquise). http://www.operieren.de/content/e3472/e3675/e11937/e11938/. Abgerufen 20.06.2011

[18] Krankenhaus Barometer Umfrage 2010. http://www.dkgev.de/media/file/8606.2010-12-03_Anlage-Krankenhaus-Barometer-final.pdf. Abgerufen 23.4.2011

[19] Oberender & Partner (2010) Ökonomische Betrachtung des ambulanten Operierens; Gutachten im Auftrag des BAO. http://www.operieren.de/content/e3472/e7507/e26845/e26847/publication26848/100409OekonomischeBetrachtungdesambulantenOperierens.pdf. Abgerufen 23.4.2011

[20] Richtlinie der Bundesärztekammer zur Qualitätssicherung ambulanter Operationen. http://www.bundesaerztekammer.de/downloads/R_Ambulante_OP.pdf. Abgerufen 23.4.2011

[21] Rüggeberg JA (2006) Ambulantes Operieren eine Standortbeschreibung. Der Chirurg, Mitteilung des BDC. http://www.bdc.de/index_level3.jsp?documentid=5F701C86E5099CA2C12571B1002840E7&form=Dokumente. Abgerufen 18.06.2011

Ambulantes Operieren im Krankenhaus

Bauliche Voraussetzungen und infektionspräventive Maßnahmen

K. Lewalter, S. Lemmen

T. Standl, C. Lussi (Hrsg.), *Ambulantes Operieren in Klinik, Praxis und MVZ*,
Erfolgskonzepte Praxis- & Krankenhaus-Management
DOI 10.1007/978-3-662-49787-6_6

6.1 Einleitung

Im Jahr 2010 wurden in Deutschland ca. 1,9 Millionen klinikambulante operative Eingriffe durchgeführt, im Jahr 2002 lag diese Zahl noch bei ca. 570.000 Eingriffen [1]. Ambulante Eingriffe sind als operative Behandlungsmethoden definiert, bei denen der Patient die Nacht vor und nach dem Eingriff nicht in einer medizinischen Einrichtung verbringt [2]. Diese Eingriffe bieten viele Vorteile: der Patient kann nach der Operation (OP) unmittelbar wieder nach Hause, das Risiko nosokomialer Infektionen ist deutlich geringer, für die Krankenkassen bedeuten diese Eingriffe i. d. R. eine Kostenersparnis.

Ambulante Eingriffe können grundsätzlich sowohl in einem Krankenhaus, als auch in einer Arztpraxis durchgeführt werden. Vorteil eines Krankenhauses ist die Möglichkeit der Nutzung der gesamten Infrastruktur, insbesondere bei Komplikationen. Prinzipiell sind die spezifischen Maßnahmen zur Prävention einer Wundinfektion beim ambulanten Operieren für stationär und ambulant durchgeführte Eingriffe identisch [2].

6.2 Rechtliche Anforderungen

Rechtliche Anforderungen für Einrichtungen für ambulantes Operieren werden übergeordnet in § 23 Infektionsschutzgesetz (IfSG) und landesspezifisch durch die Landeshygieneverordnungen der einzelnen Bundesländer geregelt.

Nationale und internationale Empfehlungen zur Prävention postoperativer Wundinfektionen, wie z. B. die Empfehlungen der Kommission für Krankenhaushygiene und Infektionsprävention am Robert Koch-Institut (KRINKO) [3] oder die Empfehlungen der US-amerikanischen Fachgesellschaften [4] sollen an die eigenen Optionen vor Ort adaptiert und implementiert werden. Die Durchführung einer prospektiven Surveillance postoperativer Wundinfektionen im Rahmen eines Benchmark-Systems ist verpflichtend; hierfür ist es sinnvoll als Indikator eine OP zu wählen, welche regelhaft und häufig – mindestens 100 mal pro Jahr – durchgeführt wird und als Indikatoroperation im Rahmen des Krankenhaus-Infektions-Surveillance -Systems (KIS-System) aufgeführt wird, auszuwählen (www.nrz-hygiene.de). In Deutschland konnte ein Rückgang der postoperativen Wundinfektionen um 20–30% durch die Teilnahme an KISS dokumentiert werden [5].

Weiterhin müssen hygienische Vorgaben in einem Hygieneplan fixiert und das Personal durch den ärztlichen Leiter hierüber regelmäßig informiert werden.

Die Betreuung durch eine Hygienefachkraft und die Beratung durch einen Krankenhaushygieniker wird gefordert, wobei der zeitliche Umfang hierfür nicht definiert ist. Zusätzlich sollte mindestens ein klinisch tätiger Arzt die Fortbildung zum „Hygienebeauftragten Arzt“, eine Pflegekraft die Fortbildung zur „Hygienebeauftragten in der Pflege“ gemacht haben. Die Kontrolle und Überwachung dieser Vorgaben erfolgt durch die jeweils zuständigen Gesundheitsämter.

6.3 Risikobewertung

Die technische Ausstattung und räumliche Gliederung einer ambulanten Einrichtung sind davon abhängig, welche Eingriffe durchgeführt werden.

Invasive Eingriffe werden nach ihrem Ausmaß und dem Gefährdungsgrad in:

- **Operationen**, z. B. Hernien-OP oder Osteosynthesen kleiner Knochen,
- **kleinere invasive Eingriffe**, z. B. der Verschluss eines Tracheostomas oder Abrasio, und
- **invasive Untersuchungen**, z. B. Angiographie, eingeteilt [6].

Während für Operationen erhöhte baulich-funktionelle Anforderungen gestellt werden, können kleinere invasive Eingriffe oder Untersuchungen in einem üblichen Eingriffs- oder Untersuchungsraum durchgeführt werden, ohne dass hierfür besondere räumliche krankenhaushygienische Vorgaben gelten. Für die baulich-funktionelle Planung einer ambulanten Einrichtung ist daher das zu erwartende Spektrum ausschlaggebend.

6.4 Bauliche Voraussetzungen für Einrichtungen für ambulantes Operieren

Die Räumlichkeiten für operative Eingriffe sollten aus organisatorischen Gründen idealerweise vom übrigen Praxisbereich baulich abgegrenzt sein.

Im OP-Bereich sollten folgende Räumlichkeiten vorgehalten werden:

- Räumlichkeiten, um Personal, Patienten und Material ein- und auszuschleusen,
- Wartebereich/Aufwachraum,
- Einleitungsraum (optional, kann auch im OP-Saal stattfinden),
- Ver- und Entsorgungsraum (idealerweise gleich groß),
- OP-Saal,
- Aufbereitungsraum (Reinigung, Desinfektion, Sterilisation),
- Putzraum,
- Toiletten,
- Aufenthaltsraum.

Der OP-Raum selbst sollte so geplant werden – auch wenn es hierfür keine validen Mindestanforderungen gibt –, dass ausreichend Platz für Patient, OP-Team und Instrumententisch gegeben ist. Das Material der patientennahen Oberflächen sollte desinfizierbar sein.

Häufig wird „aus hygienischen Gründen" von Seiten der Architekten beispielsweise empfohlen, dass

- Wände/Wandverkleidungen glatt und nicht porös sein müssen,
- keine Fliesen als Wand- oder Bodenbelag aufgrund der Fugen verwendet werden dürfen,
- der Übergang von Wand zum Boden als Hohlkehle ausgeführt werden muss,
- Kabel und elektrische Leitungen unter Putz oder in geschlossenen Kanälen zu führen sind.

In einem solchen OP-Saal können dann möglicherweise patientenferne Oberflächen besser gereinigt und desinfiziert werden. All diese und auch weitere vergleichbare Empfehlungen mögen einen ästhetischen Vorteil haben; diese haben jedoch unter Berücksichtigung der Pathogenese einer Wundinfektion, weder theoretisch und schon gar nicht praktisch eine nachvollziehbare infektionspräventive Bedeutung.

6.5 Wegeführung von Patienten, Mitarbeitern und Material

Der **Patient** betritt den Operationsbereich durch die Patientenschleuse. Hier kann die private Kleidung abgelegt und je nach Erfordernis OP-Kleidung angelegt werden. Im Einleitungsraum können Vorbereitungen, wie z. B. Haarentfernung oder Legen eines Gefäßzuganges, durchgeführt werden. Anschließend gelangt der Patient in den OP-Saal. Nach dem Eingriff wird der Patient in den Aufwachraum gebracht und verlässt anschließend den OP-Bereich über die Patientenschleuse.

Das **Personal** betritt den OP über die Personalumkleide (ein Raum) mit Ablagemöglichkeit von Kleidung. Hier ist eine optische bzw. funktionelle Trennung in eine „reine Seite = vor Operation", d. h. Ablage der Privatkleidung und eine „unreine Seite = nach Operation", d. h. Ablage der OP-Kleidung ausreichend; hier sollten Schmuck, Ringe oder Uhren abgelegt werden. Die chirurgische Händedesinfektion über 1,5 Minuten kann in einem separaten Waschraum oder auch im OP-Saal selbst durchgeführt werden. Waschen der Hände mit Wasser und Seife ist lediglich vor Arbeitsbeginn oder bei grober Verschmutzung der Hände notwendig. Beim Betreten des OP-Saales wird ein adäquater Mund-Nasen-Schutz angezogen; im OP-Saal selbst werden der sterile OP-Mantel und die sterilen OP-Handschuhe angezogen. Postoperativ werden die OP-Handschuhe und der OP-Mantel ausgezogen und als Einwegmaterial entsorgt. Es erfolgt erneut eine hygienische Händedesinfektion. Die Ausschleusung des Personals aus dem OP-Bereich erfolgt über die Personalumkleide.

Das gesamte **Material- und Sterilgut** wird in einem separaten Lagerraum ohne Transportverpackung gelagert. Von hier aus kann zeitnah präoperativ das benötigte Material in den OP-Saal gebracht und die entsprechenden OP-Tische – jeweils nur für die nächste Operation – gedeckt werden. Postoperativ wird angefallenes Einwegmaterial gesammelt, flüssigkeitsdicht verpackt und in einen separaten Entsorgungsraum bis zur täglichen Entsorgung zwischengelagert. Sterilgut wird direkt aus dem OP-Saal in einen Raum zur Wiederaufbereitung gebracht.

Im OP-Bereich befindet sich weiterhin ein separater Raum, in welchem Putzmittel und sämtliche Putzutensilien für den OP-Bereich abgestellt werden. Postoperativ wird von hier aus routinemäßig eine adäquate Flächendesinfektion durchgeführt.

6.6 Patientenspezifische infektionspräventive Maßnahmen

Prinzipiell können baulich-räumliche Voraussetzungen nur marginal zur Vermeidung nosokomialer Infektionen beitragen. Viel wichtiger sind spezifische evidenzbasierte Maßnahmen – im hier dargestellten Kontext zur Prävention postoperativer Wundinfektionen und deren konsequente Umsetzung im täglichen Arbeitsalltag [3, 4].

So können Mikroläsionen nach einer scharfen Rasur des Operationsgebietes am Vortag einer Operation zur Bildung von Mikroabszessen führen und die Rate an Wundinfektionen erhöhen, eine solche ist daher obsolet. Alternativ kann eine Haarkürzung mit einem elektrischen Rasierer präoperativ vorgenommen werden. Aus krankenhaushygienischer Sicht sind Haare – adäquat desinfiziert – kein Risikofaktor für eine Wundinfektion und müssen daher nicht zwingend rasiert werden. Auch die Verwendung von Enthaarungscremes ist möglich, hier ist jedoch das Risiko von allergischen Reaktionen zu bedenken [7].

Ein wesentliches Reservoir für Erreger von Wundinfektionen stellt die Haut des Patienten dar, einer korrekt durchgeführten Hautdesinfektion kommt daher größte Bedeutung zu. Präparate auf der Basis von Alkohol mit sofortiger Keimabtötung in Kombination mit Wirkstoffen mit Remanenzwirkung – eine antibakterielle Wirkung über ca. eine Stunde –, wie z. B. Jod, Chlorhexidin oder Octenidin, gelten heute als Standard [8]. Die transiente und permanente Bakterienflora der Hände des Operateurs wird durch die chirurgische Händedesinfektion über 1,5 Minuten mit einem alkoholischen Präparat effektiv reduziert. Das Tragen von sterilem Kittel, sterilen Handschuhen und Mund-/Nasenschutz schützt den Patienten vor Erregern des Operateurs und werden routinemäßig präoperativ verwendet.

Schnelles und atraumatisches Operieren ist mit einem geringen Infektionsrisiko assoziiert. Alle Materialien und Instrumente, die während einer Operation verwendet werden und mit der Wunde in Kontakt kommen, müssen steril sein [3].

6.7 Wiederaufbereitung von Medizinprodukten

Alle während einer Operation eingesetzten Medizinprodukte müssen steril bzw. adäquat wiederaufbereitet sein. Die Aufbereitung von Medizinprodukten erfolgt in einem separaten Raum durch sachkundiges Personal und mit validierten Verfahren. Falls die erforderliche Sachkenntnis nicht bereits im Rahmen der Ausbildung für Fachkräfte im Operationsdienst (z. B. operationstechnische Assistentinnen/Assistenten) vermittelt wurde, muss diese durch Fortbildungskurse erworben werden [9].

Der Aufbereitungsraum sollte funktionell getrennt in eine unreine, eine reine Zone und eine Lagerzone zur geschützten Aufbewahrung gestaltet sein. Erster wichtiger Schritt in der Aufbereitung ist die Vorreinigung der eingesetzten Medizinprodukte direkt nach der Anwendung; so können z. B. können OP-Instrumente mit einer feuchte Kompresse von grober Verschmutzung gereinigt werden. Anschließend wird das aufzubereitende Sterilgut in die unreine Zone des Aufbereitungsraumes gebracht, hier erfolgt eine Reinigung und Desinfektion, idealerweise mit einem Reinigungs- und Desinfektionsgerät (RDG) mit integrierter Chargendokumentation. Im weiteren Ablauf erfolgen die Sicht- und Funktionskontrolle sowie eine möglicherweise notwendige Instandsetzung bzw. Wartung einzelner OP-Instrumente. In einem nächsten Schritt erfolgt die Verpackung in Containern, welche anschließend z. B. in einem Autoklaven mit chargenspezifischer Dokumentation der wichtigen Sterilisationsparameter (Druck, Zeit und Temperatur) sterilisiert werden. Das Sterilgut wird in trockenen Schränken staub- und lichtgeschützt aufbewahrt.

6.8 Raumlufttechnische Anlagen (RLT)

Eine RLT-Anlage erfüllt unterschiedliche Funktionen. Neben der Zufuhr von Frischluft und der Abfuhr von Wärmelasten und Narkosegasen steht insbesondere die Erzeugung eines behaglichen Raumklimas im Vordergrund. Die maximale Ausführung einer RLT-Anlage besteht in einer dreistufigen Filterung mit endständigem Schwebstofffilter. Während die ersten beiden Filterstufen grobe Verschmutzungen aus der Luft entfernen, wird durch den endständigen Filter eine Reduktion der Luftkeimzahl erreicht. Von den Klimatechnikern werden aktuell die beiden technischen Systeme mit einem „laminar airflow" oder mit einer turbulenzarmen Verdrängungsströmung (TAV) favorisiert. Keimarme Luft wird dabei über ein Deckenfeld in Form einer laminaren Strömung eingebracht, theoretisch soll dadurch das OP-Feld von potenziell kontaminierter Luft freigehalten werden. Aktuelle Arbeiten zeigen aber, dass im Vergleich zur herkömmlichen turbulenzreichen Belüftung die Rate postoperativer Wundinfektionen sogar erhöht ist, wahrscheinlich bedingt durch eine stärkere Auskühlung der Patienten in diesem Luftstrom intraoperativ [10].

Zur Beurteilung der Notwendigkeit einer dreistufigen RLT-Anlage ist das Patientenklientel sowie das zu erwartende Spektrum an Operationen von größter Bedeutung. Ambulante operative Eingriffe werden überwiegend bei immunkompetenten und relativ gesunden Patienten vorgenommen. Diese haben generell bereits ein sehr geringes Risiko für postoperative Komplikationen, einschließlich Infektionen. Die durchgeführten Operationen sind gering invasiv und weisen meist nur kurze Eingriffszeiten von bis zu einer Stunde mit einem kleinen OP-Situs auf. Postoperative Wundinfektionen sind daher äußerst selten, sodass die Bedeutung der Luft als Quelle oder Vektor von Infektionserregern nicht mehr erkennbar ist. Aus infektionspräventiver Sicht besteht daher keine Notwendigkeit für eine dreistufige RLT-Anlage mit endständigem HEPA-Filter bei ambulanten Operationen. Ob aus arbeitsphysiologischen Gründen die Installation von Lüftungstechnik erforderlich ist, muss unabhängig davon im Einzelfall entschieden werden.

6.9 Zusammenfassung

Die Durchführung von ambulanten Operationen bietet viele Vorteile für den betroffenen Patienten, die Anforderungen an die Prävention von Wundinfektionen unterscheiden sich dabei zwischen ambulant und stationär durchgeführten Eingriffen nicht; diese sollten evidenzbasiert einrichtungsspezifisch adaptiert und in die tägliche Routine implementiert werden. Darüber hinaus schaffen Empfehlungen zur baulichen Gestaltung für ambulante operative Einrichtungen Rahmenbedingungen für optimale Arbeitsabläufe. Rechtliche Vorgaben des Infektionsschutzgesetzes und der jeweiligen Landeshygieneverordnungen beinhalten unter anderem regelmäßige Schulungen des Personals und die Teilnahme an einer Surveillance postoperativer Wundinfektionen mit einer geeigneten Indikatoroperation. Ambulante Operationen sind gering invasiv und werden überwiegend bei gesunden Patienten vorgenommen, sodass eine 3-stufige raumlufttechnische Anlage zur Erstellung keimarmer Luft aus krankenhaushygienischer Sicht nicht erforderlich ist.

Literatur

[1] Statistisches Bundesamt, http://www.destatis.de

[2] Arbeitsgemeinschaft der wissenschaftlichen medizinischen Fachgesellschaften: Hygieneanforderungen beim ambulanten Operieren. http://www.awmf.org

[3] Prävention postoperativer Infektionen im Operationsgebiet. Bundesgesundheitsbl 2007; 50:377–393

[4] Anderson DJ, Podgorny K, Berrios-Torres SI et al. (2014) Strategies to prevent surgical site infections in acute care hospitals: 2014 update. Infect Control Hosp Epidemiol 35:605–627

[5] Gastmeier P, Sohr D, Schwab F et al. (2008) Ten years of KISS: the most important requirements for success. J Hosp Infect 70:11–16

[6] Anforderungen der Hygiene bei Operationen und anderen invasiven Eingriffen. Bundesgesundheitsbl 2000; 43:644–648

[7] Lewalter K, Lemmen SW (2012) Prävention von Wundinfektionen – Basismaßnahmen. Orthopäde 41:11–14

[8] Darouiche RO, Wall MJ, Itani KMF et al. (2010) Chlorhexidine-alcohol versus povidone-iodine for surgical-site antisepsis. N Engl J Med 362:18–26

[9] Anforderungen an die Hygiene bei der Aufbereitung von Medizinprodukten. Bundesgesundheitsbl 2012; 55:1244–1310

[10] Gastmeier P, Brandt C (2012) Raumlufttechnik im OP und postoperative Wundinfektionen. Was gibt es Neues? Krankenhaushygiene up2date 7:199–209

Personalwesen

C. Weberus

T. Standl, C. Lussi (Hrsg.), *Ambulantes Operieren in Klinik, Praxis und MVZ*,
Erfolgskonzepte Praxis- & Krankenhaus-Management
DOI 10.1007/978-3-662-49787-6_7

7.1 Einleitung

Gesundheitspolitische Rahmenbedingungen sind stetig im Fluss. Durchweg sind sie jedoch gekennzeichnet durch die mit höchster Priorität aufgestellte Forderung nach genereller Kostensenkung, programmatisch fast ausschließlich auf der Seite der Leistungserbringer, selten auf der Seite der Leistungsempfänger bzw. Patienten [1].

Auch das Thema Personal im Ambulanten OP-Zentrum muss in erster Linie vor diesem Hintergrund betrachtet werden. Je nach Organisationsform kann sich die Infrastruktur einer „Abteilung für Ambulantes Operieren" von der einer Klinik erheblich unterscheiden. Zudem drängt die Tatsache der geringeren Erlöse pro Eingriff zu einem bedachten Personaleinsatz.

Bei der personellen Ausstattung gilt jedoch die an Klinikstandards orientierte, äußerste Sorgfaltspflicht. In diesem Zusammenhang existieren entsprechende Vorgaben und Empfehlungen (z. B. Leitlinien der Deutschen Gesellschaft für Anästhesiologie und Intensivmedizin – DGAI) [2]. Nicht zuletzt unter dem Gesichtspunkt der Qualitätssicherung und Forensik ist es erforderlich, bei zunehmendem Trend nach ambulanten Eingriffen und trotz des erheblichen ökonomischen Drucks, diesen Standards Folge zu leisten [3].

Allgemein ist festzustellen, dass zum Thema Personal und ökonomische Betrachtung des ambulanten Operierens nur eine sehr überschaubare Anzahl an Veröffentlichungen existiert [8].

7.2 Empfehlung/Leitlinie

In der Leitlinie für ambulantes Operieren bzw. Tageschirurgie (DGAI) [2] und des Bundesverbands für Ambulantes Operieren e.V. [4] heißt es zur Personaleignung (Operationsteam):

- Erfahrene Narkose-Ärzte (Facharztstandard Anästhesisten),
- erfahrenes und qualifiziertes Pflegepersonal und
- entsprechend ausgebildetes OP-Personal sowie sonstiges Personal.

Zur Durchführung von Narkosen bei ambulanten Eingriffen muss der Arzt entsprechend geschult, erfahren und insbesondere zur Erkennung und Behandlung von Zwischenfällen und Komplikationen in der Lage sein (sog. „Facharztstandard") [10]. Ähnlich verhält es sich mit dem anästhesieseitigen „Hilfspersonal", das über spezielle Kenntnisse der Assistenz bei den verschiedenen Anästhesieverfahren, bei notfallmedizinischen Maßnahmen und über die Aufbereitung und Wartung der gesamten anästhesiologischen Ausstattung verfügen muss [3].

7.3 Personalbedarfsermittlung/-berechnung

Damit das Ambulante Operieren reibungslos funktioniert und sich – ökonomisch betrachtet – rentiert, muss neben der Schaffung geeigneter Strukturen und Prozesse auch ein optimaler/straffer Personaleinsatz stehen [5]. Bei der Berechnung des Personalbedarfs werden je nach Berufsgruppe die patientenbezogenen Leistungen mit ihren Zeitwerten berücksichtigt. Der übliche Personaleinsatz im stationären Bereich bei operativen Eingriffen muss sich bei ambulanten Operationen stärker an einer reduzierten Personaldichte (sowohl bei ärztlicher als auch funktionspflegerischen Assistenz) und dem Einsatz anästhesiologischer Präsenz orientieren [12].

Nach Plücker/DKI GmbH [12] ergibt sich folgende Berechnung für den Versorgungszeitbedarf nach Empfehlung der DKG (Deutsche Krankenhausgesellschaft):

$$\frac{\text{A} + \text{L} + \text{OP} + \text{Anästhesie} + \text{Z}}{\text{Nettojahresarbeitszeit in Stunden}}$$

(A = allgemeine Leistungen, L = spezifische Leistungen, OP = Zeitaufwand OP, Z = Zuschläge)

Entscheidend hier wird der Erlösgedanke sein müssen [12].

7.4 Ambulante Operationen durch niedergelassene Ärzte/Kooperationen

Der Vollständigkeit halber sei an dieser Stelle noch auf die Möglichkeit hingewiesen, dass im Bereich „klinikambulantes Operieren" auch ambulante

Operationen durch niedergelassene Ärzte bzw. Zusammenschlüsse von Arztgruppen möglich sind. Das Krankenhaus(-personal) erbringt in diesem konkreten Fall die Leistungen nicht selbst und tritt auch nicht als Vertragspartner gegenüber dem Patienten auf [7]. Vielmehr ermöglicht das Krankenhaus durch Abschluss entsprechender Miet- und/ oder Nutzungsverträge, den niedergelassenen Ärzten (Arztgruppen), ambulante Operationen für Dritte im Krankenhaus zu erbringen [7].

Zum Unterschied ambulantes Operieren im Krankenhaus und praxisambulantes Operieren wird auf ▶ Kap. 11 verwiesen (vgl. dazu auch [11], S. 106f.).

7.5 Motivation der Mitarbeiter

Nicht selten kommt es vor, dass die Mitarbeiter des ambulanten OP-Zentrums damit konfrontiert werden, dass „ihre Abteilung" unwirtschaftlich sei. Hier gilt es jedoch für die Leitung die Gesamtumstände aufzuzeigen (z. B. Herauslösen der ambulanten Kapazitäten aus einem weit teureren Zentral-OP und die vorgegebenen „engen" politischen/wirtschaftlichen Rahmenbedingungen) und sich schützend vor die Mitarbeiter zu stellen. Regelmäßig, so die Erfahrung des Verfassers, besteht sogar die Möglichkeit für „entsandte Operateure" (aus dem Zentral-OP) von dem gut eingespielten Team des Ambulanten OP-Zentrums (straffe Organisation, Wechselzeiten etc.) zu lernen.

Nur eine schlanke Personalstruktur sowie eine effektive Organisation tragen entscheidend dazu bei, Gewinn im Bereich des Ambulanten OP-Zentrums zu erwirtschaften (vgl. dazu auch Beispielrechnungen in [8], S. 48ff.).

Literatur

[1] Muschter R (2002) Ambulantes Operieren im Krankenhaus. Urologe [B] 42:190–194
[2] Leitlinie der Deutschen Gesellschaft für Anästhesiologie und Intensivmedizin (DGAI): Anästhesiologie & Intensivmedizin, 39 Jg. 4/98, 201f
[3] Rossaint R, Werner C, Zwißler B (Hrsg.) (2004) Die Anästhesiologie. Springer, Berlin Heidelberg New York, S. 816f
[4] Bundesverband für Ambulantes Operieren e.V.: http://www.operieren.de/content/e3224/e308/e331/e334/ [Stand: 13.04.2015]
[5] Morar R, Mutter C, Keller C (2003) Ambulante Operationen als neue Verdienstchance. f&w, S. 257–259
[6] Busse J, Standl T (2007) Ambulantes Operieren. Springer, Berlin Heidelberg New York, S. 43ff
[7] Münzel H, Zeiler N (2008) Ambulante Leistungen in und an Krankenhäusern – Grundlagen und praktische Umsetzung. Kohlhammer, Stuttgart, S. 55
[8] Volkmer F (2008) Das ambulante Operieren im Krankenhaus – Grundlagen, Entscheidungsfaktoren, Kalkulation, Planung. Diplomica, Hamburg
[9] Oberender & Partner: Gutachten Ökonomische Betrachtung des ambulanten Operierens [Stand: 09.04.2010] unter: http://www.kvb.de/fileadmin/kvb/dokumente/Praxis/Alternative-Versorgungsformen/Weitere/KVB-Amb-OP-Studie-Oberlaender100401.pdf
[10] Kassenärztliche Bundesvereinigung (KBV): Qualitätssicherungsvereinbarung ambulantes Operieren vom 28.11.2011: http://www.kbv.de/media/sp/AOP.pdf [Stand: 13.04.2015]
[11] Standl T, Lussi C (2012) Ambulantes Operieren, 2 Aufl. Springer, Berlin Heidelberg New York 2 Auflage, S. 106f
[12] Plücker W (2012) DKI Personalbedarfsermittlung im Krankenhaus, 11. Auflage.DKI, Wuppertal, S. 141

Organisationsablauf

T. Standl

T. Standl, C. Lussi (Hrsg.), *Ambulantes Operieren in Klinik, Praxis und MVZ*,
Erfolgskonzepte Praxis- & Krankenhaus-Management
DOI 10.1007/978-3-662-49787-6_8

8.1 Einleitung

Seit Inkrafttreten des Gesundheitsstrukturgesetzes am 29.12.1992 und den entsprechenden Veränderungen im Sozialgesetzbuch (SGB) V bietet sich den Krankenhäusern die Möglichkeit zum ambulanten Operieren in größerem Umfang [1]. Ziel von Politik und Kostenträgern ist die zunehmende Verlagerung von stationären Eingriffen in den ambulanten Bereich. Dies ist in den letzten 15 Jahren durchaus gelungen, wie Daten aus 2014 beweisen: in 1.190 von 1.980 deutschen Krankenhäusern wurden insgesamt 1.953.727 ambulante Operationen durchgeführt [2]. Trotzdem liegt Deutschland beim Anteil der ambulanten Operationen im Vergleich zu den angelsächsischen Ländern (Kanada, USA, Australien, GB), Skandinavien und den Benelux-Ländern nach wie vor zurück [3].

In § 115b des SGBV steht festgeschrieben, dass Krankenhäuser zur ambulanten Durchführung der im jährlich angepassten und erweiterten AOP-Katalog genannten Operationen zugelassen sind [1, 4]. Viele Operationen, die früher stationär durchgeführt wurden, werden inzwischen gar nicht mehr – auch nicht bei erheblicher Komorbidität des Patienten – vergütet (primäre Fehlbelegung durch MDK). Somit stellt sich aus Sicht der Kliniken häufig nicht die Frage nach einem gewollten Engagement im ambulanten Operieren, sondern schlicht nach der Notwendigkeit einer Adaptation an die aktuellen Verhältnisse, um bestimmte Patientenpopulationen und Operationen – auch unter Weiterbildungsaspekten – nicht zu verlieren. Ein Vorteil im Vergleich zu stationären Leistungen ist, dass ambulante Operationen durch hierfür zugelassene Krankenhäusern außerhalb des Budgets erbracht werden können. Viele Krankenhäuser haben sich in den vergangenen Jahren dieser Herausforderung erfolgreich gestellt. Zusätzlich eröffnet sich über eine Kooperation mit niedergelassenen Vertragsärzten, die am Krankenhaus im Rahmen einer Nebentätigkeit ambulante Operationsleistungen erbringen, eine gesundheitspolitisch gewollte Überwindung der Sektorengrenzen und mögliche Steigerung der Erlöse für Kliniken [1]. Allerdings gilt dies nur für Leistungsbereiche, die ein Krankenhaus auch selbst stationär anbietet [6].

> **Es gilt für jedes Krankenhaus, die gebotenen Chancen im ambulanten operativen Sektor bestmöglich zu nutzen.**

Ein nicht zu unterschätzender Aspekt „pro" ambulantes Operieren für Kliniken ist die Akquise von vormals zufriedenen ambulanten operativen Patienten für eine spätere elektive stationäre Versorgung. Das klinikambulante Operieren hat hier eine wichtige Portalfunktion.

8.2 Konzept

Grundsätzlich ist zu beachten, dass nur eine gemeinsame fach- und berufsübergreifende Planung und Organisation zur erfolgreichen Umsetzung des ambulanten Operierens im Krankenhaus führt. Über Art, Menge und Zeitpunkt der Durchführung ambulanter Operationen müssen einvernehmlich interdisziplinäre und interprofessionelle Festlegungen getroffen werden [7].

> **Ziel muss es sein, mit dem klinikambulanten Operieren eine Institution zu schaffen, die medizinisch und organisatorisch in keiner Weise einem ambulanten Operationszentrum außerhalb eines Krankenhauses nachsteht.**

Im Vergleich zum niedergelassenen Bereich haben Kliniken Vorteile in der Umsetzung des ambulanten Operierens:

- zahlreiche unterschiedliche medizinische Fächer und Institute (wie z. B. Labor, Pathologie für Schnellschnitte) unter einem Dach vorhanden,
- direkte Anbindung an die Einrichtung eines Klinikums (z. B. radiologische Diagnostik),
- im Notfall und bei Komplikationen Möglichkeit zur sofortigen Intervention (z. B. Herzkatheter) oder Übernahme in einen zentralen Überwachungsbereich (Aufwachraum) oder auf eine Intensivstation,
- größere personelle Ressourcen im Bedarfsfall,
- Anbindung der Logistik an klinikinterne Strukturen mit Synergieeffekten (Materialversorgung über zentrale Beschaffungsabteilung,

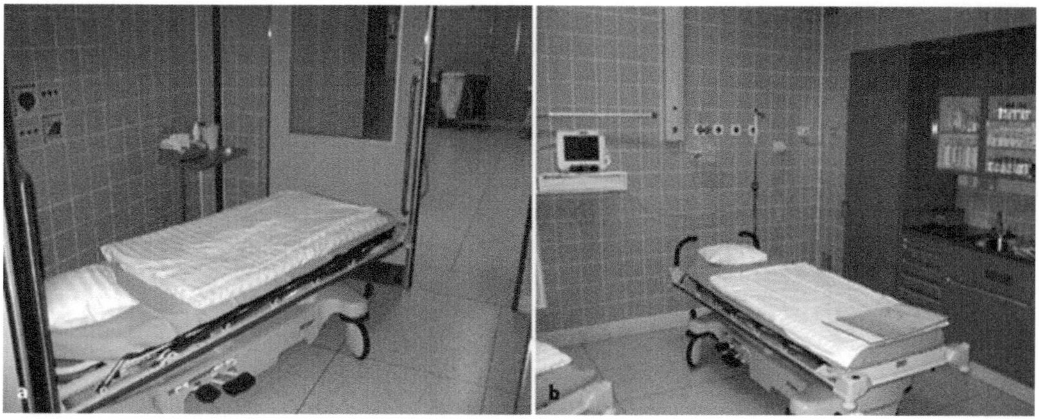

Abb. 8.1a,b Anästhesievorbereitungsraum und Aufwachraum mit Stryker-Liegen

Sterilisation über ZSVA, sachgerechte Entsorgung von Verbrauchsgütern),
- räumliche Ausdehnung bei Erweiterung des ambulanten Portfolios eher möglich (Campus).

8.3 Lokalisation

Aus ablauforganisatorischen und personellen Gründen ist einem zentral gelegenen ambulanten Operationszentrum (AOZ) der Vorzug gegenüber einer dezentralen Ansiedelung zu geben. Eine Integration der ambulanten Operationen in das Tagesprogramm eines Zentral-OP ist organisatorisch zwar lösbar, hat aber klare Nachteile:

- einerseits entstehen Zeitverluste durch Transporte der ambulanten Patienten in die zentralen OP-Bereiche sowie durch unvorhergesehen lang dauernde Operationen stationärer Patienten, die den Zeitplan ambulanter Operationen stören,
- andererseits müssen bei zeitlicher Bevorzugung der ambulanten Patienten in den Morgenstunden stationäre, zum Teil länger dauernde Eingriffe postponiert werden,
- ambulante Patienten schätzen es nicht, neben zum Teil schwer kranken Operierten im zentralen Aufwachraum versorgt zu werden,
- die Wege für Operateure und Anästhesisten sind weiter, wenn die ambulanten Patienten visitiert, aufgenommen oder entlassen werden müssen.

Besondere Bedeutung hat deshalb eine günstige Lage des AOZ im Klinikbereich: Es sollte möglichst nahe am zentralen Eingangsbereich eines Krankenhauses gelegen, idealerweise ebenerdig oder in einem separaten Flügel von außen begehbar sein. Letzteres hat den Nachteil, dass notwendige Kontakte zu zentralen Einrichtungen des Krankenhauses (Funktionsbereiche etc.) erschwert sind. Der Vorteil dieser Dislokation eines AOZ liegt in der Trennung der Patientenströme für ambulante und stationäre Patienten und in einer angenehmeren Atmosphäre für die ambulanten Patienten.

Eine maximale Flexibilität aller Beteiligten im Krankenhaus im Sinne einer Abkehr von nicht mehr zeitgemäßen Abteilungs- bzw. Klinikstrukturen und -abläufen ist in einem ökonomisch orientierten Gesundheitsunternehmen unausweichlich.

Für die Patienten eines AOZ sind je nach Möglichkeiten Ein- und Zweibettzimmer mit sanitären Anlagen und speziellen Betten oder Ruhesesseln als Ruheareal (Recreation Area) einzurichten. Alternativ haben sich Patientenliegen (Stryker-Liegen, Abb. 8.1) anstelle der Betten in den meisten ambulant operierenden Zentren durchgesetzt, auf denen der Patient prä-, intra- und postoperativ bequem gelagert werden und liegen kann.

Da täglich mehrstündige Sprechstunden verschiedener Fächer angeboten werden müssen, sollten großzügige und ansprechende Wartezonen für die Patienten geschaffen werden. Eine ausreichende Anzahl von Untersuchungs- und Behandlungszimmern ist notwendig, um die gleichzeitige Tätigkeit von Ärzten unterschiedlicher Fachrichtungen (Anästhesie und operative Fächer) gewährleisten zu können. Dadurch wird es möglich sein, die Sprechstundenzeiten auf einen überschaubaren Zeitraum und vor allem Wartezeiten zu begrenzen.

Aufenthaltsräume für Begleitpersonen mit Fernseher, Fax, Internetzugang, Fernsprecher und einem Getränkeautomaten oder ein Spielzimmer für Kinder runden das Bild eines servicefreundlichen AOZ ab.

8.4 Zuständigkeiten und Leistungsbereiche

Sowohl für den ärztlichen wie auch den pflegerischen Dienst eines AOZ sollten die Zuständigkeiten eindeutig und unabhängig von der medizinischen Verantwortung der ärztlichen Leistungserbringer der jeweiligen eingebundenen Fachgebiete festgelegt werden. Die Organisationsverantwortung sollte in der Hand einer einzigen Klinik oder Abteilung liegen, damit alle Informationen an einer Stelle zusammenlaufen und die Verteilung von personellen, zeitlichen und örtlichen Ressourcen zentral gesteuert und effizient erfolgen kann.

Da insbesondere operativ tätige Ärzte wenig Neigung besitzen, sich ganztägig außerhalb ihres eigentlichen Tätigkeitsbereichs aufzuhalten – wegen des notwendigen Facharztstandards müssten es Ärzte mit abgeschlossener Weiterbildung sein – obliegt die organisatorische Leitung häufig den Anästhesisten. Sie sind nicht nur wegen ihrer jahrelangen Kooperation mit allen operativen Fachgebieten, sondern auch wegen ihrer genauen Kenntnisse der Zeitabläufe der unterschiedlichsten operativen Eingriffe für die organisatorische Leitung eines AOZ besonders qualifiziert. Auch die Arzthelferinnen (Terminabsprache, Empfang und Entlassung der Patienten) sowie die Funktionsdienste „Anästhesie und OP" sollten dem ärztlichen Organisator des AOZ zugeordnet sein.

Grundsätzlich bieten sich alle operativ tätigen Disziplinen wie
- Unfallchirurgie/Orthopädie,
- Allgemeinchirurgie,
- Gynäkologie,
- Urologie,
- HNO,
- Neurochirurgie,
- Gefäßchirurgie,
- Ophthalmologie,
- Mund-Kiefer-Gesichtschirurgie,
- plastische Chirurgie und
- Dermatologie

zur Teilnahme am ambulanten Operieren an.

Auch Patienten mit interventionellen Eingriffen konservativer Fächer wie Koronarangiographien, Aggregatwechsel bei Schrittmachern, Endoskopien oder Chemotherapie können bei Anbindung an ein entsprechend großes AOZ dort organisatorisch und postinterventionell betreut werden.

8.5 Patientengut und Operationsindikationen

Der große Vorteil für den Patienten, der in einem AOZ operiert wird, besteht in dem nur wenige Stunden dauernden Aufenthalt in der Klinik. Berufstätige Patienten schätzen eine zügige Behandlung und postoperative „Recovery", um möglichst geringe Ausfallzeiten zu erleiden. Kinder und geriatrische Patienten werden so nicht für längere Zeit von ihrem häuslichen Milieu ferngehalten. Dies ist besonders für Delir gefährdete Patienten wichtig, die sich nicht an die fremde Klinikatmosphäre gewöhnen müssen. Inzwischen werden längst auch ASA class III-Patienten ambulant operiert. Hier zeigen sich wiederum die Vorteile des klinikambulanten Operierens, falls sich aufgrund von Alter oder Komorbiditäten Komplikationen ergeben sollten.

Geeignete ambulante Operationen sind überschaubare Eingriffe, die in örtlicher Betäubung oder mit wenig aufwändigen Anästhesieverfahren (z. B. Masken- oder Larynxmaskennarkose, Spinalanästhesie [▶ Kap.16.2]) durchgeführt werden können. Infrage kommen
- Gewebeentnahmen,
- kutane Tumorexzisionen sowie Lymphknoten- oder Schleimbeutelentfernungen,
- umschriebene Eingriffe an Sehnen bzw. Knochen und
- Materialentfernungen.

Auch Gelenkspiegelungen mit kleineren Eingriffen an Knorpeln oder Menisken werden fast immer ambulant durchgeführt. Weitere Indikationen sind

- Organpunktionen,
- diagnostische Laparoskopien,
- kleinere gynäkologische Eingriffe (Mamma-OP, Abrasio, Kürettage) und
- Eingriffe im Bereich der Urologie (Zirkumzision, Vasostomie, Vasektomie, Varikozelenentfernung, Prostata- und Hodenbiopsie) oder HNO (Adenotomie, Paukendrainage, Endoskopie, Eingriffe an Nasenseptum und Ohrmuschel).

Chirurgisch können Port-Im- und Explantationen, Abszessspaltungen, Inzisionen von Analthrombosen, Narben- oder Leistenbrüche sowie Varizenoperationen ambulant durchgeführt werden. Katarakt-OPs und umfangreiche Zahnsanierungen bzw. Implantate sind Indikationen aus der Augen- und Zahnheilkunde.

In erster Linie bestimmt der OP-Katalog nach dem Vertrag für Ambulantes Operieren, Kategorie 1 + 2, die OP-Indikation.

8.6 Ablauforganisation

Für einen effektiven Ablauf werden Krankenunterlagen des Hausarztes für das Beratungsgespräch verwertet, was zeitaufwändige und z. T. kostspielige (Zweit-)Untersuchungen vermeidet [8]. Die terminlich mit den beteiligten Fächern abgestimmten Sprechstunden der Spezialisten (Operateure, Anästhesisten) ermöglichen es dem Patienten, während des ersten Termins die Beratung und Aufklärung, alle notwendigen Voruntersuchungen und die OP-Terminvergabe innerhalb kurzer Zeit zu erledigen. ◘ Abb. 8.2 zeigt ein mögliches Ablaufschema am Vorstellungs- und OP-Tag, wie es dem AOZ im Städtischen Klinikum Solingen als Grundlage dient. Für die Terminvergabe und den Empfang der Patienten zur Erstvorstellung und am OP-Tag muss ein mit Arzthelferinnen besetztes eigenes Sekretariat während der Betriebszeiten des AOZ, z. B. von 7.00 bis 16.00 Uhr, eingerichtet werden. Nur auf diese Weise ist ein reibungsloser Ablauf ohne größere Wartezeiten gewährleistet. Es steht außer Frage, dass zur Ausstattung dieses Sekretariats ein funktionsfähiges EDV-System (KIS-Anbindung) gehören muss. Damit werden Termine koordiniert, Abrechnungsdaten dem Controlling übermittelt sowie Operationsberichte und die abschließenden Arztbriefe erstellt.

Informationsbroschüren mit Abbildung des Zugangswegs erleichtern dem Patienten die Orientierung im Krankenhaus (◘ Abb. 8.3) und sollten bereits beim Erstkontakt im AOZ ausgehändigt oder vom einweisenden Arzt verteilt werden. Das Informationsmaterial in Form eines Flyers soll den Patienten über die anstehende Operation und das geplante Anästhesieverfahren unterrichten und ihm gleichzeitig die Angst vor der Operation und Narkose nehmen. Wichtig ist es auch, klare Informationen über die einzuhaltende Nüchternheit und mögliche Komplikationen inklusive einer Telefonnummer für den Notfall im Merkblatt festzuhalten (◘ Abb. 8.3). Vorteilhaft ist ein kombinierter Informations- und Dokumentationsflyer, dessen erster Teil beim Patienten und dessen zweiter Teil nach dem morgendlichen Einchecken und der entsprechenden Unterweisung über das postoperative Verhalten nach Unterschrift des Patienten in der Ambulanzakte verbleiben.

Wie in einem gut organisierten Praxiszentrum müssen die Sprechstunden für die Erstuntersuchungen, Terminvergabe für die vorgesehene Operation und ggf. für Folgeuntersuchungen, sofern diese am Krankenhaus durchgeführt werden sollen, optimal und an einer Stelle koordiniert werden. Sofern es sich um Untersuchungen handelt, die eine spezielle Ausstattung erfordern, wie z. B. in der Gynäkologie, der Urologie und der Hals-Nasen-Ohren- oder Augenheilkunde, sollten diese Untersuchungs- und Behandlungsräume dem AOZ unmittelbar angegliedert sein.

Im Rahmen der Erstuntersuchung erfolgt zunächst die Indikationsstellung zum ambulanten Eingriff durch einen operativen Facharzt. Sind die Voraussetzungen hierfür gegeben und erfüllt, wird die ärztliche Aufklärung für den vorgesehenen Eingriff vorgenommen und abschließend ein Behandlungstermin festgelegt. Im Anschluss daran führt der für das AOZ zuständige Anästhesist das Prämedikationsgespräch durch. Er klärt weitere Fragen zur

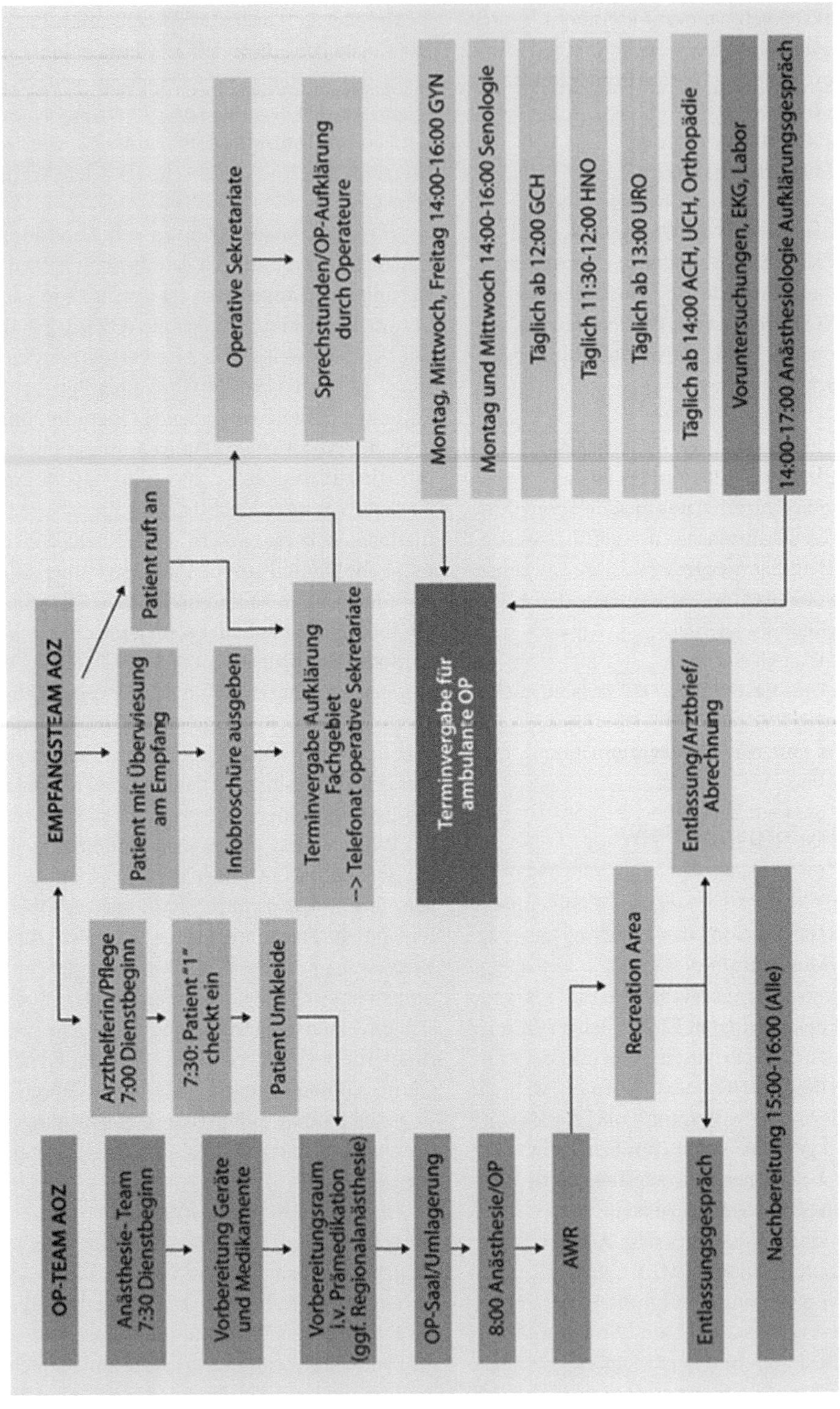

Abb. 8.2 Übersichtsdiagramm für den Organisationsablauf im AOZ des Städtischen Klinikums Solingen gGmbH

Sehr geehrte Patientin, sehr geehrter Patient,

wir begrüßen Sie ganz herzlich in unserem Ambulanten OP-Zentrum (AOZ) und bitten Sie um Beachtung folgender Hinweise:

Vorgespräch und Untersuchung

Aufklärungsgespräche mit Ihrem Narkosearzt und Ihrem Operateur erfolgen bei geplanten Eingriffen spätestens am Tag vor der Operation, um Ihnen eine angemessene Bedenkzeit zu ermöglichen.

In diesem Rahmen werden Sie untersucht, Befunde und mögliche Risiken werden besprochen.

- Vorbefunde wie z.B. Röntgenbilder, EKG, Laborwerte sowie ggf. eine Liste Ihrer Medikamente bringen Sie bitte mit, da diese wertvolle Informationen liefern.

Am Tag vor der Operation

- Normal essen, ausreichend trinken.
- Bei Auftreten einer akuten Erkrankung (z.B. Erkältung, Magen-Darm-Infekt) nehmen Sie bitte Kontakt mit uns auf.
- Rufen Sie bitte immer einen Werktag vor der Operation zwischen 12.00 Uhr und 14.00 Uhr bei uns an, um die genaue Uhrzeit Ihres OP-Termins abzustimmen.

Am Operationstag

- 6 Stunden vorher nichts mehr essen,
- Bis 2 Stunden vorher: klare Flüssigkeit (stilles Wasser, Tee oder Kaffee ohne Milch).
- Bitte auf Nikotin verzichten.
- Medikamente, wie mit dem Narkosearzt und Operateur besprochen, mit einem Schluck Wasser einnehmen.

Nach der Narkose

Nach dem Eingriff werden Sie bis zu Ihrer Entlassung, mindestens jedoch eine Stunde, im Aufwachraum und im Erholungsbereich unseres Ambulanten OP-Zentrums (AOZ) von unserem Fachpersonal betreut.

Nach dem Abschlussgespräch erfolgt die Entlassung in Begleitung Ihrer Bezugsperson.

Eine zuverlässige Person aus Ihrem Umfeld übernimmt Ihre ständige Betreuung bis zum nächsten Tag.

Zu Hause sollten Sie noch ruhen. Sie können essen und trinken, vermeiden Sie am ersten Tag Alkohol und Nikotin.

Nehmen Sie bei auftretenden Schmerzen eine Dosis des mitgegebenen Medikaments entsprechend unserer Empfehlung ein.

Wichtig *!

Sie dürfen nach der Narkose 24 Stunden nicht aktiv am Straßenverkehr teilnehmen, Maschinen betätigten oder wichtige Entscheidungen treffen.

Ernsthafte Komplikationen nach einer Narkose sind sehr selten.

Sollten zu Hause Probleme auftreten, wie z.B.:

- Erschwerte Atmung
- Außergewöhnliche Schmerzen
- Temperaturanstieg über 38,5° C
- Nachblutung aus der OP-Wunde
- Erhebliche Kopfschmerzen
- Nackensteife
- Auffallende Blässe
- Schwindel
- Herzbeschwerden
- Übelkeit, Erbrechen

wenden Sie sich bitte an eine der umseitig angegebenen Rufnummern!

Ich bin darüber informiert worden, dass ich das Ambulante OP-Zentrum (AOZ) nur in Begleitung eines Erwachsenen verlassen darf.

Meine Betreuung durch eine geeignete Person in den ersten 24 Stunden kann ich gewährleisten.

Innerhalb von 24 Stunden nach dem Eingriff darf ich keine wichtigen Entscheidungen treffen, nicht aktiv am Straßenverkehr teilnehmen, ein Fahrzeug führen oder Maschinen bedienen.

Bei nicht vorhersehbaren Komplikationen bin ich mit einer stationären Weiterbehandlung einverstanden.

Die empfohlene Schmerztherapie für die erste Zeit nach dem Eingriff basiert auf modernsten Empfehlungen. Nebenwirkungen können jedoch nicht vollständig ausgeschlossen werden.

Das empfohlene Einnahmeschema ist daher unbedingt zu beachten. Für weitere Informationen halte ich mich an die Vorgaben des Beipackzettels.

Alle Fragen zum Ablauf des ambulanten Eingriffs im Ambulanten OP-Zentrum (AOZ) wurden vollständig und umfassend beantwortet. Meine Angaben sind vollständig und richtig.

Ich bin mit der Durchführung des geplanten Eingriffs im Ambulanten OP-Zentrum (AOZ) einverstanden.

Patientenaufkleber

Solingen, den ____________________

____

Unterschrift Patient/in bzw. gesetzlicher Vertreter

Wegweiser

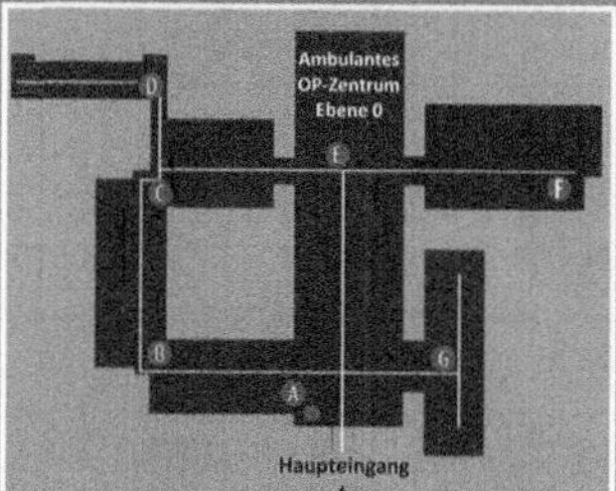

Ambulantes OP-Zentrum (AOZ) Haus E, Ebene 0

Kontakt

AOZ - Ambulantes OP-Zentrum (Haus E, Ebene 0)
Klinik für Anästhesie, Operative Intensiv- und Palliativmedizin
Chefarzt Prof. Dr. med. Th. Standl
Städtisches Klinikum Solingen
gemeinnützige GmbH
Gotenstraße 1, 42653 Solingen

Ihre Ansprechpartner
M. Pandya
Funktionsoberarzt
FA für Anästhesiologie, Intensiv– und Schmerztherapie
Frau S. Schumacher-Sondermann
Fach-KP für Anästhesie und Intensivmedizin
Frau S. Bierschenk
Operationstechnische Assistentin
Frau Stark, Frau Plat und Frau Ciliberti
Arzthelferinnen

Wichtige Rufnummern für Patientinnen und Patienten des Ambulanten OP-Zentrums (AOZ)

bis 15.30 Uhr	Ambulantes OP-Zentrum (AOZ) Tel.: 0212 547-2688
ab 15.30 Uhr	Zentrale Aufnahmeeinheit (ZAE) Tel.: 0212 547-2340
Für Kinder unter 18 Jahre	
ab 15:30 Uhr	Klinik für Kinder– und Jugendmedizin Ambulanz Tel.: 0212 547-2958

STÄDTISCHES KLINIKUM Solingen
gemeinnützige GmbH

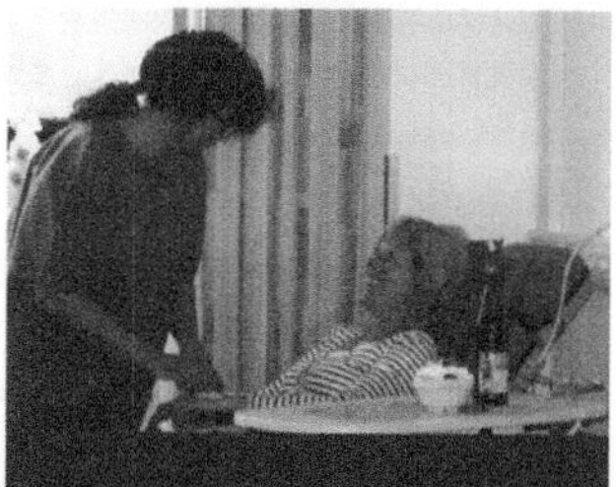

Ambulantes OP-Zentrum (AOZ)

Akademisches Lehrkrankenhaus der Universität zu Köln

Abb. 8.3a,b Flyer des AOZ des Städtischen Klinikums Solingen gGmbH mit für die Dokumentation abtrennbarem Teil.
* Anmerkung des Autors: Aufgrund des flächendeckenden Einsatzes moderner, sehr gut steuerbarer Anästhetika gerade im Bereich des ambulanten Operierens sollte künftig über die Notwendigkeit eines Festhaltens an der starren 24-h-Grenze auf der Basis validierter Daten nachgedacht werden

Sicherstellung der ambulanten Behandlung anhand einer Checkliste ab. Wenn alle auf dieser Liste aufgeführten Voraussetzungen erfüllt sind, kann der Patient zu einer ambulanten Weiterbehandlung zugelassen werden. Verfügt ein Patient z. B. nicht über ein Telefon oder Handy, oder ist eine Betreuung zu Hause nicht sichergestellt, kommt eine ambulante Behandlung nicht infrage, ebenso wenig bei gravierenden Komorbiditäten oder anästhesiologischen Kontraindikationen (z. B. ASA class >III).

Der zweite Kontakt im AOZ ist dann am Operationstag. Nach dem Einchecken des Patienten entkleidet sich dieser in entsprechenden Umkleidebereichen, in denen die persönlichen Dinge und Wertgegenstände sicher asserviert werden können. Je nach örtlichen Gegebenheiten wird der Patient vom OP- oder Anästhesiepersonal in Empfang genommen und entweder auf einer Stryker-Liege in einem anästhesiologischen Vorbereitungsraum gelagert (■ Abb. 8.1) oder direkt in den OP-Saal auf den OP-Tisch begleitet. Wichtig ist hierbei, dass die Patienten rutschfeste Einmalsocken tragen, damit sie nicht stürzen (■ Abb. 8.4). Die Anforderungen an den Anästhesiearbeitsplatz unterscheiden sich im ambulanten Bereich nicht vom stationären Setting und müssen sich an der Leitlinie der Fachgesellschaft orientieren [9]. Die Narkoseeinleitung erfolgt nach Anbringen des Monitorings zur Überwachung und Applikation der Venenverweilkanüle direkt im OP-Saal. Nach Beendigung des Eingriffs und der Narkose wird der Patient im – idealerweise unmittelbar neben dem OP-Saal gelegenen – separaten Aufwachraum überwacht. Wichtig ist es, ein Anästhesieregime zu implementieren, das dem Patienten nach dem Erwachen weitestgehende Schmerzfreiheit garantiert und möglichst wenig Übelkeit und Erbrechen (PONV) erzeugt. Hierzu sind die TIVA und ein Verzicht auf Opioide im postoperativen Setting vorteilhaft (■ Tab. 8.1). Nach kurzer Zeit sind nahezu alle Patienten in der Lage, sich mit Begleitung einer Pflegekraft in die Umkleidekabine zu begeben und sich anzukleiden. In einem Erholungsbereich warten die Patienten dann die vorgeschriebene Zeit auf die Entlassung. In dieser Zeit können die Patienten bereits wieder trinken und eine Kleinigkeit wie z. B. Kekse essen (■ Abb. 8.5). In der Zwischenzeit werden die Entlassungsdokumente zusammen mit dem OP-Bericht und Arztbrief fertiggestellt. Bei Bedarf kann eine Arbeitsunfähigkeitsbescheinigung bis maximal 5 Tage ausgestellt werden.

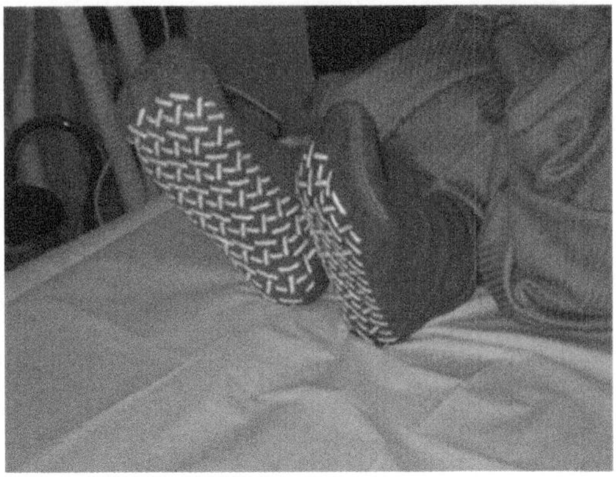

■ **Abb. 8.4** Rutschfeste Einmalsocken für die Patienten des AOZ im Städtischen Klinikum Solingen gGmbH

> **OP-Bericht und Arztbrief müssen dem Patienten bei der Entlassung zur Information der weiterbehandelnden Ärzte mitgegeben werden.**

Arzneimittel, v. a. Analgetika (■ Abb. 8.6) sowie Verbandsmittel werden vom Krankenhaus für maximal 3 Tage mitgegeben. Wichtig sind ein genauer Verordnungsplan sowie eine genaue Unterweisung und die Aushändigung der Beipackzettel für die mitgegebenen Medikamente, auch aus forensischen Gründen. Für die Entlassungsfähigkeit des ambulant operierten Patienten gibt es klare Richtlinien, die in der Übersicht dargestellt sind [10, 11]. Wichtig ist, dass sich der entlassende Arzt persönlich vom Zustand des Patienten und Vorhandensein der Begleitperson überzeugt, da andernfalls haftungsrechtliche Konsequenzen drohen, sollte ein Patient auf dem Nachhauseweg oder zu Hause zu Schaden kommen.

Entlassungskriterien bei Patienten nach klinikambulanten Operationen

- Vitalzeichen (Atemfrequenz, Blutdruck, Herzfrequenz) mindestens 1 h vor Entlassung stabil
- Pulsoxymetrische O_2-Sättigung >95% unter Raumluft (oder wie präoperativ)

Tab. 8.1 Analgetikaschema für die perioperative Analgesie ambulanter Patienten im AOZ des Städtischen Klinikums Solingen gGmbH; E = nur für Erwachsene

Präoperativ	OP	Aufwachraum	Recreation Area	Zu Hause
		Nach NRS	Nach NRS	
Ibuprofen p.o. oder Supp. (Kinder >6 Monate)	Remifentanil Oxycodon i.v. (E) Novamin i.v. Parecoxib i.v. (E)	(Paracetamol i.v.) (Novamin i.v.)	Novamintropfen Opioide, wenn Nichtopioide unzureichend Stationäre Aufnahme?	Novamin Ibuprofen Diclofenac Paracetamol (Cave: Tageshöchstdosis!)

- Orientierung zu Person, Zeit und Ort ungestört (oder wie präoperativ)
- Schmerzen im OP-Gebiet maximal 3 auf der VAS oder NRS (1–10)
- Kein PONV, Aufnahme von Flüssigkeit möglich
- Spontanmiktion erfolgt oder möglich
- Kein Fieber
- Patient kann sich ankleiden und ist steh- und gehfähig (oder wie präoperativ)
- Minimale Blutung aus Wunde oder Drainagen
- Begleitperson für die Heimfahrt und Nachversorgung ist im AOZ vor Ort
- Eine Unterweisung für das Verhalten zu Hause und bei Notfällen ist erfolgt
- Analgetika für die häusliche postoperative Schmerztherapie sind ausgehändigt

Muss ein Patient wegen postoperativer Beschwerden oder Komplikationen stationär aufgenommen werden, so geschieht dies zeitnah und ohne großen bürokratischen Aufwand durch Verlegung innerhalb des Krankenhauses.

Im Laufe des Spätnachmittags oder Abends des OP-Tages sollte sich idealerweise einer der behandelnden Klinikärzte vom komplikationslosen Verlauf und stabilen Zustand des Patienten telefonisch rückversichern und dies schriftlich in der Ambulanzakte vermerken.

Ambulant operierte Patienten müssen am OP-Tag zu Hause eine Betreuung haben und dürfen nicht am Straßenverkehr teilnehmen.

Sollten Probleme bestehen, muss sich der Patient noch am OP-Tag wieder in der Klinik vorstellen und ggf. stationär weiterbehandelt werden.

Für den reibungslosen Ablauf sollte eine Verfahrens- oder Dienstanweisung, die zuvor mit allen beteiligten Disziplinen und Berufsgruppen abgestimmt wurde, erstellt und in Kraft gesetzt werden. In der Übersicht sind die Punkte aufgeführt, die darin enthalten sein sollten.

Inhaltspunkte einer Verfahrens- oder Dienstanweisung

- Organisatorische Zuordnung des AOZ
- Teilnehmende Kliniken und Abteilungen
- Facharztstandard
- Personelle Besetzung
- Katalog der durchführbaren Operationen
- Anzahl der täglich zu behandelnden Patienten
- Voruntersuchungen
- Kriterien für Akzeptanz einer ambulanten Operation
- Kriterien für Ablehnung einer ambulanten Operation
- Aufklärungsgespräch
- Operationsplanung mit Verteilung von OP-Kontingenten (Tab. 8.2)
- Patientenüberwachung nach der Operation
- Entlassung bzw. stationäre Aufnahme
- Arzneimittel/Verbandsmittel/Hilfsmittel
- Patiententransport
- Nachbehandlung
- Unterrichtung des Vertragsarztes

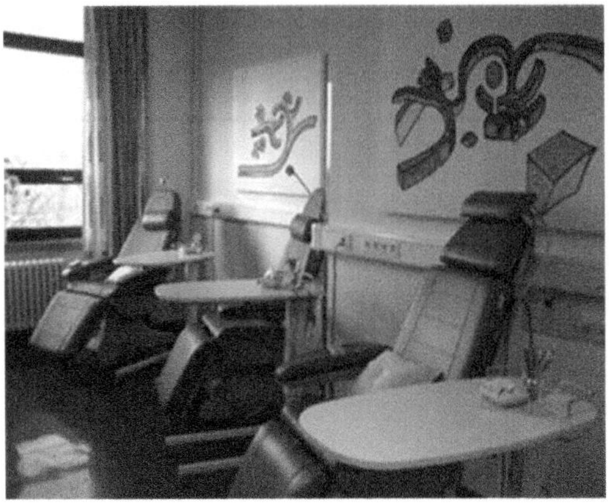

Abb. 8.5 Erholungsbereich (Recreation Area) im AOZ des Städtischen Klinikums Solingen gGmbH

- Bescheinigung der Arbeitsunfähigkeit
- Zusammenarbeit der Dienste
- Administrative Angelegenheiten

8.7 Darstellung eines AOZ in einem Klinikum der Maximalversorgung

Bereits im Jahr 1994 wurde im Bereich des Haupthauses des Städtischen Klinikums Solingen dezentral eine Pflegestation entsprechend den Anforderungen an eine operative Tagesklinik (OT) verändert. Mit der Leitung der OT wurde der Chefarzt der Klinik für Anästhesie und Operative Intensivmedizin beauftragt. Ein Facharzt für Anästhesiologie war an Werktagen in der Zeit zwischen 8.00 und 15.30 Uhr für den Bereich der OT jeweils für eine Woche eingeteilt. Er übernahm die prä- und postoperative Visitation der ambulant operativen Patienten und war für die Prämedikationssprechstunde verantwortlich, in der nicht nur ambulante, sondern auch gehfähige stationäre Patienten prämediziert wurden. Der Bereich der OT wurde mit 2 Arzthelferinnen und 7 Pflegekräften betrieben. Die Patienten wurden für die ambulanten Operationen in das OP-Programm des Zentral-OP integriert und mussten über längere Wege im Haus transportiert werden. Außerdem war die pflegerische Besetzung der OT vom Stellenschlüssel sehr hoch, was sich angesichts der überschaubaren Erlöse aus dem ambulanten Operieren betriebswirtschaftlich nicht rechnete.

Mit Fertigstellung eines neuen Zentral-OP im Jahr 2008 ergab sich die Chance für eine grundlegende Neuorganisation des ambulanten Operierens im SKS und die Einrichtung eines separaten AOZ. Durch Verlegung zweier operativer Fächer in den neuen Zentral-OP standen die zwei OP-Säle dieser Kliniken zur Verfügung. Durch überschaubare bauliche Veränderungen konnte in wenigen Wochen ein AOZ mit zunächst einem OP-Saal der Reinraumklasse 1, je einem direkt daneben befindlichen Vorbereitungs- und Aufwachraum, einer zentralen Patientenaufnahme mit Wartebereich und postoperativer Erholungszone sowie Sprechzimmern für die behandelnden Fachärzte auf einem zusammenhängenden Areal im EG des Klinikums geschaffen werden (▶ Abb. 5.1). Der zweite OP-Saal kann aufgrund der unmittelbaren Nachbarschaft zum Erholungsbereich mit Zivilverkehr nur für Eingriffe der Reinraumklasse 2 (urologische und gynäkologische Unterleibsoperationen, proktologische und HNO-Eingriffe etc.) genutzt werden. Da das Team des AOZ aus einem Anästhesisten, einer Anästhesiefachschwester und einer OP-Fachschwester sowie den jeweils aus den behandelnden Fächern hinzukommenden Operateuren besteht, kann der 2. OP-Saal nur als Ausweich-OP oder bei Einsatz eines 2.Teams parallel genutzt werden. Für den Erholungsbereich der Recreation Area ist eine Pflegekraft zuständig, um die Vitalfunktionen abschließend zu kontrollieren sowie im Bedarfsfall die verordnete oder von den Ärzten im AOZ angeordnete Medikation zu verabreichen. Sie ist gleichzeitig auch „Servicekraft" und „Case-Managerin" für den Erholungsbereich und hat die Aufgabe, Fragen der Patienten zu beantworten oder kompetent weiterzuleiten, und die Entlassung der Patienten vorzubereiten. Um eine verlässliche Aussage über die Qualität der Versorgung im AOZ zu erhalten, wird eine regelmäßige, stichprobenartige, schriftliche Befragung der Patienten mittels standardisiertem Fragebogen durchgeführt.

Abb. 8.6 Fertige Tütchen mit Schmerzmedikamenten mit genauer Verordnung für maximal 3 Tage aus dem AOZ des Städtischen Klinikums Solingen

Tab. 8.2 Verteilung der OP-Kontingente auf die beteiligten operativen Fächer im AOZ des Städtischen Klinikums Solingen gGmbH (Stand 1/2016)

Uhrzeit	Montag	Dienstag	Mittwoch	Donnerstag	Freitag
8.00–9.00	AC	UR	AC	UR	AC
9.00–10.00	AC	UR	AC	UR	AC
10.00–11.00	GC	UR	UC	UR	AC
11.00–12.00	UC	UR	UC	Gyn	UC
12.00–13.00	UC	Gyn	UC	Gyn	UC
13.00–14.00	UC	Gyn	PM/E	Gyn	UC
14.00–15.00	PM/E	PM/E	NO	PM/E	PM/E
15.00–16.00	PM/E	PM/E	NO	PM/E	PM/E

AC: Allgemeinchirurgie; GC: Gefäßchirurgie; UC: Unfallchirurgie/Orthopädie; UR: Urologie; Gyn: Gynäkologie/Senologie; PM: Prämedikation; E: Entlassung; NO: niedergelassene Operateure. Patienten aus den Morgenstunden werden auch vor 14 Uhr entlassen.

8

Positive Rückmeldungen von ambulant operierten Patienten lassen auf eine hohe Akzeptanz und eine möglicherweise steigende Inanspruchnahme schließen. Insgesamt kann das Image eines Klinikums durch ein gut funktionierendes AOZ erheblich aufgewertet werden.

Das Team im AOZ widmet sich seit der Neugestaltung ausschließlich pädiatrischen und erwachsenen ambulanten operativen Patienten, wobei das Kernteam, bestehend aus dem anästhesiolgischen Facharzt und den beiden Fachpflegekräften OP und Anästhesie sowie zwei sich halbtags abwechselnden Arzthelferinnen und der Pflegekraft im Bereich der Erholungszone jeweils durch Operateure aus dem jeweiligen Fachgebiet ergänzt werden. Der OP-Betrieb ist in einer Kernarbeitszeit von 8.00 bis 14.00 Uhr vorgesehen, anschließend finden Prämedikationsgespräche sowie die Nachsorge und Entlassung der zuletzt operierten Patienten durch die Fachärzte statt. Wichtige Schnittstellen für das ansonsten autark arbeitende AOZ sind die Beschaffungsabteilung und die ZSVA, die für eine optimale Logistik entscheidend sind. Das Kernteam des AOZ kümmert sich dabei ausschließlich um Belange des ambulanten Operierens, kann aber im Krankheitsfall oder bei Bedarf aus dem Personalpool des Zentral-OP verstärkt werden, was wiederum ein großer Vorteil eines Klinikums mit entsprechenden personellen Ressourcen ist.

Die ausschließliche Organisation der Abläufe im AOZ, die sich in vielen Aspekten von denen stationärer Fälle unterscheiden, hat die Effektivität des klinikambulanten Operierens ebenso wie die Motivation der verantwortlichen Mitarbeiter deutlich erhöht, sodass sich eine derartige Einrichtung nicht nur für das Portfolio eines Klinikums, sondern auch unter ökonomischen Gesichtspunkten rentieren kann. Eine gemeinsame Studie der Kassenärztlichen Vereinigung Bayerns mit dem Bundesverband Ambulantes Operieren e.V. und der Ludwig-Maximilians-Universität München aus dem Jahr 2010 zeigt eine Zufriedenheit von 97,5% der 1.910 Patienten mit dem ambulanten Setting bei vier verschiedenen Eingriffen (Herniotomie, Nasenseptum-OP, Uterus-Myomenukleation, Schulterarthroskopie) [12]. Eine repräsentative Umfrage von 2006 ergab, dass 1.134 Personen für einen arthroskopischen Eingriff ein ambulantes Setting einer stationären Versorgung vorziehen und dabei der ambulanten Behandlung im Krankenhaus interessanterweise sogar den Vorzug gegenüber der Praxis geben würden [13]. Wichtigste Qualitätsindikatoren waren Spezialisierung, Kontinuität durch den Behandler und Wartezeit auf den OP-Termin.

Literatur

[1] Gesetz zur Sicherung und Strukturverbesserung der gesetzlichen Krankenversicherung (Gesundheitsstrukturgesetz) (1992). http://www.bgbl.de/xaver/bgbl/start.xav?start=%2F%2F*[%40attr_id%3D%27bgbl192s2266.pdf%27]#__bgbl__%2F%2F*[%40attr_id%3D%27bgbl192s2266.pdf%27]__1452860851113

[2] IS GBE: Krankenhäuser mit ambulanten Operationen und Anzahl von ambulanten Operationen. Gliederungsmerkmale: Jahre, Region, Krankenhausmerkmale (2014). http://www.gbe-bund.de/oowa921-install/servlet/oowa/aw92/dboowasys921.xwdevkit/xwd_init?gbe.isgbetol/xs_start_neu/&p_aid=i&p_aid=93989571&nummer=606&p_sprache=D&p_indsp=99999999&p_aid=19737728

[3] Entwicklung und Bedeutung ambulanter Eingriffe im internationalen Vergleich. SMART Books (01.02.2007).www.arzt-in-europa.de/pages/Endfassung_001_Broekelmann.pdf

[4] Ambulantes Operieren und sonstige stationsersetzende Eingriffe im Krankenhaus – AOP-Vertag (16.05.2014). http://www.bvf.de/pdf/richtlinien/AOP_Vertrag.pdf

[5] Wagener A, Haag I (2009) Ambulantes Operieren im Krankenhaus durch Vertragsärzte – Ist verboten, was nicht audrücklich erlaubt ist? MedR 27:72–7

[6] Schulz SF, Mertens A (2006) Ambulantes Operieren durch Vertragsärzte im Krankenhaus – Zulässigkeit und Vergütung. MedR 4:191–8

[7] BDA, DGAI, BDC (2006) Vereinbarung zur Qualitätssicherung ambulante Anästhesie des BDA, der DGAI und des BDC. Anästh Intensivmed 47:50–51(Kommentar 52–53)

[8] Mertens A (2009) Anforderung präoperativer Befunde. Überweisungen zur präoperativen Diagnostik. Überweisungen im Rahmen des § 115b SGB V. Anästh Intensivmed 50:631–2

[9] Empfehlungen der Deutschen Gesellschaft für Anästhesiologie und Intensivmedizin e.V. und des Berufsverbandes Deutscher Anästhesisten e.V. (2013) Mindestanforderungen an den anästhesiologischen Arbeitsplatz. Anästh Intensivmed 54:1–4

[10] Leitlinie für ambulantes Operieren bzw. Tageschirurgie. AWMF online https://www.reanitrain.de/downloads/leitlinien/operative%20Eingriffe/ambulante%20OPs%20-%20zahnaerztliche%20Eingriffe/Leitlinie%20fuer%20ambulantes%20Operieren%20bzw.Tageschirurgie.pdf

[11] Bundesverband für Ambulantes Operieren (BAO). Voraussetzungen und Leitlinien. http://www.operieren.de/content/e3224/e308/e331/e334/

[12] Qualitätsmaßnahme Ambulante Operationen (2010). http://www.kbv.de/media/sp/beilage_Ambulantes_Operieren.pdf

[13] Schwappach DLB, StrasmannTJ (2006) Ambulantes Operieren: Praxis oder Krankenhaus? Chirurg77:166–72

Kosten und Erlöse, QM und Patientenzufriedenheit

H.-J. Schwarz, D. Kurscheid-Reich

T. Standl, C. Lussi (Hrsg.), *Ambulantes Operieren in Klinik, Praxis und MVZ*,
Erfolgskonzepte Praxis- & Krankenhaus-Management
DOI 10.1007/978-3-662-49787-6_9

9.1 Kosten und Erlöse

H.-J. Schwarz

9.1.1 Einleitung

Für die Einschätzung der derzeitigen ökonomischen Situation des ambulanten Operierens in Krankenhäusern ist ein Rückblick auf die Einführung im Jahr 1993 und die sich anschließende weitere Entwicklung erforderlich.

Die Möglichkeit für Krankenhäuser, ambulant zu operieren, wurde am 1.1.1993 mit Inkrafttreten des Gesundheitsstrukturgesetzes (GSG) geschaffen. Einige Krankenhäuser erkannten frühzeitig das in dieser neuen Behandlungsform liegende Potenzial und richteten eigene Abteilungen für das „Ambulante Operieren" ein. Trotz steigender Behandlungszahlen wurde diesem Bereich in den meisten Krankenhäusern medizinisch und wirtschaftlich lange Zeit keine größere Bedeutung beigemessen.

Dies lag sicherlich auch an der Vergütung stationärer Aufenthalte durch einen tagesbezogenen Basis- und Abteilungspflegesatz, der bei einer Verweildauer von nur 1–2 Tagen zu einer Rechnung von deutlich unter 1.000 € führte. Der finanzielle Anreiz für Krankenkassen, in diesen Fällen eine Prüfung durch den Medizinischen Dienst der Krankenversicherung (MDK) zu veranlassen, war somit gering.

Erst mit der Einführung eines diagnosebezogenen Vergütungssystems (DRG) ab dem Jahr 2003 gab es eine Änderung. Die Erlöse stationärer Behandlungen lagen ab diesem Zeitpunkt auch unter Berücksichtigung von Kurzliegerabschlägen in den meisten Fällen erheblich über den Abrechnungen vergleichbarer ambulanter Operationen.

Die Prüfungen der primären Fehlbelegung durch den MDK wurden von 2003 bis heute erheblich ausgeweitet. Durch zunehmend verbesserte Prüfprogramme der Krankenkassen sind qualifizierte MDK-Anfragen möglich, die inzwischen in bis zu 60% erfolgreich sind. Parallel dazu werden die Krankenhäuser in den jährlich stattfindenden Budgetverhandlungen zunehmend mit Auswertungen zu einem „vermeintlich" vorhandenen ambulanten Potenzial konfrontiert.

Angesichts des steigenden Kostendrucks ist eine Fallrevision von teilweise über 50% der angefragten Fälle zunehmend kritisch zu sehen. Die nach einer für die Krankenkassen erfolgreichen Fallprüfung bestenfalls noch akzeptierten ambulanten Sätze decken bei Weitem nicht die tatsächlich verbrauchten stationären Ressourcen.

Die Zahl der ambulanten Operationen nahm im Rahmen der DRG-Einführung und der Anpassung der AOP-Kataloge im Jahr 2004 sowohl im Krankenhaus als auch insgesamt bis zum Jahre 2011 stark zu (◘ Abb. 9.1) [7]. In den letzten drei Jahren ist jedoch ein Rückgang der ambulanten Operationen sowohl im Krankenhaussektor als auch im niedergelassenen Bereich zu verzeichnen. Die Zahl der stationären Operationen steigt dagegen kontinuierlich an.

> **Aufgrund des zunehmenden Sparzwanges werden die Krankenkassen stärker als bisher eine ambulante Leistungserbringung einfordern. Die Krankenhäuser sind gut beraten, ambulantes Operieren als eigenständigen Geschäftsbereich zu betrachten und alleine oder in Kooperation mit niedergelassenen Ärzten weiter zu entwickeln.**

Ambulantes Operieren ist schon seit längerer Zeit mehr als nur eine Ausweichmöglichkeit bei nicht zu begründenden stationären Aufenthalten. Dabei sind strategische Ziele ebenso zu berücksichtigen wie zu erzielende Erlöse und anfallende Kosten.

9.1.2 Erlöse

Grundlagen der Abrechnung

Die nachfolgenden Ausführungen beziehen sich auf das ambulante Operieren im engeren Sinne nach den Vorgaben des § 115b SGB V und den hierzu geschlossenen Verträgen. Nicht unter diese Verträge fallen z. B.

- ambulante Leistungen für privat versicherte Patienten,
- selbst zu bezahlende Sportuntersuchungen,
- sog. Schönheitsoperationen,
- Sterilisationen oder
- Leistungen, die in Kooperation mit niedergelassenen Ärzten erbracht werden.

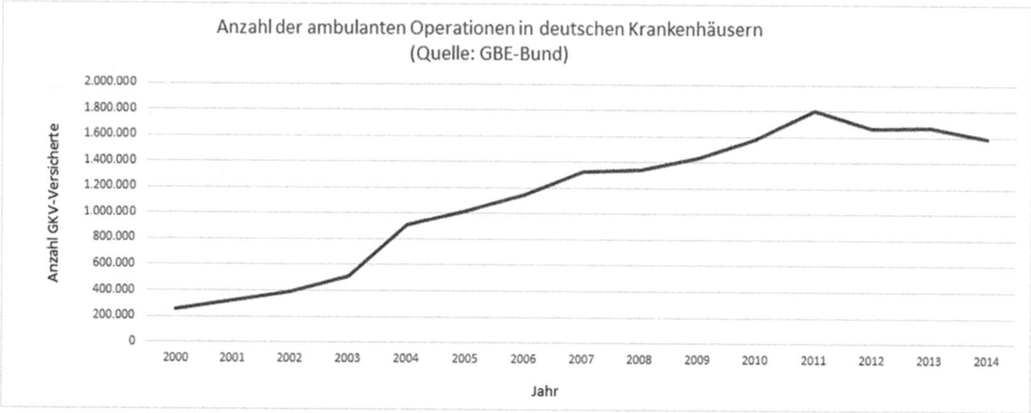

Abb. 9.1 Entwicklung der ambulanten Operationen in deutschen Krankenhäusern [7] (mit freundlicher Genehmigung des Statistischen Bundesamts)

Derartige Angebote sind sehr heterogen und müssen individuell kalkuliert werden.

AOP-Vertrag

Auf Grundlage des § 115b SGB V und des dazu geschlossenen dreiseitigen Vertrags (AOP-Vertrag) [1] zwischen dem GKV-Spitzenverband, der Deutschen Krankenhausgesellschaft e.V. und der Kassenärztlichen Bundesvereinigung dürfen Krankenhäuser ambulante Operationen und stationsersetzende Eingriffe in den Bereichen erbringen, in denen sie auch stationär zur Leistungserbringung zugelassen sind.

Die konkrete Leistungserbringung setzt eine maschinenlesbare Anzeige an die im AOP-Vertrag genannten Verbände und Stellen voraus. Die entsprechenden offiziellen Meldeformulare werden jährlich auf den Internetseiten der Vertragspartner veröffentlicht. In der täglichen Abrechnungspraxis werden von Krankenhäusern erbrachte, aber nicht oder verspätet angezeigte Leistungen von den Krankenkassen abgewiesen.

Eine regelmäßige Überprüfung des tatsächlichen Leistungsumfangs und der aktuellen OP-Schlüssel ist daher dringend anzuraten.

Die Leistungen, die ein Krankenhaus dem Grunde nach ambulant erbringen darf, richten sich abschließend nach dem zum vorgenannten AOP-Vertrag vereinbarten Katalog ambulanter Operationen und stationsersetzender Eingriffe. Dieser Katalog umfasst insgesamt 2.876 über einen Operationsschlüssel genau definierte Leistungen. Davon sind ca. 1.247 Positionen mit einem Hinweis gekennzeichnet, nach dem sie in der Regel nur ambulant erbracht werden können. Eine Budgetierung dieser AOP-Leistungen ist – damit ein Anreiz für eine ambulante Leistungserbringung entsteht – für den Krankenhausbereich nicht vorgesehen.

Problematisch für die Krankenhäuser sind Patienten, die von niedergelassenen Ärzten zur Durchführung einer ambulanten Operation überwiesen werden, die Leistung jedoch nicht im AOP-Katalog aufgeführt ist. Diese Eingriffe liegen außerhalb des Behandlungsauftrags und werden von den Krankenkassen nicht zur Abrechnung nach § 115b SGB V angenommen bzw. über den Datenaustausch nach § 301 SGB V zurückgewiesen. Die Krankenhäuser befinden sich in dem Konflikt, Patienten und überweisende Ärzte durch eine Ablehnung der Behandlung nicht zu brüskieren und dennoch eine leistungsgerechte Bezahlung zu erhalten.

Die ambulanten Operationen im Vertragsarztbereich werden in Kapitel 31 des EBM [4] in Verbindung mit Anhang 2 aufgelistet. Von den dort genannten 9.238 ambulanten OP-Schlüsseln wurden nur ca. 2.630 Eingriffe in den AOP-Katalog des Krankenhauses übernommen. Unterschiede ergeben sich teilweise erst in der 6. Stelle des OPS und sind den niedergelassenen Ärzten oftmals nicht bekannt. In der täglichen Überweisungspraxis führt dies oft zu einer den Behandlungsauftrag des Krankenhauses übersteigenden Überweisung.

Leider ergibt sich aus dieser Situation heraus kein Recht der Krankenhäuser, den unversorgten Patienten stationär aufzunehmen.

Krankenhäuser können versuchen, den Patienten die Situation zu erklären und sie mit entsprechenden Formularen an die Krankenkasse oder den niedergelassenen Arzt verweisen, damit dort eine geeignete Behandlungsform gefunden wird. Dieses Verfahren irritiert die Beteiligten, ist sehr aufwändig und führt regelmäßig zu Rückfragen.

Den Krankenhäusern ist zu empfehlen, eine aktive Rolle einzunehmen, auf die Krankenkassen zuzugehen und individuelle Lösungen abzusprechen.

Abrechnungstarif und Punktwerte

Die Vergütung der Leistungen nach dem AOP-Vertrag richtet sich im Wesentlichen nach
- den Festlegungen des Orientierungspunktwerts für das jeweilige Jahr und
- den Punktzahlen des Einheitlichen Bewertungsmaßstabs (EBM).

Dieser benennt die abrechnungsfähigen Leistungen sowie ihr wertmäßiges, in Punkten ausgedrücktes Verhältnis zueinander und ergänzt diese soweit möglich durch Zeitangaben.

Für das Jahr 2015 wurde der Orientierungspunktwert durch den Erweiterten Bewertungsausschuss auf 10,2718 Cents festgelegt [5]. Mögliche Zu- und Abschläge bei Unter- und Überversorgung wurden bisher nicht vereinbart. Daher ist vorerst von dem jeweils festgesetzten Orientierungspunktwert als Berechnungsgrundlage auszugehen.

Abrechnungsfähige Leistungen

Zugang zum ambulanten Operieren

Es gilt der freie Zugang der Patienten zum ambulanten Operieren, wobei die Überweisung durch den niedergelassen Arzt die Regel darstellen sollte. Auch diejenigen Leistungen, die im Rahmen einer Notfallbehandlung erbracht werden und im AOP-Katalog enthalten sind, können gegenüber der jeweiligen Krankenkasse als ambulante Operation abgerechnet werden. Entsprechende Hinweise enthalten
- der Vertragsleitfaden der GKV-Spitzenverbände aus dem Jahr 2006 [12] sowie
- die AOP-Umsetzungshinweise der Deutschen Krankenhausgesellschaft aus dem Jahr 2010 [2].

Gelegentlich lehnen einzelne Krankenkassen die Bezahlung notfallmäßig erbrachter AOP-Leistungen ab und verweisen auf die Zuständigkeit der jeweiligen Kassenärztlichen Vereinigung. Diese wiederum lehnt die Bezahlung der Notfallleistungen unter Hinweis auf die AOP-Leistung ebenfalls ab. Den Krankenhäusern kann nur empfohlen werden, sich nicht auf diese Querverweise einzulassen und die Bezahlung der erbrachten ambulanten Operation bei der jeweiligen Krankenkasse einzufordern.

Praxisgebühr

Die bis zum 01.01.2013 ggf. zu zahlende sogenannte Praxisgebühr ist entfallen. Die grundsätzlichen Regelungen zur Abrechnung sind im AOP-Vertrag weiterhin enthalten.

Präoperative Leistungen

Das Krankenhaus ist nach dem AOP-Vertrag berechtigt, auf das eigene Fachgebiet bezogene Voruntersuchungen zu veranlassen. Es handelt sich hierbei hauptsächlich um Labor-, Ultraschall- und Röntgenuntersuchungen, die zur Abklärung der ambulanten Operation erforderlich werden. Dabei sind die vom überweisenden Arzt zur Verfügung gestellten Unterlagen zu berücksichtigen. Dennoch erforderliche Doppeluntersuchungen sind in der Abrechnung zu kennzeichnen und auf Nachfrage der Krankenkasse zu begründen.

Neben den Grundpauschalen für den Operateur und den Anästhesisten sind sämtliche aus den arztgruppenübergreifenden Kapiteln des EBM, auf die in der Präambel des jeweiligen Facharztkapitels verwiesen wird, berechenbar.

Für notwendige Untersuchungen anderer Fachbereiche oder die Anforderung nicht vom Krankenhaus vorgehaltener Leistungen ist der innerhalb der Kassenärztlichen Vereinigung vorgeschriebene Überweisungs- und Abrechnungsschein nach Muster 06 zu verwenden.

Die Abrechnung bestimmter präoperativer Leistungen (z. B. Sonographien) sind am Operationstag nach der Präambel gem. Kapitel 31.2.1 Pkt. 8 EBM ausgeschlossen.

Urteil des Sozialgerichts Darmstadt vom 26.06.2009

In der Vergangenheit wurde von einigen Krankenkassen die Abrechenbarkeit präoperativer Leistungen bestritten, wenn der Indikationssprechstunde keine im AOP-Katalog enthaltene Operation folgte, z. B. weil sich der Patient gegen eine Operation entschieden hatte. Das Sozialgericht Darmstadt hat mit Urteil vom 26.06.2009 – Az. S 10 KR 29/09 dem klagenden Krankenhaus Recht gegeben und keinen Abrechnungsausschluss präoperativer Leistungen bei anschließend nicht stattgefundener ambulanter Operation gesehen. Das Krankenhaus muss allerdings den Zusammenhang zwischen präoperativen Leistungen und dem geplanten Eingriff darlegen.

Intraoperative Leistungen

Leistungen, die in unmittelbarem Zusammenhang mit dem Eingriff stehen, dürfen auch am Operationstag abgerechnet werden. Zu den intraoperativen Leistungen zählen z. B. histologische oder pathologische Leistungen. Auch in diesen Fällen sind Überweisungen an andere Leistungserbringer zulässig.

Operative Leistung, Überwachung und Anästhesie

Die Leistungen, die ein Krankenhaus ambulant erbringen und abrechnen darf, sind in den Abschnitten 1–3 der Anlage zum AOP-Vertrag aufgeführt:

- Abschnitt 1 enthält 2.628 ambulant durchführbare Operationen und sonstige stationsersetzende Eingriffe, die auch in Anhang 2 zu Kapitel 31 (Gebührenordnungspositionen für ambulante Operationen) des EBM enthalten sind.
- In Abschnitt 2 sind 234 über Abschnitt 1 hinausgehende, im Krankenhaus zugelassene ambulant durchführbare Operationen und sonstige stationsersetzende Eingriffe aufgeführt. Da innerhalb des EBM in diesen Fällen keine eindeutige Zuordnung von OPS-Kode zu einer EBM-Ziffer vorgenommen wird, erfolgte diese direkt in Abschnitt 2.
- Abschnitt 3 enthält 18 weitere ambulant durchführbare Operationen und sonstige stationsersetzende Leistungen, die nicht durch einen OP-Schlüssel beschrieben, sondern über die entsprechenden EBM-Leistungen definiert werden.

Die mehrheitlich im Krankenhaus zu erbringenden ambulanten Operationen in Abschnitt 1 werden nach den Vorgaben des Kapitels 31 EBM und den dort genannten, nachstehend aufgeführten Behandlungskomplexen abgerechnet.

Operationsleistung Der durchzuführende Eingriff wird der Systematik von Anhang 2 zu Kapitel 31 EBM folgend einer Gebührenziffer zugeordnet. Damit abgegolten sind in der Regel sämtliche durch den Operateur erbrachten ärztlichen Leistungen, Untersuchungen am Operationstag, Verbände, ärztliche Abschlussuntersuchungen, ein postoperativer Arzt-Patienten-Kontakt, OP-Dokumentation und Beratungen einschließlich des Abschlussberichts an den weiterbehandelnden Vertragsarzt.

Postoperative Überwachung Dieser Komplex umfasst die Überwachung des Patienten direkt nach der Operation. Obligatorisch sind Kontrolle von Atmung, Kreislauf und Vigilanz (Wachheit) sowie ggf. EKG-Monitoring und Infusionstherapie.

Anästhesieleistung Diese Leistung unterscheidet, ob der Operateur oder der Anästhesist die Leistung erbracht hat.

Auch eine vom Operateur durchgeführte Regionalanästhesie (z. B. intravenöse regionale Anästhesie an einer Extremität oder des Plexus brachialis, ischiofemorale Blockade) kann mit der EBM-Nr. 31800 und rd. 38 € berechnet werden. Möglich sind auch retrobuläre Anästhesien, die mit der EBM-Nr. 31801 und rd. 17 € abgerechnet werden können.

Die im Krankenhaus übliche Anästhesie durch einen Facharzt für Anästhesiologie umfasst Plexusanästhesien, Spinal- und Epiduralanästhesien, intravenöse regionale Anästhesien einer Extremität sowie Kombinationsnarkosen mit Maske, Larynxmaske oder endotracheale Intubation einschließlich der entsprechenden prä- und postanästhesiologischen Rüstzeiten.

Enthalten sind Leistungen wie beispielsweise die Kontrolle der Katheterlage durch Injektion eines Lokalanästhetikums, Legen einer Blutleere, Infusion(en), Magenverweilsondeneinführung, Anlage suprapubischer Harnblasenkatheter, Wechsel/Entfernung suprapubischer Harnblasenkatheter, Wechsel/Legen transurethraler Dauerkatheter, arterielle Blutentnahme, Multigasmessung, gesteuerte Blutdrucksenkung sowie dokumentierte Überwachung bis zur Stabilisierung der Vitalfunktionen.

Simultaneingriffe Hierbei handelt es sich um zusätzliche Eingriffe, die sich vom Haupteingriff durch die Diagnose und den operativen Zugangsweg unterscheiden. Überschreitet die nachgewiesene Schnitt-Nahtzeit eines Simultaneingriffs die tatsächliche Zeit des Haupteingriffs um mehr als 15 Minuten, können anstelle der Eingriffsziffer des zusätzlichen Eingriffs Simultanzuschläge für jeweils 15 vollendete Minuten bis zu einer Höchstdauer, die der Summe der Einzeleingriffe entspricht, abgerechnet werden. Diese Zuschläge können sowohl für den Operateur als auch für den Anästhesisten berechnet werden.

Berechnung von Simultanzuschlägen
Bei einem Kind mit einer Hyperplasie der Rachenmandel wird eine Adenotomie und direkt anschließend aufgrund einer chronischen mukösen Otitis eine Parazentese durchgeführt.

- **Eingriff**
  - Adenotomie = 20 Minuten Schnitt-Nahtzeit, OPS 5-285.0
  - Parazentese, bds. = 16 Minuten Schnitt-Nahtzeit, OPS 5-200.4
- **Abrechnung**
  - Adenotomie, OP = EBM 31231, HNO-Eingriff Kat. N1, 987 Pkt.
  - Parazentese, OP = EBM 31238, Simultanzuschlag, 502 Pkt.
  - Adenotomie, Anästhesie = EBM 31821, Anästhesie, 969 Pkt.
  - Parazentese, Anästhesie = EBM 31828, Simultanzuschlag, 286 Pkt.

Bei mehreren Eingriffen unter einer Diagnose oder nur einem operativen Zugang darf nur die am höchsten bewertete Ziffer abgerechnet werden.

Sachkosten

Beim ambulanten Operieren hat das Krankenhaus alle benötigten Sachmittel wie z. B. Verbrauchsmaterialen, Verbands-, Arznei- und Hilfsmittel zur Verfügung zu stellen. Eine Verordnung auf Kassenrezept ist unzulässig.

Die im Zusammenhang mit ambulanten Operationen anfallenden Sachkosten werden nach unterschiedlichen Regelungen vergütet.

Praxisbedarf Allgemeiner Praxisbedarf ist nach den allgemeinen Bestimmungen zum EBM mit der Gebührenziffer für die ärztliche Leistung abgegolten. Dazu gehören u. a.:

- allgemeine Praxiskosten wie z. B. Miete, Strom, Personalkosten,
- Kosten, die durch die Anwendung von ärztlichen Instrumenten und Apparaturen entstanden sind,
- Kosten für Einmalartikel wie z. B. Spritzen, Kanülen, Handschuhe, Skalpelle, Abdecksets,
- Kosten für Reagenzien, Substanzen und Materialen für Laboruntersuchungen,
- Kosten für Filmmaterialen,
- Versand- und Transportkosten, die nicht gesondert berechnet werden können.

Sprechstundenbedarf Anders als im vertragsärztlichen Bereich werden Kosten für Arznei- und Sachmittel, die weder mit den ärztlichen Gebührenziffern noch anderweitig abgegolten sind, nicht mittels einer in Arztpraxen üblichen Sprechstundenbedarfsvereinbarung, sondern durch einen pauschalen Aufschlag von 7% auf die gesamte Honorarsumme vergütet. Kostenpauschalen nach Kapitel 40 EBM stellen keine Honorarsumme dar und werden in diese Berechnung nicht miteinbezogen. Ebenfalls aus der Zuschlagsberechnung auszuklammern sind die ärztlichen Leistungsziffern, auf die sich die Kostenpauschalen nach Kapitel 40 EBM beziehen.

Nach wie vor strittig ist die Frage der Einbeziehung der Laboruntersuchungen in die Honorarsumme. Der Vertragsleitfaden der Spitzenverbände der Krankenkassen zum AOP-Vertrag widerspricht

■ Tab. 9.1 Beispiele für Kostenpauschalen: EBM-Beschreibung und Punktzahl

Ziffer	Beschreibung	Preis
40122	Transport von Briefen bis 50 g (Kompaktbrief)	0,90 €
40300	Sachkosten für eine Koronarangiographie	181,50 €
40750	Kostenpauschale für Sachkosten bei endoskopischen Gelenkeingriffen	122,00 €

an dieser Stelle den AOP-Umsetzungshinweisen 2010 der Deutschen Krankenhausgesellschaft. Hier muss das Krankenhaus selbst entscheiden, ob es eine Auseinandersetzung mit den Krankenkassen führen möchte.

Kostenpauschalen Für eine Reihe von Leistungen sind in Kapitel 40 des EBM zusätzlich zu berechnende Kostenpauschalen vorgesehen, die in ■ Tab. 9.1 beispielhaft aufgeführt sind.

Einzelne Sachmittel Zusätzlich zu den genannten Sachkostenerstattungen können die nachstehend aufgeführten Sachmittel abgerechnet werden, sofern diese eine Selbstbehaltgrenze von 12,50 € je Spiegelstrich übersteigen:
- im Körper verbleibende Implantate in Summe,
- Röntgenkontrastmittel,
- Nahtmaterial,
- Katheter u. a. bei angiologischen, gefäßchirurgischen und phlebologischen Leistungen,
- Katheter u. a. bei gastroskopischen Leistungen,
- Trokare, Endoclips u. a. bei laparoskopischen Leistungen,
- Narkosegase, Sauerstoff,
- Katheter u. a. bei Leistungen zur In-vitro-Fertilisation,
- Irisretraktoren, Kapselspannringe, Injektionshalterungen bei ophthalmochirurgischen Leistungen,
- Ophthalmica bei ophthalmochirurgischen Leistungen,
- Schienen, Kompressionsstrümpfe (nicht Antithrombosestrümpfe).

Die Einzelpositionen können zu einer Gruppe zusammengefasst werden, z. B. bilden die für einen Knochenbruch benötigten Schrauben und Platten eine Gruppe und werden demzufolge nur einmal vom Selbstbehalt erfasst. Implantate können auch dann zusätzlich abgerechnet werden, wenn sie nur vorübergehend eingesetzt worden sind. Entscheidend ist der Verbleib der Implantate im Körper, nachdem der Eingriff abgeschlossen ist.

Das Krankenhaus darf gegenüber der Krankenkasse nur die tatsächlich gezahlten Preise berechnen. Preisnachlässe und Rückvergütungen sind mit Ausnahme von Rabatten für eine fristgerechte Zahlung (Skonto bis max. 3%) rechnungsmindernd an die Krankenkassen weiterzugeben. Die Rechnungsoriginale sind 5 Jahre aufzubewahren und auf Verlangen der Krankenkassen vorzulegen.

Arzneimittel Teure Arzneimittel, die nicht in den vorgenannten Sachkostenerstattungen enthalten sind, dürfen, wenn der Betrag von 40 € überschritten wird, gesondert abgerechnet werden. Grundlage ist die Große Deutsche Spezialitätentaxe (Lauertaxe) und die dort ausgewiesenen Apothekeneinkaufspreise abzüglich 25% zuzüglich der Mehrwertsteuer.

Photosensibilisatoren und Hormonpräparate Die bei der photodynamischen Therapie und den Maßnahmen zur künstlichen Befruchtung entstehenden hohen Sachkosten werden separat vergütet. Die Wertgrenze von 40 € gilt bei diesen Leistungen nicht. Grundlage ist auch hier die Große Deutsche Spezialitätentaxe (Lauertaxe) und die dort ausgewiesenen Apothekeneinkaufspreise abzüglich 20% zuzüglich der Mehrwertsteuer. Der Rechnungsbetrag ist bei Hormonpräparaten zur In-vitro-Fertilisation um die zu leistenden Eigenanteile der Patienten zu reduzieren.

■■ Postoperative Leistungen

Zur Festigung und Sicherung des Behandlungserfolgs sind nach § 6 des AOP-Vertrags postoperative Leistungen bis zu einer Dauer von 14 Tagen auch durch den die Leistung erbringenden Arzt bzw. Anästhesisten zulässig.

Die postoperativen Leistungen umfassen neben der Befundkontrolle und -besprechung bei Bedarf Leistungen wie z. B. Verbandswechsel, Drainageentfernung oder Einleitung einer medikamentösen Therapie. Die postoperative Nachsorge kann sowohl durch das Krankenhaus als auch mittels Überweisung durch den niedergelassenen Vertragsarzt erfolgen.

Der postoperative Behandlungskomplex ist für eine Dauer von 21 Tagen nach der ambulanten Operation vorgesehen. Da Krankenhäuser anstelle der kalkulierten 21 Tage nur bis zum 14. Tag postoperative Leistungen erbringen dürfen, wurde die Punktzahl für den postoperativen Behandlungskomplex mit einem Abschlag von 27,5% belegt.

Bei der Entscheidung, dass das Krankenhaus die postoperative Versorgung selbst wahrnehmen möchte, sind die sich aus der Präambel Nr. 8 des Kapitels 31.2 ergebenden Abrechnungseinschränkungen in den ersten 3 Tagen ab dem Operationstag zu beachten. Danach ist z. B. die Berechnung von Sonographien ausgeschlossen. Zudem ist ein Arzt-Patienten-Kontakt nach dem Operationstag bereits Leistungsinhalt des abzurechnenden Operationskomplexes.

9

Mit Blick auf die tatsächliche Versorgungssituation vor Ort entscheiden sich daher viele Krankenhäuser für eine Überweisung an den niedergelassenen Arzt, damit dieser die postoperative Versorgung übernehmen kann. Der Praxisarzt kann gegenüber der Kassenärztlichen Vereinigung die in diesen Fällen im EBM vorgesehene Nachbehandlungspauschale abrechnen.

Abrechnung der Leistungen

Die Leistungen müssen nach § 18 des AOP-Vertrags in einer Rechnung abgerechnet werden. Da zwischen der Indikationssprechstunde und der tatsächlichen Operation oftmals mehrere Monate liegen, ist eine zeitnahe Abrechnung der erbrachten präoperativen Leistungen nicht möglich. Erfahrungsgemäß kann eine Reihe von Fällen nicht zeitnah abgeschlossen werden, weil nicht bekannt ist, ob und wann sich der Patient zur Operation entscheidet. Zum Jahresende sind die danach noch offenen Fälle zu bewerten und periodengerecht zuzuordnen.

Sofern die Hauptleistung durch einen Belegarzt erbracht worden ist, hat er seine Leistungen mit der kassenärztlichen Vereinigung abzurechnen.

Abrechnungsfälle

Nachfolgend sind beispielhaft einige typische Abrechnungsfälle mit dem EBM Eurobetrag, dem ein gerundeter Punktwert von 0,102718 € zu Grunde liegt, aufgeführt. Zur Nachsorge wird der Patient an den niedergelassenen Bereich überwiesen.

- **Abrechnungsfall 1**
  - Diagnose
    - M65.86: Sonstige Synovitis und Tenosynovitis, Unterschenkel
    - M23.22: Meniskusschädigung durch alten Riss; Hinterhorn des Innenmeniskus
    - M94.26: Chondromalazie: Unterschenkel
  - Eingriff
    - 5-812.5: Meniskusresektion, partiell
    - 5-812 EH: Knorpelglättung, Kniegelenk
  - Abrechnung: ◘ Tab. 9.2
- **Abrechnungsfall 2**
  - Diagnose
    - M65.86: Sonstige Synovitis und Tenosynovitis, Unterschenkel
    - M23.22: Meniskusschädigung durch alten Riss; Hinterhorn des Innenmeniskus
    - M94.26: Chondromalazie: Unterschenkel
    - S63.3: Traumatische Ruptur von Bändern des Handgelenkes und der Handwurzel
  - Eingriff
    - 5-812 EH: Knorpelglättung, Kniegelenk, Dauer 50 Minuten
    - 5-812.b: Arthroskopische Operation am Gelenkknorpel und an den Menisken, Resektion des Discus triangularis, Handgelenk, Dauer 25 Minuten
    - Abrechnung: ◘ Tab. 9.3
- **Abrechnungsfall 3**
  - Diagnose
    - N84.0: Polyp des Corpus uteri
  - Eingriff
    - 1-471.2: Diagnostische fraktionierte Kürettage
    - 1-672: Diagnostische Hysteroskopie
  - Abrechnung: ◘ Tab. 9.4
- **Abrechnungsfall 4**
  - Diagnose
    - C15.9: Bösartige Neubildung: Ösophagus, nicht näher bezeichnet
  - Eingriff
    - 5-399.5: Implantation und Wechsel von venösen Katheterverweilsystemen
  - Abrechnung: ◘ Tab. 9.5

Tab. 9.2 Abrechnung in Fall 1

Datum	EBM-Ziffer	Beschreibung	Punktzahl	Betrag
02.08.	05211	Grundpauschale 6.–59. Lebensjahr	95	9,76 €
02.08.	05310	Präanästhesiologische Untersuchung	179	18,39 €
02.08.	07211	Grundpauschale 6.–59. Lebensjahr	221	22,70 €
04.08.	19310	Histologische/zytologische Untersuchung	83	8,53 €
04.08.	19312	Zuschlag zur Ziffer 19310	51	5,24 €
04.08.	31142	Arthroskopie, E2	2.238	229,88 €
04.08.	31503	Postoperative Überwachung	513	52,69 €
04.08.	31822	Anästhesie/Narkose	1.257	129,12 €
04.08.	40750	Kostenpauschale, endoskopischer Eingriff		122,00 €
		Sachk.-Pauschale 7% von 246,43 €		17,25 €
Gesamtrechnungsbetrag				**615,56 €**

Alternative Abrechnungsverfahren

Vorstationäre Behandlung

Die zunehmenden MDK-Prüfungen zur primären Fehlbelegung (ambulantes Potenzial) haben im stationären Bereich auch bei eingewiesenen Patienten zu einer sorgfältigeren Aufnahmeuntersuchung geführt. Erachtet der aufnehmende Krankenhausarzt eine ambulante Operation als ausreichend, stellt sich die Frage, ob die an diesem Tag erbrachten Leistungen mit der vorstationären Pauschale oder präoperativ nach dem AOP-Vertrag abgerechnet werden dürfen.

Vorstationäre Behandlung

Nach der gemeinsamen Empfehlung zu § 115a Abs. 3 SGB V – Vergütung der vor- und nachstationären Behandlung – ist eine Abrechnung der vorstationären Pauschale u. a. ausgeschlossen, wenn die Leistungen nach dem AOP-Vertrag abgerechnet werden können.

In diesen Fällen scheidet die Berechnung der in den meisten Fällen höheren vorstationären Pauschale aufgrund des Nachrangprinzips aus. Diese Frage war in den letzten Jahren auch mehrfach Gegenstand gerichtlicher Auseinandersetzungen. Mit seinem Urteil vom 14.10.2014 (B 1 KR 28/13 R) hat das Bundessozialgerichts (BSG) insofern für eine Klarstellung gesorgt, dass auch bei einer vorliegenden Krankenhauseinweisung die notwendige Abklärungsdiagnostik z. B. MRT über § 115 b SGB V abzurechnen ist. Nur in den Fällen, in denen eine begründete stationäre Einweisung vorliegt, ist eine vorstationäre Abklärung einschließlich Abrechnung mit anschließender ambulanter Operation zulässig. Dies sollte im Lichte der BSG-Entscheidung nur noch auf wenige Fälle zutreffen. Nur dann, wenn die Krankenkassen in Einzelfällen die im Rahmen der Abklärungsuntersuchungen vorgenommenen Untersuchungen, die als präoperative Leistungen abgerechnet werden, nicht akzeptieren, sollte der Versuch einer vorstationären Abrechnung unternommen werden.

Vereinzelt sehen Krankenkassen in ambulanten Operationen wie z. B. einer Portimplantation eine vorbereitende Maßnahme für einen späteren stationären Aufenthalt (stationäre Chemotherapie) und verweigern eine separate Vergütung nach dem

Tab. 9.3 Abrechnung in Fall 2

Datum	EBM-Ziffer	Beschreibung	Punktzahl	Betrag
02.08.	05211	Grundpauschale 6.–59. Lebensjahr	95	9,76 €
02.08.	05310	Präanästhesiologische Untersuchung	179	18,39 €
02.08.	07211	Grundpauschale 6.–59. Lebensjahr	221	22,70 €
04.08.	31144	Arthroskopie, E4	4.153	426,59 €
04.08.	31148 1×15 min	Simultanzuschlag für 31144	649	66,66 €
04.08.	31504	Postoperative Überwachung	743	76,32 €
04.08.	31824	Anästhesie/Narkose	1.828	187,77 €
04.08.	31148 1×15 min	Simultanzuschlag zu 31824	286	29,38 €
04.08.	40750	Kostenpauschale, endoskop. Eingriff		122,00 €
04.08.	40752	Kostenpauschale, endoskop. Eingriff		200,00 €
04.08.		Sachk.-Pauschale 7% von 344,32 €		24,10 €
Gesamtrechnungsbetrag				**1.183,67 €**

AOP-Vertrag. Der ambulante Eingriff wird als vorstationäre Leistung gewertet und wäre demzufolge in der stationären Fallpauschale enthalten.

Dieser Sichtweise ist zumindest in den Fällen, die außerhalb der in § 115a SGB V genannten Fristen liegen, zu widersprechen. Die in § 115a SGB V genannte 5-Tages-Frist wäre eine zwingende Voraussetzung für das seitens der Krankenkassen gewünschte Abrechnungsverbot. Für außerhalb dieser Frist durchgeführte ambulante Operationen gibt es keine Einschränkung der Abrechnung als ambulante Operation nach dem AOP-Katalog. Sofern der folgende stationäre Aufnahmetermin allein aus Abrechnungsgründen außerhalb der genannten Frist gelegt wird, ist jedoch eine für das Krankenhaus erfolgreiche MDK-Prüfung nicht zu erwarten [10].

▪▪ MICADO

Aus einer Initiative operativ tätiger Vertragsärzte in Hamburg hat sich die bundesweit tätige Managementgesellschaft MICADO (Minimalinvasive Chirurgie und ambulant durchführbare Operationen) HEALTH CARE GmbH entwickelt.

MICADO hat mit einer Vielzahl von Krankenkassen Verträge geschlossen, die u. a. eine Leistungsvergütung nach Modulen vorsehen. Diese Module schließen teilweise ambulant durchführbare Operationen nach § 115b SGB V der Kategorie 1 aus und sehen für die Kategorie 2 Festpreise vor. Bei anderen Leistungen erfolgt die Preisfindung über einen MICADO-Grouper. Dabei unterscheiden die MICADO-Verträge [8] nicht mehr zwischen ambulant und stationär, sondern vergüten die Behandlungsfälle pauschal als Fallpauschale. Die Vergütung liegt durch eine abgesenkte Basisrate zwischen den AOP-Entgelten und der stationären DRG-Vergütung.

Die MICADO-Pauschale beinhaltet neben der eigentlichen operativen Leistung auch die Narkose, die prä- und postoperative Versorgung durch Haus- und Fachärzte und falls erforderlich,

Tab. 9.4 Abrechnung in Fall 3

Datum	EBM-Ziffer	Beschreibung	Punktzahl	Betrag
04.08.	05212	Grundpauschale ab 60. Lebensjahr	111	11,40 €
04.08.	05310	Präanästhesiologische Untersuchung	179	18,39 €
04.08.	08210	Grundpauschale ab 60. Lebensjahr	147	15,10 €
04.08.	33044	Sonographie weibl. Genitalorgane	141	14,48 €
10.08.	4×19310	Histologische/zytologische Untersuchung ×4	332	34,12 €
10.08.	31311 (Hysteroskopie, da höherwertiger als die Kürettage - 31301)	Endoskopischer gynäkologischer Eingriff	1.285	131,99 €
10.08.	31503	Postoperative Überwachung	513	52,69 €
10.08.	31821	Anästhesie/Narkose	969	99,53 €
10.08.		Sachk.-Pauschale 7% von 377,70 €		26,44 €
Gesamtrechnungsbetrag				**404,14 €**

den Krankentransport, die postoperative Einbindung eines Pflegediensts oder auch die stationäre Nachbehandlung.

Die Verträge beinhalten eine Reihe von Sonderregelungen in Abhängigkeit von der Kassenzugehörigkeit und den jeweiligen Bundesländern.

▪ ▪ Kooperationen

Der AOP-Vertrag sieht auch die nach dem Vertragsarztrechtsänderungsgesetz und dem GKV-Versorgungsstrukturgesetz zulässigen neuen Kooperationsmöglichkeiten vor. Danach können Krankenhäuser die AOP-Leistungen einschließlich der Narkosen in Kooperation mit niedergelassenen Vertragsärzten ambulant im Krankenhaus erbringen. Dies eröffnet neue Möglichkeiten der Zusammenarbeit, allerdings weiterhin nur im Rahmen der eingeschränkten Ermächtigung des Krankenhauses. Das Krankenhaus rechnet die gesamten Leistungen gegenüber den Krankenkassen ab und vergütet die Leistungen der niedergelassenen Ärzte, die nicht Angestellte des Krankenhauses sein müssen, auf der Basis eines Kooperationsvertrages.

9.1.3 Kosten

Ausgangssituation

Aufgrund des Zulassungsstatus stehen die in einem Krankenhaus möglichen ambulanten Operationen in einer starken Konkurrenz zu den entsprechenden stationären Operationen. Auch wenn der Bereich des Ambulanten Operierens organisatorisch und teilweise personell (Anästhesie, Pflege) aus den Fachkliniken herausgelöst worden ist, rekrutieren sich die Operateure hauptsächlich aus den jeweiligen Fachkliniken. Folgende Überlegungen lassen den Operateur oftmals eine stationäre Aufnahme bevorzugen:

- klinikbezogene Fallzahlsteigerung,
- Erlösoptimierung sowie gute Betten- und Ressourcenauslastung,
- wirtschaftlicher Druck des Krankenhausbetreibers,

Tab. 9.5 Abrechnung in Fall 4

Datum	EBM-Ziffer	Beschreibung	Punktzahl	Betrag
12.08.	05211	Grundpauschale 6.–59. Lebensjahr	95	9,76 €
12.08.	05310	Präanästhesiologische Untersuchung	179	18,39 €
12.08.	07211	Grundpauschale 6.–59. Lebensjahr	221	22,70 €
13.08.	31212	Eingriff der Kategorie L2	2.028	208,31 €
13.08.	31503	Postoperative Überwachung	513	52,69 €
13.08.	31822	Anästhesie/Narkose	1.257	129,12 €
13.08.	34241	Aufnahme Brustorgane, 2 Ebenen	152	15,61 €
13.08.	Rechnung 100 € – 12,50 € = 87,50 € (3% Skonto = 3 € verbleiben im Krankenhaus)	Silikonkatheter, venös, Port, Titan		87,50 €
		Sachk.-Pauschale 7% von 456,58 €		31,96 €
Gesamtrechnungsbetrag				**576,04 €**

- Ausschöpfung der Liquidationsmöglichkeiten bei zusatzversicherten Patienten,
- einfachere Patientensteuerung im stationären Bereich und
- der Wunsch nach einer bestmöglichen Behandlung und Überwachung des Patienten.

Die so geplante Steigerung stationärer Aufnahmen wird inzwischen begrenzt durch die zunehmenden Fehlbelegungsprüfungen, die eine entsprechende Anpassung des Aufnahmeverhaltens erzwingen.

Die anstelle einer stationären Behandlung durchgeführten ambulanten Eingriffe werden in dieser Situation von den Aufnahmeärzten oftmals als verlorener Fall mit entsprechenden Erlöseinbußen (Tab. 9.6) gesehen.

Kosten des ambulanten Eingriffs

Voraussetzungen

Unabhängig von der Frage, ob ambulante Operationen kostendeckend erbracht werden können, entscheiden sich die meisten Krankenhäuser aus strategischen Gründen für ein mehr oder weniger umfangreiches ambulantes Angebot.

Während in einem ambulanten Operationszentrum im niedergelassenen Bereich alle Prozesse konsequent auf eine effektive und effiziente Leistungserbringung hin ausgerichtet werden, muss sich der Bereich „Ambulantes Operieren" im Krankenhaus oftmals anderen Notwendigkeiten unterordnen. So wird sich ein Krankenhaus je nach Auslastungssituation der Hauptoperationssäle für oder gegen eine Integration von ambulanten Operationen oder sogar für ein Mischsystem entscheiden. Darüber hinaus sind Wegezeiten der Operateure, die bauliche Situation sowie weitere logistische Anbindungen zu berücksichtigen.

Im Regelfall sind die Sachkosten über die Beschaffungsabteilungen der Krankenhäuser weitgehend optimiert und die Personalkosten üblicherweise durch Tarifverträge vorgegeben. Auch die umzulegenden Gemeinkosten werden durch den Krankenhausbetrieb vorgegeben und sind daher kaum beeinflussbar. Finden die ambulanten Eingriffe zudem eingestreut innerhalb des stationären OP-Betriebs statt, sind auch hier die Abläufe und der Personalbestand vorgegeben. Das Krankenhaus wird dann versuchen, vorhandene „stille Reserven"

Tab. 9.6 Erlösvergleich ambulantes Operieren vs. stationäre Behandlung (Fallpauschale) [3, 6]

Eingriff	Erlöse		
	Ambulantes Operieren	Stationär: Normallieger	Stationär: Kurzlieger
Partielle Meniskusresektion und Knorpelglättung	600,83 €	1.797,13 €	1.350,07 €
Diagnostische Kürettage und Hysteroskopie	383,91 €	1.583,96 €	1.080,65 €
Implantation von venösen Katheterverweilsystemen	567,68 €	1.965,54 €	816,85 €
Koronarangiographie von Bypassgefäßen, mit Druckmessung Ventrikulargraphie im linken Ventrikel	609,80 €	2.121,89 €	1.228,46 €
Leistenbruchverschluss mit Netzeinlage	648,12 €	2.330,05 €	1.672,78 €

zu aktivieren, um ambulante Operationen möglichst ohne zusätzlichen Personalaufwand zu erbringen.

In einem gewissen Rahmen kann diese Vorgehensweise helfen, die negativen Folgen einer unzureichend optimierten stationären Ressourcenplanung im Zentral-OP zu reduzieren.

Steigen jedoch die ambulanten Fallzahlen, sollten die ambulanten Operationen vom stationären Betrieb getrennt werden. Die Prozesse sind an die Notwendigkeiten ambulanter Operationen anzupassen und dürfen nicht mehr durch stationäre Standards bestimmt werden. Entscheidend ist der Auslastungsgrad, denn nur eine hohe und gleichmäßige Ressourcennutzung sichert niedrige Umlagekosten bezogen auf den Einzelfall. Sämtliche Ablaufprozesse sind zu optimieren und alle Tätigkeiten außerhalb der direkten Patientenversorgung auf ein Minimum zu beschränken. Um Leerlaufzeiten zu vermeiden, sind verbindliche Absprachen mit den Operateuren des Krankenhauses unerlässlich. Gegebenenfalls müssen andere klinische Abläufe angepasst werden, damit sich der Operateur nicht aufgrund der Stationsversorgung, einer Notfallbehandlung oder einer verlängerten stationären Operation verspätet. Die Termintreue aller Beteiligten ist eine zentrale Voraussetzung für einen wirtschaftlichen Betriebsablauf.

Zusätzlich sind die einzelnen Eingriffe und die dazu notwendigen Einzelprozesse zu untersuchen. Neben der kritischen Überprüfung der Verbrauchsmaterialien ist auch der Personaleinsatz zu hinterfragen. Hier zeigt sich in Krankenhäusern regelmäßig ein im Vergleich zu niedergelassenen ambulanten Operationszentren höherer Personaleinsatz. Durchgeführte Prozessdatenvergleiche zwischen Leistungserbringern in unterschiedlichen Rechtsformen zeigten deutliche Vorteile des Vertragsarztes gegenüber dem Krankenhaus. Die jeweils ermittelten Kosten der Eingriffe lagen im Krankenhaus teilweise doppelt so hoch wie bei dem untersuchten ambulanten Anbieter, der als Einziger positive Deckungsbeiträge in den untersuchten Kategorien aufwies [11].

Trotz aller Bemühungen wird es Krankenhäusern schwer fallen, die knappen Zeit- und Kalkulationsvorgaben des EBM durchgängig zu erreichen. Die unterschiedlichen Operateure liegen im Durchschnitt eigenen Erhebungen zufolge teilweise 77% über der Kalkulationszeit des EBM (Tab. 9.7). Allerdings ist gegenüber einer 5 Jahre zurückliegenden Auswertung festzustellen, dass inzwischen alle Operationen im Durchschnitt unter der EBM-Kalkulationszeit liegen. Insofern ist in dem der Auswertung zu Grunde

Tab. 9.7 Vergleich der EBM-Kalkulationszeiten mit den tatsächlichen OP-Zeiten

Leistung OPS/EBM	Kalkulationszeit (in Minuten) nach EBM	Tatsächliche OP-Zeit (in Minuten) zwischen	Mittelwerte der Operateure (in Minuten)
Arthroskopie, EBM 31142 Meniskusresektion und Knorpelglättung	45	19–75 Ø 38	20–75
Endoskopischer gynäkologischer Eingriff, EBM 31311, Diagnostische fraktionierte Kürettage und Hysterektoskopie	29	4–35 Ø 11	10–17
Eingriff der Kategorie 2, EBM 31212 Implantation/Wechsel von venösen Katheterverweilsystem	45	19–90 Ø 41	28–49

(Eigene Auswertungen aus dem Jahr 2014)

liegenden Krankenhaus AOZ eine deutliche Effizienzsteigerung festzustellen.

Die Übernahme ambulant zu operierender Patienten kann durch eine engere Abstimmung mit den überweisenden Ärzten und einer frühzeitigen Befundübermittlung erleichtert werden. Weitere Absprachen mit den überweisenden Ärzten können Operations-Standards und die vorherige Information der Patienten über eine sicher zu stellende häusliche Versorgung nach dem Eingriff betreffen.

Kostenanteile

Eine Auswertung der Kosten in einem Krankenhaus mit 1.300 ambulanten chirurgischen Eingriffen pro Jahr im AOZ ergab bei insgesamt kostendeckenden Einnahmen die in Tab. 9.8 dargestellte Aufteilung.

Bis auf die allgemeinen Umlagekosten können die entstehenden Kosten einzelfallbezogen relativ genau abgeleitet werden. Die mittels der Leistungs- und Umlagerechnung zu erfolgende Verteilung der nicht direkt zuzuordnenden Kosten lässt die in vielen Krankenhäusern grundsätzlich bestehenden Probleme in theoretischer und praktischer Hinsicht deutlich werden. Diese ergeben sich insbesondere in Bezug auf Mengen- und Bewertungsverfahren, Leistungsdefinitionen sowie die Festlegung der Umlageschlüssel.

Die Abbildungsgenauigkeit steigt mit wachsender Größe der zu belastenden Kostenstellen. Umgekehrt stellen betragsmäßig kleine Kostenstellen hohe Anforderungen an die Differenziertheit und Sachgerechtigkeit der Kosten- und Leistungsrechnung. Die Kostensituation kann sich dramatisch ändern, wenn mithilfe einfacher, undifferenzierter Umlageschlüssel die großen Kostenblöcke eines Krankenhauses einer kleinen ambulanten Behandlungseinheit aufgebürdet werden.

Insofern stellt sich die grundsätzliche Frage, ob die zu treffenden Entscheidungen auf der Grundlage einer Voll- oder Teilkostenrechnung erfolgen sollen. Sofern die Reorganisation einer bestehenden ambulanten Operationseinheit angestrebt wird, ist zur Vermeidung von Verwerfungen infolge ungenauer Umlageschlüssel eine Teilkostenrechnung mit einem starken Fokus auf die variablen Kosten vorzuziehen. Um Schwachstellen im Behandlungsprozess zu erkennen, kann ein Herunterbrechen der Kalkulation bis auf die Ebene der einzelnen Eingriffe sinnvoll sein.

Die Universitätsklinik Magdeburg hat in einer durchgeführten Studie die Kosten-Nutzen-Relation von Port-Implantationen, Hämorrhoidektomien und Leistenhernien-OPs detailliert untersucht [13]. Es wurden einerseits pauschale OP-Kosten pro Stunde angesetzt und andererseits Einzelkosten wie Tupfer, Handschuhe, Kochsalz-Lösung etc. erfasst. Daneben wurden Energieverbräuche, Umlagekosten und Betreuungsaufwendungen berechnet.

Tab. 9.8 Beispiel: Kostenverteilung ambulantes Operieren im Krankenhaus mit einer kostendeckenden Leistungserbringung

Kostenart	Anteil	Aufteilungsgrundlage
Anteil Labor/Pathologie Radiologie/Sonographie	3,8%	Bewertete Kosten gem. interner Leistungserfassung
Sonstiges Verbrauchsmaterial	8,4%	Bewertete Kosten gem. interner Leistungserfassung
Sachkostenpauschalen/Implantate	1,3%	Tatsächliche Kosten gem. Abrechnungsscheinen des Einkaufs
Personalkosten Anästhesie	13,8%	Personalkosten gem. Gehaltsbuchhaltung
Personalkosten OP-, Anästhesieschwester, Arzthelferin	28,0%	Personalkosten gem. Gehaltsbuchhaltung
Personalkosten der Operateure	9,0%	Auswertung Schnitt-Nahtzeiten und Sprechstundenzeiten multipliziert mit einem Minutensatz von 1,06 €
Umlagekosten Krankenhaus	35,7%	Umlage von rd. 60 Positionen gem. betrieblicher Kostenträgerrechnung (Verwaltung, Reinigung, Schreibdienst, EDV, Technik, Medizintechnik usw.)
Gesamt	100,0%	

(Eigene Berechnungen, Auswertung von 1.300 chirurgischen Eingriffen) des Jahres 2014

Im Ergebnis wurde festgestellt, dass eine Kostendeckung insbesondere für das ambulant vorgenommene Leistenhernienrepair und die i.v.-Portimplantation nicht erzielt werden konnte, wobei auch die für die Hämorrhoidektomie ermittelte Gewinnspanne durch nicht detailliert aufrechenbare, allerdings kostenrelevante Restposten (z. B. perioperative Personalkosten) im Betreuungsmanagement geschmälert wird. Ein Anreiz für Krankenhäuser den Anteil ambulanter Operationen zu steigern, ergibt sich aus dieser Kosten-Nutzen-Rechnung nicht. Dazu wäre eine deutliche höhere Vergütung ambulanter Eingriffe notwendig.

9.1.4 Zusammenfassung

Krankenhäuser müssen weiterhin von einer Verlagerung leichterer stationärer Fälle in den ambulanten Bereich ausgehen. Ob es ihnen gelingen wird, diese Fälle ambulant zu halten und wenigstens kostendeckend zu behandeln, hängt entscheidend von der eigenen Bereitschaft ab, dem ambulanten Operieren innerhalb des Krankenhauses einen entsprechenden Stellenwert einzuräumen und zeitgemäß zu managen. Krankenhäuser können durch die neuen Kooperationsmöglichkeiten durchaus von den Erfahrungen niedergelassener Vertragsärzte profitieren oder auch mit ortsansässigen ambulanten Operationszentren zusammenarbeiten. Für Krankenhäuser ist weniger das ambulante Operieren interessant, sondern eher die sich aus dieser Behandlung ergebende Patientenbindung und -akquise. Deshalb können es sich Krankenhäuser in der Regel nicht leisten, auf das ambulante Operieren zu verzichten.

Ohne eine Änderung der rechtlichen und finanziellen Rahmenbedingungen wird es Krankenhäusern nur dann gelingen, wenigstens kostendeckend zu arbeiten, wenn alle Prozesse optimal gestaltet sind.

9.2 QM und Patientenzufriedenheit

D. Kurscheid-Reich

9.2.1 Qualitätsmanagement im Ambulanten Operieren

Die internationale Norm DIN EN ISO 9000 definiert Qualitätsmanagement als „aufeinander abgestimmte Tätigkeiten zum Leiten und Lenken einer Organisation bezüglich Qualität" bzw. ein Qualitätsmanagementsystem als „Managementsystem zum Leiten und Lenken einer Organisation bezüglich der Qualität" [14]. Da auch eine Abteilung für ambulantes Operieren in einem Krankenhaus diesbezüglich als Organisation aufzufassen ist, stellt sich die Frage, inwieweit die Anforderungen an ein Qualitätsmanagementsystem auch auf diese zumeist kleineren organisatorischen Einheiten anzuwenden sind.

Die Anforderungen an Qualitätsmanagementsysteme werden in der Norm DIN EN ISO 9001:2008 beschrieben [15]. Zu den wichtigsten Forderungen gehören:

- Verpflichtung der Leitung zur Festlegung von Strukturen, Ressourcen und Zuständigkeiten,
- Verpflichtung der Leitung zur Festlegung von patientenorientierten (Qualitäts-)Zielen und Durchführung einer jährlichen Bewertung des Managementsystems
- Schriftliche Darstellung der wichtigsten Verfahren und Prozesse (z. B. in Form von Standards, Verfahrensanweisungen, SOPs etc.),
- Ermittlung der Zufriedenheit von Patienten, Angehörigen und anderen involvierten Gruppen,
- Durchführung von internen Audits und anderen Maßnahmen zur ständigen Verbesserung des Qualitätsmanagementsystems.

Auch in kleinen Organisationseinheiten und Abteilungen sollten **Strukturen, Ressourcen und Zuständigkeiten** klar geregelt sein – dazu gehören Räumlichkeiten und Geräte, Öffnungszeiten, Personaleinsatzpläne, Stellenanteile und Aufgabenbeschreibungen. Gerade in einem Krankenhaus, wo die personellen, räumlichen und technischen Ressourcen möglicherweise nicht alleine vom Ambulanten Operieren genutzt werden, sondern aus einem gemeinsamen Ressourcenpool mit anderen Abteilungen kommen, ist eine eindeutige Regelung für alle Beteiligten von Vorteil und beugt möglichen Konflikten vor. Die Strukturen, Ressourcen und Zuständigkeiten müssen natürlich die Vorgaben der Vereinbarung von Qualitätssicherungsmaßnahmen nach § 135 Abs. 2 SGB V zum ambulanten Operieren [16] erfüllen. Hier werden die fachlichen, organisatorischen, baulichen sowie apparativ-technischen und hygienischen Anforderungen an das Ambulante Operieren in der vertragsärztlichen Versorgung und im Krankenhaus definiert.

Die Arbeit mit den Zielen, unter anderem zu Qualitätsaspekten des ambulanten Operierens, dient der Klarheit und Verbindlichkeit für die Leitung der Abteilung bzw. des Krankenhauses, macht aber auch den Mitarbeitern deutlich, welche **Qualitätsziele** in der Abteilung verfolgt werden. Qualität ist dabei keine Eigenschaft per se, sondern muss erst definiert werden. Sie ergibt sich aus zuvor beschriebenen Anforderungen, die an eine Dienstleistung oder ein Produkt gestellt werden (vergl. dazu DIN EN ISO 9000, Kapitel 3 – Begriffe, [14]). In Bezug auf das Ambulante Operieren werden diese Anforderungen von den Patienten, aber auch von Einweisern, Krankenkassen, Gesetzgeber und anderen involvierten Gruppen bestimmt, nicht zuletzt aber durch die Ärzte und Pflegenden im Ambulanten Operieren selber. Aus diesen Anforderungen, die es zu analysieren gilt, sollten dann die Qualitätsziele der Abteilung abgeleitet werden. Die Qualitätsziele lassen sich zum Beispiel nach dem bekannten Modell von Donabedian et al. [17] in Ziele zur Struktur-, Prozess- und Ergebnisqualität einteilen. Dabei sollten ggfs. die Vorgaben für die Strukturqualität in der Qualitätssicherungsvereinbarung [16] in der Liste der Qualitätsziele Berücksichtigung finden. Aber auch andere thematische Gliederungen sind möglich, z. B. nach dem Modell der Balanced Score Card und ihren verschiedenen Weiterentwicklungen für das Krankenhaus [18]. In jedem Fall sollten Aspekte der Patientensicherheit bei den Qualitätszielen Eingang finden.

Zur Arbeit mit den Qualitätszielen gehört aber auch die regelmäßige Messung der Zielerreichung. In der jährlich stattfindenden **Managementbewertung** werden die Qualitätsziele, die Zielerreichung (möglichst durch geeignete Kennzahlen belegt) und andere Aspekte des (Qualitäts-) Managementsystems betrachtet und bewertet. Werden Defizite und Verbesserungspotenziale festgestellt, so werden entsprechen Maßnahmen zur Weiterentwicklung der Abteilung und der Qualität festgelegt.

Die wichtigsten **Verfahren und Prozesse** im Ambulanten Operieren sollten schriftlich dargestellt sein. Zu den so genannten Kernprozessen gehören sicherlich die Sprechstunde mit Beratung, Aufklärung und Planung der notwendigen Voruntersuchungen sowie die Terminvergabe für die Operation, dann die Abläufe am Operationstag vom Einchecken der Patienten bis zu ihrer Entlassung, die telefonische Nachfrage beim Patienten zum Befinden sowie die mögliche stationäre Aufnahme bei Komplikationen. Die damit verbundenen Abläufe und Zuständigkeiten sollten beschrieben sein, ebenso weitere Standards, wie Ein- und Ausschlusskriterien für Patienten im Ambulanten Operieren, die jeweils notwendigen Voruntersuchungen oder die Art und Weise der Überwachung der Patienten nach der Operation, um nur einige zu nennen.

Die Beschreibung von Verfahren und Prozessen, sei es in Diagramm- oder Textform, ist zunächst mit zeitlichem und personellem Aufwand verbunden. Jedoch haben Erfahrungen in der Vergangenheit immer wieder gezeigt, dass sich dieser Aufwand zu Beginn lohnt, um klare und schlanke Prozesse festzulegen. Natürlich sollten in die Erstellung der Prozess- und Verfahrensbeschreibungen alle beteiligten Berufsgruppen einbezogen werden. Durch die gemeinsame Erarbeitung der Abläufe und Standards werden unterschiedliche Auffassungen und Erfahrungen deutlich und können geklärt werden. Durch die schriftliche Darstellung werden die Abläufe und Standards so spezifiziert, dass Missverständnisse nach Möglichkeit vermieden werden. Insgesamt gilt für die Erstellung von Verfahrensbeschreibungen und Standards die Regel „so viel wie nötig, so wenig wie möglich". Letztendlich sind schriftliche Verfahrensanweisungen und Standards auch wichtige Hilfsmittel bei der Einarbeitung neuer Mitarbeiter.

Die Patientinnen und Patienten sind als Empfänger der Dienstleistung Ambulantes Operieren die wichtigsten „Kunden". Für sie werden die Leistungen in erster Linie erbracht. Insofern spielt die Erfüllung der Patientenwünsche und die **Zufriedenheit der Patienten** (und ggf. ihrer Angehörigen) im Qualitätsmanagementsystem die vorrangige Rolle. Auf einige Aspekte der Patientenzufriedenheit soll im nächsten Abschnitt ausführlicher eingegangen werden. Neben den Patienten haben aber noch weitere Gruppen Einfluss darauf, dass die Leistung des Ambulanten Operierens auch weiterhin in ausreichendem Maße nachgefragt wird. Dazu gehören auf der einen Seite die zuweisenden Ärzte, auf der anderen Seite aber auch z. B. die Operateure, für die die Abteilung Ambulantes Operieren die erforderlichen Rahmenbedingungen bereitstellt. Es sollte Aufgabe der Abteilungsleitung sein, zu erkennen, welche „Kunden" das Ambulante Operieren hat und deren Zufriedenheit zumindest im Blick zu behalten.

Audits sind Begehungen einer Organisationseinheit durch kompetente Personen, mit dem Ziel festzustellen, inwieweit bestimmte Anforderungen erfüllt werden. Die DIN EN ISO 9001:2008 fordert die Durchführung von **internen Audits**, also Begehungen, die von der Organisation selbst oder in deren Auftrag durchgeführt werden. Inhalte der internen Audits sind die oben beschriebenen Anforderungen der Norm und die selbst festgelegten Prozesse. Der Auditor lässt sich also zeigen, ob die Leitung ihre Pflichten erfüllt, ob und wie die Prozesse und Verfahren beschrieben sind und ob diese Prozesse und Verfahren auch tatsächlich so umgesetzt werden. Ziel der internen Audits ist es, im Sinne eines ständigen Verbesserungsprozesses Defizite und Verbesserungspotenziale aufzuzeigen und entsprechende Maßnahmen abzuleiten.

Zum **ständigen Verbesserungsprozess**, den die Norm als ein weiteres Kriterium fordert, gehören neben den internen Audits noch weitere Instrumente. Die regelmäßige Betrachtung der Patientenzufriedenheit und anderer Qualitätsparameter (siehe Qualitätsziele) im Managementreview und bei anderen Gelegenheiten, z. B. in einem Qualitätszirkel, sollte ebenfalls zur Festlegung und Umsetzung von Verbesserungsmaßnahmen führen. Daneben sollten tatsächliche und potenzielle Fehler in den Prozessen des ambulanten Operierens – Abweichungen von den geplanten Abläufen und Standards, kritische Zwischenfälle etc. – gesammelt, analysiert und mit entsprechenden Schlussfolgerungen versehen werden.

Die Norm **DIN EN ISO 9001:2008** beschreibt über die oben dargelegten Anforderungen hinaus noch weitere Kriterien für Qualitätsmanagementsysteme, für deren Erfüllung – je nach den vorhandenen Strukturen – mehr oder weniger Aufwand betrieben werden muss. In kleinen Organisationseinheiten, wie einer Abteilung für Ambulantes Operieren in einem Krankenhaus, steht der Aufwand für eine vollständige Umsetzung der Normforderungen wahrscheinlich in keinem Verhältnis zum Nutzen. Kleine Abteilungen sollten sich jedoch aus der Norm Anregung für die Umsetzung ihres individuellen Qualitätsmanagementsystems holen und einzelne Anforderungen, wie oben beschrieben, umsetzen. Lohnt sich jedoch aufgrund der entsprechenden Abteilungsgröße oder aber anderer dafür sprechender Faktoren die vollständige Umsetzung der Normforderungen, so sollte eine Zertifizierung unbedingt in Betracht gezogen werden. Die damit verbundenen jährlichen externen Audits fördern das Qualitätsmanagementsystem in vieler Hinsicht: Es entsteht ein gesunder Druck für eine kontinuierliche Arbeit im Qualitätsmanagement, es werden hilfreiche Hinweise für eine sinnvolle Weiterentwicklung gegeben und die beteiligten Mitarbeiter erhalten eine motivierende Bestätigung ihrer Arbeit. Darüber hinaus kann das erworbene Zertifikat auch für Marketingzwecke genutzt werden.

9.2.2 Patientenzufriedenheit

Die Erwartungen von Kunden an eine Dienstleistung lassen sich nach dem Modell von Kano et al. in Basisfaktoren, Leistungsfaktoren und Begeisterungsfaktoren einteilen [19]. **Basisfaktoren** sind danach jene Leistungen, die der Kunde automatisch voraussetzt, ohne sie explizit zu artikulieren. Werden sie wider Erwarten nicht erbracht, so lösen sie beim Kunden Unzufriedenheit aus. **Leistungsfaktoren** sind die Merkmale, die der Kunde bewusst erwartet und die bei Erfüllung Zufriedenheit und bei Nicht-Erfüllung Unzufriedenheit erzeugen. **Begeisterungsfaktoren** sind dann die zusätzlichen Leistungen, die der Kunde nicht erwartet hat und deren Erbringung beim Kunden Freude oder gar Begeisterung auslösen. Dieses Modell der Kundenzufriedenheit lässt sich auch auf die Patientenperspektive beim ambulanten Operieren übertragen.

Da die Patientinnen und Patienten des Ambulanten Operierens im Allgemeinen medizinische Laien sein dürften, gibt es eine ganze Reihe von strukturellen Gegebenheiten, die als Basisfaktoren bewertet werden können. Dazu gehört insbesondere die Umsetzung der Anforderungen an fachliche, baulich-technische und hygienische Maßnahmen, die in der Qualitätssicherungsvereinbarung [16] beschrieben sind. Diese wichtigen Qualitätsmerkmale sind den Patienten im Allgemeinen nicht bekannt, allerdings ist davon auszugehen, dass die Patienten die strikte Umsetzung aller gesetzlichen Anforderungen implizit erwarten.

Anders dagegen sieht es mit den möglichen Leistungsmerkmalen aus. Was erwarten die Patienten explizit von der ambulant durchgeführten Operation? Sicherlich ein gutes Operationsergebnis, das Ausbleiben von Komplikationen und Schmerzen, kompetente und freundliche Versorgung, geringe Wartezeiten, das Gefühl, jederzeit gut aufgehoben gewesen zu sein. Insbesondere die Zufriedenheit der Patienten mit diesen Leistungsmerkmalen und ggf. zusätzlichen Begeisterungsfaktoren sollte regelmäßig erfasst werden und in das Qualitätsmanagementsystem einfließen. Die Patienten werden ihrem Hausarzt und ihrem Verwandten- und Bekanntenkreis von ihren Erfahrungen berichten und somit erheblich den Ruf der Abteilung mitbestimmen.

Die Zufriedenheit der Patientinnen und Patienten lässt sich grundsätzlich auf unterschiedliche Weisen ermitteln. Dabei steht sicherlich die systematische Befragung mittels eines Fragebogens im Mittelpunkt. Daneben sind aber weitere Methoden wie die Befragung per Interview oder die Diskussion in Fokusgruppen möglich, werden aber seltener umgesetzt. Auch die Analyse von aktiven Rückmeldungen der Patienten (Beschwerden, Anregungen und Lobe) können eine wichtige Informationsquelle zur allgemeinen Patientenzufriedenheit darstellen.

Schriftliche Patientenbefragungen können während des Aufenthalts im Krankenhaus bzw. im Ambulanten Operieren durchgeführt werden oder nachgelagert nach der Entlassung der Patientinnen und Patienten. Beide Methoden bieten jeweils Vor- und Nachteile, auf die hier jedoch nicht näher eingegangen werden kann. Weiterhin besteht einerseits die Möglichkeit, durch die Verwendung eines etablierten Fragebogens und die Auswertung durch ein darauf spezialisiertes Befragungsinstitut an Vergleichsdaten anderer Einrichtungen des Ambulanten Operierens

Organisations-Handbuch der Städtisches Klinikum Solingen gemeinnützigen GmbH		
Klinik für Anästhesie, op. Intensiv- und Palliativmedizin	**Patientenbefragung im ambulanten OP-Zentrum**	Formular

An das

RESSORT QUALITÄTSMANAGEMENT UND PROJEKTKOORDINATION
Gotenstraße 1
42653 Solingen

Monat/Jahr:

GY ☐ AC ☐ UC ☐ GC ☐ UR ☐ HN ☐

☐ intern
☐ extern

Liebe Patientin, Lieber Patient!

Ihre Meinung ist uns sehr wichtig. Deshalb lassen wir unsere Qualität von unseren Patienten bewerten. Bitte füllen Sie den Bogen vollständig und genau aus. Alle Angaben werden streng anonym erfasst und fließen ausschließlich in eine statistische Gesamtauswertung ein. Helfen Sie bitte mit, durch Ihre Meinung und Rückantwort die Qualität unserer Operationen weiter zu verbessern. Wir bedanken uns schon jetzt recht herzlich für Ihre Mitarbeit!

Bitte bewerten Sie die Aussagen nach Schulnoten: 1 = sehr gut bzw. trifft zu, 6 = ungenügend bzw. trifft nicht zu.

1. Die Aufklärung **durch den Operateur** vor der Operation war ausführlich und verständlich	☐ 1	☐ 2	☐ 3	☐ 4	☐ 5	☐ 6
2. Die Aufklärung **durch den Anästhesisten** vor der Operation war ausführlich und verständlich	☐ 1	☐ 2	☐ 3	☐ 4	☐ 5	☐ 6
3. Ich konnte alle wichtigen Fragen stellen	☐ 1	☐ 2	☐ 3	☐ 4	☐ 5	☐ 6
4. Bewerten Sie bitte die Information über den organisatorischen Ablauf	☐ 1	☐ 2	☐ 3	☐ 4	☐ 5	☐ 6
5. Bewerten Sie bitte die erlebten Wartezeiten vor der OP	☐ 1	☐ 2	☐ 3	☐ 4	☐ 5	☐ 6
6. Bewerten Sie bitte die Versorgung im Aufwachraum	☐ 1	☐ 2	☐ 3	☐ 4	☐ 5	☐ 6

Abb. 9.2 Aktueller Patientenzufriedenheitsfragebogen im Ambulanten Operationszentrum der Städtisches Klinikum Solingen gemeinnützigen GmbH

Formular Patientenbefragung im ambulanten OP-Zentrum

7. Bitte beurteilen Sie die Wirksamkeit, mit der Ihre Schmerzen gelindert wurden	☐ 1	☐ 2	☐ 3	☐ 4	☐ 5	☐ 6
8. Bewerten Sie bitte die Qualität der medizinischen Versorgung	☐ 1	☐ 2	☐ 3	☐ 4	☐ 5	☐ 6
9. Ärzte und Pflegende sind mir mit Freundlichkeit und Hilfsbereitschaft begegnet	☐ 1	☐ 2	☐ 3	☐ 4	☐ 5	☐ 6
10. Bewerten Sie bitte die Ausstattung (Räumlichkeiten/Einrichtung)	☐ 1	☐ 2	☐ 3	☐ 4	☐ 5	☐ 6
11. Bewerten Sie bitte die Sauberkeit der Räume	☐ 1	☐ 2	☐ 3	☐ 4	☐ 5	☐ 6
12. Wie haben Sie die organisatorischen Abläufe im Behandlungsteam erlebt?	☐ 1	☐ 2	☐ 3	☐ 4	☐ 5	☐ 6
13. Ich wurde ausreichend über die Behandlung nach der Entlassung informiert	☐ 1	☐ 2	☐ 3	☐ 4	☐ 5	☐ 6
14. Bewerten Sie bitte die erlebten Wartezeiten nach der OP bis zur Entlassung	☐ 1	☐ 2	☐ 3	☐ 4	☐ 5	☐ 6
15. Würden Sie sich in Zukunft wieder im ambulanten OP-Zentrum des Städtischen Klinikum Solingen behandeln lassen?	☐ ja	☐ nein				
16. Würden Sie das ambulante OP-Zentrum des Städtischen Klinikum Solingen weiter empfehlen?	☐ ja	☐ nein				
17. Was könnte Ihrer Meinung nach getan werden, um die Qualität der Behandlung und medizinischer Betreuung im ambulanten OP-Zentrum des Städtischen Klinikum Solingen zu verbessern? (bitte benutzen Sie ggfs. auch die Rückseite)						

Abb. 9.2 Fortsetzung

zu kommen und damit ein Benchmarking durchführen zu können [20]. Andererseits kann durch die Verwendung eines einrichtungseigenen Fragebogens jederzeit flexibel auf kurzfristig auftretende Ereignisse und neue Fragestellungen reagiert werden. So ist es z. B. einfach möglich, neu aufgetretene kritische Bewertungen zu einer Fragestellung durch die Aufnahme zusätzlicher Fragen zum Thema weiter zu analysieren. Ein internes Benchmarking ist bei einrichtungseigenen Fragebögen durch einen Vergleich der unterschiedlichen beteiligten Fachabteilungen und einen Zeitvergleich möglich.

In der Städtisches Klinikum Solingen gemeinnützigen GmbH wird seit Anfang 2014 ein einrichtungseigener Fragebogen verwendet, der seitdem immer weiter entwickelt wurde und die derzeitigen Fragestellungen zur Patientenzufriedenheit abbildet (◘ Abb. 9.2).

Der Fragebogen wird an alle Patientinnen und Patienten vor der Entlassung ausgehändigt und auch wieder eingesammelt. Dies ermöglicht einen hohen Rücklauf von nahezu 100% der Patienten. Da die meisten Patienten durch Angehörige begleitet werden, können und sollen diese beim Ausfüllen des Fragebogens unterstützen.

Die Ergebnisse der Auswertung belegen die hohe Zufriedenheit der Patienten und ihrer Angehörigen mit allen abgefragten Aspekten der Versorgung: Aufklärung und Information, medizinische Versorgung, Freundlichkeit des Personals, Wartezeiten und Organisation, Schmerzlinderung sowie räumliche Ausstattung und Sauberkeit. Alle Aspekte werden von den Patienten mit sehr gut oder gut (>95%) beurteilt. Wenn überhaupt, gibt es einzelne kritische Äußerungen zu den Wartezeiten vor der OP und zur Schmerzlinderung. Die Weiterempfehlungsrate liegt durchgängig bei annähernd 100%. Auch die Freitexte belegen die hohe Zufriedenheit der Patienten mit dem Ambulanten Operieren. Einzelne Empfehlungen beziehen sich auf Ausstattungsmerkmale im Warte- oder Erholungsbereich, wie Fernsehen oder W-LAN-Anschluss.

Zu ähnlich guten Ergebnissen kommt auch eine Umfrage der Techniker Krankenkasse aus dem Jahr 2004, bei der sich mehr als 98% der Patienten wieder für eine ambulante Operation entscheiden würden [21]. In einer Studie der Kassenärztlichen Vereinigung Bayerns aus dem Jahr 2010 [22] fanden 90,8% der Befragten die Aufklärung über Risiken sowie Vorteile durch den operativen Eingriff sehr gut oder gut, 97,2% bewerteten die Freundlichkeit und Hilfsbereitschaft des Praxisteams sehr gut oder gut und 95,5% würden sich wiederholt einer ambulanten Operation unterziehen.

Die Ergebnisse der Patientenbefragung im Ambulanten Operieren sollten in regelmäßigen Abständen, z. B. halbjährlich oder bei Bedarf auch häufiger, ausgewertet und im Team besprochen werden. Auffällige Ergebnisse sollten gegebenenfalls Maßnahmen nach sich ziehen. Diese können in einer weiteren Analyse des Problems durch neue Detailfragen im Fragebogen bestehen oder aber letztendlich in konkreten Verbesserungsmaßnahmen, die zum kontinuierlichen Verbesserungsprozess des Qualitätsmanagementsystems gehören.

Literatur

Literatur zu Kap. 9.1

[1] AOP-Vertrag nach § 115b Abs. 1 SGB V vom 01.06.2012 in der Fassung vom 16.05.2014

[2] DKG (2010) Umsetzungshinweise der DKG zum Vertrag gemäß § 115b Abs. 1 SGB V vom 24.02.2010

[3] DIMDI, ICD und OPS (2015) Systematisches Verzeichnis

[4] Kassenärztliche Bundesvereinigung Einheitlicher Bewertungsmaßstab EBM (2015) Einheitlicher Bewertungsmaßstab (EBM), Stand: 01.10.2015

[5] Beschluss des Bewertungsausschusses nach § 87 Absatz 1 Satz 1 SGB V in seiner 335. Sitzung am 24. September 2014 zur Festlegung gemäß § 87 Absatz 2e SGB V und Anpassung gemäß § 87 Absatz 2 g SGB V des Orientierungswertes für das Jahr 2015, Dtsch Arztebl 2014; 111(42):A-1826 / B-1562 / C-1494).

[6] Fallpauschalenvereinbarung (FPV) (2015) und zertifizierter 3 M G-DRG Grouper

[7] Gesundheitsberichterstattung des Bundes, abgerufen am 31.10.2015; Primärquelle: http://www.gbe-bund.de Startseite > Gesundheitsversorgung > Medizinische Verfahren, Medizinische Untersuchungen und Behandlungen > Ambulantes Operieren > Tabelle (gestaltbar): Ambulante Operationen im Krankenhaus, u.a. nach Krankenhausmerkmalen

[8] MICADO HEALTH CARE. https://www.micado-online.de/Home/FürÄrzteundKliniken/MICADOVerträge/Aktuelle-Verträge.aspx, abgerufen 31.10.2015

[9] Offermanns M (2010) Die Entwicklung des stationären somatischen Versorgungsbedarfs bis zum Jahr 2015 als Basis der Krankenhausplanung in Nordrhein-Westfalen. KGNW-Rundschreiben Nr. 387, Düsseldorf

[10] Rochell B, Bunzemeier H, Roeder N (2004) Ambulante Operationen. Das Krankenhaus 4:269–286
[11] Schulz G (2007) Darstellung der monetären Situation des „ambulanten Operierens" unter den bestehenden sozialrechtlichen Rahmenbedingungen – eine exemplarische Analyse. Diplomarbeit der Hochschule Niederrhein
[12] Vertragsleitfaden der Spitzenverbände der Krankenkassen zum Vertrag gem. § 115b Abs. 1 SGB V vom 17.08.2006
[13] Petersen M, Meyer F Lippert H (2013) Ist ambulante Chirurgie im Krankenhaus wirtschaftlich sinnvoll? Ärzteblatt Sachsen-Anhalt 4/2013

Literatur zu Kap. 9.2

[14] Deutsches Institut für Normung e.V. (2005) DIN EN ISO 9000:2005. Beuth Verlag, 10772 Berlin
[15] Deutsches Institut für Normung e.V. (2008) DIN EN ISO 9001:2008; Beuth Verlag, 10772 Berlin
[16] GKV-Spitzenverband, Deutsche Krankenhausgesellschaft e.V., Kassenärztliche Bundesvereinigung (2011) Vereinbarung von Qualitätssicherungsmaßnahmen nach § 135 Abs. 2 SGB V zum ambulanten Operieren
[17] Donabedian A (1988) The quality of care: How can it be assessed? JAMA 121 (11): 1145–1150
[18] Sens B, Bamberg C, Kurscheid-Reich D, Marx JF (2015) In zehn Schritten zum Erfolg: von der Strategie zur kennzahlengestützten Umsetzung. medhochzwei Verlag, Blaufelden
[19] Kano N, Seraku N, Takahashi F, Tsuji, S (1984) Attractive Quality and Must-be Quality, Journal of the Japanese Society for Quality Control 14(2): 147–156
[20] Medicaltex Institut für Qualitätssicherungssysteme München, www.medicaltex.de
[21] Bundesverband für Ambulantes Operieren e.V., http://operieren.de/laoberlin/content/e5777/e5965/e5986/e6001/e6002/index_ger.html#ZMS_HIGHLIGHT=raw&raw=patientenzufriedenheit, abgerufen 06.02.2015
[22] Kassenärztliche Vereinigung Bayerns (KVB) in Kooperation mit dem Bundesverband Ambulantes Operieren e.V. (BAO) und der Ludwig-Maximilian-Universität München (LMU) (2010) Qualitätsmaßnahme Ambulante Operationen – Ergebnisse zur Patientenzufriedenheit und zum postoperativen Patientenverlauf bei ambulanten Operationen, Broschüre, München

Praxisambulantes Operieren und vorstationäre Versorgung

Bauliche Voraussetzungen und Hygiene

W. Steggemann, C. Krabbe-Steggemann

T. Standl, C. Lussi (Hrsg.), *Ambulantes Operieren in Klinik, Praxis und MVZ*,
Erfolgskonzepte Praxis- & Krankenhaus-Management
DOI 10.1007/978-3-662-49787-6_10

10.1 Einleitung

Fakt ist: Vor dem Gesetz sind alle OPs gleich! Egal, ob im Krankenhaus oder in einem ambulanten Operationszentrum (AOZ) operiert wird, es muss immer der gleiche Standard eingehalten werden. Darüber hinaus müssen wirtschaftliche und funktionale Anforderungen erfüllt werden. Um das alles zu erreichen, sind Antworten auf folgende Fragen nötig:

- Welche Normen und Vorschriften sind zu beachten?
- Was ist Bedarfsplanung und warum ist sie wichtig?
- Wie funktioniert der OP-Betrieb optimal?
- Welchen Einfluss hat die Planung auf die Wirtschaftlichkeit des OP-Betriebs?
- Wie erzielt man bei einem Bauprojekt Sicherheit bzgl. Qualität, Kosten und Terminen?

In diesem Kapitel werden diese Fragen beantwortet. Die Antworten ersetzen weder die Planung noch die detaillierte und genaue Auseinandersetzung der Nutzer mit ihren Zielen; vielmehr geben sie dem Leser eine Orientierung, woran bei der Planung eines ambulanten OPs oder OP-Bereichs zu denken ist. Der Aufbau des Kapitels folgt dem üblichen Ablauf eines Planungsprozesses – von der ersten Idee bis zur Inbetriebnahme des Betriebs (◘ Abb. 10.1).

10.2 Grundlagen, Normen und Vorschriften

Die Anforderungen an OP-Bereiche ergeben sich aus dem Zusammenwirken mehrerer Normen und Vorschriften. Die Grundlagen wurden in den „Anforderungen der Hygiene beim ambulanten Operieren in Krankenhaus und Praxis" (RKI 1994) geschaffen und im Infektionsschutzgesetz (IfSG) seit 2000 gesetzlich verankert[1]. Hieraus ist zu entnehmen, dass es bei den Anforderungen keinen Unterschied zwischen Praxis und Krankenhaus gibt. Beide müssen dieselben Standards erfüllen. Diese Erkenntnis ist schon im Vorfeld bei wirtschaftlichen Betrachtungen wichtig. In Krankenhäusern hat man viel Erfahrung mit OP-Bereichen und auch eine bestehende Infrastruktur mit Lüftung, Kühlung und Ersatzstromversorgung. Diese muss in Praxen und ambulanten OP-Zentren erst hergestellt werden.

◘ **Abb. 10.1** Empfang eines ambulanten Augenzentrums

Unerlässlich für die Erfüllung der Hygienestandards ist die DIN 1946-4, in der es um den Einbau von Lüftungsanlagen geht. Diese DIN wurde Ende 2008 novelliert, was zu einigen grundlegenden Änderungen führte.

> **Besonders hervorzuheben für das ambulante Operieren ist die konkrete Zuordnung zu den Raumklassen I und II.**

Raumklasse I ist unterteilt in die Raumklassen Ia und Ib, die sich in den Anforderungen an die Lüftung in Abhängigkeit von den vorgesehenen Operationen wesentlich unterscheiden:

- Während für Raumklasse Ia ein sehr aufwändiges Luftführungssystem mit turbulenzarmer Verdrängungsströmung (TAV) – die bekannte „OP-Decke" – gefordert ist,
- ist für Raumklasse Ib ein einfaches „mit Misch- und Verdrängungsströmung" (also normale Luftauslässe mit endständigen Filtern) zulässig.

Die Entscheidung über die notwendige Raumklasse hat Auswirkungen auf die Technik, damit auch auf Raumgrößen und Platzverhältnisse und letztendlich auch auf die Baukosten.

1 Robert Koch Institut: Ambulantes Operieren, Einrichtungen. http://www.rki.de/DE/Content/Infekt/Krankenhaushygiene/ThemenAZ/A/Info_AmbOP.html;jsessionid=194535BE94B77D0EE8D10A4940B00A72.2_cid372?nn=2868974(19.01.2016 18:30)

> **Viele ambulante Operationen sind unter den Bedingungen der Raumklasse Ib möglich. Zu den Eingriffen, die der Raumklasse Ia zugeordnet werden, zählen z. B. orthopädische und unfallchirurgische Operationen. Daher ist die Entscheidung über die vorgesehenen Operationen besonders wichtig.**

Dies gilt insbesondere, wenn ein ambulantes OP-Zentrum von Anästhesisten betrieben werden soll, da diese im Allgemeinen ein möglichst breites Spektrum an Möglichkeiten anbieten wollen. In solchen Fällen kommt meist nur die Einrichtung nach den Anforderungen der Raumklasse Ia in Betracht, zumindest für einen Teil der OP Räume.

Darüber hinaus sind eine Reihe von einfachen Eingriffen in Untersuchungs- und Behandlungsräumen der Raumklasse II möglich. Diese spielen aber in der vorliegenden Abhandlung keine Rolle.

10.3 Bedarfsplanung und Vorbereitung

Die Weichen für einen funktionierenden und somit wirtschaftlich erfolgreichen OP-Betrieb werden ganz zu Anfang gestellt. Die Möglichkeiten, auf die Ergebnisse in baulicher und funktional-betrieblicher Hinsicht einzuwirken, nehmen mit jedem Schritt erheblich ab. Kann man am Anfang noch 100% der Möglichkeiten wählen, sind es bei Baubeginn nur noch kleine Details, die zu beeinflussen sind.

> **Vor Beginn der eigentlichen Planung ist eine gründliche Bedarfsermittlung durchzuführen. Sie ist als Grundlage wesentlich für den späteren Erfolg.**

Aussagen zur Bedarfsermittlung finden sich in der DIN 18205 „Bedarfsplanung im Bauwesen". Danach handelt es sich um eine Aufgabe des Bauherrn, die nicht durch die Grundlagenermittlung der Planer abgedeckt ist. Das heißt, dass diese Leistung nicht im Umfang der Grundleistungen des Architekten nach der Honorarordnung für Architekten und Ingenieure (HOAI, letzte Fassung von 2009) enthalten ist. Sie ist aber unerlässlich, denn die Bedarfsplanung bereitet die Bauplanung vor! Ein herausragendes Ergebnis kann nur erreicht werden, wenn es bereits zu Beginn auf Grundlage des ermittelten Bedarfs ganz klar definiert wird. Sonst besteht die Gefahr teurer Fehlentscheidungen, die nicht nur die Baukosten in die Höhe treiben oder teure Änderungen nach sich ziehen; vielmehr wird die Wirtschaftlichkeit des gesamten Betriebs auf Jahre davon beeinflusst.

Eine einfache Rechnung

Nehmen wir an, dass durch eine ineffektive Bedarfsermittlung und dadurch eine kleine Nachlässigkeit in der Planung die Mitarbeiter des ambulanten OP-Zentrums nur eine Minute je Stunde nicht gewinnbringend arbeiten (z. B. durch zu lange Wege, weil Material nicht dort gelagert wird, wo es gebraucht wird, oder weil der Desinfektionsmittelspender nicht an der optimalen Stelle steht, oder …). Diese eine Minute je Stunde summiert sich (nach Abzug von Urlaub und Krankheit) auf rd. 1.900 Minuten im Jahr. Wenn wir nun von einem mittleren zu kalkulierendem Stundenkostensatz von 60 € (inkl. aller Praxiskosten) ausgehen, sind das je Mitarbeiter ca. 2.000 € pro Jahr. Bei 10 Mitarbeitern (und viele Zentren werden mit Sicherheit mehr und auch teurere Mitarbeiter haben) summiert sich diese kleine Nachlässigkeit auf 20.000 € – und das jedes Jahr! Man bedenke, wie schnell 8 Minuten am Tag erreicht sind!

Das Beispiel zeigt, wie wichtig eine gute, funktionale Planung ist. Diese ist nur möglich, wenn im Vorfeld die Bedingungen und Anforderungen klar ermittelt und aufgestellt wurden.

Der Mehrgewinn, der entsteht, weil die Mitarbeiter in ihrem Arbeitsumfeld zufrieden und leistungsfähig sind, weil die Patienten den Arzt/die Ärztin nicht nur wegen der Fachkompetenz, sondern auch wegen einer eindrucksvollen, gut funktionierenden Praxis weiterempfehlen, dieser Mehrgewinn ist hier gar nicht darstellbar.

Durch die perfekte Bedarfsplanung werden Kosten vermieden, durch höheres Patientenaufkommen kommen Gewinne hinzu. Dies wiegt die Mühe auf jeden Fall auf!

Verantwortungsvolle Architekten unterstützen ihre Bauherren bei dieser schwierigen Aufgabe, mit der Nichtfachleute oft überfordert sind. Gerade hier sind Referenzen bei der Entscheidung für einen bestimmten Architekten wichtig. Welche

Erfahrungen kann er vorweisen? Oftmals wird die Bedarfsermittlung zwar mitversprochen, aber im Aufwand deutlich unterschätzt und daher nur oberflächlich oder unvollständig gemacht.

10.3.1 Bedarfsplanungsteam

Im Rahmen der Bedarfsermittlung werden u. a. die genaue Aufgabenstellung für das ganze Projekt, die genaue Bauaufgabe und die Bedürfnisse von Bauherren und Nutzern definiert. Arzt und/oder Betreiber sollten sich daher zunächst ein Team für die Bedarfsplanung, das Bau-Team, zusammenstellen. Dieses muss aus Ärzt(inn)en und erfahrenem, engagiertem Fachpersonal bestehen (▶ Übersicht).

Bedarfsplanungsteam (Bau-Team)
- 1–3 Ärzte/Ärztinnen
- Anästhesist(in)
- OP-Leitung (wenn schon vorhanden)
- Hygienefachkraft
- 1–2 OP-Mitarbeiter(innen)

Natürlich ist es auch denkbar, das Wissen aller Beteiligten einzubeziehen; das ist eine Frage der persönlichen Organisation. Auf jeden Fall gilt: Die ausgewählten Personen stellen in mehreren Treffen mit dem Architekten den genauen Bedarf fest. Der Architekt verfügt über Fragebögen oder andere Arbeitsvorlagen, anhand derer er die Anforderungen der Nutzer systematisch erarbeitet.

Das Bau-Team kann in der Regel auf unterschiedliche Erfahrungen zurückblicken. Entweder hat ein Teammitglied schon in einem ambulanten OP-Zentrum gearbeitet, oder die Beteiligten betreten alle Neuland. An dieser Stelle sei gewarnt vor (vor-)schnellen Ergebnissen. Diese sind oft von der Natur „Haben wir immer schon so gemacht!" oder „Bisher läuft doch auch alles schon prima!". Solche alten Zöpfe sollte man abschneiden, damit unbeeinflusst ein optimales Ergebnis angesteuert werden kann. Natürlich sollte man positive Erfahrungen nutzen. Dies geht bei vorhandener Erfahrung am besten, indem man die Arbeitsabläufe gedanklich durchspielt und sich an jeder Stelle zwei Fragen stellt:
- Was war bisher gut?
- Was kann und soll verbessert werden?

Spätestens jetzt sollten – zusätzlich zum Architekten – die in Sachen „OP-Planung" erfahrenen Fachplaner für Heizungs-, Lüftungs-, Sanitär- und Elektrotechnik hinzugezogen werden.

Im Raumprogramm muss auch der gerade bei der maschinellen Be- und Entlüftung nicht zu unterschätzende Platzbedarf berücksichtigt werden. Eine Lüftungszentrale braucht je nach Anforderungen und Anzahl der OPs mindestens 50, oft auch bis zu 300 m^2. Die Lüftung nach DIN 1946 gibt zudem einige Raumabfolgen zwingend vor und hat Auswirkungen auf Raumanordnung sowie Raum- und Geschosshöhen.

Der Elektroplaner ist zwar für die bisher genannten Aspekte der Hygiene nicht entscheidend. Zu einem OP gehört aber einerseits immer eine zusätzliche Sicherheitsstromversorgung (ZSV) – meist durch Batterieanlagen, andererseits hat die technische Ausstattung im Bereich der Informationstechnik längst Einzug in die OPs gehalten und ist heute für einen sicheren und wirtschaftlichen Betrieb unerlässlich. Oft werden der Raumbedarf und die Kosten für diese Anlagen unterschätzt; diese können vom Elektroplaner rechtzeitig ermittelt werden. Die benötigte Raumgröße für die Elektroverteilung entspricht in manchen Fällen schon der Raumgröße eines OPs. Und für ein beispielsweise 600 m^2 großes OP-Zentrum sind durchaus bis zu 20 km (!) Leitungen zu planen und zu verlegen. Die Elektroinstallation hat überdies auch Einfluss auf die Materialanforderungen wie z. B. beim leitfähigen Bodenbelag, der in OP-Räumen zwingend erforderlich ist und genau vorgeschriebene Anforderungen erfüllen muss.

Weiterhin sollten möglichst früh die für die Schlussabnahme zuständigen Sachverständigen für Hygiene, Lüftung, Elektro- und Brandschutz beauftragt werden. Sie sind sowieso erforderlich und werden durch die frühzeitige Beauftragung nicht teurer. Vielmehr kann so sichergestellt werden, dass es bei der Endabnahme durch die Sachverständigen keine Probleme gibt.

Die Fragen zur Bedarfsplanung (▶ Übersicht) sollten zu Beginn vollständig und genau bearbeitet und die Antworten schriftlich übersichtlich und strukturiert festgehalten werden. Nur so kann der Arzt oder Betreiber sicher sein, das gewünschte Ergebnis zu erhalten. Zudem hat er damit eine Grundlage, auf die er seine Architekten und Fachplaner verpflichten kann. Alle evtl. später entstehenden Bedarfsänderungen oder Ergänzungen sind ebenfalls schriftlich festzuhalten und in das Originaldokument einzupflegen.

Bedarfsplanung (Auszug)

- Nutzung: Was soll operiert werden? Welche Operationen sollen durchgeführt werden?
- Hygieneanforderung: Welche Bedingungen müssen erfüllt werden?
- Raumprogramm: Welche Räume sind dafür in welcher Größe und Ausstattung nötig?
- Funktionsablauf: Welchen optimalen Weg geht der Patient, welchen das Personal, welchen das Material, welchen der Abfall?
- Qualitäten: Welches Material soll verwendet werden, Desinfektionsmittelbeständigkeit, Anmutung, Gestaltung?
- Kosten: Welches Budget steht zur Verfügung, damit ein wirtschaftlicher Betrieb möglich ist? Ist dieses realistisch?
- Termine: Welcher Zeitrahmen steht zur Verfügung? Wann soll der Betrieb beginnen? Wann muss die Maßnahme baulich umgesetzt werden?

10.3.2 Geräte und Ausstattung

Schon in der Anfangsphase ist es wichtig, Geräte und Ausstattung auszuwählen und zu beauftragen. Ohne Zeitdruck ist es auch einfacher, gute Preise zu verhandeln. Installation und Einbau der Geräte (z. B. OP-Leuchten, Deckenstative) müssen sinnvoll in den Bauablauf integriert werden und brauchen oft spezielle baurelevante Anschlüsse, die von Hersteller zu Hersteller unterschiedlich sind. Für die Montage von Großgeräten ist eine frühzeitige Abstimmung der Anlieferung nötig, da die Aufzüge zum Ende der Bauzeit oftmals noch nicht betriebsbereit oder nicht groß genug sind.

10.4 Planungen

10.4.1 Entwurfsplanung

Erst wenn die Bedarfsplanung aus Sicht aller Beteiligten abgeschlossen ist, beginnt die eigentliche Bauplanung. Diese erfolgt in mehreren Stufen (Leistungsphasen 1–5, HOAI). Aus den Ergebnissen der Bedarfsermittlung werden zunächst das Raumprogramm (► Übersicht) und die Funktionsabläufe (◘ Abb. 10.2) beschrieben. Daraus lassen sich alternative Grundrisskonzepte erarbeiten. Je nach Situation ist auch der Bestand bzw. die durch einen Investor (z. B. bei einem Ärztehaus) vorgegebene Planung des zu nutzenden Bereichs zu berücksichtigen.

Raumprogramm für ein ambulantes OP-Zentrum

1. Patienten
   - Warten, Anmeldung, WC
   - Umkleide, Schleuse
   - Ruhe-/Aufwachraum, WC
2. Personal
   - Umkleide
   - Sozialraum
   - WC
3. Geräte
   - Gerätelager
   - Sterilisation rein
   - Sterilisation unrein
4. Material
   - Materiallager
   - Entsorgung, Müll
   - Putzmittelraum
5. OP-Bereich
   - OP-Vorbereitung
   - OP-Raum
   - Raumlufttechnik, Kälte, Strom, EDV

Auch in dieser Planungsphase ist das Bau-Team gefordert. Jede Grundrissvariante wird genau durchgesprochen:

- Welche Vorteile, welche Nachteile gibt es?
- Kann der Betrieb flüssig laufen?
- Sind auch untergeordnete Funktionen gut gelöst, z. B. Ver- und Entsorgung oder Lagerung von OP-Nachschubmaterial?

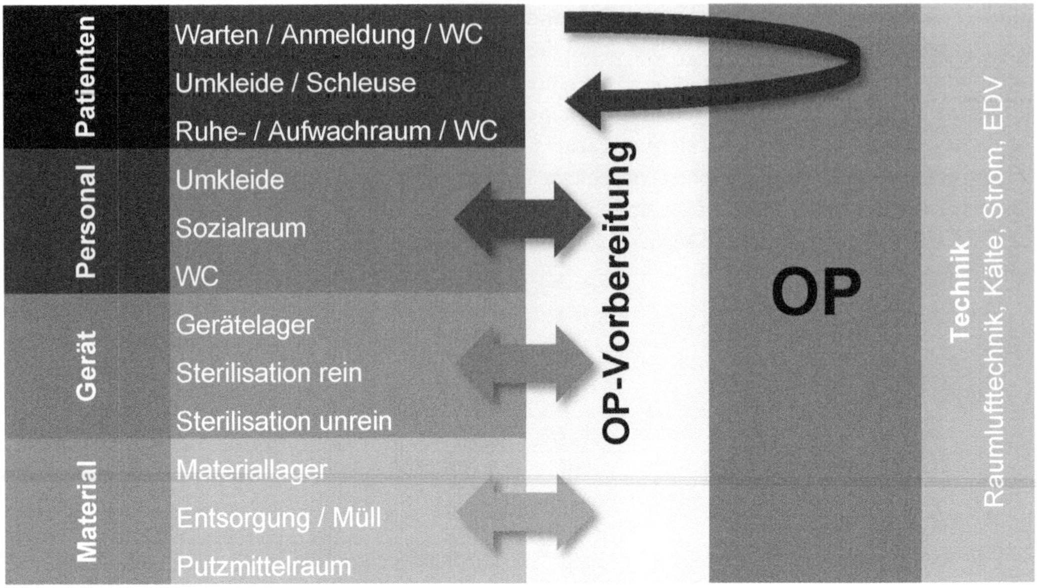

Abb. 10.2 Darstellung der Funktionsabläufe

- Sind die Wege der Patienten einfach und klar (Abb. 10.3), gibt es unzulässige Kreuzungen mit dem Personal im Hygienebereich?

Letztlich:

- Sind alle Funktionen genau an der richtigen Stelle?
- Passt die Technik, v. a. die Lüftungstechnik, in dieses Konzept?

Erst wenn alle Fragen zufriedenstellend beantwortet sind, können sichere Entscheidungen fallen. Die Planung wird sukzessive mit jedem Schritt genauer und detaillierter ausgearbeitet. In dieser Phase werden die genauen Kosten von den Planern berechnet, bei Erfordernis auch für verschiedene Alternativen. Schließlich sind diese eine wichtige Entscheidungsgrundlage für den Investor. Wenn die Entwurfsplanung einschließlich der Kostenberechnung fertiggestellt ist, ist die eigentliche Grundlage für die Ausführung der Maßnahme geschaffen.

10.4.2 Bauantrag und Detailplanung

Der wichtigste Zwischenschritt am Ende dieser Phase ist die Genehmigungsplanung. Mit dieser wird der Bauantrag eingereicht. Er ist mit der Genehmigung durch die Behörden verbindlich. Jede nachträgliche wesentliche Änderung bedarf einer – meist kostenpflichtigen – Änderungsgenehmigung. Diese Planung wird auch durch das Gesundheitsamt geprüft. Es wird automatisch vom Bauamt eingeschaltet. Das Amt für Arbeitsschutz wird in NRW nicht mehr direkt beteiligt. Dieser Teil liegt daher in der Verantwortung des Betreibers, auch für die Planung. Eine frühzeitige Einbindung der Fachkraft für Arbeitssicherheit ist daher notwendig.

Als Nächstes folgt die exakte Ausführungsplanung, zu der auch eine ausführliche Detailplanung und die genaue Festlegung aller Materialien zählen. Neben funktionalen Aspekten wie Desinfektionsmittelbeständigkeit fließen auch gestalterische Aspekte ein. Eine gut durchdachte, optisch solide erscheinende Planung gibt den Patienten das sichere Gefühl,

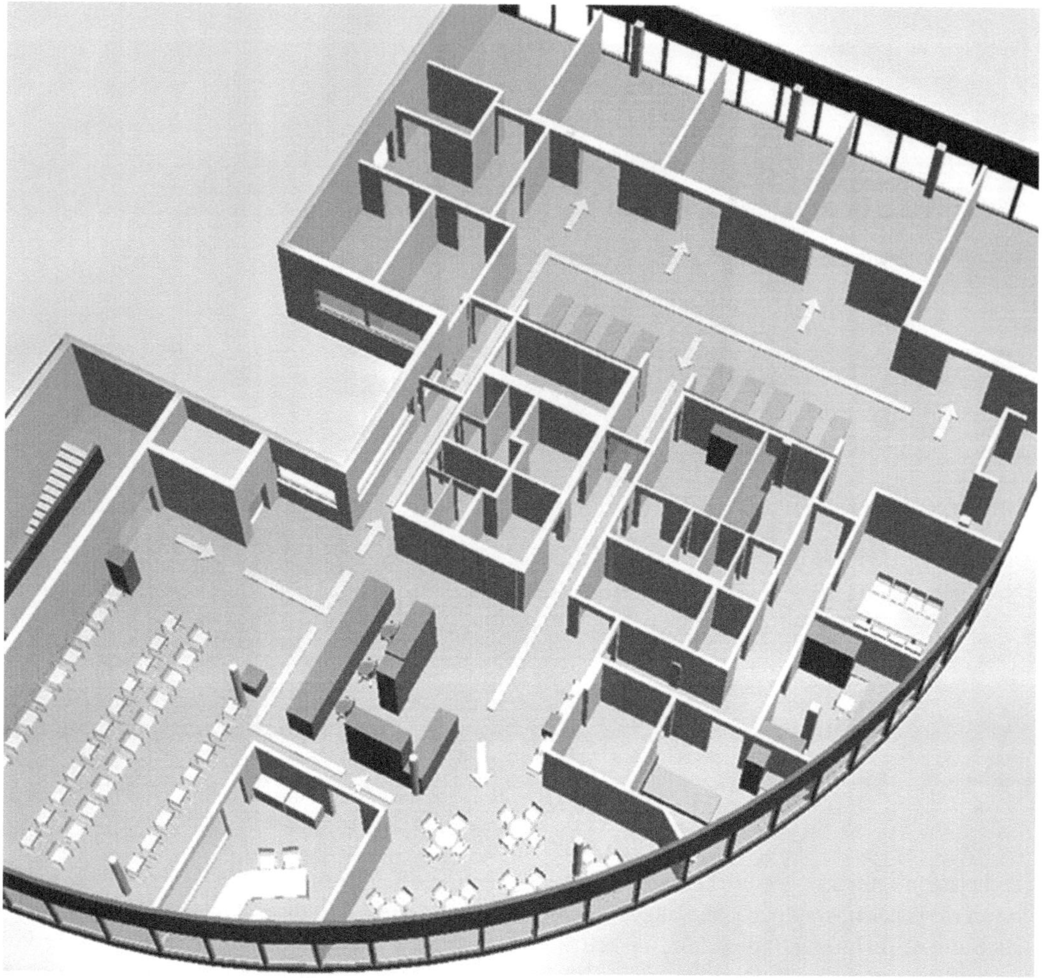

Abb. 10.3 Grundrissaufsicht mit Darstellung der Wege der Patienten

gut aufgehoben zu sein. Und jede Praxis steht heute in Konkurrenz zu anderen Praxen und auch zu den Krankenhäusern. Muss ein OP wie ein OP aussehen? Alternative Ideen sind durchaus gefragt (Abb. 10.4).

In dieser Phase muss auch die Technikplanung exakt erarbeitet und mit der Architektenplanung koordiniert werden. Dabei sind die o. g. Aspekte wichtig. Sehr wichtig ist auch die vorausschauende Berücksichtigung sog. Nebensächlichkeiten wie z. B. Lüftungsgitter, Elektrodosen oder Desinfektionsmittelspender. Bei rechtzeitiger Absprache mit den Fachplanern kann man diese sowohl von der Lage als auch von der Optik her optimal in das architektonische Konzept integrieren. Nur wenn alles gut aufeinander abgestimmt ist, werden sich die gewünschten, für Patienten und Mitarbeiter positiven Effekte auch wirklich einstellen.

10.5 Endlich: Bau!

Für gutes Gelingen werden gute Technikfirmen und erfahrene Handwerker gebraucht. Die erforderlichen Leistungen werden von den Architekten und

Abb. 10.4 Frühsommerwald im OP-Bereich als Alternativlösung

Abb. 10.5 Endlich bauen!

Fachplanern neutral ausgeschrieben. So ergeben sich mehrere vergleichbare Angebote. Natürlich werden auch die Abrechnungen der Handwerksfirmen gründlich geprüft. Durch diese Maßnahmen wird Kostensicherheit gewährleistet.

Wann findet die erste OP statt? Der Architekt erstellt einen detaillierten Bauzeitenplan, aus dem sich die Termine für die einzelnen Gewerke und der gemeinsame Endtermin ergeben. Auf dieser Grundlage können die Arbeiten der verschiedenen Gewerke exakt ineinandergreifen. Dadurch wird Terminsicherheit für die Bauherren gewährleistet.

Zur Gewährleistung einer guten Bauqualität müssen die Arbeiten durch den Architekten (und die Fachplaner, s. u.) regelmäßig auf korrekte und saubere Ausführung überprüft werden (Abb. 10.5). Der Architekt ist dafür verantwortlich, dass die entwickelten Ideen und Ziele kompromisslos umgesetzt werden. Bei Abweichungen ist konsequentes Eingreifen erforderlich. Auf jeden Fall sollten außer dem Architekten auch die Fachplaner mit der Bauleitung für ihre Gewerke beauftragt werden. Dieser zunächst scheinbare Mehraufwand für den Investor zahlt sich bei einer guten Bauleitung am Ende immer aus:

- Zum einen sind die Fachplaner wie auch die Architekten zuständig für die Ausführung und Abrechnung ihrer Gewerke,
- zum anderen verantworten sie zusätzlich die Durchführung der Abnahmen (zusammen mit dem Investor) gegenüber den Firmen, dem Bauamt und den verschiedenen Sachverständigen (Hygiene, Lüftung, Elektro, Brandschutz).

10.6 Zusammenfassung

Fakt ist: Die eingangs beschriebenen Anforderungen lassen sich nur erfüllen, wenn

- das genaue Wissen über die aktuellen Normen und Vorschriften berücksichtigt wird,
- die richtigen Fragen in der ausführlichen Bedarfsermittlung zu einem exakten Ergebnis geführt haben,
- die Antworten in eine funktional und optisch gelungene bauliche Maßnahme umgesetzt werden.

Der Betreiber hat die Aufgabe, den richtigen Architekten für das geplante Projekt auszuwählen. Dieser trägt die Verantwortung für die Planung und Realisierung der Bauaufgabe. Der Verantwortung des Architekten steht die Verantwortung des Betreibers gegenüber, den erforderlichen Prozess mit all seinen Möglichkeiten zu unterstützen.

So wird das Ziel „ambulantes Operieren" erreicht – in hygienischer, baurechtlicher, funktionaler und wirtschaftlicher Hinsicht.

Personalwesen

C. Lussi

T. Standl, C. Lussi (Hrsg.), *Ambulantes Operieren in Klinik, Praxis und MVZ,*
Erfolgskonzepte Praxis- & Krankenhaus-Management
DOI 10.1007/978-3-662-49787-6_11

11.1 Einleitung

Das Praxispersonal nimmt bei schnittstelleninten-siven ambulanten Operationspraxen und -zentren eine immens wichtige Rolle ein, die von vielschichtigen Tätigkeiten geprägt wird. Gerade in Zeiten des Fachkräftemangels und gleichzeitig gesteigerter Regulierung am Arbeitsplatz kommt funktionierenden Teams eine bedeutsame Rolle für den Praxiserfolg zu. Es gilt die Nachteile eines hohen Personaleinsatzes im Prozess der ambulanten Operationen mit einem erzielbaren erheblichen Umsatz außerhalb von Regelleistungsvolumina in ein optimales Verhältnis zu führen.

Der ökonomisch sinnvolle Personaleinsatz mit variablen Aufgabengebieten trägt maßgeblich zum Praxiserfolg bei. Bereits im Praxisalltag sind die Mitarbeiter/-innen der Praxis für Patienten der Hauptkommunikationspartner bei Planungs- und Koordinationsfragen. Neben den geschäftsführenden Vertragsärzten handelt es sich bei Mitarbeitern von Praxen in der Regel um medizinische Fachangestellte, die mannigfaltige Rollen im Praxisablauf einnehmen. Diese Rollen sind durch die Tatsache bedingt, dass neben der Sprechstunde und den Operationen auch die Bereiche Logistik, Instrumentenaufbereitung und Praxisverwaltung wirtschaftlich sinnvoll und regelkonform untergebracht werden müssen. Das hat zur Folge, dass Angestellte nach entsprechenden Weiterbildungen in verschiedenen Aufgabengebieten tätig sind, welche in Abhängigkeit von Tagesabläufen zum Tragen kommen. Eine sinnvolle Mischung dieser Tätigkeiten kann langfristig die Motivation angestellter Arbeitskräfte durch eine Übernahme von Teilverantwortung erheblich anregen und somit den Erfolg der Praxis nachhaltig steigern, birgt jedoch gleichzeitig die Gefahr einer Überforderung vor dem Hintergrund eines Fachkräftemangels und ökonomischer Zwänge.

11.2 Rechtsvorschriften

§ 115b des SGB V regelt sämtliche Voraussetzungen des ambulanten Operierens. Weiterhin haben Richtlinien der kassenärztlichen Vereinigungen, des Medizinproduktegesetzes und des Robert-Koch-Instituts und verschiedener Fachgesellschaften bindenden Regelcharakter. Diese können regional abweichen (z. B. praktische Umsetzung der Hygienevorschriften). Hinsichtlich des Personaleinsatzes ist aus ärztlicher Sicht Facharztstandard vorgesehen. Dieses ist in der kassenärztlichen Versorgung allein durch die Kassenzulassung die Regel. Lediglich in wenigen Fällen (bei medizinischen Versorgungszentren oder in der fachärztlichen Weiterbildung) sind Ärzte ohne abgeschlossene Weiterbildung überhaupt ambulant unter Aufsicht tätig. Weiterhin haben einige kassenärztliche Vereinigungen eine mögliche Abrechnung von bestimmten Operationen an Vorbedingungen geknüpft, welche erst mit einer langjährigen Berufserfahrung erworben werden können [1]. Die Assistenz bei Eingriffen sollte geeignet sein. Dieser eher unspezifische Begriff wird bislang nur bei wenigen Fachgesellschaften präzise definiert und kommt erst bei Behandlungskomplikationen zum Tragen [6]. In der Regel ist durch ein relativ übersichtliches OP-Spektrum der Operateure ein Erlernen der OP-Assistenz oder eine Anästhesieassistenz durch medizinische Fachangestellte darstellbar. Der Umgang mit medizinischen Notfällen sollte unabhängig von der Tätigkeit in der Praxis regelmäßig trainiert werden, insbesondere seitdem über das Qualitätsmanagement im Patientenrechtegesetz von 2013 dem Thema Patientensicherheit ein besonderer Raum eingeräumt wird [9]. In diesem Zusammenhang wird im Folgenden noch auf die Besonderheiten der Anästhesieassistenz hingewiesen, die seit 2013 recht genau dargestellt wurde [7].

Das Aufbereiten von Sterilgut obliegt hingegen sehr strengen Richtlinien und erfordert eine Zusatzqualifikation des Personals zur/m Sterilgutassistentin/-assistenten. Diese Zusatzqualifikation wird für zwei Mitarbeiter gefordert, um die Richtlinien der Instrumentenaufarbeitung einzuhalten. Lehrgänge für die Zusatzqualifikation werden von Ärztekammern und privaten Institutionen angeboten und umfassen -mindestens 40 Stunden. Generell ist es dennoch immer eine Frage, ob dieser Bereich nicht allein aus forensischen Gründen ausgelagert werden sollte, da im Falle eines Zwischenfalls immer die Unversehrtheit und Sterilität der aufbereiteten Instrumente durch die aufbereitende Praxis bewiesen werden muss. Nicht zuletzt deshalb sind viele OP-Zentren dazu übergegangen, die Leistung extern einzukaufen und, wenn möglich, Einmalmaterial einzusetzen. Zusätzlich zur Sterilgutassistenz ist bis zum 31.12.2016 in jedem Bundesland ein hygienebeauftragter Arzt/Ärztin in der Praxis verpflichtend, um überhaupt ambulante Operationen nach § 115b durchzuführen [8].

11.3 Unterschiede zum Krankenhaus

Der primäre Unterschied zwischen Krankenhaus und praxisambulantem Operieren ist die Tatsache, dass in den Praxen in der Regel eine spezifische Bindung an den Behandler von entscheidender Bedeutung ist. Somit sind auch die Prozesse der Praxis zentral auf den/die Behandler ausgerichtet, während der eigentliche Behandler am Krankenhaus von sekundärer Bedeutung ist.

Am Krankenhaus werden im Vergleich zu OP-Zentren und Praxen mehrere Abläufe der ambulanten und stationären Versorgung gebündelt. Dieses betrifft alle Bereiche der Patientenversorgung, der Verwaltung sowie Aufbereitung und Logistik. Somit kann ein Krankenhausbetrieb seine Ressourcen effizient einsetzen, jedoch führt dieses auch gelegentlich zu Schwerfälligkeiten im Prozess (lange Transportwege, Engpässe am Aufzug, Personalmangel). Im Umkehrschluss müssen ambulant operierende Praxen und OP-Zentren ihre Ressourcen optimal einsetzen und genau überlegen, ob es sinnvoll ist, Leistungen von extern einzukaufen oder sie selbst wirtschaftlich anzubieten. Daher müssen Mitarbeiter in Praxen verschiedene spezielle Aufgaben aus unterschiedlichen Sektoren wahrnehmen, welches mit einer hohen Tätigkeitsdichte einhergeht. Nicht selten ist auch die berufliche „Papierqualifikation" des Praxispersonals niedriger anzusetzen als die Qualifikation einzelner Mitarbeiter verschiedener Arbeitsfelder am Krankenhaus. Dennoch bieten hoch motivierten Mitarbeiter von Praxen und OP-Zentren eine sehr hohe spezifische Arbeitsqualität an, welches sie zu sehr effizienten Mitarbeitern werden lässt und die Patientenzufriedenheit steigert.

Außerhalb der Sprechstunde und der üblichen Praxisverwaltung fallen in operativen Praxen zusätzliche Tätigkeiten an, welche in der Folge kurz beschrieben werden.

11.4 Spezielle Aufgabenbereiche der OP-Einheiten

▪▪ OP-Management

Das OP-Management sorgt für die Vergabe und Einhaltung von OP-Terminen durch Patienten, Operateure und Anästhesisten. Es gibt frühzeitig Änderungen, Zusatztermine und Ergänzungen bekannt, die von einem üblichen Prozedere abweichen. Eine weitere Aufgabe des OP-Managements kann die Einteilung des Assistenzpersonals in der Tagesplanung sein sowie die Überwachung der Vollständigkeit einer internen (Instrumente, Chargen, OP-Berichte, Hygienestatistik) und externen Dokumentation (Arztbriefe, Dokumentation nach QM-Richtlinien).

▪▪ OP-Assistenz

Die OP-Assistenz umfasst die direkte Assistenz des Operateurs während der Eingriffe und die Springertätigkeit im OP, welche sich mit der Vorbereitung des Instrumentariums für Folgeeingriffe, Dokumentation während des Eingriffs und Nachbereitung des Eingriffs befasst. In einigen OP-Zentren ist auch die präoperative Patientenvorbereitung Bestandteil der Tätigkeit. Aufgrund des Überblicks über den Materialverbrauch eines OP-Tages werden dem OP-Assistenzteam nicht selten auch Aufgaben in der Materialwirtschaft zugeordnet. Diese umfassen Lagerhaltung, Bestellwesen und Vorbereitung des OP-Tages. Im Zuge eines Outsourcings der Materialaufbereitung, mit dem Einsatz großer Mengen an Einmalmaterial und meist kleiner Lagerflächen, ist diesbezüglich eine hohe Kompetenz von Vorteil, um bei begrenztem Raum immer ausreichend Material zur Verfügung zu haben. Gerade in den letzten Jahren sind einige Online-Lösungen des Bestellwesens zur Entlastung des Praxispersonals entstanden, z. B. die Online-Übermittlung der verbrauchten Güter, welche mithilfe eines Scanners erfasst werden. Je nach Vereinbarung erfolgt mit der Datenübermittlung eine gekoppelte Bestellung, um das Warenlager auf dem erwünschten Stand zu halten.

▪▪ Sterilgutassistenz und Hygienedokumentation

In vielen ambulant operierenden Praxen werden die Instrumente für das ambulante Operieren intern aufbereitet. Hierzu ist die spezielle Qualifikation der Sterilgutassistenz erforderlich, welche sich nach Eingriffen und verwendeten Instrumenten richtet. Die Aufbereitung des Instrumentariums erfolgt in verschiedenen Schritten von der unreinen Seite her über die Reinigung und Desinfektion hin zur Sterilisation und Freigabe der Chargen. Jedes Instrument, welches aus dem OP zur Aufbereitung gelangt, gilt als benutzt und ist dementsprechend zu behandeln.

Weiterhin ist entsprechend der RKI Empfehlungen eine fortlaufende Statistik über potenzielle Wundinfektionen und deren Behandlung mit Antibiotika zu dokumentieren. Eine Verfahrensanweisung zum Umgang mit Patienten, die multiresistente grampositive und gramnegative Keime aufweisen, ist zu erstellen und deren Einhaltung zu dokumentieren. Im Infektionsschutzgesetzt (IfSG), das im Jahr 2000 verabschiedet wurde, ist den Einrichtungen für ambulantes Operieren die Pflicht übertragen worden, nosokomiale Infektionen und Erreger mit speziellen Resistenzen und Multiresistenzen in einer gesonderten Niederschrift aufzuzeichnen und zu bewerten (§ 23 Abs. 1 IfSG a.F., [8]). Bis Ende 2016 muss in jeder Einrichtung, die invasiv tätig ist (das ist bereits eine Blutentnahme) ein Arzt mit der Qualifikation zum Hygienebeauftragten Arzt tätig sein, um Hygienepläne kritisch zu überwachen mit der Vorstellung nosokomiale Infektionen zu reduzieren.

▪▪ Abrechnung

Die Abrechnung operativer Leistungen innerhalb der Praxen oder OP-Zentren ist ein zentraler Bestandteil eines wirtschaftlichen Erfolgs der Praxis. Allein aus diesem Grund sollte die Leistungsdokumentation umfassend und die Qualifikation des abrechnenden Mitarbeiters hoch sein. Nicht selten wird diese Aufgabe durch den Praxisinhaber wahrgenommen, um kniffelige Abrechnungsfragen direkt zu klären und eine hohe Ergebnisqualität zu sichern. Es ist von großem Vorteil, Mitarbeiter, die sich mit der Abrechnung befassen, durch regelmäßige Fortbildungen auf dem aktuellen Stand des Abrechnungswesens zu halten, da sich Abrechnungskonditionen bei kostenintensiven Therapien teils quartalsweise ändern.

▪▪ Anästhesiologie

Häufig kommt das Anästhesiepersonal von einer fremden Vertragsarztpraxis, welche in vertrauensvoller Arbeit in die OP-Prozesse der Praxis eingebunden ist. Synergien in den perioperativen Abläufen gestatten wechselseitige Unterstützung, welche wiederum den Personaleinsatz wirtschaftlich gestaltet. Die Anästhesiepraxen haben seit 2013 sehr rechtssichere Empfehlungen der Fachgesellschaft zur apparativen und personellen Ausstattung der Arbeitsplätze. Diese sollten obligat eingehalten werden [6, 7].

11.5 Personalmanagement

Generell gibt es keine typische Organisationsform für operative Praxen. Ihnen ist lediglich gemein, dass ein Großteil des Personals in die OP-Abläufe integriert ist und alle Prozesse auf den Behandler ausgerichtet sind. In Abhängigkeit der Praxisgröße werden Prozesse der allgemeinen Sprechstunde berührt oder spielen lediglich hinsichtlich OP-Vorbereitung und Nachsorge eine Rolle. Im Gegensatz zu Krankenhäusern bedingt die Ausrichtung auf einen oder wenige Behandler eine gewisse Konzentration von Entscheidungsmacht, aber auch ein hohes Maß an Führungskompetenz an einer zentralen Stelle.

Es obliegt dem Praxisinhaber, mit seinem Führungsstil den Erfolg der Praxis und die Motivation der Mitarbeiter zu beeinflussen. Faktoren wie Fachkompetenz, offene Kommunikation, Integrität und Empathie erleichtern die Führungsaufgabe. Wie in anderen beruflichen Organisationen auch, wirkt Vertrauen in Mitarbeiter als Motivator. Eine ausgewogene Tätigkeitsverteilung unter den Mitarbeitern mit Verantwortung in unterschiedlichen Bereichen erschließt einen Teamgedanken. Dabei können Leistungsanreize gesetzt werden, um bislang unbefriedigte Bedürfnisse der beruflichen Verwirklichung zu erreichen. Bereits 1954 hat Maslow einen Ansatz der Bedürfnistheorie aufgestellt, der auch heute noch seine Gültigkeit hat [2]. Sie wurde zwar nicht für die Arbeitswelt geschaffen, ist aber durchaus in diesem Sektor wiederzufinden. Nach der Theorie werden im Sinne einer Pyramide fünf Bedürfnisse hierarchisch von unten beginnend angeordnet (▶ Übersicht).

Hierarchie der Bedürfnisse nach Maslow

1. Physiologische Bedürfnisse (Entlohnung, Gesundheit)
2. Sicherheitsbedürfnisse (Arbeitsplatzsicherheit, Arbeitsbedingungen)
3. Soziale Bedürfnisse (Betriebsklima, interpersonelle Beziehungen)
4. Statusbedürfnisse (Anerkennung, Aufstiegschancen, Status)
5. Selbstverwirklichungsbedürfnisse (Arbeit selbst, Verantwortung übernehmen, Erfolg)

Im Sinne der Hierarchie erfolgt die Triggerung neuer Bedürfnisse erst nach Befriedigung der vorhergehenden Bedürfnisstufe. Nach dieser Pyramide und in Anlehnung an die Prinzipien der Integration von Mitarbeitern in die Führung der Praxis kann der Führungsstil von autoritär über informierend und kooperativ zu partizipativ und demokratisch umgesetzt werden [3].

Im täglichen operativen Geschäft des Praxismanagements dominiert die Führung durch Anweisung, Entscheidungsregeln und Führungssubstituten (Regeln der Prozessorganisation) [4].

Die Arbeitsgestaltung im Sinne einer sinnvollen und ausgewogenen Tätigkeitsverteilung ist ein bedeutender Aspekt der Mitarbeitermotivation. Es ist bekannt, dass Beschäftigte in Gesundheitsbetrieben die direkte Tätigkeit am Patienten besonders schätzen. Somit sollte sie in keiner Arbeitsplatzbeschreibung fehlen. Methoden hierzu werden aufgrund von Modellen nach Klimecki et al. angewandt [5]. Aspekte dieser Modelle sind die Rotation am Arbeitsplatz („job rotation"). Speziell im OP ist die Tätigkeit der Instrumentenaufbereitung wenig beliebt und wird dadurch erleichtert, dass Tätigkeiten am Patienten (präoperative Vorbereitung, Springertätigkeit im OP) zu den Aufgaben gehören, die sich Mitarbeiter in der Instrumentenaufbereitung mit Kollegen teilen können. In kleineren Praxen hat dieses den positiven Nebeneffekt, dass ein Ausfall von Mitarbeitern durch Urlaub oder Krankheit kompensiert werden kann.

Ein weiteres Instrument ist die Aufgabenerweiterung durch synergistische Tätigkeiten. Beispielsweise ist es ohne größeren Aufwand möglich, den Bereich der Abrechnung von operativen Leistungen der Kraft zuzuordnen, die bereits andere Leistungen der Praxis erfasst und abrechnet.

Beide Tätigkeiten zeichnen sich durch eine Erweiterung der Arbeitsfelder aus, jedoch beeinflussen sie nicht den Entscheidungs- oder Kontrollspielraum. Somit sind sie aus Sicht der Mitarbeitermotivation nicht immer ausreichend. Die Motivation kann durch die Erweiterung der Entscheidungsspielräume und Verantwortung erhöht werden. Beispielsweise ist die erfahrene medizinische Fachangestellte, die bislang die OP-Managementfunktion ausübte und Termine vergab, möglicherweise besonders motiviert, junge Fachangestellte als OP-Assistenz weiterzubilden und die Arbeitsverteilung im OP-Team zu verantworten. Gleichzeitig kann hier eine Entlastung der Praxisführung stattfinden.

11.6 Konflikte

Soziale Konflikte treten in Medizinbetrieben häufig auf. Sie sind aufzuteilen in Rollen-, Interessen-, Beziehungs-, Verteilungs- und Kulturkonflikte und können innerhalb einer Gruppe (z. B. OP), zwischen den Gruppen (OP gegenüber Sprechstunde, Patienten gegenüber Personal), zwischen einzelnen Mitarbeitern oder bei einem Mitarbeiter mit sich selbst auftreten.

Aus diesem Grund sind verschiedene Werkzeuge zur Konfliktvermeidung und Konfliktbewältigung hilfreich. Eine direkte Kommunikation zwischen Gruppen erweist sich als vorteilhaft. Speziell flache Hierarchien und multiprofessionelle Arbeitsansätze sind in der Vermeidung hilfreich. Wirksam sind regelmäßige Teambesprechungen und ein Konfliktbewältigungstraining, welches auch im Umgang mit Patienten sehr vorteilhaft ist. Schließlich muss der Tatsache Rechnung getragen werden, dass Mobbing in Medizinbetrieben häufiger vorhanden ist als in anderen professionellen Umgebungen

Arbeitsbelastung und soziale Konflikte unter Mitarbeitern oder gegenüber Patienten sorgen nicht selten für Überlastung und Krankenstand im

Mitarbeiterkreis. Stress spielt in Medizinbetrieben eine große Rolle. Durch gesteigerte psychische Belastungen in Gesundheitsbetrieben erkranken überproportional viele Mitarbeiter. Der Konflikt des empathischen „Helfen wollens" und einem aus Überlastung resultierendem Zeitmangels lassen viele Beschäftigte in eine Burnout Falle tappen, wenn auch ein maximaler Arbeitseinsatz nicht dem selbst gestellten Ziel des Helfens gerecht wird. Der Anteil psychischer Erkrankungen unter Beschäftigten des Gesundheitswesens ist deutlich höher als der Anteil der Gesamtbevölkerung. Vorgaben des Arbeitsschutzes weisen frühzeitig auf diese Belastungen hin. Sie werden jedoch bislang nur in wenigen Betrieben durchgängig eingesetzt. Ein Trainingsprogramm zur Steigerung der Resilienz gegenüber Belastungserkrankungen kann vorausschauend eingesetzt werden. Angebote entstehen hier sowohl von Krankenkassen als auch privaten Anbietern. Führen diese vorbeugenden Angebote nicht zu Ziel, so ist nicht selten eine stationäre Behandlung und ein Berufswechsel die resultierende Konsequenz.

11.7 Zusammenfassung

Eine gute Personalführung ist der Schlüssel zum Erfolg einer operativen Praxis oder eines OP-Zentrums. Eine starke Leistungsdichte mit unterschiedlichen Aufgaben für die Mitarbeiter erfordert ein stets hohes Motivationsniveau, so dass nur Personalentwicklungsmaßnahmen langfristig einen Erfolg sicherstellen. Schließlich ermöglichen die Mitarbeiter eine optimale Verzahnung von Prozessen in der Praxis, sie sparen zum einen durch Zeitgewinn finanzielle Mittel für den Arbeitgeber, zum anderen steigern sie gleichzeitig die Kundenzufriedenheit.

Literatur

[1] Rheinisches Ärzteblatt (2012), 4: 6263
[2] Klimecki RG, Gmür M (2001) Personalmanagement: Stragien – Erfolgsbeiträge – Entwicklungsperspektiven. Lucius & Lucius, Stuttgart
[3] Maslow AH (1954) Motivation and Personality. Harper & Row, New York
[4] Seelos HJ (2007) Personalführung in Medizinbetrieben. Gabler, Wiesbaden
[5] Wunderer R (2000) Führung und Zusammenarbeit: eine unternehmerische Führungslehre. Luchterhand, Neuwied Kriftel
[6] Anästh Intensivmed 2013;54:1–4
[7] Riphaus A et al. (2013) Anästh Intensivmed 54:39–42
[8] http://www.gesetze-im-internet.de/ifsg/index.html, zuletzt aufgerufen 20.12.2015
[9] Bundesgesetzblatt Jahrgang 2013 Teil I Nr. 9, ausgegeben zu Bonn am 25. Februar 2013

Organisationsablauf

I. Kunde

T. Standl, C. Lussi (Hrsg.), *Ambulantes Operieren in Klinik, Praxis und MVZ,*
Erfolgskonzepte Praxis- & Krankenhaus-Management
DOI 10.1007/978-3-662-49787-6_12

12.1 Einleitung

Medizin-historisch betrachtet kann der Beginn der modernen Medizin – und damit auch der Beginn der Chirurgie/Anästhesie – etwa in der 2. Hälfte des 19. Jahrhunderts festgemacht werden. In der Folge hat ein enormer medizinischer Fortschritt eingesetzt und hält noch immer an.

Das 19. Jahrhundert hat allerdings auch Spuren hinterlassen, die z. T. noch heute erkennbar sind. Dies betrifft weniger medizinische Aspekte, sondern vielmehr die Organisationsstrukturen unter denen die ärztliche Versorgung in Deutschland stattfindet: Beispielsweise lässt die Gliederung des Ärztlichen Dienstes in Chef-, Ober- und Assistenzärzte oder auch die strikte Trennung von Fachabteilungen mit sog. „Zuständigkeiten" noch immer an die preußische Militärorganisation erinnern. Mit allen Vor- und Nachteilen.

Der wesentliche organisatorische Unterschied bei OP-Einrichtungen außerhalb von Krankenhäusern liegt darin, dass sie die „klassischen" Organisationsformen nicht übernommen haben. Die Organisationsentwicklung dieser Einrichtungen fiel in eine Zeit, die bereits stark durch den breiten Einzug von Qualitätsmanagement im Gesundheitswesen beeinflusst war. Dazu gehören neben der Kunden- bzw. Patientenorientierung vor allem eine prozessorientierte Sichtweise und der Ansatz, dass die Organisation möglichst den Prozessen folgen sollte, und nicht umgekehrt.

Das Verlassen klassisch-hierarchischer Strukturen macht es unverzichtbar, die Organisation detailliert zu beschreiben. Dies geschieht typischerweise anhand eines QM-Handbuchs, in dem Verantwortlichkeiten, Vertretungen usw. festgelegt werden [12].

> **Zur Organisationsentwicklung gehört auch die Festlegung von Zielen.**

Das bedeutet, dass der Betreiber der OP-Einrichtung festzulegen hat, was erreicht werden soll, um als „erfolgreich" zu gelten. Durch die durchgreifende Ökonomisierung des Gesundheitssystems werden an erster Stelle häufig wirtschaftliche Ziele genannt. Diese haben immerhin den Vorteil, dass ihre Erreichung leicht überprüfbar ist.

Daneben können auch weitere nicht-wirtschaftliche Ziele definiert werden. Dazu können z. B. gehören:

- Kennzahlen zur Patientensicherheit (Komplikationen, Infektionen usw.),
- Ergebnisse zur Patientenzufriedenheit,
- Schutz und Zufriedenheit der Mitarbeiter (Fehlzeiten, Anzahl von Arbeitsunfällen, Befragungsergebnisse),
- Ggf. die Zufriedenheit weiterer Kunden, z. B. in der Einrichtung tätige externe Operateure, Zuweiser oder „Nachbehandler",
- partnerschaftlicher Umgang mit Lieferanten,
- Nachhaltigkeit und Umweltaspekte.

12.2 Organisationsstruktur

12.2.1 Praxiskliniken

In Deutschland besteht noch immer eine Unterteilung in die Sektoren stationäre und ambulante Versorgung. Eine Überwindung dieser Sektorengrenzen wird nicht nur wegen der vermuteten Einsparpotenziale immer wieder beschworen und als Ziel künftiger Reformen genannt.

Bereits 1989 wurde der Begriff der Praxiskliniken als Modell für eine sektorenübergreifende Versorgung in das SGB V aufgenommen. Da bis heute wichtige Regelungen nicht vereinbart werden konnten, erscheinen echte Einrichtungen dieser Art nur vereinzelt. Durch fehlende inhaltliche Regelungen wird die Bezeichnung „Praxisklinik" heute weit überwiegend synonym für OP-Zentren verwendet, obwohl die meisten so bezeichneten Einrichtungen die Voraussetzungen als Praxisklinik formal nicht erfüllen können. Dies schon alleine deshalb, weil sie meist ausschließlich die ambulante Versorgung anbieten können.

Neben den fehlenden inhaltlichen Regelungen fehlt für breite Umsetzung des Praxisklinik-Konzepts auch ein spezifisches Honorarsystem: Ambulante Leistungen von Vertragsärzten werden über die Kassenärztlichen Vereinigungen nach den Regeln des sog. Einheitlichen Bewertungsmaßstabs (EBM) abgerechnet. Der Vorwurf der chronischen Unterdeckung des Punktwertes ist dabei wahrscheinlich so alt wie das System selbst.

Viel wichtiger ist, dass es keine zusätzlichen Regelungen gibt, nach welchem Vergütungssystem stationäre Leistungen von Praxiskliniken vergütet werden sollen. Mit den Einnahmen aus der EBM-Vergütung können die Kosten von stationären operativen Leistungen nicht gedeckt werden.

Die Abrechnung stationärer Leistungen von zugelassenen Krankenhäusern erfolgt über das DRG-System. Es wäre naheliegend dieses System auch für die Vergütung stationärer Leistungen von Praxiskliniken einzusetzen. Innerhalb des DRG-Systems gibt es eine Reihe von Anpassungsmöglichkeiten, um auch kurzstationäre Leistungen adäquat abzubilden, z. B. durch Abschläge für die Unterschreitung der Grenzverweildauer oder durch Anpassung des Basisfallwertes. Diese Abrechnungsmöglichkeit ist für Praxiskliniken im SGB weder aktuell vorgesehen noch absehbar.

Um Operationen unter kurzstationären Bedingungen (bis zu 4 Nächten) gegenüber der GKV abrechnen zu können, besteht für Praxiskliniken die Möglichkeit zum Abschluss von Verträgen über eine Besonderen Versorgung nach § 140a Absatz 3 Nummer 3 SGB V (Integrierte Versorgung).

Die Deutsche Praxisklinikgesellschaft (PKG) e.V. (www.pkgev.de) wurde 2006 als Spitzenverband zur Förderung der Entwicklung von Praxiskliniken gegründet. Im Zuge des Krankenhausfinanzierungsreformgesetzes (KHRG) wurde sie in den § 122 SGB V aufgenommen. Damit wurde die eigenständige Vertretung der Praxiskliniken gesetzlich legitimiert.

12.2.2 Praxisambulantes Operieren

Diese Form des ambulanten Operierens findet in den Praxen von Vertragsärzten statt. Dafür halten sie in ihrer Praxis einen OP-Saal oder Eingriffsraum, die erforderlichen Nebenräume, Instrumentarium und Geräte vor. In den meisten Praxen wird dafür ein separater Teil der Praxis als „OP-Bereich" abgetrennt. Die Eingriffe finden in Lokalanästhesie (sog. „kleine Chirurgie") oder in Narkose bzw. Regionalanästhesie statt.

Zur Durchführung von Narkosen wird in der Regel ein niedergelassener Anästhesist hinzugezogen, der in diesen Praxen die sog. „mobile Anästhesie" betreibt. Der Anästhesist wird dabei von eigenem Personal unterstützt und setzt seine eigenen Geräte, Materialien und Medikamente ein. Für diese Form der Kooperation ist es notwendig und sinnvoll, eine Vereinbarung zu treffen, wie die Verantwortlichkeiten und Zuständigkeiten geregelt sind, z. B. wer die postoperative Überwachung im Aufwachraum leistet und gegenüber der KV abrechnet. Außerdem kann die Terminplanung vereinbart werden, z. B. als fixer Tag jede Woche von 8.00 Uhr bis 16.00 Uhr.

Organisatorisch besteht auch die Möglichkeit, eine fachgebietsübergreifende Berufsausübungsgemeinschaft z. B. als Gemeinschaftspraxis oder Praxisgemeinschaft von Operateuren und Anästhesisten zu betreiben.

Da die Investitionen für einen eigenen OP-Bereich relativ hoch und darüber hinaus unabhängig von der Zahl der geplanten Eingriffe sind, ist der Betrieb erst ab einer gewissen Fallzahl wirtschaftlich möglich. Naturgemäß sind diese Fallzahlen für größere Gemeinschaftspraxen einfacher erreichbar als für Einzelpraxen. Zusätzlich besteht bei Gemeinschaftspraxen der Vorteil, dass während des OP-Betriebs der Praxisbetrieb durch die Kollegen weitergeführt werden kann, es also keine Unterbrechung der konservativen Sprechstunde geben muss.

Durch die Festlegung auf ein operativen Spektrums kann der Investitionsaufwand begrenzt werden, indem besonders aufwändige Eingriffe ausgeschlossen werden,

▪▪ Vorteile

Für Operateure Das Operieren in den eigenen Räumlichkeiten hat für den Operateur zunächst den naheliegenden Vorteil, dass er seine Praxis nicht verlassen muss, d. h. er hat keine Fahrtzeiten zu einer anderen Einrichtung. In wie auch immer entstehenden OP-Pausen kann er in seiner Praxis sofort einer anderen Aufgabe nachkommen.

Für die Patienten besteht der Vorteil darin, dass sie den Weg zur Praxis am OP-Tag schon kennen. Das Gefühl, die Leistung „ambulante Operation" aus einer Hand zu bekommen erhöht die Patientenbindung zusätzlich.

Mit fixen OP-Tagen kann der Operateur während der Sprechstunde ad hoc OP-Termine vergeben, ohne Rücksprache nehmen zu müssen.

Sofern auf die räumliche Gestaltung des OP-Bereichs Einfluss genommen werden kann, besteht die Möglichkeit, die Räume für den Arbeitsablauf zu optimieren.

Für Patienten Die Beschränkung des OP-Spektrums führt in der Regel zu einer hohen Fallzahl der verbliebenen Eingriffe. Auch ohne die Diskussion über die Auswirkungen von Mindestmengen in der Chirurgie neu beleben zu wollen erscheint es naheliegend, dass der Patient in den Genuss einer routinierten qualifizierten operativen Versorgung kommt.

Auch wenn ein Patient die Qualität der ärztlichen Versorgung in der Regel nicht unmittelbar bewerten kann, führt das Gefühl einer effektiven und reibungslosen Organisation zu zusätzlicher Zufriedenheit und kann die Patientenbindung nachhaltig fördern.

Für Anästhesisten Dadurch, dass der Anästhesist nicht (Mit-)Betreiber ist, reduzieren sich die Investitionen und die Instandhaltungen auf den Narkose-Arbeitsplatz und bleiben damit überschaubar und bekannt.

12

▪▪ Nachteile

Für den Operateur Wenn der Vertragsarzt den OP in seiner Praxis betreibt, geht er ein unternehmerisches Risiko ein. Die Beschränkung auf ein operatives Spektrum bedeuten für den Vertragsarzt, dass er sich für einen Zeitraum von mehreren Jahren festlegen muss, ohne wissen zu können, ob die Leistungsvergütung so bleibt, wie zum Zeitpunkt der Planung. Dies betrifft nicht nur die Einnahmeseite, sondern auch die Kosten. Neben der allgemeinen Gehalts- und Preisentwicklung muss mit strengeren Anforderungen an die Ausstattung (z. B. Aufbereitung, Röntgen-Technik, Dokumentation) oder mit der Forderung nach höheren personellen Qualifikationen (z. B. Nachweis von Fortbildungen) gerechnet werden. Die Erfahrung zeigt, dass Kostensteigerungen in der Regel nicht durch höhere Honorare kompensiert werden können.

> **Die Neu-Einrichtung, aber auch der laufende Betrieb eines OPs sind außerordentlich komplexe und zeitintensive Aufgaben, auf die die meisten ärztlichen Kollegen fachlich kaum vorbereitet sind. Sie sind in dieser Phase sehr stark auf das Know-how von Beratern angewiesen. Unzureichende Beratung kann zu deutlich höheren Kosten oder dem Nicht-Einhalten von Zeitplänen führen.**

Zur Auslastung der OP-Kapazitäten kann es besonders für Einzelpraxen erforderlich sein, nicht nur eigene Patienten, sondern auch von anderen Kollegen zugewiesene Patienten zu operieren. Dies erhöht möglicherweise die Wirtschaftlichkeit des eigenen OP-Betriebs, bringt den Operateur gegenüber seinen Zuweisern aber auch in die Rolle eines Dienstleisters. Dies bedeutet mindestens die Notwendigkeit sich eng mit anderen Praxen abzustimmen. Das nötige vertrauensvolle Verhältnis zu den Zuweisern muss zunächst aufgebaut und dann dauerhaft gepflegt werden. Dies erfordert vom Operateur auch die Bereitschaft, auf die Vorstellungen und Wünsche anderer Kollegen einzugehen.

Für Patienten Nicht alle Anästhesisten, die die sog. mobile Anästhesie betreiben unterhalten eigene Praxisräume. Wenn die Prämedikation nicht erst am OP-Tag stattfinden soll, kann dies dann nur in der Praxis des Operateurs stattfinden.

Wenn die Prämedikation erst am OP-Tag stattfindet, kann das bei bisher nicht festgestellten Risikofaktoren zu einer kurzfristigen OP-Verschiebung bzw. Absage führen.

Für Anästhesisten Diese Form der operativen Behandlung (sog. mobile Anästhesie) führt den Anästhesisten in die Situation, dass er seine komplette gerätetechnische Ausrüstung entweder in der Praxis des Operateurs belässt und nur an den OP-Tagen benutzt oder sie in jedes Mal mitbringt. Im ersten Fall benötigt er für jede von ihm betreute Praxis das komplette Equipment, was zu Investitions- und Folgekosten z. B. für Wartungen, STKs führt. Der tägliche Transport der Ausrüstung ist nicht nur zeit- und arbeitsaufwändig – für die empfindlichen Geräte besteht auch zusätzlich das Risiko, auf dem Transport Schaden zu nehmen. Dazu kommen banale Unwägbarkeiten, wie z. B. die Wetter- und

Parkplatzsituation oder barrierefreier Zugang zur Praxis.

12.2.3 Operationen in OP-Zentren

Im Gegensatz zum praxisambulanten Operieren bietet ein OP-Zentrum seine OP-Infrastruktur einem Kreis von Operateuren auch aus verschiedenen operativen Fachrichtungen an. Das bedeutet auch: Der Betreiber des OP-Zentrums muss kein Operateur sein, das OP-Zentrum kann z. B. auch anästhesiologisch geführt werden (Beispiel: www.aaoz.de) oder eine eigenständige Einheit innerhalb eines Krankenhauses.

Durch die Heterogenität der möglichen Eingriffe in einem OP-Zentrum muss die komplette Auslegung bezüglich Hygiene oder Raumlufttechnik die Anforderungen für die OP mit der höchsten Invasivität einhalten. Für weniger invasive Operationen bzw. Eingriffe kann das z. B. bedeuten, dass unter höheren als erforderlichen Standards – und damit teurer – operiert wird.

Das Angebot des OP-Zentrums kann auch die Überlassung von Assistenz- und OP-Personal sowie die Bereitstellung und Aufbereitung des OP-Instrumentariums beinhalten.

Das Personal des OP-Zentrums setzt sich zusammen aus OTAs (operationstechnischen Assistenten), Arzthelferinnen und weiteren medizinischen Assistenzberufen.

Die Qualifikation der Mitarbeiter in einem Operationszentrum ist häufig heterogener als bei einer Einheit, die am Krankenhaus angesiedelt ist. Durch die gezielte Anpassung der Qualifikation eines Mitarbeiters an die Anforderung seiner Tätigkeit kann eine kostensteigernde „Überqualifizierung" vermieden werden. Ziel ist es, dass jeder Mitarbeiter genau die erforderliche Qualifikation besitzt. Das führt dazu, dass patientennahe Tätigkeiten von höherqualifizierten Mitarbeitern, wie z. B. OTA, ATA oder Krankenschwestern durchgeführt werden und patientenferne Unterstützungsprozesse durch weniger hochqualifizierte. Weil OP-Zentren als Arbeitgeber mit Krankenhäusern gerade für höherqualifizierte Mitarbeiter wie z. B. OTA im Wettbewerb stehen, sind in diesem Bereich höhere Personalkosten zu erwarten.

Vorteile

Für Operateure Durch die Kooperation mit einem OP-Zentrum entsteht auch für

- Einzelpraxen,
- Praxen mit geringem operativen Anteil,
- neu niedergelassenen Vertragsärzten mit nicht abschätzbarem OP-Anteil

eine Möglichkeit, eine geringe Fallzahl wirtschaftlich zu erbringen. Dazu muss der Operateur keine langfristigen Dauerschuldverhältnisse eingehen, z. B. in zusätzliches, hochqualifiziertes Personal oder Geräte und Räume, die nach strengen hygienischen und raumlufttechnischen Kriterien ausgestattet werden müssen.

Für alle Operateure besteht die Möglichkeit, auch Operationen mit hohem Investitionsaufwand durchzuführen, weil diese durch das OP-Zentrum getragen werden und als Nutzungsgebühr auf die teilnehmenden Operateure umgelegt werden. Das angebotene Spektrum kann auf die persönlichen operativen Fähigkeiten abgestimmt werden und wird nicht durch eine begrenzte Infrastruktur in der eigenen Praxis beschränkt.

Für alle Operateure besteht die Möglichkeit, auch aufwändige Operationen durchzuführen, weil die Investitionskosten vom OP-Zentrum getragen werden und als Nutzungsgebühr auf die teilnehmenden Operateure verteilt werden. Das angebotene Spektrum kann auf die operativen Fähigkeiten abgestimmt werden und richtet sich nicht nach den möglicherweise beschränkten Möglichkeiten der eigenen Praxis.

Auf Ärzte, die sich neu als Vertragsarzt niederlassen möchten kommen sehr viele neue Verantwortlichkeiten zu. Für sie stellt es eine enorme Erleichterung dar, wenn sie sich in der Praxisgründungsphase neben den finanziellen Aspekten nicht auch noch um technische Dinge, Hygiene, Genehmigungen und behördliche Begehungen kümmern müssen.

Für Patienten Die Betreiber eines OP-Zentrums stehen mit vergleichbaren Einrichtungen und mit Krankenhäusern, die OP-Kapazitäten an niedergelassene Operateure zur Verfügung stellen, im Wettbewerb. Um dauerhaft wettbewerbsfähig zu bleiben muss ein OP-Zentrum laufend seine Leistungsfähigkeit überwachen. Dies geschieht z. B.

durch regelmäßige Befragungen zur Zufriedenheit von Patienten und Operateuren.

Patienten kommen in den Genuss leistungsfähiger perioperativer Spezialeinheiten, die geringe Wartezeiten mit hoher Professionalität verbinden. Die OPZ-Betreiber können einerseits sehr unterschiedliche Fachdisziplinen ansprechen, andererseits bündeln sie durch den Einsatz an einem Ort sowohl Personal wie auch weitere Infrastruktur (Sterilisation, Geräte, Praxisorganisation).

Für die OP-Zentren Die meisten OP-Zentren werden ärztlich betrieben. Wenn der Betreiber des OP-Zentrums selbst Operateur ist, kann er die Kosten für seine eigenen OPs mit anderen teilen.

Für anästhesiologisch betriebene OP-Zentren besteht der Vorteil, dass die Gesamtleistung „ambulante Operation" gemeinsam erbracht wird, d. h. der Anästhesist auch bei allen Patienten die Anästhesie selbst durchführt.

▪▪ Nachteile

Für Operateure Für die Nutzung des OP-Zentrums fällt für den Operateur ein Anteil an den Kosten als Nutzungsgebühr an. Zur Bestimmung der Höhe dieses Anteils gibt es keinen einheitlichen Schlüssel. Es kann eine festgelegte Pauschale für fest gebuchte oder in Anspruch genommene OP-Zeit und Instrumentarium sein oder ein bestimmter Anteil an der Vergütung des Operateurs. Jedes Verfahren begünstigt einen Teil der Operateure und benachteiligt die anderen. Naturgemäß werden sich nur die mutmaßlich Benachteiligten zu Wort melden.

Die Höhe der Kosten eines OP-Zentrums ist durch den einzelnen Operateur kaum zu beeinflussen. Er muss sich durch die einheitliche, gemeinschaftliche Nutzung zumindest auch teilweise an solchen Kosten beteiligen, die er bzw. seine Fachgruppe in seiner eigenen Praxis nicht hätte, z. B. Rauflufttechnik, Röntgen, OP-Mikroskope. Schließlich stellt auch das Know-how eines OP-Zentrums einen Wert dar, den der Operateur in Anspruch nimmt.

Insgesamt wird der Betreiber eines OP-Zentrums erwarten, dass die erhobenen OP-Nutzungsgebühren mindestens die Kosten decken oder ein Überschuss verbleibt.

Je nach Größe und Auslastung des OP-Zentrums müssen geplante OP-Zeiten eingehalten werden. Kurzfristig notwendige zusätzliche OP-Zeiten müssen mit dem Betreiber des OP-Zentrums bzw. anderen Operateuren abgestimmt werden.

Für Patienten Die Patienten müssen neben der Praxis ihres Operateurs eine weitere, in der Regel bisher unbekannte, Einrichtung aufsuchen. Bei anästhesiologisch geführten OP-Zentren ist es sinnvoll ca. eine Woche vor dem geplanten Eingriff alle Patienten zum Prämedikationsgespräch einzuladen. Dadurch lernen die Patienten die OP-Einrichtung kennen und können Angst oder Verunsicherung vor dem Unbekannten abbauen. Die weiteren Vorteile einer frühzeitigen Prämedikation liegen auf der Hand und rechtfertigen in der Regel den zusätzlichen Aufwand für den Patienten.

Für die OP-Zentren Die Betreiber des OP-Zentrum tragen das volle wirtschaftliche Risiko. Veränderungen der Wettbewerber oder Entscheidungen der Operateure können zu erheblichen Umsatzeinbrüchen führen.

Gesundheitspolitische Entscheidungen können weitreichende Folgen haben und sind kaum zu beeinflussen. Dazu kommt, dass eine durchsetzungsstarke Interessenvertretung – vergleichbar der Deutschen Krankenhausgesellschaft (DKG) – für den ambulanten Bereich nicht oder nur ansatzweise existiert. Diese Situation birgt erhebliches wirtschaftliches Risikopotenzial für OP-Zentrumsbetreiber bis hin zur möglichen Insolvenz.

12.2.4 Operationen in Praxiskliniken (Beispiel: Praxisklinik im Südpark, Solingen)

Für eine Praxisklinik im engeren Sinne besteht die Möglichkeit, Patienten auch kurz-stationär zu behandeln. Als kurzstationär hat sich ein Aufenthalt von bis zu vier Nächten etabliert.

Die Abrechnung kann dabei nur mit den Krankenkassen erfolgen, mit denen eine Vereinbarung zur besonderen Versorgung gem. § 140a Absatz 3 Nummer 3 SGB V besteht. Auch wenn diese Vereinbarungen eine einheitliche rechtliche Basis haben, können sie sich inhaltlich unterscheiden.

Der organisatorische Aufwand ist unverhältnismäßig höher, als bei der Abrechnung über die Chipkarte gegenüber der KV.

Unabhängig von der Schwere des Eingriffs kann die Indikation zur stationären OP schon damit begründet sein, dass dem Patienten keine 24-stündige Betreuung zur Verfügung steht.

Durch die stationäre Aufnahme können auch invasivere Operationen durchgeführt werden, wie z. B.

- arthroskopische Rekonstruktionen am Schultergelenk (Rotatorenmanschettenrekonstruktion),
- arthroskopische Rekonstruktionen am Kniegelenk (Kreuzbandplastik),
- Osteosynthesen bei Frakturen,
- laparoskopische gynäkologische Eingriffe,
- Hysterektomien,
- neurochirurgische Operationen an der Hals- und Lendenwirbelsäule.

Die mittlere Verweildauer beträgt im Schnitt ca. 1,5 Tage [2].

In Bezug auf Atmosphäre, Komfort und Service erfolgt die Orientierung an den Standards eines Premium Hotels. Um die durchschnittlich zehn Patienten kümmern sich im Früh- und Spätdienst je drei und im Nachtdienst eine Pflegekraft. Sie werden durch weitere Service-Mitarbeiter z. B. für die Bettenaufbereitung unterstützt.

Die Essensversorgung geschieht über einen externen Caterer im „Cook-and-chill"-Verfahren.

Im Unterschied zur ambulanten Operation wird der Patient nach der Überwachung im Aufwachraum nicht nach Hause entlassen, sondern auf die Station verlegt. Die Anordnungen für die postoperative Phase werden während der OP zwischen Operateur und Anästhesisten abgestimmt und schriftlich fixiert.

Die Verlegung aus dem Aufwachraum auf die Station erfolgt nach einer Kontrolle durch den Operateur und „Freigabe" durch den Anästhesisten.

Die ärztliche Versorgung der Station erfolgt für die Patienten aus allen operativen Fachgebieten durch einen diensthabenden Anästhesisten, der auch nachts zur Verfügung steht.

Die Entlassung nach Hause erfolgt nach der Visite durch den Stationsarzt (Anästhesist) und durch den Operateur bzw. nach Besuch in dessen Praxis. In der Regel werden die Patienten dabei von Angehörigen begleitet.

Vorteile

Für Operateure Durch die Kooperation mit einer Praxisklinik bekommen Operateure die Möglichkeit, Patienten auch unter stationären Bedingungen zu behandeln, z. B. wegen der Invasivität des Eingriffs oder möglicher postoperativer Schmerzen.

Für Patienten Patienten, denen keine 24-stündige Betreuung zur Verfügung steht, kann eine Alternative zum Krankenhaus angeboten werden.

Für Patienten, bei denen die OP ausschließlich stationär oder praxisklinisch durchgeführt werden kann, besteht die Möglichkeit, die komplette Behandlung aus einer Hand zu bekommen. Ähnlich wie bei der ambulanten OP liegen die Voruntersuchung, die OP und die Nachbehandlung in der Hand eines Operateurs.

Für die Praxisklinik Mit dem Angebot der stationären Versorgung besteht (zumindest aktuell) ein deutlicher Vorteil im Wettbewerb mit ambulanten OP-Zentren. So können auch Patienten operiert werden, bei denen vor der OP nicht sicher ist, ob sie post-operativ nach Hause gehen können oder über Nacht bleiben sollten.

Nachteile

Für Operateure Je nach Größe und Auslastung der Bettenstation müssen geplante OP-Termine auch in Hinblick auf freie Betten koordiniert werden. Das kann die OP-Planung erschweren oder sogar dazu führen, dass OP-Termine verschoben werden müssen.

Für Patienten Für Versicherte von Krankenkassen, die nicht an der Integrierten Versorgung teilnehmen, kann die stationäre Behandlung nicht angeboten werden.

Im Falle einer schwerwiegenden, nächtlichen Komplikation besteht das Risiko, dass der Patient notfallmäßig verlegt werden muss. Dafür müssen Kooperationsvereinbarungen getroffen sein.

Für die Praxisklinik Die Betreiber der Praxisklinik tragen nicht nur das volle wirtschaftliche Risiko, sondern auch die volle Haftung aus Behandlungs- und Organisationsfehlern.

Der personelle Aufwand im ärztlichen und nichtärztlichen Dienst übersteigt den eines rein ambulanten OP-Zentrums deutlich.

Der Betreiber der Praxisklinik muss entweder selbst am Bereitschaftsdienst teilnehmen oder die Kosten für eine Vertretung tragen.

12.3 Ablauforganisation

Für einen reibungslos organisierten Ablauf einer ambulanten Operation müssen viele Interaktionen berücksichtigt werden. Dabei gibt es in der Regel folgende Beteiligte:

- Operateur,
- Anästhesist,
- OP-Einrichtung (Kapazität/Personal),
- Hausarzt ggf. weitere Fachärzte,
- Patient,
- Angehörige/bei Kindern die Eltern.

Zwischen den Operateuren, Anästhesisten und der OP-Einrichtung bestehen in der Regel ausführliche, schriftlich niedergelegte Kooperationsvereinbarungen, die den Ablauf regeln.

Insgesamt kann man den Ablauf in drei Phasen einteilen:

- Präoperative Phase,
- OP-Tag und
- Nachsorge.

12.3.1 Präoperative Phase

Initial sucht der Patient mit seinen Beschwerden seinen Hausarzt auf, der ihn zu einem operativen Facharzt überweist. Bei einigen Fachrichtungen, z. B. Augenärzten oder auch Gynäkologen begeben sich die Patienten sich direkt in deren Praxis.

Durch den operativen Facharzt wird die Diagnose gestellt bzw. weitergehende Untersuchungen veranlasst z. B. Röntgen, Ultraschall, MRT. Nach Vorliegen aller Befunde wird ggf. die Indikation zur operativen Behandlung gestellt und gemeinsam mit dem Patienten festgelegt, unter welchen Bedingungen der Eingriff stattfinden soll. Für Eingriffe, die die stationäre Behandlung erfordern erfolgt die Einweisung ins Krankenhaus. Dabei gilt aus Gründen der Wirtschaftlichkeit der Grundsatz „ambulant vor stationär". Der Vertragsarzt hat vor allen Krankenhauseinweisungen zu prüfen, ob der gleiche Behandlungserfolg auch ambulant erreicht werden könnte. Die Hausärzte erwarten mit Sorge, dass für „unnötige" Krankenhauseinweisungen Regressansprüche gegenüber dem Vertragsarzt geltend gemacht werden.

Mögliche Gründe für stationäre operative Behandlung

- Größe und Invasivität des Eingriffs,
- soziale Indikationen, z. B. fehlende Betreuung nach der OP,
- Vorerkrankungen,
- (Patientenwunsch).

Falls kein o. a. Grund gegen die ambulante Durchführung besteht, wird mit dem Patienten für die Operation ein Termin (Datum) vereinbart. Häufig erfolgen die operative Aufklärung und das Einverständnis in den Eingriff gleichzeitig. Dazu gehört auch eine Einschätzung über die grundsätzliche Narkosefähigkeit des Patienten im ambulanten Setting.

Der Patient erhält den Narkosefragebogen mit der Bitte, in der Anästhesiepraxis einen Termin für die Prämedikation zu vereinbaren.

> **Für die OP- und Narkosevorbereitung hat es sich bewährt, ein Routineprogramm zu vereinbaren (◘ Tab. 12.1).**

Optimaler weise liegen die Befunde dieser Untersuchungen beim Narkosegespräch vor. Während des Narkosegesprächs werden dem Patienten die Vorbereitung (z. B. Nüchternheit, Begleitung, Medikamenteneinnahme) und der Ablauf der Narkose und OP erklärt. Anhand von Anamnese, Befunden und körperlicher Untersuchung wird eine Risikoeinschätzung anhand der ASA-Klassifikation durchgeführt und die Vorbereitungs-Medikamente für den OP-Tag angeordnet.

Tab. 12.1 Für die Prämedikation notwendige Untersuchungen. (Nach: Praxisklinik im Südpark, Solingen) [4]

Untersuchungen	Indikationen
Laborwerte: kleines BB, Na, K, Krea, Quick/INR, PTT, BZ	Bei allen erwachsenen Patienten (möglichst nicht älter als 6 Monate)
EKG (12-Kanal-Ruhe-EKG)	Nur bei Patienten **über 60 Jahren** oder jüngeren Patienten mit entsprechender Anamnese, (z. B. KHK, Rhythmusstörungen)
Rö-Thorax (bitte nur Befund, keine DVDs)	Nur bei Patienten mit entsprechender Anamnese (z. B. Asthma, COPD, Emphysem, Zustand nach kardialer Dekompensation)

Patienten, die aus anästhesiologischer Sicht nicht – oder zu diesem Zeitpunkt nicht – ambulant narkosefähig sind, müssen sicher detektiert werden. Diese Patienten werden entsprechend informiert. Mit dem zuweisenden Operateur wird die weitere Vorgehensweise besprochen, z. B. Verschiebung des OP-Termins, wenn eine Verbesserung des Zustands möglich und wahrscheinlich ist. In der Regel kann der Operateur davon ausgehen, dass Patienten, von denen er keine Rückmeldung erhält, vom Anästhesisten freigegeben wurden.

Spätestens am Vortag sollte der Anästhesist den OP-Plan erhalten. Damit kann er kontrollieren, ob er alle Patienten prämediziert hat. Ggf. müssen Patienten, die sich nicht gemeldet haben telefonisch über Nüchternheit, Begleitung und Medikamente-Einnahme informiert werden.

12.3.2 OP-Tag

Am OP-Tag finden sich die Patienten zur vereinbarten Zeit – häufig 30 Minuten vor dem geplanten Eingriff – im OP-Zentrum bzw. der Praxis ein. Dabei werden direkt an der Rezeption die
- Identität,
- Nüchternheit,
- Begleitung und
- Vollständigkeit der Papiere.

abgefragt bzw. kontrolliert. Hierbei handelt es sich um den Sign-in-Schritt des „Team-time-out"-Konzepts zur Patientensicherheit [2].

Der Patient wird in den OP-Bereich des OP-Zentrums bzw. der Praxis begleitet, um sich aus- und umziehen. Es erfolgt die OP-Vorbereitung nach mit dem Operateur festgelegten Standards bzw. Prämedikationsanordnung (Entkleiden, Rasur bzw. Clipping, Antibiotika und eine leichte Sedierung).

Die Narkoseeinleitung erfolgt im OP-Saal. Vollnarkosen werden häufig als TIVA mit Kehlkopfmaske durchgeführt.

> **Unmittelbar vor dem OP-Beginn erfolgt noch einmal eine Kontrolle („team time out") [3].**

Dabei werden folgende Punkte laut und deutlich abgefragt und schriftlich auf dem Narkoseprotokoll bestätigt:
- Identität des Patienten,
- geplante Operation,
- OP-Stelle bzw. OP-Seite,
- Kontrolle der Lagerung,
- Antibiotikum erforderlich und erhalten.

Für die postoperative Analgesie kommen möglichst häufig Lokal- und Regionalanästhesieverfahren zum Einsatz. Die Ausleitung geschieht ebenfalls im OP, die Patienten werden spontan atmend in den Überwachungsbereich verlegt. Hier können sich die Patienten erholen. Sie erhalten sofort etwas zu trinken und später auch etwas zu essen. Trinken und Essen nach der OP führen dazu, dass die Patienten sich nach kurzer Zeit wieder erholen und fit fühlen und durch die positive Erfahrung den OP-Tag ohne Belastung erinnern.

> **Insgesamt besteht das Ziel darin, einerseits einen hohen Patientenkomfort zu bieten, andererseits sollen Patienten postoperativ möglichst schnell wach und wenig eingeschränkt sein.**

Wenn die Patienten sich von Eingriff und Narkose erholt haben, erfolgen die Entlassungsuntersuchungen durch Operateur und Anästhesist, nach der die Patienten in die Obhut ihrer Begleitungen übergeben werden und nach Hause entlassen werden können.

Dazu werden folgende Unterlagen und Medikamente ausgehändigt:
- Verhaltenshinweise für die Zeit nach der OP,
- Rufnummer des Anästhesisten,
- Rufnummer und Termin für die postoperative Visite des Operateurs,
- möglichst einen Fragebogen zur Patientenzufriedenheit,
- Schmerzmittel für die ersten 24 Stunden nach Anweisung des Anästhesisten.

12.3.3 Nachsorge

In den ersten 24 Stunden nach dem Eingriff ist eine Begleitperson erforderlich, die die Patienten unterstützen kann und im Notfall Hilfe hinzuziehen kann.

In der Regel wird für den nächsten postoperativen Tag ein Kontrolltermin in der Praxis des Operateurs vereinbart. Dabei kontrolliert der Operateur den Behandlungserfolg und das Vorliegen von Komplikationen, wie z. B. Blutungen, Infektionen oder außergewöhnliche Schmerzen. Gleichzeitig besteht die Möglichkeit, dem Patienten, den OP-Verlauf z. B. anhand von Arthroskopiebildern zu erklären

Die weiteren Nachsorgetermine finden in der Praxis des Operateurs statt. Der häufige und intensive Patientenkontakt in dieser Phase erhöht häufig die Zufriedenheit mit dem Operateur und mit der Akzeptanz der ambulanten Operationsbehandlung insgesamt.

12.4 Beispiele für Ablauforganisation

12.4.1 Katarakt-OP

▪▪ Allgemeines

Mit ca. 600.000 Fällen ist die Katarakt-OP die in Deutschland am häufigsten durchgeführte OP und auch die OP, die am häufigsten ambulant durchgeführt wird.

Die Diagnose „Katarakt" und die Indikation zur Operation wird in der Regel durch den behandelnden Augenarzt gestellt, der den Eingriff entweder selbst durchführen wird oder die Überweisung veranlasst.

In der ophthalmochirurgischen Praxis werden die zur OP-Vorbereitung erforderlichen Untersuchungen durchgeführt, z. B. Visus, Augendruck, Bestimmung der Linsenstärke.

Der Patient wird gebeten, sich möglichst kurzfristig zur Prämedikation mit dem Anästhesisten in Verbindung zu setzen und falls möglich die in ◘ Tab. 12.1 genannten Befunde mitzubringen.

Bei den meisten Katarakt-Patienten handelt es sich um Menschen in höherem Lebensalter, mit entsprechend hoher Wahrscheinlichkeit für anästhesierelevante Erkrankungen. Am OP-Tag wird der Patient gebeten, bereits zu Hause mit dem Weittropfen der Pupille zu beginnen.

Als mögliche Anästhesieverfahren stehen Tropfanästhesie, Para- oder Retrobulbäranästhesie sowie die Allgemeinanästhesie zur Verfügung. Die Para- bzw. Retrobulbäranästhesie bietet, gerade wenn sie in Kurznarkose angelegt wird, hohen Komfort und eine sichere Schmerzausschaltung. Gleichzeitig ist das Auge unbeweglich. Die Vollnarkose wird von vielen älteren Patienten und deren Angehörigen als risikoreicher angesehen und deshalb häufiger abgelehnt.

Die OP-Dauer beträgt meist nur etwa 15 Minuten. Zum OP-Ende wird das Auge mit einem Verband geschützt und der Patient kann in den Aufwachraum verlegt werden können.

Da die meist älteren Patienten auch häufig an Rückenschmerzen leiden, ist es für sie eine deutliche Erleichterung, wenn sie während des gesamten Aufenthaltes im OP-Zentrum ohne Umlagern auf derselben Liege verbleiben können. Dazu stehen besondere, fahrbare OP-Liegen zur Verfügung.

Je nach Anordnung des Augenarztes erhält der Patient im Aufwachraum z. B. noch augendrucksenkende Medikamente. Nachdem der Anästhesist die Entlassungsfähigkeit festgestellt hat, kann der Patient von seiner Begleitung abgeholt werden.

Bei der Entlassung erhält er bzw. die Begleitperson Schmerzmittel für die ersten Stunden, schriftliche Hinweise für das Verhalten nach einer ambulanten OP/Narkose, den ersten Kontrolltermin beim Augenarzt und Telefonnummern des Operateurs und Anästhesisten für den Notfall. Zur Patientenbefragung kann der AQS-Fragebogen eingesetzt werden.

Bei der Entlassung werden alle Patienten noch einmal ausdrücklich darauf hingewiesen, nicht zu lesen und den Anstieg des Augendrucks z. B. durch Bücken oder schweres Heben zu vermeiden.

▪▪ Ablauf

Der Ablauf der Katarakt-OP kann nach einem festgelegten Schema erfolgen. Da die meisten Patienten in dieser Altersgruppe ohnehin in dauernder hausärztlicher Behandlung sind, liegen bereits zum Narkosegespräch die erforderlichen Befunde vor. Für die Übermittlung der Befunde von der Hausarztpraxis ist ein standardisierter Bogen hilfreich.

Verzögerungen ergeben sich überwiegend nur dann, wenn Patienten aus Anlass der Augen-OP das erste Mal einen Hausarzt aufsuchen und bei dieser Gelegenheit Erkrankungen festgestellt werden. Der Eingriff muss dann ggf. auf einen Zeitpunkt nach einer Abklärung bzw. möglichen Verbesserung des Allgemeinzustandes verschoben werden.

Falls auch die OP des andern Auges kurzfristig geplant wird, muss der Patient dafür nicht erneut in der Prämedikationssprechstunde erscheinen.

12.4.2 Leistenbruch-OP

▪▪ Allgemeines

Der Leistenbruch kann je nach Quelle mit 200.000 bis 300.000 jährlichen Fällen in Deutschland zu den sehr häufigen Operationen gerechnet werden [1]. Davon wird weniger als ein Drittel ambulant durchgeführt. Da es kaum unabhängige Quellen gibt, ist eine Einschätzung, wie hoch der ambulante Anteil sein könnte, schwierig. Vergleiche mit Ländern wie z. B. USA, Kanada oder einigen skandinavische Länder lassen einen ambulanten Anteil von mehr als 2/3 realistisch und möglich erscheinen.

▪▪ Ablauf (Beispiel „Praxisklinik im Südpark")

Die Diagnose bzw. die OP-Indikation wird entweder durch den Hausarzt oder den Chirurgen gestellt. Gemeinsam mit dem Patienten wird entschieden, ob der Eingriff ambulant oder stationär durchgeführt werden soll. Falls die ambulante OP vereinbart wird, erfolgt die Überweisung zu einem Operateur, der den Eingriff durchführen kann. Die OP kann dann in der Regel kurzfristig, d. h. innerhalb weniger Tage erfolgen.

Der Patient wird gebeten, sich zur Prämedikation mit dem Anästhesisten in Verbindung zu setzen und falls möglich die in ◘ Tab. 12.1 genannten Befunde mitzubringen.

Sollte die Überweisung durch den Hausarzt erfolgt sein, kann er dem Patienten die erforderlichen Befunde bereits mitgeben. Dafür steht im Solinger Ärztenetzwerk solimed ein standardisierter Vordruck zur Verfügung.

Am OP-Tag kommt der Patient eine halbe Stunde vor der geplanten OP-Zeit in das OP-Zentrum. Zur Vorbereitung erhält der Patient ein Sedativum und bei geplanter Netz-Implantation ein Single-shot-Antibiotikum.

Der Eingriff wird in der Regel in Allgemeinanästhesie z. B. als Tiva mit Kehlkopfmaske durchgeführt. Bevor der Verband angelegt wird, wird vom Operateur ein Lokalanästhetikum in das OP-Gebiet injiziert. Anschließend erfolgt die Überwachung im Aufwachraum. Schmerzen werden mittels VAS-Skala erfasst und gemäß einem Stufenschema behandelt.

Nach ca. 2-stündiger Überwachung kann der Patient nach Hause entlassen werden.

Bei der Entlassung erhält er Schmerzmittel für die ersten 12–24 Stunden, schriftliche Hinweise für das Verhalten nach einer ambulanten OP/Narkose, den Kontrolltermin beim Operateur und Telefonnummern des Operateurs und Anästhesisten für den Notfall.

Zur Patientenbefragung kann der AQS-Fragebogen eingesetzt werden.

12.4.3 Kniegelenkarthroskopie

Der Arthroskopie des Kniegelenks kann je nach Quelle mit mehr als 400.000 jährlichen Fällen in Deutschland zu den sehr häufigen Operationen gerechnet werden.

Darunter sind junge, überwiegend gesunde Patienten die z. B. eine Sportverletzung erlitten haben, aber auch ältere Patienten, bei denen mit entsprechenden anästhesierelevanten Nebenerkrankungen gerechnet werden muss.

Um eine zuverlässige Indikation zur Operation stellen zu können ist nach einer gründlichen klinischen Untersuchung häufig eine weitere bildgebende Diagnostik erforderlich, z. B. als MRT. Die meisten chirurgischen bzw. orthopädischen Praxen haben radiologische Kooperationspraxen, bei denen sie online einen Termin für ihren Patienten vereinbaren können.

Die Befunde werden dem Patienten als CD mitgegeben oder über eine Datenleitung an den Chirurgen/Orthopäden übermittelt. Bei Vorliegen aller Befunde kann mit dem Patienten die Indikation zur OP gestellt werden und ein Termin vereinbart werden. Gleichzeitig verordnet der Operateur eventuell erforderliche Hilfsmittel, wie z. B. Unterarmgehstützen und Medikamente wie z. B. eine Thromboseprophylaxe oder Schmerzmittel.

Der Patient wird gebeten, sich zur Prämedikation mit dem Anästhesisten in Verbindung zu setzen und falls möglich die in ◘ Tab. 12.1 genannten Befunde mitzubringen.

Der Eingriff erfolgt in häufig in Allgemeinanästhesie. Bei aufwendigen arthroskopischen Rekonstruktionen, bei denen mit stärkeren postoperativen Schmerzen gerechnet werden muss kann die Vollnarkose durch ein Regionalanalgesieverfahren unterstützt werden, z. B durch einen N.-femoralis-Block, möglichst mit einem langwirkenden Lokalanästhetikum.

▪▪ Ablauf

Unter organisatorischen Gesichtspunkten müssen in der präoperativen Phase

- die klinische Diagnostik durch den Behandler,
- die bildgebende (radiologische) Diagnostik,
- ggf. der Beginn der Physiotherapie,
- eine Schmerzbehandlung,
- die Versorgung mit Hilfsmitteln

koordiniert und terminiert werden.

12.5 Zusammenfassung

Die politisch gewünschte Überwindung bisheriger Sektorengrenzen zwischen stationärer Versorgung im Krankenhaus einerseits und ambulanter Versorgung in Praxen von niedergelassenen Vertragsärzten andererseits ist in keinem Bereich soweit fortgeschritten wie im operativen. Einerseits haben sich die Krankenhäuser für die Durchführung ambulanter Eingriffe geöffnet, andererseits entsteht durch die Gründung von Praxiskliniken die Möglichkeit, auch außerhalb von Krankenhäusern (kurz-)stationäre Operationen durchzuführen.

Insgesamt zeigen die Befragungsergebnisse bei ambulant durchgeführten OPs eine sehr hohe Patientenzufriedenheit und sehr hohe Weiterempfehlungsraten. Durch den Eindruck einer effektiven und reibungslosen Organisation erhört sich die Patienten-Zufriedenheit zusätzlich und die Patientenbindung wird nachhaltig gefördert.

Weitere Faktoren für die hohe Patientenzufriedenheit sind die Bindung an den Operateur durch die Behandlung aus einer Hand, die Koordinierung der Behandlung im Sinne einer integrierten Versorgung und nicht zuletzt die ausgezeichneten Behandlungsergebnisse.

Dabei können die Kostenträger durch die ambulante Durchführung von Operationen bedeutende Einsparungen ohne Qualitätseinbußen verzeichnen.

Literatur

[1] Schöne U, Scheuerlein H, Settmacher U (2009) Diagnostik und Behandlung der Leistenhernie. In: MMW – Fortschritte der Medizin 151: 44–49

[2] Praxisklinik im Südpark, Solingen: Die mittlere Verweildauer für stationäre Patienten betrug im Jahr 2015 1,5 Tage

[3] Das team time out Konzept der Weltgesundheitsorganisation (WHO): http://www.who.int/patientsafety/safesurgery/ss_checklist/en/

[4] Praxisklinik im Südpark, Solingen: www.praxisklinik.de

Kosten und Erlöse, QM und Patientenzufriedenheit

S. Warweg, M. Dolderer, J. Rüth

T. Standl, C. Lussi (Hrsg.), *Ambulantes Operieren in Klinik, Praxis und MVZ*,
Erfolgskonzepte Praxis- & Krankenhaus-Management
DOI 10.1007/978-3-662-49787-6_13

13.1 Einleitung

Die Verbesserung der Qualität einerseits und der Wirtschaftlichkeit andererseits ist erklärtes Ziel der vielfältigen Reformen im Gesundheitswesen und wird auch vom Sachverständigenrat immer wieder gefordert [11].

In beiden Bereichen, Wirtschaftlichkeit und Qualität, können Instrumente wie das ambulante Operieren das deutsche Gesundheitssystem voranbringen. Die gesundheitspolitische Prämisse „ambulant vor stationär" trifft auf den operativen Bereich in besonderem Maße zu, zumal operative Leistungen einen Großteil der Kosten verursachen.

Aufgabe dieses Beitrags ist es, nach konkreten Möglichkeiten der Umsetzung dieser Ziele im ambulanten Bereich zu fragen. Dabei steht das OP-Zentrum, als Ort der Leistungserbringung, im Fokus der Betrachtungen.

13.2 Ökonomische Aspekte

13.2.1 Aufgabe der Kostenrechnung

Historisch gesehen wurde die Kostenrechnung eingeführt, um für ein Produkt den wirtschaftlich notwendigen Mindestpreis zu ermitteln. Modernere Auffassungen der Kostenrechnung stellen neben Dokumentation und Kontrolle die Ausdifferenzierung als Entscheidungs- und Führungsinstrument in den Vordergrund.

Für das ambulante OP-Zentrum ist das Verständnis der eigenen Kostenstruktur in vielen Zusammenhängen hilfreich. Die Ermittlung der genauen Kosten je Operation kann bei der Planung und Gründung eines OP-Zentrums sowie in der Verhandlung von Selektivverträgen mit Krankenkassen entscheidend sein, da nur auf diese Weise finanzielle Spielräume erfasst und klare Verhandlungsgrenzen bestimmt werden können. Die grundlegende Fragestellung dabei ist: „Welche Kosten entstehen, wenn eine bestimmte Operation durchgeführt wird?" Um diese Frage beantworten zu können, müssen alle Kosten erfasst und verursachungsgerecht den einzelnen Operationen zugeordnet werden. Mit dem nachgelagerten Schritt der Kosten-Erlös-Rechnung wird dann die Frage nach der Rentabilität der entsprechenden Leistung beantwortet.

13.2.2 Grundzüge der Kostenträgerrechnung

Bei der Betrachtung der Kosten einer ambulant durchgeführten Operation müssen neben den Personal- und Sachkosten auch Miete, Kosten für Sterilisation und Instrumentenaufbereitung sowie zahlreiche weitere Kostenpunkte berücksichtigt werden. Allerdings lassen sich viele dieser Kosten nicht direkt einer einzelnen Operation zuordnen.

In der Kostenrechnung hat sich daher eine Differenzierung in direkte und gemeine Kosten etabliert:

- Direkte Kosten zeichnen sich dadurch aus, dass sie der Operation genau zugeordnet werden können, z. B. direkte Materialkosten wie ein Einmaloperationsbesteck oder speziell in der Operation verbrauchtes Nahtmaterial.
- Um Gemeinkosten zuzuordnen, muss zusätzlicher Aufwand betrieben werden. Gehälter für Verwaltungsangestellte oder Heizkosten für die OP- und Aufwachräume beispielsweise können nicht direkt der einzelnen Leistung zugerechnet werden. Daher müssen diese Kosten mithilfe einer einheitlichen Bezugsdimension auf die Operation übertragen werden. Für die Arbeitszeit eines Operateurs z. B. wird das Gehalt des Operateurs pro Minute mit der OP-Dauer in Minuten multipliziert. Ähnliche Verrechnungsschlüssel lassen sich für fast alle Gemeinkosten finden.
- Weniger aufwändig, aber auch sehr viel ungenauer, können die Kosten je Operation mithilfe einer einfachen Divisionskalkulation errechnet werden. Dabei werden die Gesamtkosten, die pro Jahr anfallen (mitsamt Abschreibungen), durch die Anzahl der Operationen dividiert. Zwischen diesen beiden Extremformen der Kostenträgerrechnung gibt es unzählige Abstufungen. Beispielsweise könnten auch die Jahresgesamtkosten durch die Gesamtdauer der geleisteten Operationen dividiert werden, um so die Kosten für eine Operationsminute zu ermitteln und diese wiederum mit der Dauer der einzelnen

Operation zu multiplizieren[1]. In einer der ersten Studien auf diesem Gebiet berechnete Brökelmann die Ausgaben je Betriebsminute für ambulante Operationszentren auf ca. 8,70 € [3].

In der Praxis sind Kostenrechnungssysteme hilfreich, wenn es bei der Verhandlung von Selektivverträgen darum geht, die Frage nach den finanziellen Verhandlungsgrenzen zu beantworten. Darüber hinaus helfen sie bei der Beantwortung der Frage, in welchen Bereichen mehr Leistungen erbracht werden und welche Leistungsbereiche reduziert werden sollten. Eine Hierarchisierung anhand der Deckungsbeiträge (Erlöse je Operation minus direkte Kosten je Operation, also Beitrag pro Leistung zur Deckung der Gemeinkosten) ist in der betriebswirtschaftlichen Praxis gängig und scheint auch für ein OP-Zentrum im gewissen Rahmen praktikabel. Wichtiger als die reine Erfassung und Zuordnung der Kosten ist allerdings das Wissen um die kostentreibenden Einflussfaktoren. Im nachfolgenden Kapitel werden einige organisatorische Rahmenbedingungen beleuchtet, welche einen großen Einfluss auf die Kosten des OP-Zentrums und damit unmittelbar auf die Rentabilität haben.

13.2.3 Einflussfaktoren auf die Kostenstruktur

In Krankenhäusern sind die größten Kostenblöcke die Intensivstation und der OP-Betrieb [13]. In ambulanten Operationszentren ist der Anteil der Kosten durch den OP noch höher, da der OP-Betrieb den wesentlichen Anteil des Gesamtbetriebes ausmacht.

Eine maximale Auslastung der OP-Räumlichkeiten, also eine Erhöhung der Leistungsdichte im OP, ist daher wirtschaftlich erstrebenswert; Ziel ist eine möglichst geringe Wechselzeit zwischen den einzelnen Operationen. Eine Reduzierung dieser Naht-Schnitt-Zeiten ist umso wichtiger, je häufiger Wechsel zwischen Operationen vorliegen. Bei Operationen, die weniger als 75 Minuten dauern, ermöglicht die Reduktion der Wechselzeiten von 35 auf 25 Minuten im Durchschnitt 15% mehr Operationen [2]. Ähnliche Auslastungsüberlegungen gelten für die Aufwachräume eines ambulanten OP-Zentrums, wobei im Einzelfall geprüft werden muss, welches die Faktoren sind, die die tatsächliche Leistung limitieren.

Bei der Reduzierung der Wechselzeiten spielen effiziente Prozesse bei der Reinigung des Raums, die Menge an erforderlichen Instrumenten (OP-Siebe) und die Medizintechnik, die zwischen den Operationen gewechselt werden muss, eine wichtige Rolle. Dies wirft die Frage nach den Operateuren und damit nach der grundlegenden Organisationsform des OP-Zentrums auf. In der Praxis lassen sich OP-Zentren in der Regel in eine von zwei Kategorien einordnen: Sie werden entweder von Anästhesisten oder von selbst operierenden Fachärzten betrieben.

Im ersten Fall ist es üblich, dass die Fachärzte als Operateure ihre eigenen Patienten in einem bestimmten Zeitkorridor operieren. In der Praxis hat sich eine Taktung von ganzen oder halben Tagen etabliert. Diese OP-Zentren zeichnen sich durch ein breites Angebotsspektrum aus, da es im Interesse des Anästhesisten liegt, über ein möglichst gut ausgelastetes OP-Zentrum zu verfügen. Die operierenden Fachärzte entrichten eine Gebühr für OP-Nutzung, Infrastruktur und Gemeinkosten etc. an das OP-Zentrum, welches damit seine laufenden Kosten finanziert. Nicht unüblich ist in diesem Zusammenhang auch die Beteiligung der Operateure an fachspezifischen Investitionskosten.

Ein Facharzt, der sich entschließt, ein ambulantes Operationszentrum zu gründen, ist auf die Zuweisung niedergelassener Ärzte angewiesen. Durch die erhöhte Fallzahl von ähnlichen Operationen sind von einem Operateur gegründete/geführte OP-Zentren oft spezialisierter. Spezialisierte OP-Zentren können ebenfalls durch die Hinzunahme weiterer Operateure ihr Leistungsangebot erweitern. Die von den Operateuren nicht zu leistenden anästhesiologischen Leistungen werden für gewöhnlich durch externe Anästhesisten erbracht.

Da bei fachgruppeninternen Operationen Wechselzeiten geringer ausfallen, z. B. aufgrund des geringeren Volumens auszutauschender Gerätschaften

1 Weitere Ausführungen zu Anästhesie- und OP-Minutenkosten finden sich samt Beispielrechnung bei Iber 2009 [8], S.155–160.

und gleicher Anforderungen an den OP, weisen spezialisierte OP-Zentren häufig effizientere Kostenstrukturen auf. Bei der Überlegung, welche Angebote ein ambulantes OP-Zentrum erbringen kann, sollten operative Fragestellungen wie die Komplexität der OP-Vorbereitung daher in jedem Fall miteinbezogen werden.

13.2.4 Abrechnungsmöglichkeiten in der Regelversorgung

Mit dem Inkrafttreten des AOP-Vertrags nach § 115b SGB V am 01.01.2010 einigten sich die Vertragspartner (Krankenkassen, Krankenhausgesellschaft und Kassenärzte) auf „einheitliche Rahmenbedingungen zur Durchführung ambulanter Operationen und stationsersetzender Eingriffe" [1]. Ambulante Operationen nach AOP-Vertrag werden, unabhängig vom Ort der Leistungserbringung, bei gesetzlich versicherten Patienten nach dem einheitlichen Bewertungsmaßstab (EBM) mit 3,5001 Cent[2] je Punkt vergütet. Der Gemeinsame Bundesausschuss (G-BA) hat am 20.05.2009 beschlossen, dass zur Sicherstellung der Versorgung und zum Ausgleich von Honorarverlusten durch die Höhe des Orientierungswerts leistungsbezogene Zuschläge vereinbart werden können.

Krankenhäuser, die durch das „Gesetz zur Sicherung und Strukturverbesserung der gesetzlichen Krankenversicherung" im Jahr 1993 die Berechtigung für ambulantes Operieren zugesprochen bekamen, werden nach § 7 des AOP-Vertrags genau wie Fachärzte in der Abrechnung behandelt [1]. Sie dürfen dabei nur aus den Bereichen Leistungen anbieten, die sie auch stationär anbieten.

13

Anlage 2 des AOP-Vertrags unterscheidet zwei Kategorien: Operationen aus Kategorie 1 müssen, wenn nicht patientenspezifische Begleitumstände[3] oder Begleiterkrankungen dies verbieten, ambulant erbracht werden, während Operationen aus Kategorie 2 sowohl ambulant als auch stationär erbracht werden dürfen.

Der Facharzt, der die Operation anordnet, hat, um Mehrfachuntersuchungen nach Möglichkeit zu vermeiden, dem operierenden Arzt alle relevanten Unterlagen zukommen zu lassen. Sind in begründeten Fällen präoperative Untersuchungen vom operierenden Arzt zu wiederholen, müssen die Kosten von der Krankenkasse übernommen werden. Ebenfalls in den Abrechnungsziffern inbegriffen ist eine Kurzinformation vom Operateur an den weiterbehandelnden Fach- oder Hausarzt. In dieser Kurzinformation müssen Diagnose, Therapieangaben, angezeigte Rehabilitationsmaßnahmen sowie die Beurteilung der Arbeitsfähigkeit angegeben werden.

Sachkosten wie Praxisbedarf werden in der Regel nicht gesondert abgerechnet. Nur in § 9 Abs. 5 genannte Sonderfälle, die einen Betrag von 12,50 € überschreiten, können nach Aufwand zusätzlich abgerechnet werden. Vertragsärzte rechnen ihre Leistungen quartalsweise mit den kassenärztlichen Vereinigungen ab. Krankenhäuser haben eine alle abrechenbaren Leistungen der ambulanten Operation umfassende Rechnung spätestens 4 Wochen nach der OP bei den Krankenkassen einzureichen. Die Rechnung ist um eventuell einbehaltene Zuzahlungen zu bereinigen.

Ambulante Operationen bei Privatpatienten und Selbstzahlern werden nach der Gebührenordnung für Ärzte (GOÄ) abgerechnet. Die seit 1983 im Wesentlichen nicht aktualisierte Gebührenordnung ist nicht budgetiert.

13.2.5 Integrierte Versorgungsstrukturen

Die integrierte Versorgung[4] (IV) ist in Deutschland seit dem 01.01.2000 in den § 140a–h verankert und hat bereits zwei Reformen durchlebt, eine durch das

2 Höhe des 2009 festgelegten Orientierungswerts.

3 Patientenspezifische Begleitumstände sind z. B. fehlende Kommunikationsmöglichkeiten oder eine unsachgemäße postoperative Versorgung im eigenen Haushalt.

4 Die integrierte Versorgung nach §§ 140a-h SGB V wird in diesem Beitrag exemplarisch für andere integrierte Versorgungsstrukturen wie die Strukturverträge nach § 73a, Modellvorhaben nach §§ 63 ff., Hausärztliche Versorgung nach § 73 i.V.m. § 65a oder MVZs nach § 95 SGB V behandelt.

GKV-Modernisierungsgesetz 2003 und die andere durch das Wettbewerbsstärkungsgesetz 2007. Eine weitere ist mit dem GKV-Versorgungsstärkungsgesetz im Juli 2015 erfolgt.

Die Idee der integrierten Versorgung klingt verständlich: Durch neue Kooperations-, Vertrags- und Abrechnungsformen zwischen ambulanter und stationärer Versorgung sollen niedergelassene Allgemein- und Fachärzte, Krankenhäuser und Rehabilitationseinrichtungen sowie weitere am medizinischen Leistungsprozess Beteiligte dazu gebracht werden, besser zusammenzuarbeiten.

Die integrierte Versorgung wird häufig als „das Experimentierfeld der gesetzlichen Krankenkassen" [4] bezeichnet, da sie den Kostenträgern und Leistungserbringern größere Verhandlungsspielräume als die sonst festgeschriebenen Bewertungsmaßstäbe und Gebührenordnungen bietet. Durch diese Flexibilisierung und Verhandlungsfreiheit wird das wettbewerbliche Profil im Gesundheitssystem deutlich gestärkt. Vertragspartner sind nach § 140a Abs. 1 Krankenkassen und sektoren- und/oder fachübergreifende Leistungserbringer.

Der Anspruch an diese integrierten Versorgungsformen ist groß:
- Sie sollen auf der ökonomischen und der medizinischen Ebene Effizienzreserven heben und gleichzeitig
- die Patientenzufriedenheit nicht negativ beeinflussen.

IV-Verträge und ambulante Operationen scheinen als gesundheitsökonomische Instrumente besonders gut zur Erreichung dieser Ziele beitragen zu können, da beide die bisher praktizierte strikte Abschottung der einzelnen Versorgungsbereiche, insbesondere die Trennung der ambulanten und stationären Versorgung, zu überwinden versuchen [15]. Mit der integrierten Versorgung am Patienten geht eine integrierte Vergütung der Leistungserbringer einher.

Krankenkassen bezahlen im integrierten Zusammenhang nicht einzeln für jede Leistung, sondern für einen am Patienten orientierten Versorgungszusammenhang (Komplexpauschale). Der gesamte Eingriff (Diagnose des Hausarztes – ambulante OP – Reha) wird von der Krankenkasse einmal vergütet. Die Verteilung innerhalb der Leistungserbringer folgt einer internen Vergütungsvereinbarung. Das durch diese Pauschale angeregte Kalkül ist klar: Je effizienter die Leistungserbringer zusammenarbeiten, desto höher ist das gemeinschaftlich erwirtschaftete Entgelt. Neubauer diskutiert die These, dass ein Fortschreiten der integrierten Vergütung zu immer größeren Konzernen der Leistungserbringung und damit zu monopolähnlichen Strukturen führen könnte [10]. Ob diese Entwicklung eintrifft, bleibt abzuwarten. Eine deutliche Entwicklung des Vertragsarztwesens müsste dem vorangehen, um die momentan sehr dezentrale Struktur aufzuheben.

Damit ein IV-Vertrag abgeschlossen werden kann, muss dieser nicht nur für die Leistungserbringer, sondern auch für die Kostenträger wirtschaftlich sinnvoll sein.[5] Für IV-Verträge, in denen ambulante OPs einen Teil der Versorgung ausmachen, müssen die Kosten für die Krankenkasse daher unterhalb des DRG-Satzes liegen.

In der Praxis bildet der DRG-Satz oft einen gemeinsamen Orientierungshorizont. Der Ausgangspunkt der Verhandlungen ist meist, dass Krankenkassen durch die pauschale Entrichtung der Vergütung finanzielle Einsparpotenziale auf der Seite der Leistungserbringer vermuten. Diese können durch wegfallende Doppeluntersuchungen, verbesserte Kommunikationsabläufe, sprich „besseres Schnittstellenmanagement" sowie grundsätzlich durch eine bessere Kostenstruktur ambulanter Leistungserbringer auch häufig realisiert werden.

Je nach Kostenträger und Versorgungszusammenhang können auch kleinteiligere Arbeitsschritte (meist Einzelleistungen nach EBM) in Komplexpauschalen zusammengefasst oder OPS-Codes in die Vergütungsberechnung miteinbezogen werden. Da die Verhandlungen von integrierten Verträgen zum einen komplex sind und zum anderen neben guten medizinischen und wirtschaftlichen Argumenten ein generelles Verhandlungsgeschick erfordern, haben sich Dienstleistungsunternehmen gegründet, die im

5 Das Kriterium der Wirtschaftlichkeit zu erfüllen stellt sich nach dem Wegfall der Anschubfinanzierung am 1.1.2008 noch schwieriger dar.

Auftrag von Ärzten verhandeln oder erst nachdem sie einen Vertrag mit den Krankenkassen ausgehandelt haben, Operateure suchen, die zu den entsprechenden Konditionen operieren.

Die Herausforderung auf Seiten der Krankenkassen besteht darin, die in Selektivverträgen investierten Mittel an anderer Stelle einzusparen. Dies gestaltet sich in der Praxis schwierig, da Krankenhausbudgetverhandlungen nicht an IV-Vertragsverhandlungen gekoppelt sind und wegfallende Leistungen im stationären Sektor (z. B. durch IV-Verträge mit Partnern aus dem ambulanten Sektor) anderweitig kompensiert werden können, somit das Krankenhausbudget bzw. die erbrachte Leistungsmenge nicht sinkt.

Im ambulanten Bereich gestaltet sich die Realisierung von Einsparungen in der Regel einfacher, da durch eine Bereinigung des an die kassenärztlichen Vereinigungen gezahlten Betrages IV-Verträge berücksichtigt werden können.

13.2.6 Zusammenfassung

Um ein OP-Zentrum lukrativ führen zu können, müssen die Einnahmen je OP höher sein als die Ausgaben. Daher ist es hilfreich, einen Überblick über die anfallenden Kosten je Operation zu haben. Einflussfaktoren auf die Kostenstrukturen sind vor allem in der Zusammensetzung der Operateure und in den Wechselzeiten zu finden. Kostenrechnung ist kein Selbstzweck; der Aufwand für die Kostenrechnung muss für jedes OP-Zentrum in einem optimalen Verhältnis zum Nutzen stehen. Betriebswirtschaftliche Kenntnisse sind dabei genauso wichtig wie ein fundiertes Verständnis der medizinischen Anforderungen und Abläufe.

Häufig wird die Optimierung der Ertragsseite vernachlässigt. Sie ist aus Sicht der OP-Zentrumsbetreiber besonders attraktiv, da so eine Erhöhung des Gewinns möglich ist, ohne bei medizinischen Standards oder Serviceleistungen Abstriche machen zu müssen. Die dargestellten Vertragsmöglichkeiten geben einen Hinweis auf die Flexibilität, mit der das Gesundheitswesen ambulante Operationen fördern kann.

OP-Zentren konkurrieren um lukrative Verträge mit den Krankenkassen. In diesem Wettbewerb spielt nicht nur der Preis, sondern vor allem auch die Qualität, in der die Operation erbracht wird, eine Rolle.

13.3 Qualität als notwendige Voraussetzung und Wettbewerbsvorteil

13.3.1 Qualitätsdimensionen

Um über Maßnahmen zur Verbesserung der Qualität sprechen zu können, ist eine gemeinsame Definition von Qualität nötig. Gängig ist in diesem Zusammenhang eine Einteilung in Struktur-, Prozess- und Ergebnisqualität [7]:

- Strukturqualität bildet die Grundlage für qualitativ hochwertige Leistungserbringung. Sie bezeichnet die Beschaffenheit der strukturellen Gegebenheiten. Eine hohe Strukturqualität bedeutet, über die Voraussetzungen für die regelgerechte und angemessene Erbringung von Leistungen zu verfügen. Klassische Beispiele sind Ausbildungsstandards, Ausstattung mit medizinischem Gerät etc.
- Die Prozessqualität bezieht sich auf die Funktionalität von Prozessen oder Abläufen. Eine gute Prozessqualität liegt vor, wenn die richtigen Maßnahmen zum richtigen Zeitpunkt in der richtigen Reihenfolge durchgeführt werden. Eine hohe Prozessqualität wird erreicht, wenn Entscheidungen nach anerkannten Regeln der medizinischen Wissenschaft unter Bezugnahme auf die Erfahrungen ausgebildeter Fachkräfte getroffen werden.
- Ergebnisqualität ist die entscheidende Qualitätsdimension. Sie zielt nicht nur auf die Messung des Gesundheitszustands, sondern auch auf andere Parameter wie Zufriedenheit, Komplikationsraten oder Kosteneffizienz ab.

Die drei betrachteten Qualitätsdimensionen bilden, auch auf das Gesundheitssystem bezogen, einen Produktionsablauf ab. Mit den richtigen Grundlagen und Instrumenten (Strukturqualität) und deren richtiger Verwendung (Prozessqualität) werden am Ende gute Ergebnisse erreicht (Ergebnisqualität). Dabei gilt: Strukturelle Parameter lassen sich am einfachsten erfassen, sind aber nicht so aussagekräftig wie die Ergebnisse, welche wiederum schwerer zu messen sind.

Die Sicherstellung einer qualitativ hochwertigen Versorgungsstruktur wird dem Staat zugeschrieben. Er ist Wächter über die Ausbildung von Ärzten, Träger der Investitionskosten von Krankenhäusern und gesetzlich für die Bereitstellung der Infrastruktur verantwortlich. Prozess- und Ergebnisqualität rücken dafür immer stärker in den Fokus der Akteure im Gesundheitswesen.

13.3.2 Gesetzliche Regelungen

Die Anforderungen an die Strukturqualität für ambulante Operationen nach § 115 SGB V sind in einem dreiseitigen Vertrag zwischen dem Kassenärztlichen Bundesverband (KBV), der Deutschen Krankenhausgesellschaft (DKG) und dem Spitzenverband der Gesetzlichen Krankenversicherungen definiert [14]. Dieser Vertrag bestimmt neben den beruflichen Qualifikationen, die ein Operateur zu erfüllen hat, über die organisatorischen, hygienischen, technischen und baulichen Voraussetzungen. Einige Strukturqualitätsindikatoren sollen nachfolgend exemplarisch dargestellt werden (für eine detaillierte Darstellung siehe §§ 4–7 der Vereinbarung von Qualitätssicherungsmaßnahmen bei ambulanten Operationen):

- Personelle Anforderungen: Für ambulante OPs gilt ohne Ausnahme der Facharztstandard. Operationen müssen also von einem Facharzt, unter dessen Assistenz oder unter „unmittelbarer Aufsicht und Weisung mit der Möglichkeit des unverzüglichen Eingriffs" geschehen [14].
- Organisatorische Anforderungen: Der operierende Facharzt oder das OP-Zentrum müssen für den Patienten ständig erreichbar sein. Der Dokumentenfluss zwischen den beteiligten Ärzten muss geregelt sein.
- Die Hygieneanforderungen richten sich in erster Linie nach dem Infektionsschutzgesetz (IfSG) und den Empfehlungen des Robert-Koch-Instituts. Unterschiedliche Hygieneanforderungen bestehen je nach Schwere des Eingriffs. Unterschieden wird zwischen Operationen, kleineren invasiven Eingriffen, invasiven Untersuchungen und Endoskopien.

Ziele des Vertrags
- Identifizierung von Versorgungsbereichen, in denen Qualitätsverbesserungen notwendig sind,
- Stärkung des einrichtungsinternen Qualitätsmanagements,
- Etablierung vergleichbarer Ergebnisindikatoren sowie
- Sicherstellung der Struktursicherheit.

Um diese Ziele zu erreichen, wurde eine paritätisch besetzte Bundeskommission „Qualitätssicherung Ambulantes Operieren" gebildet. Sie arbeitet an der Weiterentwicklung der Qualitätsstandards unter Zuhilfenahme von Sachverständigen und veröffentlicht quartalsweise den aktuellen Stand in Form eines Qualitätssicherungsberichts.

Zur Sicherstellung der Strukturqualität hat die Bundeskommission Kompetenzen zur Qualitätssicherung eingeräumt bekommen. Der mehrstufige Plan sieht vor, durch die Auswertung von Abrechnungsdaten (sog. datengestützte Qualitätssicherung) qualitativ schlecht operierende Ärzte und Krankenhäuser zu einer Stellungnahme zu bewegen. Treten keine Verbesserungen ein, wird ein Begehungstermin vereinbart, in dem die strukturellen Qualitätsindikatoren überprüft werden. Der Bericht der Kommission umfasst Empfehlungen über als nötig angesehene Qualitätssicherungsmaßnahmen und ggf. einen Zeitraum, in dem die Qualitätsmängel beseitigt sein müssen.

Prozessqualität ist schwieriger zu messen, rückt aber verstärkt in den Fokus der Akteure. Für Vertragsärzte, die den Facharztstandard erfüllen müssen, ist das Operieren nach den Leitlinien der jeweilig zuständigen Fachgesellschaften obligatorisch. Andernfalls kann die benötigte Genehmigung der KVen ausbleiben. Für Krankenhäuser gilt aus ähnlichen Gründen die Regel, dass sie nur Operationen ambulant durchführen dürfen, die sie auch stationär erbringen.

Nach § 137 SGB V sind die Leistungserbringer im Gesundheitswesen, also auch ambulant operierende Vertragsärzte, zur Einführung von Qualitätsmanagementverfahren verpflichtet. Die Mindestanforderungen der Zertifizierungsverfahren sehen neben der Darstellung des OP-Zentrums die Erfassung von mindestens zehn Arbeitsvorgängen in sog. Flow-Chart-Diagrammen vor. Eine modulare Ausweitung des QM-Systems ist in vielen Bereichen möglich.

In der integrierten Versorgung werden in der Regel weitergehende Qualitätsanforderungen unter den Vertragspartnern definiert. Dabei werden vor allem auch Prozess- oder Ergebnisqualität miteinbezogen. Da Krankenkassen die Selektivverträge[6] als Alleinstellungsmerkmal oder besondere Leistung gegenüber ihren Versicherten einsetzen wollen, spielt neben dem medizinischen Erfolg (häufig gemessen an Komplikationsraten oder Wiedereinweisungen) die Patientenzufriedenheit eine zunehmende Rolle.

13.3.3 Patientenzufriedenheit

Die Zufriedenheit eines Patienten ergibt sich aus der Differenz der Erwartungen (Soll-Zustand) und den tatsächlich gemachten Erfahrungen (Ist-Zustand)[7]. Für OP-Zentren ist die Zufriedenheit ihrer Patienten von besonderer Bedeutung, da sie auf Weiterempfehlungen der Patienten und Zuweisungen der entsprechenden Haus-/Fachärzte angewiesen sind.

Zur Erfassung der Zufriedenheit wird die Gesamtleistung häufig in drei Leistungsbereiche unterteilt: medizinische Leistungen, pflegerische Leistungen und sog. Hotel- oder Serviceleistungen.

Dabei gilt es zu beachten, dass Patienten in der Regel nicht in der Lage sind, die medizinische und nur bedingt die pflegerische Qualität zu beurteilen. Eine ausbleibende Verbesserung des Gesundheitszustands oder eine unzureichende Schmerzmedikation kann dem Patienten dennoch genügend Anlass geben, ein negatives Urteil über die Versorgungsqualität zu fällen.

In der Praxis werden verschiedene Verfahren mit unterschiedlicher wissenschaftlicher Fundierung und Komplexität zur Kundenzufriedenheitsmessung durchgeführt. Die einfachste Möglichkeit ist, den Patienten bei oder kurz vor seiner Entlassung[8] einen Fragebogen ausfüllen zu lassen. Die Fragen sollten in jedem Fall nicht suggestiv und auf einer Skala[9] zu beantworten sein. In Freitextfeldern sollte dem Patient die Möglichkeit eingeräumt werden, zusätzliche Anmerkungen über Missstände zu machen.

Eine Studie der Ludwigs-Maximilians-Universität München (LMU) und der Kassenärztlichen Vereinigung Bayern (KVB) ergab, dass 97,5% der Patienten den Eingriff als „gut" oder „sehr gut" bewerteten und mehr als 95%, falls nötig, wieder eine ambulante Operation durchführen lassen würden. Ambulante Operationen stoßen entgegen der landläufigen Meinung nicht auf eine signifikant stärkere Abneigung bei älteren Menschen. 94,9% der Patienten insgesamt (93,9% bei Patienten über 65 Jahre) fühlten sich zu Hause ausreichend betreut [9].

13.3.4 Praxisbeispiel: Qualität und Patientenzufriedenheit als Wettbewerbsmerkmal

Die Münchner Firma medicaltex GmbH bietet mit AQS1 und AQS2 Qualitätssicherungsinstrumente im Bereich des ambulanten Operierens an. Um zu einer umfassenden Bewertung zu kommen, werden aus der

6 Prozess- oder Ergebnisqualitätsindikatoren spielen selbstverständlich auch in der Regelversorgung durch die Verschärfung des Wettbewerbs um Patienten eine zunehmend bedeutende Rolle.

7 Der wissenschaftliche Begriff für diesen Abgleich heißt Confirmation/Disconfirmation-Paradigma.

8 Die Frage, wann ein Fragebogen optimalerweise ausgeteilt werden sollte, wird in der Literatur kontrovers diskutiert. Studien zeigen, dass Bewertungen, die am Ende des Krankenhausaufenthalts abgegeben werden, signifikant besser ausfallen als während des Aufenthalts. Dies liegt wahrscheinlich an den positiven Emotionen, die durch die Entlassung hervorgerufen werden. Dieser Effekt wird HALO-Effekt genannt.

9 Auch die Frage, welche Antwortmöglichkeiten/Skalen verwendet werden sollten, wird in der Sozialforschung diskutiert. In der Regel sollten nicht mehr als 5–6 Abstufungen („Stimme sehr zu" bis „Stimme überhaupt nicht zu") angeboten werden. Die Schulnotenskala („sehr gut" bis „ungenügend") hat sich aufgrund der intuitiven Verständlichkeit in der Praxis etabliert. Dem Patienten sollte außerdem die Möglichkeit gegeben werden, sich zu enthalten („weiß nicht").

Perspektive des operierenden Arztes, des Anästhesisten und des Patienten systematisch Daten erhoben, zusammengeführt und analysiert. Beim Qualitätssicherungssystem AQS2 wird darüber hinaus die Bewertung des weiterbehandelnden Arztes in das Gesamtbild integriert.

Die Befragung ist wie folgt organisiert: Der Patient erhält nach der Operation einen Fragebogen, zusammen mit einem frankierten Rückumschlag und einem Informationsschreiben. In dem Informationsschreiben wird der Patient gebeten, den Fragebogen 2 Wochen nach der Operation auszufüllen und an medicaltex zu schicken. Die Rücklaufquote des Patientenfragebogens liegt nach Angaben des Anbieters bei ca. 35–50%. Der Fragebogen für den Arzt (Operateur und Anästhesist) wird direkt nach der Operation ausgefüllt. Der Fragebogen kann entweder in Papierform, online oder mithilfe der Praxissoftware ausgefüllt werden.

Damit die Ergebnisse nach unterschiedlichen Kriterien untersucht werden können, werden auf dem Patientenfragebogen zu Beginn der allgemeine Gesundheitszustand sowie soziodemographische Daten erhoben. Anschließend werden Fragen zum Kommunikationsverhalten von Operateur, Narkosearzt und Praxisteam gestellt, bevor die postoperativen Erfahrungen (Beschwerden, Komplikationen, Medikamentenversorgung etc.) thematisiert werden. Die gesamte Prozesskette einer ambulanten Operation ist abgebildet.

Die an der Operation beteiligten Ärzte beantworten verschiedene Fragen zur Operation wie Art (OPS-Code), Dauer (Schnitt-Naht-Zeit) oder etwaige Komplikationen wie Blutungen oder Übelkeit im Aufwachraum.

Im Auswertungsbericht, der dem OP-Zentrum quartalsweise zur Verfügung gestellt wird, werden die Ergebnisse aus Patienten- und Arztbefragung zusammengefügt und zu Kennzahlen verdichtet. Neben der Darstellung der eigenen Ergebnisse spielt der Vergleich mit anderen OP-Zentren und die zeitliche Entwicklung der Resultate eine entscheidende Rolle, damit sich das einzelne OP-Zentrum mit seinen Leistungen einordnen kann.

Die Tatsache, dass Patienten die Qualität der medizinischen Leistung nur bedingt beurteilen können, schafft eine Nachfrage nach alternativen Feedbackmechanismen, die es erlauben, die Qualität der eigenen Arbeit einzuschätzen und mit Wettbewerbern zu vergleichen.

Die durch die Verwendung von AQS oder ähnlichen Produkten gewonnenen Qualitätsinformationen können von verschiedenen Akteuren im Gesundheitswesen eingesetzt werden, um sich im Wettbewerb um Versicherte oder Patienten zu positionieren. Die Siemens Betriebskrankenkasse (SBK) beispielsweise bietet auf ihrer Homepage eine Deutschlandkarte an, auf der alle OP-Zentren, mit denen sie einen IV-Vertrag geschlossen hat, eingetragen sind. Der interessierte Versicherte findet auf diese Weise nicht nur ein OP-Zentrum, das die gesuchte Operation anbietet, sondern auch eine Aussage über die Zufriedenheit bisheriger Patienten mit diesem Zentrum.

Auf diese Weise wird die Qualität im Gesundheitswesen nicht nur ein Stück messbarer, sondern auch für alle Akteure, insbesondere die Patienten, transparenter.

13.3.5 Zusammenfassung

Ambulante Operationen werden, wenn man den Vergleich mit anderen OECD-Ländern herstellt, im deutschen Gesundheitssystem in Zukunft eine immer größere Rolle spielen – und das zu Recht. Qualitätsindikatoren wie Wiedereinweisungsraten und Patientenzufriedenheit [9] zusammen mit einem enormen volkswirtschaftlichen Einsparpotenzial [5], herbeigeführt durch effizientere Behandlungsmethoden und eine schnellere Rückkehr an den Arbeitsplatz, belegen die Zukunftsfähigkeit der ambulanten OPs. Ambulante Operationszentren können dabei helfen, Gesundheitsversorgung effizienter zu machen, ohne dabei die Interessen der Patienten zu vernachlässigen.

Ein über reine Qualitätssicherung hinausgehendes Qualitätsmanagement erlaubt nicht nur die Verbesserung der eigenen Prozesse, sondern auch eine Positionierung im Gesundheitsmarkt. Alternative Versorgungsstrukturen in Verbindung mit einer transparenten und vergleichbaren Qualität sind geeignet, den Wettbewerb anzukurbeln. Diese Entwicklung ist zu begrüßen und weiter zu fördern. Denn erst, wenn sich Patienten und Kostenträger bei ihren Entscheidungen bzw. Kooperationspartnern auf unabhängige und valide Qualitätsindikatoren stützen können, können sich qualitativ hochwertige Anbieter nachhaltig von ihrer Konkurrenz abheben.

Literatur

[1] Ambulantes Operieren und stationsersetzende Eingriffe im Krankenhaus, AOP-Vertrag. http://www.kbv.de/2613.html. Abgerufen 28.3.2011

[2] Bender HJ, Denz C, Baumgard A (2009) Perioperative Organisation – Optimierung der Abläufe. In: Ansorg J et al. (Hrsg) OP-Management, 2. Aufl. Medizinisch Wissenschaftliche Verlagsgesellschaft, Berlin

[3] Brökelmann J (2001) Betriebswirtschaft der OP-Einheit – Operative Arztpraxen und besonders Tageskliniken sollten wie Wirtschaftsunternehmen geführt werden. http://www.mao-bao.de/artikel/2001JB_BWL.htm. Abgerufen 07.04.2011

[4] Bohle T (2008) Integrierte Versorgung, Rechtsfragen, Checklisten, Vertragsmuster; 2. Aufl. Economica Verlagsgruppe, München

[5] Bundesverband für Ambulantes Operieren (2010) Ökonomische Betrachtung des Ambulanten Operierens. Gutachten von Oberender und Partner; Bayreuth

[6] Eberlein J (2006) Betriebliches Rechnungswesen und Controlling. Oldenbourg Wissenschaftsverlag, München

[7] Gesundheitsberichterstattung des Bundes (2006) Struktur-, Prozess- und Ergebnisqualität. In: Gesundheit in Deutschland. http://www.gbe-bund.de. Abgerufen 30.3.2011

[8] Iber T (2009) OP- und Anästhesie-Minutenkosten. In: Ansorg J et al. (Hrsg) OP-Management, 2. Aufl. Medizinisch Wissenschaftliche Verlagsgesellschaft, Berlin

[9] Kassenärztliche Vereinigung Bayern (KVB), Bundesverband Ambulantes Operieren e.V. (BAO), Ludwig-Maximilians- Universität München (LMU) (2010) Qualitätsmaßnahme Ambulante Operationen – Ergebnisse zur Patientenzufriedenheit und zum postoperativen Patientenverlauf bei ambulanten Operationen

[10] Neubauer G (2006) Versorgungssteuerung über Vergütungsanreize: Braucht integrierte Versorgung integrierte Vergütung? In: Schellenschmidt H, Klauber J; Robra BP (Hrsg) Krankenhaus-Report 2005, Schwerpunkt: Wege zur Integration. Schattauer, Stuttgart

[11] Sachverständigenrat zur Begutachtung der Entwicklung im Gesundheitswesen (2005) Koordination und Qualität im Gesundheitswesen. Drucksache 15/5670

[12] Scherrer G (1999) Kostenrechnung, 3. Aufl. Lucius & Lucius Verlag, Stuttgart

[13] Schüpfer G (2009) Unternehmen Krankenhaus – Anforderungen an den OP-Manager. In: Ansorg J et al. (Hrsg) OP-Management, 2. Aufl. Medizinisch Wissenschaftliche Verlagsgesellschaft, Berlin

[14] GKV-Spitzenverband, Deutsche Krankenhausgesellschaft e.V. (DKG), Kassenärztliche Bundesvereinigung (KBV) (2006) Vereinbarung von Qualitätssicherungsmaßnahmen bei ambulanten Operationen und stationsersetzenden Eingriffen einschließlich der notwendigen Anästhesien gemäß § 115b Abs. 1 Satz 1 Nr. 3 SGB V

[15] Weatherly H et al. (Hrsg) (2007) Leuchtturmprojekte Integrierter Versorgung und Medizinischer Versorgungszentren. Medizinisch Wissenschaftliche Verlagsgesellschaft, Berlin

Medizinische Aspekte

Patientenaufklärung

E. Biermann

T. Standl, C. Lussi (Hrsg.), *Ambulantes Operieren in Klinik, Praxis und MVZ,*
Erfolgskonzepte Praxis- & Krankenhaus-Management
DOI 10.1007/978-3-662-49787-6_14

14.1 Einleitung

Für alle diagnostischen und therapeutischen Eingriffe in die körperliche Integrität, also insbesondere für Operationen und die dazugehörenden Anästhesieverfahren, aber auch für alle sonstigen Neben- und Folgeeingriffe gilt: Die Indikation und die Durchführung des Eingriffs „lege artis“ sind eine, aber nicht die allein ausreichende Legitimationsgrundlage für einen ärztlichen Eingriff. Hinzukommen muss die Einwilligung (evtl. in Form der mutmaßlichen Einwilligung) des Patienten bzw. seines (gesetzlichen) Vertreters als zusätzliches Rechtfertigungselement.

Ist die Einwilligung unwirksam, z. B. infolge von Aufklärungsfehlern, z. B. weil spät aufgeklärt wurde, dann ist auch der indizierte und „lege artis“ durchgeführte, erfolgreiche Heileingriff eine Körperverletzung in zivil- wie strafrechtlicher Hinsicht.

Die Vereinbarung zur Qualitätssicherung ambulanter Anästhesien weist unter Ziffer 3 auf diese Grundsätze hin, die im Folgenden näher dargestellt werden sollen.

Einwilligung des Patienten

Vereinbarung zur Qualitätssicherung ambulanter Anästhesie des Berufsverbands Deutscher Anästhesisten, der Deutschen Gesellschaft für Anästhesiologie und Intensivmedizin und des Berufsverbands der Deutschen Chirurgen [28]:

1. …
2. …
3. Patientenerfassung – erforderlich und zu dokumentieren sind:
   - die Einwilligung des Patienten bzw. des gesetzlichen Vertreters nach rechtzeitiger und ausreichender Aufklärung unter Beachtung der Grundsätze der Rechtsprechung, z. B. im Rahmen einer Anästhesiesprechstunde vor dem Tag des Eingriffs.
   - …

Mit dem im Februar 2013 in Kraft getretenen Patientenrechtegesetz hat der Gesetzgeber im Rahmen der (zivilrechtlichen) Regelung des Behandlungsvertrags (§ 630a ff BGB) erstmals allgemeine gesetzliche Vorgaben für Einwilligung und Aufklärung geschaffen. Die gesetzlichen Regelungen basieren im Wesentlichen auf den Grundsätzen, die die Rechtsprechung herausgearbeitet hat und transformieren sie in Gesetzesrecht.

14.2 Einwilligung

14.2.1 Der volljährige Patient

Nach § 630d Abs. 1 S. 1 BGB ist der Behandelnde verpflichtet, vor Durchführung einer medizinischen Maßnahme die Einwilligung des Patienten einzuholen.

Die Einwilligungserklärung des Patienten ist an keine Form gebunden. Auch das Patientenrechtegesetz stellt keine weitergehenden Formerfordernisse auf. Die Behandelnden haben allerdings nach § 630f Abs. 2 BGB unter anderem „Einwilligung und Aufklärung“ zu dokumentieren.

Aus Beweissicherungsgründen wird allerdings dringend zur Schriftform geraten, d. h. zur Unterschrift des Patienten unter die Einwilligungsformel.

Der volljährige, willens- und einsichtsfähige Patient willigt selbst in die Behandlung ein.

14.2.2 Nicht einwilligungsfähige Patienten

Der Patient muss psychisch und physisch in der Lage sein, aufgrund der ihm vom Arzt mitgeteilten Fakten eine eigenständige Entscheidung über Vornahme oder Nichtvornahme des Eingriffs zu treffen. Bei volljährigen Patienten wird die Einwilligungsfähigkeit die Regel sein, die Einwilligungsunfähigkeit die Ausnahme. Einwilligungsunfähig ist, wer nicht fähig ist, den Sachverhalt zu verstehen, wer ihn im Hinblick auf seine gegenwärtige Situation nicht verarbeiten kann und nicht in der Lage ist, den Sachverhalt zu bewerten, so dass er auf der Grundlage von Verständnis, Verarbeitung und Bewertung keinen eigenen Willen fassen kann ([32] mit weiteren Hinweisen).

Problematisch kann dies bei an sich einwilligungsfähigen Patienten dann werden, wenn diese z. B. so stark sediert sind, dass die Einwilligungsfähigkeit in Frage gestellt ist, oder bei Patienten, die so erheblich unter Schmerzen leiden und derart auf diese fixiert sind, dass sie zu einer Abwägung und bewussten Entscheidung nicht in der Lage sind.

Sind die Patienten zu einer wirksamen Einwilligung nicht fähig, z. B. bewusstlose oder demente Patienten, dann muss für diese ein (gesetzlicher) Vertreter/ Bevollmächtigter über die Behandlungsmaßnahmen entscheiden, sofern wegen der Dringlichkeit der Maßnahmen nicht auf die Grundsätze der „mutmaßlichen Einwilligung" zurückgegriffen werden kann.

Dringende Fälle

In zeitlich dringenden Fällen kann der Arzt bei einem selbst nicht einwilligungsfähigen Patienten, bei dem die Zeit nicht reicht, um einen evtl. abwesenden Vertreter/Bevollmächtigen oder – dazu später genauer – das Betreuungs-/Familiengericht einzuschalten, nach den Grundsätzen der sog. mutmaßlichen Einwilligung handeln. Eine solche „mutmaßliche Einwilligung" erlaubt die ärztliche Maßnahme und liegt vor, wenn der Arzt davon ausgehen kann, dass der betroffene Patient nach seinen individuellen, persönlichen Lebensumständen in den Eingriff einwilligen würde. Um dies zu beurteilen, wird der Arzt in aller Regel die persönlichen Lebensumstände des Patienten, seine Präferenzen und Vorstellungen zumindest in Grundsätzen kennen müssen. Soweit Zeit bleibt, kann der Arzt Angehörige als sog. Auskunftspersonen darüber befragen, welche Wünsche und Vorstellungen der Patient wohl hätte. Keinesfalls können die Angehörigen, ohne vom Patienten bevollmächtigt oder vom Betreuungsgericht zum Betreuer bestellt zu sein, anstelle des Patienten eine verbindliche Erklärung abgeben.

Nur wenn konkrete Anhaltspunkte zur Ermittlung des mutmaßlichen Willens des individuellen Patienten fehlen, kann sich der Arzt am Leitbild des „verständigen Patienten" orientieren [1].

Insbesondere bei vitaler oder absoluter Indikation ist eine mutmaßliche Einwilligung anzunehmen, wenn die Nichtbehandlung zu schweren Schäden führen würde („in dubio pro vita"); es sei denn, es liegen konkrete Anhaltspunkte für einen aktuellen entgegenstehenden Willen des Patienten vor. Im ambulanten Bereich wird diese Situation eher selten auftreten.

Vorsorgevollmacht/"Gesundheitsvollmacht"

Für den Fall, dass er selbst nicht in der Lage sein sollte, seinen aktuellen Willen über die Vornahme oder Nichtvornahme oder gewünschte Grenzen einer Heilbehandlung zu bekunden, kann der Patient Vorsorge treffen. Der Patient kann – idealerweise durch schriftliche, nicht notwendigerweise notariell beurkundete – Vorsorgevollmacht („Gesundheitsvollmacht") eine oder mehrere Personen seines Vertrauens damit beauftragen, für ihn die notwendigen Entscheidungen über die Heilmaßnahmen zu treffen, Risikoeingriffe und Behandlungsabbruch eingeschlossen, wenn dies in der dann in jedem Fall schriftlich zu erteilenden Vollmacht ausdrücklich erwähnt ist (§ 1904 Abs. 5 Bürgerliches Gesetzbuch [BGB]). Das Betreuungsgericht muss bei wirksamer Bevollmächtigung nicht eingeschaltet werden. Die Bevollmächtigten entscheiden anstelle des Patienten und sind zuvor vom Arzt entsprechend aufzuklären. Eine solche Vorsorgevollmacht kann jederzeit, auch im Laufe einer Therapie erteilt, allerdings auch jederzeit widerrufen werden. Der Arzt wird sich an das Betreuungsgericht wenden, wenn die Entscheidung des/der Vorsorgebevollmächtigten den Interessen des Patienten zuwiderzulaufen scheint und die Gefahr eines Fehlgebrauchs der Vollmacht nahe liegt.

Betreuung

Ist die Maßnahme aufschiebbar, der Patient jedoch einwilligungsunfähig und kann auf keine bevollmächtigte Person zurückgegriffen werden, dann wird der Arzt beim Betreuungsgericht (Amtsgericht) eine Betreuung anregen. Bevor das Betreuungsgericht eine Betreuung einrichtet, wird es in aller Regel von den behandelnden Ärzten ein ärztliches Zeugnis über den Gesundheitszustand des Patienten einfordern und sich u. U. selbst ein Bild vom Zustand des Patienten machen. Der vom Gericht bestellte Betreuer, in der Regel ein Angehöriger des Patienten, ist dann Ansprechpartner des Arztes bezüglich der Aufklärung und Entscheidung über die Vornahme des Eingriffs – sofern der Patient in der konkreten

Situation nicht doch einwilligungsfähig ist. Wichtig: Ist ein betreuter Patient in der konkreten Situation einwilligungsfähig – dies haben die Ärzte, eventuell unter Hinzuziehung von Psychologen/Psychiatern zu beurteilen – kann er selbst entscheiden und es kommt nicht auf die Entscheidung des Betreuers an. Eine Betreuung ist keine "Entmündigung" des Patienten, sondern eine Hilfestellung nur für den Fall, dass dieser in der konkreten Situation nicht in der Lage ist, für sich selbst zu sorgen.

Auch hier gilt: Lehnt der Betreuer einen notwendigen Eingriff ab, sollte das Betreuungsgericht eingeschaltet werden, um zu überprüfen, ob die Entscheidung des Betreuers den Interessen des Betreuten entspricht. Reicht die Zeit nicht, um einen Betreuer zu bestellen, kann das Betreuungsgericht auch im „Eilverfahren" eigene Entscheidungen treffen [2]. Reicht auch dazu die Zeit nicht, dann entscheidet der Arzt nach den o. g. Grundsätzen der mutmaßlichen Einwilligung.

14.2.3 Kinder und Jugendliche

Die Einwilligung-/Einsichtsfähigkeit ist nicht identisch mit der bürgerlich-rechtlichen Geschäftsfähigkeit, die unbeschränkt erst mit Vollendung des 18. Lebensjahrs einsetzt. Entscheidend ist vielmehr die sog. natürliche Einsichts- und Entschlussfähigkeit [3]. Leider hat der Gesetzgeber diese Frage im Patientenrechtegesetz nicht geregelt, so dass auf die Rechtsprechung und die juristische Literatur zurückgegriffen werden muss, die zum Teil kontroverser Auffassung sind. Wenn minderjährige Patienten in einen ärztlichen Eingriff einwilligen wollen, dann kann die Wahrnehmung des Selbstbestimmungsrechts des Minderjährigen allerdings kann mit dem elterlichen Personensorgerecht kollidieren [4].

Nach einer Faustregel gilt: Kinder unter 14 Jahren gelten als nicht einsichtsfähig, bei 14- bis 18-Jährigen haben die behandelnden Ärzte die Einwilligungsfähigkeit im Einzelfall zu prüfen.

So hat der Anästhesist z. B. im Rahmen des Prämedikationsgesprächs zu beurteilen, ob der Minderjährige die psychosoziale Reife hat, die für und gegen den konkreten Eingriff sprechenden Gründe sachgerecht abzuwägen und eigenverantwortlich zu entscheiden. Soweit der einsichtsfähige Minderjährige nicht widerspricht (Schweigepflicht!), darf der Arzt die Eltern einbeziehen und sollte dies wegen des verbleibenden Erziehungsrechts der Eltern auch tun. Denn die Rechtsprechung, zumindest die des Bundesgerichtshofs (BGH) in Zivilsachen, billigt dem Minderjährigen ein Alleinentscheidungsrecht nur bei medizinisch dringend indizierten Eingriffen zu, vorausgesetzt, die gesetzlichen Vertreter (Eltern) sind nicht erreichbar [42]. Im Übrigen soll das Recht der Eltern zur Personensorge ihnen auch die Befugnis zur Einwilligung in ärztliche Eingriffe beim Minderjährigen geben. Dem einsichtsfähigen Minderjährigen gesteht der Bundesgerichtshof zur Wahrung seines Selbstbestimmungsrechts – aber nur bei „relativ indizierten Eingriffen mit der Möglichkeit erheblicher Folgen" für die künftige Lebensgestaltung – ein Vetorecht zu, „wenn sie über ausreichende Urteilsfähigkeit verfügen" [2]. Anders hingegen die überwiegende juristische Literatur und die Rechtsprechung insbesondere des Bundesgerichtshofs in Strafsachen [32].

Bei nicht einsichtsfähigen Kindern und Minderjährigen entscheiden an deren Stelle die Personensorgeberechtigten, in der Regel die Eltern. Im Grundsatz bedarf es der Einwilligung beider Elternteile, der BGH hat hierzu die folgende Dreistufentheorie aufgestellt [33]:

- Bei alltäglichen, nicht gefährlichen Eingriffen und in Notfällen genügt die Einwilligung des erschienenen Elternteils. Nach der Lebenserfahrung kann davon ausgegangen werden, dieser sei berechtigt, für den nicht Erschienenen mitzuentscheiden. Dasselbe muss gelten, wenn der andere Elternteil, z. B. wegen eines Auslandsaufenthalts, nicht erreichbar ist.
- Bei Eingriffen schwererer Art muss sich der Arzt durch Rückfragen beim erschienenen Elternteil vergewissern, ob dieser ermächtigt ist, auch für den anderen, nicht erschienenen Elternteil zu handeln, und wird sich dann in der Regel auf dessen Auskunft verlassen dürfen.
- Bei schwierigen und weitreichenden Eingriffen muss sich der Arzt darüber hinaus Gewissheit vom Einverständnis des nicht erschienenen Elternteils mit seiner Vertretung durch den

Erschienenen verschaffen, u. U. muss er mit beiden Elternteilen Kontakt aufnehmen.

> **Für die Anästhesie gilt: Haben die Eltern bereits in den operativen Eingriff eingewilligt, werden sie das dazu erforderliche Anästhesieverfahren zur Schmerzausschaltung voraussetzen. Der Anästhesist kann i. d. R. darauf vertrauen, dass der erschienene Elternteil für den anderen mitentscheiden durfte. Dies wird insbesondere im ambulanten Bereich gelten dürfen.**

In jedem Fall sollte vorsorglich dokumentiert werden, dass der erschienene Elternteil erklärt, er handle im Einverständnis mit dem nicht erschienenen Elternteil.

In den vom Berufsverband Deutscher Anästhesisten (BDA) im Benehmen mit der Deutschen Gesellschaft für Anästhesiologie und Intensivmedizin (DGAI) empfohlenen Aufklärungs- und Anamnesebögen für Eingriffe bei Kindern erklärt der erschienene Elternteil mit seiner Unterschrift im Einverständnis mit dem nicht erschienenen Elternteil zu handeln [5].

14.2.4 Veto des Patienten

Es ist allerdings keineswegs so, dass der Patient einwilligen „muss". Der Patient muss entscheiden. Dazu wird er in aller Regel der Hilfe des Arztes bedürfen, der ihn zu informieren und zu beraten hat. Der Patient ist jedoch frei, wie er sich dann entscheidet. Es gehört zur Ausübung freier Selbstbestimmung, dass der Patient, wenn er einsichts- und willensfähig und voll informiert ist, auch eine dringend notwendige Behandlung ganz oder teilweise ablehnen kann. Diese im Bewusstsein der Konsequenzen erteilte Behandlungsverweigerung des Patienten für sich selbst ist für den Arzt auch dann verbindlich, wenn die Ablehnung des Patienten aus religiösen, weltanschaulichen oder sonstigen Gründen geschieht, die für den Arzt nicht nachvollziehbar sind. Der Eingriff muss dann unterbleiben [6]. Doch ist der Arzt verpflichtet, einen sich weigernden Patienten eindringlich und u. U. drastisch auf die Konsequenzen seines Handelns hinzuweisen.

Anders ist es, wenn Dritte, etwa die Eltern für ihr Kind, notwendige Behandlungen ablehnen. Hier kann ein Fehlgebrauch des Sorgerechts vorliegen, sodass der Arzt das Familiengericht (Amtsgericht) einschalten sollte. Ähnlich ist es, wenn Vorsorgebevollmächtigte oder Betreuer eine notwendige Behandlung ablehnen. Hier sollte dann das Betreuungsgericht eingeschaltet werden.

Unbestritten ist auch, dass der Patient seine Einwilligung limitieren kann. Er kann einzelnen Maßnahmen seine Zustimmung verweigern. Im Übrigen kann der Patient eine einmal erteilte Einwilligung jederzeit widerrufen. Dies gilt auch für den umgekehrten Fall [29, 30].

14.3 Aufklärung

14.3.1 Inhalt

Mit dem Patientenrechtegesetz hat der Gesetzgeber erstmals gesetzliche Regelungen zur Einwilligung und Aufklärung im Rahmen des Behandlungsvertrages im Bürgerlichen Gesetzbuch vorgenommen.

Nach § 630d Abs. 2 BGB setzt die Wirksamkeit der Einwilligung voraus, dass der Patient oder derjenige, der an seiner Stelle zur Entscheidung berechtigt ist, vor der Einwilligung aufgeklärt worden ist.

In § 630e BGB werden die Aufklärungspflichten geregelt. So hat der behandelnde Arzt den Patienten über sämtliche für die Einwilligung wesentlichen Umstände aufzuklären, insbesondere über Art, Umfang, Durchführung, zu erwartende Folgen und Risiken der Maßnahme sowie über ihre Notwendigkeit, Dringlichkeit, Eignung und Erfolgsaussichten im Hinblick auf die Diagnose oder die Therapie.

Das verlangt Aufklärung insbesondere über

- die Art und Bedeutung des Eingriffs einschließlich der Nebeneingriffe sowie Hinweise zu Nebenwirkungen und Risiken,
- die Heilungschancen und
- die ohne den Eingriff zu erwartenden gesundheitlichen Folgen.

Das Ganze sollte in einer, auf die individuellen Belange des Patienten eingehenden Art und Weise sowie in einer laienverständlichen Sprache erfolgen.

Denn § 630e Abs. 2 Z. 3 BGB verlangt, dass die Aufklärung für den Patienten verständlich sein muss.

Bei fremdsprachigen Patienten muss, wenn nicht sicher ist, dass diese die deutschen Erklärungen verstehen, eine sprachkundige Person hinzugezogen werden. Dabei muss es sich nicht um einen „staatlich vereidigten" Dolmetscher handeln. In aller Regel muss der Patient eventuelle durch den Einsatz von Sprachmittlern verursachte Kosten selbst tragen; wer vorsichtig verfahren will, wird den Patienten („wirtschaftliche Informationspflicht") darauf hinweisen (lassen). Sonderregelungen existieren im Bereich der Sozialhilfe und nach dem Asylbewerberleistungsgesetz.

14.3.2 Alternativaufklärung

Die Rechtsprechung bekennt sich zum Prinzip der Nichteinmischung des Rechts in die medizinischen Fachfragen. Dem Arzt steht im Rahmen der Methoden- und Therapiefreiheit die Wahl der Maßnahme frei. Gibt es im konkreten Fall aber mehrere gleich indizierte Maßnahmen mit unterschiedlicher Belastung und unterschiedlichen Risiken, die ernsthaft zur Auswahl stehen, dann hat der Arzt den Patienten über die Alternativen zu informieren. § 630e Abs. 1 S. 3 BGB formuliert dies so, dass bei der Aufklärung auch auf Alternativen zur Maßnahme hinzuweisen ist, wenn mehrere medizinisch gleichermaßen indizierte und übliche Methoden zu wesentlich unterschiedlichen Belastungen, Risiken oder Heilungschancen führen können. Erhöhte Aufklärungspflichten bestehen dann, wenn die geplante Methode nicht die „Standardmethode" ist.

Kommen also mehrere Anästhesieformen mit unterschiedlicher Belastung, Nebenwirkungen und Risiken, z. B. die Leitungsanästhesie anstelle der Intubationsnarkose, ernsthaft in Betracht, dann ist der Patient über die Alternativen zu informieren. Wird eine Leitungsanästhesie vorgesehen, dann sollte vorsorglich darauf hingewiesen werden, dass evtl. in eine Narkose übergeleitet werden muss. In den Grundzügen ist dann auch über die Narkose aufzuklären.

Werden Medikamente über das Indikationsgebiet hinaus, für das sie zugelassen sind, eingesetzt – arzneimittel- und haftungsrechtlich ist dies zulässig – so sollte der Patient vorsorglich darauf hingewiesen werden (sog. „off-label use")! [7].

14.3.3 Risikoaufklärung

Medizinisch und forensisch von größter Bedeutung ist die Risikoaufklärung. Das Patientenrechtegesetz begnügt sich bezüglich der Aufklärungspflichten mit dem Hinweis, dass „insbesondere" über die Risiken der Maßnahme aufzuklären ist. Weiter differenziert wird nicht. Die Rechtsprechung hat bislang indes immer zwischen den allgemeinen und den eingriffsspezifischen, typischen Risiken unterschieden.

▪ ▪ Allgemeine Risiken

Wundinfektionen, Narbenbrüche, Embolien, Thrombosen werden gemeinhin zu den allgemeinen Risiken gezählt [8], ebenso wie die Gefahr einer Nachblutung. Hier geht die Rechtsprechung davon aus, dass der Patient bei größeren operativen Eingriffen, insbesondere solchen unter Narkose, allgemeine Risiken in Kauf nimmt, ohne dass dies der Aufklärung bedarf.

▪ ▪ Eingriffsspezifische, typische Risiken

Bei den eingriffsspezifischen, typischen Risiken, die dem Patienten unbekannt sind, und die, wenn sie eintreten, den Patienten in seiner Lebensführung nachhaltig beeinträchtigen, sind die Anforderungen der Rechtsprechung an die Aufklärungspflicht sehr streng [34]. Diese Risiken sind aufklärungspflichtig, mögen sie auch extrem selten sein.

> **! Risikostatistiken, also Frequenzdichten, helfen nicht bei der Abgrenzung zwischen aufklärungsbedürftigen und nicht aufklärungsbedürftigen allgemeinen Risiken.**

Der BGH hat festgestellt, dass den „statistischen Risikowerten" nur ein „vergleichsweise geringer Wert" zukommt [9]. Maßgebend ist, ob es sich um ein schwerwiegendes, dem Patienten unbekanntes Risiko handelt. Die Rechtsprechung macht dabei keinen Unterschied, ob es sich um Risiken des Haupt- oder um solche eines Neben- und/oder Folgeeingriffs handelt.

Wenn die Rechtsprechung behauptet, der Patient sei nur „im Großen und Ganzen" aufzuklären [43, 10], dann ist damit gemeint, dass der Arzt das Risiko nicht medizinisch exakt zu bezeichnen hat, es soll die „Verdeutlichung seiner Stoßrichtung" genügen.

In jedem Fall verlangt die Rechtsprechung aber eine „ausreichende Grundaufklärung", die voraussetzt, „dass der Patient auch einen Hinweis auf das schwerste in Betracht kommende Risiko erhalten hat, welches dem Eingriff spezifisch anhaftet" [11]. Indikation und Dringlichkeit der Maßnahme sowie die Chancen des Eingriffs müssen zutreffend dargestellt werden, Nebenwirkungen und Risiken dürfen nicht verharmlost werden. Allgemeine Risikostatistiken helfen deshalb nicht, weil es auf die konkrete Situation des Patienten, die Art und Weise des Eingriffs und das entsprechende Umfeld sowie die Erfahrung und die Fertigkeiten des behandelnden Arztes bzw. der behandelnden Ärzte ankommt. Die Risikostatistik als solche hat deshalb für die Frage, „ob" aufzuklären ist, keine Bedeutung.

Anders ist es bei der Frage, „wie" der Patient aufzuklären ist. Denn für die Entscheidung des Patienten, einen Eingriff durchführen zu lassen, ist es von erheblicher Bedeutung, wie häufig oder wie selten ein mitgeteiltes Risiko ist.

▪▪ Aufklärungsintensität und Dringlichkeit des Eingriffs

Die Intensität der Risikoaufklärung wird beeinflusst von der zeitlichen Dringlichkeit des Eingriffs. Der Umfang der Risikoaufklärung steht in umgekehrtem Verhältnis zur Dringlichkeit.

> **Je zeitlich dringender der Eingriff, desto geringer die Anforderungen der Rechtsprechung an die Risikoaufklärung: Kann nur ein sofortiger Eingriff das Leben retten, tendiert die Risikoaufklärung gegen Null (dies kann sich aber in eine Pflicht zur alsbaldigen nachträglichen Information umwandeln [35]).**

Umgekehrt gilt: Je weniger dringlich der Eingriff, umso detaillierter die Information. Dies gilt auch bei diagnostischen Eingriffen, sofern sie nicht unerlässliche Voraussetzung eines dringend indizierten therapeutischen Eingriffs sind [12]. Strengste Aufklärungspflichten bestehen bei rein ästhetischen Eingriffen ohne therapeutischen Wert [13]. Dasselbe gilt für andere medizinisch nicht indizierte oder ausschließlich fremdnützige Behandlungsmaßnahmen [36].

Anders als bei Behandlungsfehlern haftet der Arzt bei Aufklärungsmängeln gerade für die Risiken, die sich auch bei Einhaltung der gebotenen Leistungs- und Sorgfaltsstandards der Fachgebiete nicht sicher beherrschen lassen, in die der Patient aber mangels Kenntnis nicht wirksam eingewilligt hat. Die Folge: Der Arzt haftet für alle negativen Folgen des Eingriffs, weil der Patient nicht wirksam in diesen eingewilligt hat; dies u. U. auch dann, wenn sich nicht das verschwiegene, sondern ein anderes, u. U. gar nicht aufklärungspflichtiges Risiko verwirklicht hat [14] – zumindest dann, wenn dem Patienten nicht wenigstens eine zutreffende „Grundaufklärung" über Art und Schwere, insbesondere das schwerste drohende Risiko zuteil wurde [3].

14.3.4 Der wissende Patient

Ein bereits aufgeklärter oder sonst informierter Patient muss nicht noch einmal oder nicht wiederum aufgeklärt werden. Unerheblich ist, woher der Patient das Wissen hat. Dies können eigene berufliche Kenntnisse sein oder solche aufgrund von vorangegangenen Eingriffen. Besitzt der Patient hinreichende Kenntnisse, dann muss die Aufklärung nicht jedes Mal wiederholt werden; allerdings – und dies ist wichtig – trifft den Arzt, der eine Maßnahme durchführt, die Pflicht, sich von der ausreichenden Vorinformiertheit des Patienten zu überzeugen [15].

14.3.5 Zeitpunkt der Aufklärung

§ 630e Abs. 2 Z. 2 BGB verlangt, dass die Aufklärung so rechtzeitig zu erfolgen hat, dass der Patient seine Entscheidung über die Einwilligung wohl überlegt treffen kann. Näher präzisiert wird dies im Gesetz nicht. Doch die Rechtsprechung hat hierzu Grundsätze aufgestellt.

Der Patient soll ausreichend Zeit haben, das Für und Wider des Eingriffs abzuwägen, sich ggf. noch mit Angehörigen/seinem Hausarzt zu besprechen. Art und Schwere des Eingriffs, aber auch das „Vorwissen" des Patienten haben Einfluss auf den Zeitpunkt der Aufklärung. Der Patient kann bei verspäteter Aufklärung behaupten, seine Entscheidungsfreiheit sei nicht gewahrt, er habe derart unter

Druck gestanden, dass er das Für und Wider nicht ruhig habe abwägen können [16].

■ ■ Stationäre Durchführung

Die Rechtsprechung unterscheidet zwischen stationären und ambulanten/stationär diagnostischen Maßnahmen.

Wegen der Gefahr, dass stationär aufgenommene Patienten durch die Eingliederung in den Krankenhausbetrieb, durch u. U. schon begonnene organisatorische Vorbereitung für den Eingriff „psychische Schranken" [17] aufgebaut haben, die eine freie Entscheidung des Patienten fraglich machen könnten, verlangt der BGH, dass über den operativen Eingriff spätestens am Vortag aufzuklären ist. Die Aufklärung über das Anästhesieverfahren hält die Rechtsprechung noch am Vorabend des Eingriffs für ausreichend [18]. Der BGH geht davon aus, dass der Patient auch dann noch in der Lage ist, normale Narkoserisiken abzuschätzen und zwischen den unterschiedlichen Risiken der ihm alternativ vorgeschlagenen Narkoseverfahren abzuwägen.

■ ■ Ambulante Eingriffe

Bei ambulanten – ebenso bei stationär diagnostischen – Maßnahmen macht der Bundesgerichtshof Zugeständnisse [19].

> **Bei „normalen", nicht schwerwiegenden operativen Eingriffen kann die Einwilligung, mit vorausgegangener Aufklärung, auch am Tag des Eingriffs noch rechtzeitig sein.**

Voraussetzung ist, dass dem Patienten auch dann noch ausreichend Zeit zum Abwägen geblieben ist. Es darf keinesfalls so sein, dass der Patient den Eindruck gewinnt, die Einwilligung würde von ihm nur noch als reine Formalie erwartet.

Auch der ausdrückliche Wunsch des Patienten nach Durchführung des Eingriffs hat Auswirkung auf den Zeitpunkt der Information [20]. Das Oberlandesgericht Oldenburg hat festgestellt, dass es einem Arzt nicht zugemutet werden kann, „einen zu dem Eingriff nach freier Willensbildung entschlossenen Patienten gegen seinen Willen wegzuschicken, nur um einen abstrakten Zeitraum einzuhalten" [21].

Wichtig ist aber, dass die Aufklärung bei Einholung der Einwilligung in angemessenem, von der Rechtsprechung nicht näher definiertem zeitlichen Abstand zum Eingriffsbeginn steht. Eine Aufklärung im OP-Saal oder unmittelbar vor dessen Tür [22–23] hält die Rechtsprechung für verspätet.

14.3.6 Wer klärt auf?

Nach § 630e Abs. 2 Z. 1 BGB muss die Aufklärung durch eine Person erfolgen, die über die zur Durchführung der Maßnahme notwendige Ausbildung verfügt. Trotz des unklaren Wortlauts wollte der Gesetzgeber damit wohl nicht die Grundsätze der Rechtsprechung zur Person des Aufklärungspflichtigen ändern und eine Aufklärung durch nichtärztliches Personal erlauben [37]. Es bleibt bei den Grundsätzen der Rechtsprechung: Die Aufklärung ist eine ärztliche Aufgabe, die nicht an das Pflegepersonal delegiert werden kann. Das vertrauensvolle Gespräch des Patienten mit dem Arzt ist unerlässlich. Formulare oder Videovorführungen mögen das Gespräch vorbereiten, ersetzen können sie es nicht.

Es muss aber nicht zwingend der Arzt aufklären, der am nächsten Tag auch die Anästhesie oder den operativen Eingriff durchführt. Es muss nur sichergestellt sein, dass der aufklärende Arzt die Methoden, Techniken und Verfahren kennt, sodass er sie und mögliche Alternativen mit dem Patienten erörtern und dessen Fragen zutreffend und ausreichend beantworten kann.

Die in der interdisziplinären Kooperation mit anderen Fachvertretern geltenden allgemeinen Grundsätze der strikten Arbeitsteilung und der Vertrauensgrundsatz gelten auch im Rahmen der Aufklärung und bedeuten: Jeder an der Behandlung des Patienten beteiligten Fachvertreter klärt aus der Sicht seines Fachgebiets über die ihm obliegenden Maßnahmen und ihre Risiken etc. auf. Jeder darf auch darauf vertrauen, dass die jeweilig anderen Fachvertreter ihren Aufklärungspflichten nachgekommen sind; es sei denn, gegenteilige Anhaltspunkte drängen sich auf.

Allerdings fordert der BGH, dass das Vertrauen eine vertrauenswürdige Basis haben muss und fordert eine sachgerechte Organisation und Kontrolle der Aufklärung schon innerhalb der eigenen Fachabteilung. Die Delegation der Aufklärung an einen Arzt, der den Eingriff bzw. das Anästhesieverfahren nicht durchführt, ist zwar zulässig, verlangt jedoch eine allgemeine Organisationsanweisung zu Art und Weise, Inhalt und Umfang sowie Zeitpunkt der Risikoaufklärung, die stichprobenhaft überprüft werden sollte [24].

▪▪ „Fachübergreifende" Aufklärung?

Rechtlich ist es nicht ausgeschlossen, dass ein anderer Fachvertreter die Aufklärung insgesamt übernimmt. Ob er dies tun muss, ist eine Frage, die durch Auslegung des jeweiligen Dienstvertrages zu beantworten ist – in der Regel wird keine Verpflichtung zur fachübergreifenden Aufklärung bestehen. Allerdings gilt auch im Rahmen der Aufklärung der sog. Facharztstandard.

Auch der fachfremde Arzt muss, wenn er z. B. über Anästhesieverfahren aufklärt, die Informationen so geben, wie sie ein erfahrener Anästhesist erteilen würde.

Wenn der BGH schon bei der Delegation der Aufklärung innerhalb der Fachabteilung hohe Anforderungen an die Organisation stellt, dann gilt dies bei fachübergreifender Aufklärung erst recht. Deshalb wird eine „fachübergreifende" Aufklärung in jedem Fall eine konkrete Absprache mit klaren, u. U. auch stichprobenweise kontrollierten Anweisungen erfordern. Denn der Grundsatz gilt: Niemand darf darauf vertrauen, dass ohne konkrete Absprache andere Fachvertreter über für sie fachfremde Aufgaben aufgeklärt haben. Im Übrigen gilt, dass stets der Arzt, der die Maßnahme durchführt, im Zweifelsfall beweisen muss, dass der Patient ausreichend aufgeklärt war.

Andere Fachvertreter können bei der Vorbereitung der Anästhesieaufklärung dadurch mitwirken, dass eine Basisinformation etwa anhand der vom Berufsverband Deutscher Anästhesisten (BDA) im Benehmen mit der Deutschen Gesellschaft für Anästhesiologie und Intensivmedizin (DGAI) empfohlenen Aufklärungs- und Anamnesebögen gegeben wird, verbunden mit dem Hinweis, sich zu weiterführenden Fragen an den Anästhesisten zu wenden. Dessen Anschrift und Telefonnummer werden dem Patienten mitgegeben. Auf diese Weise hat der Patient die Möglichkeit, sich bereits im Vorfeld mit der Art des Eingriffs und dem Anästhesieverfahren vertraut zu machen. Eine solche Vorinformation ist insbesondere dann nützlich, wenn die Patienten vom Anästhesisten erst am Tag des Eingriffs gesehen werden.

Auch eine fernmündliche Aufklärung des Patienten lässt die Rechtsprechung – zumindest in „einfachen Fällen" unter bestimmten Voraussetzungen zu [25]. Vorzuziehen ist aber stets, wenn möglich, die persönliche Vorstellung des Patienten in einer Anästhesiesprechstunde, nicht nur vor dem Hintergrund der Aufklärungsproblematik, sondern auch, damit die fachlichen Voruntersuchungen und Vorbefundungen rechtzeitig durchgeführt werden und die notwendigen Hinweise auf das spätere Verhalten im häuslichen Umfeld nach dem Eingriff gegeben werden können („Sicherungsaufklärung"/therapeutische Beratung). Einen „vorinformierten" Patienten sollte der Anästhesist am Eingriffstag dann immer noch einmal fragen, ob er noch weitere Fragen hat – insbesondere dann, wenn die Aufklärung längere Zeit zurückliegt [38] –, und ob er ggf. eine weitere Überlegungsfrist benötigt.

▪▪ Form der Aufklärung

§ 630e Abs. 2 Z. 1 BGB fordert, dass die Aufklärung mündlich erfolgen muss. Weder die Einwilligung noch die Aufklärung bedürfen zu ihrer Rechtswirksamkeit der Schriftform. Aus Beweissicherungsgründen – denn die Beweislast für die wirksame Einwilligung (oder das „Veto") nach adäquater Aufklärung liegt beim Arzt! – wird jedoch dringend empfohlen, sowohl die Einwilligung des Patienten wie auch die Details der Aufklärung sorgfältig zu dokumentieren. Wo immer möglich, sollte der Patient dies durch Unterschrift bestätigen. Von den behandelnden Ärzten verlangt § 630f Abs. 2 S.1 BGB jedoch, Einwilligungen und Aufklärungen zu dokumentieren [39].

Vorformulierte Aufklärungs- und Anamnesebögen können und sollen eine Vorinformation für den Patienten sein und die Dokumentation des Aufklärungsinhalts vorbereiten und erleichtern; sie ersetzen aber in keinem Fall das zwingend geforderte Gespräch mit dem Patienten. Je individueller die dokumentierte Aufklärung, desto leichter fällt in einem möglichen Arzthaftungsprozess der Nachweis der Inhalte des Aufklärungsgesprächs. Keinesfalls ist es aber rechtlich zwingend geboten, sämtliche in den Aufklärungsbögen genannten Risiken noch einmal handschriftlich zu wiederholen.

14.3.7 Aufklärungsverzicht

Es gehört auch zur Selbstbestimmung des Patienten, dass er auf nähere Aufklärung, z. B. über Details der Risiken verzichten kann. § 630e Abs. 3 BGB verlangt aber, dass der Patient auf die Aufklärung ausdrücklich verzichtet Ein stillschweigender Verzicht wird damit nicht mehr möglich sein. Ein Aufklärungsverzicht sollte sorgfältig dokumentiert und, wenn möglich, vom Patienten gegengezeichnet werden.

14.3.8 Therapeutische Aufklärung

Von der gerade dargestellten Aufklärung vor dem Hintergrund des Selbstbestimmungs- und Persönlichkeitsrechts des Patienten („informed consent"), deren Mangelhaftigkeit zur Unwirksamkeit der Einwilligung des Patienten führen kann, sind Fehler in der therapeutischen Beratung und Information des Patienten zu unterscheiden, die in der Literatur als sog. Sicherheits- oder therapeutische Aufklärung bezeichnet werden. Mängel in diesem Bereich sind Behandlungsfehler. Die Beweislast liegt hier – anders als bei Aufklärungsmängeln – zunächst beim Patienten.

Von dieser Trennung zwischen Aufklärungspflichten zur Erlangung einer wirksamen Einwilligung und Informationspflichten, die dem Patienten als Teil der ärztlichen Behandlung geschuldet werden, geht auch das Patientenrechtegesetz aus, das in § 630c Abs. 2 BGB Informationspflichten von den Aufklärungspflichten im § 630e BGB unterscheidet. Bei der Sicherungsaufklärung, besser therapeutischen Beratung, geht es um Informationen, die als Pflicht aus dem Behandlungsvertrag, als Teil ärztlicher Behandlung und Beratung, zur Sicherung des Therapieerfolgs dem Patienten geschuldet werden. Hierzu zählen z. B. Hinweise, Anweisungen, Empfehlungen und Verhaltensmaßregeln, die den Therapieverlauf ermöglichen oder sichern und insbesondere Komplikationen vermeiden sollen. Dazu kann auch die Unterrichtung der nachbehandelnden Ärzte bzw. des Patienten über erhobene Befunde und u. U. über Zwischenfälle und Komplikationen (posttherapeutische Aufklärung) [26] gehören, soweit eine Nachbehandlung erforderlich ist.

Nach § 630c Abs. 2 S. 2 BGB hat der Behandelnde den Patienten über erkennbare Umstände, die die Annahme eines Behandlungsfehlers begründen, einerseits zu informieren, wenn dies zur Abwendung gesundheitlicher Gefahren erforderlich ist, andererseits aber auch – und dies ist neu – wenn der Patient nachfragt [40].

Besondere Bedeutung erlangen die Hinweis- und Beratungspflichten bei ambulanten Eingriffen, insbesondere vor dem Hintergrund der sorgfältig zu erhebenden Sozialanamnese, in der überprüft werden muss, ob die Betreuung des Patienten nach der Entlassung im häuslichen Bereich gesichert ist.

Kommt ein Patient durch mangelhafte therapeutische Beratung oder Information zu Schaden, dann handelt es sich um einen ärztlichen Behandlungsfehler, der zwar als Folge ebenfalls einen zivilrechtlichen Schadenersatzprozess und/oder ein strafrechtliches Ermittlungsverfahren auslösen kann, anders als die zuvor dargestellten Aufklärungsmängel bei der Selbstbestimmungsaufklärung jedoch die Wirksamkeit der Einwilligung unberührt lässt.

Die Vereinbarung zur Qualitätssicherung ambulanter Anästhesien betont den allgemein geltenden rechtlichen Grundsatz, dass Eingriffe ambulant nur dann durchgeführt werden dürfen, wenn sich dadurch das Risiko für den Patienten im Vergleich zur stationären Durchführung nicht konkret erhöht. So sind Patienten, bei denen damit zu rechnen ist, dass die Nachwirkungen des operativen Eingriffs und/oder des Anästhesieverfahrens bei der Entlassung noch bestehen, darauf hinzuweisen, dass sie – vorsorglich 24 h – nicht aktiv am Straßenverkehr teilnehmen sollen. Die empfohlenen Aufklärungs- und Anamnesebögen weisen zudem vorsorglich darauf hin, dass die Patienten 24 h „auch nicht an laufenden Maschinen arbeiten, keinen Alkohol trinken und keine wichtigen Entscheidungen treffen oder Verträge abschließen" sollen.

Wichtig sind die Hinweise, welche Medikamente der Patient nach der Untersuchung bzw. Behandlung einnehmen soll, ab wann er wieder Nahrung zu sich nehmen kann, ob Bettruhe erforderlich ist oder nicht, wie mit evtl. gelegten Drainagen oder den

Verbänden umzugehen ist. Ganz wichtig sind auch die Hinweise, dass und welcher Arzt bei Komplikationen zu verständigen ist, vorsorglich sind die Telefonnummern der beteiligten Ärzte anzugeben.

Die Pflicht zur therapeutischen Beratung erfordert es, den Patienten und ggf. seine Betreuungsperson bereits vor dem Eingriff, am besten in einer Anästhesiesprechstunde, mit den Verhaltenshinweisen vertraut zu machen.

Die Erhebung der Sozialanamnese ist von besonderer Bedeutung, um mögliche Probleme in der postoperativen Betreuung so früh wie möglich zu erkennen. Ist der Patient nach dem Eingriff betreuungsbedürftig und eine ausreichende häusliche Betreuung nicht sicher gewährleistet, dann stellt dies eine Kontraindikation bezüglich der ambulanten Durchführung dar.

Zu den Informations-, Sorgfalts- und Fürsorgepflichten eines Arztes nach ambulanter Verabreichung von Sedativa anlässlich einer Magenspiegelung hat der BGH [27] in einem viel diskutierten Urteil Stellung genommen.

Rechtsprechung [31]

Ein Internist wurde verurteilt, weil der Patient sich nach der Magenspiegelung unbeobachtet entfernt und – absprachewidrig – mit dem eigenen Fahrzeug auf den Nachhauseweg machte, auf dem er einen tödlichen Verkehrsunfall erlitt. Der BGH forderte von dem Internisten, nicht zuletzt mit Rücksicht auf die fehlende Straßenverkehrsfähigkeit des Patienten, „den Patienten in einem Raum unterzubringen, in dem er unter ständiger Überwachung stand und ggf. daran erinnert werden konnte, dass er das Krankenhaus nicht eigenmächtig verlassen durfte!

14.3.9 Wirtschaftliche Informationspflicht

Mit dem Patientenrechtegesetz wurde auch die Pflicht des Arztes zur wirtschaftlichen Aufklärung noch einmal besonders betont. So verlangt § 630c Abs. 3 BGB dann, wenn der Behandelnde weiß, dass eine vollständige Übernahme der Behandlungskosten durch einen Dritten nicht gesichert ist oder wenn sich hierfür nach den Umständen hinreichende Anhaltspunkte ergeben, dass er den Patienten vor Beginn der Behandlung über deren voraussichtliche Kosten in Textform informiert. Manche schließen daraus, dass dem ambulanten Privatpatienten im Rahmen einer schriftlich zu treffenden Vereinbarung über die Behandlung quasi ein Kostenvoranschlag auf Grundlage der GOÄ über die entstehenden Behandlungskosten zu geben ist.

14.3.10 Aufklärung und Aushändigungspflicht

Durch das Patientenrechtegesetz neu geschaffen wurde die Verpflichtung dem Patienten Abschriften von Unterlagen auszuhändigen, die er im Zusammenhang mit der Aufklärung oder Einwilligung unterzeichnet hat. Die Praxis hat indes gezeigt, dass viele Patienten keinen Wert auf Abschriften respektive Kopien der Unterlagen legen. Deshalb spricht nichts dagegen, den Patienten zu fragen, ob er Abschriften der Unterlagen wünscht oder ob er darauf verzichtet. Die Übergabe der Unterlagen bzw. der Verzicht des Patienten darauf sollte dokumentiert werden [41].

Literatur

[1] Pauge B (2015) Arzthaftungsrecht – Neue Entwicklungslinien der BGH-Rechtsprechung, 13. Aufl. RWS-Verlag, Köln; RN 453
[2] Coeppicus R (1999) Der nicht einwilligungsfähige Patient – Einwilligung, Betreuerbestellung und Vormundschaftsgericht. Anästh Intensivmed 7/8 (40):583–588
[3] Weißauer W (1996) Chancen und Grenzen der Intensivmedizin – der Wille des Patienten und seiner Angehörigen. Anästh Intensivmed 33:19–26
[4] Biermann E in Ulsenheimer K (2015): Arztstrafrecht in der Praxis, 5. Auflage C.F. Müller Heidelberg, RN 416ff.; Wölk F (2001) Der minderjährige Patient in der ärztlichen Behandlung – Bedingungen für die Wahrnehmungen des Selbstbestimmungsrechtes von Minderjährigen bei medizinischen Eingriffen. MedR 2:80–89
[5] Landauer B, Weißauer W (1994) Neue Aufklärungs- und Anamnesebögen, Anpassung an die medizinische und forensische Entwicklung. Anästh Intensivmed 35:253–255

[6] Ulsenheimer K (2001) Ärztliches Gewissen und ärztlicher Heilauftrag zwischen Selbstbestimmungsrecht, Glaubensfreiheit und Lebensschutz – dargestellt am Beispiel der Zeugen Jehovas. Anästh Intensivmed 42:157–163. Ulsenheimer K (2010) Ablehnung von Fremdblut durch Zeugen Jehovas – Perioperatives Management aus rechtlicher Sicht. Anästhesist 59:312–318
[7] Weißauer W, Biermann E (1998) Therapiefreiheit und Arzneimittelzulassung. Anästhesist; BGH Surgibone-Urteil", MedR 1996, 22:609
[8] BGH, NJW 1974, 1422; BGH, NJW 1980, 633; BGH, NJW 1986, 780; BGH, NJW 1989, 1533
[9] BGH, NJW 2000, 1784
[10] BGH, NJW 1991, 2346
[11] BGH, NJW 1996, 777
[12] BGH, VersR 1979, 720
[13] BGH, MedR 1991, 85
[14] BGH, NJW 1989, 1533; BGH, NJW 1991, 2346, OLG Brandenburg, VersR 2000, 1283
[15] Laufs A (2010) in Laufs A, Kern BR (Hrsg) Handbuch des Arztrechtes, 4. Aufl. Beck Verlag, München; § 64, RN 1 ff (RN 18). Weis E (2008) Antizipierte Einwilligung; BDAktuell – JUS-Letter Anästh Intensivmed 49:165-168; Weis E Verfallsfrist für Aufklärung/Einwilligung? BDAktuell Jusletter Juni 2011 Anästh Intensivmed 2011; 52:453–456; Biermann E „Wiederholungseingriffe" und Aufklärung", BDAktuell Jusletter Anästh Intensivmed 2013;54:483-486
[16] BGH, NJW 1992, 2354
[17] OLG Köln, MedR 1992, 40
[18] BGH, NJW 1992, 2351. Biermann E (2010) Zeitpunkt der Aufklärung – Repetitorium; BDAktuell – JUS-Letter Anästh Intensivmed 51: 187–190. Biermann E, Weis E (2009) Zeitpunkt der Aufklärung bei vorinformierten ambulanten Patienten; BDAktuell – JUS-Letter Anästh Intensivmed 50: 755–758. Biermann E, Weis E (2008) Zeitpunkt der Aufklärung bei Notfällen; BDAktuell – JUS-Letter Anästh Intensivmed 49: 353-356. Biermann E, Weis E (2001) Zeitpunkt der Aufklärung; BDAktuell – JUS-Letter, http://www.bda.de/
[19] BGH, NJW 1994, 3309
[20] BGH, NJW 1994, 3309
[21] OLG Oldenburg, VersR 1998, 769
[22] OLG Hamm, AHRS 5400/6
[23] BGH, NJW 2000, 1784, 1787
[24] BGH-Urteil v. 07.11.2006; Biermann E, Weis E (2007) Risikoaufklärung: BGH verschärft Organisationspflichten. MedR 2007, S 169-172; BDAktuell – JUS-Letter Anästh Intensivmed 48:485-488
[25] Gaibler T, Weis E (2010) BGH: Telefonische Aufklärung bei „Routineeingriffen" zulässig/Einwilligung bei minderjährigen Patienten. BDAktuell – JUS-Letter Anästh Intensivmed 51: 503-506.Biermann E, Weis E (2009) OLG München: Telefonische Aufklärung ist zulässig. BDAktuell – JUS-Letter Anästh Intensivmed 50:569–572
[26] OLG Koblenz, MedR 2000, 37
[27] MedR 2003, 629; s.a. Biermann E, Weis E (2004) Sorgfaltspflicht des Arztes bei Verabreichung von Sedativen bei ambulanten Patienten. BDAktuell – JUS-Letter Anästh Intensivmed 45:392-395
[28] Vereinbarung zur Qualitätssicherung ambulanter Anästhesie. Anästh Intensivmed 2005, 46:36–37 sowie Anästh Intensivmed 2006, 47:50–51
[29] BGH, NJW 1972, 335
[30] BGH, MedR 2008, 289
[31] BGH, NJW 2003, 2309; dazu Bock R-W in Ulsenheimer K (2015): Arztstrafrecht in der Praxis, 5. Auflage C.F. Müller Heidelberg, RN 236
[32] Biermann E in Ulsenheimer K (2015) Arztstrafrecht in der Praxis, 5. Auflage. C.F. Müller, Heidelberg, RN. 414ff
[33] Weis E, Gaibler T (2010) BGH, Telefonische Aufklärung bei „Routineeingriffen" zulässig/Einwilligung bei minderjährigen Patienten, BDAktuell JUS-Letter. Anästh Intensivmed 51: 503–506;OLG Hamm, GesR 2/2016, 90
[34] Biermann E (2011) Spinalanästhesie und subdurale Hygrome – Aufklärungspflichtig! BDAktuell JUS-Letter. Anästh Intensivmed 52:727–730
[35] Biscoping J, Biermann E (2006) Ehefrau eines Unfallpatienten HIV-infiziert – Krankenhausträger haftet (BGH, Urt.v.14.06, 2005, Az.: VIZR 179/04). Anästh Intensivmed 47:606–608
[36] Biermann E (2006) Fremdnützige Blutspende und Risikoaufklärung, BDAktuell JUS-Letter. www.bda.de. Service und Recht – Rechtsfragen – JUS-Letter
[37] Biermann E (2014) Risikoaufklärung durch PJ'ler? BDAktuell JUS-Letter Anästh Intensivmed 55:311–314
[38] Weis E (2011) Verfallsfrist für Aufklärung/Einwilligung? BDAktuell JUS-Letter Anästh Intensivmed 52:453–456
[39] Weis E (2014) Nachweis des Aufklärungsgesprächs. BDAktuell JUS-Letter Anästh Intensivmed 55:459–462
[40] Weis E, Köllner A, Schmid A (2014) Patientenrechtegesetz – Pflicht zur Fehleroffenbarung (§ 630c Abs.2 BGB). BDAktuell JUS-Letter Anästh Intensivmed 55:143–146
[41] Biermann E (2013) Patientenrechtegesetz: Aufklärung und "Aushändigungspflicht", BDAktuell JUS-Letter Anästh Intensivmed 54:319–322
[42] Pauge B (2015) Arzthaftungsrecht – Neue Entwicklungslinien der BGH-Rechtsprechung, 13. Aufl. RWS-Verlag, Köln; RN 469
[43] PaugeB (2015) Arzthaftungsrecht – Neue Entwicklungslinien der BGH-Rechtsprechung, 13. Aufl. RWS-Verlag, Köln; RN 421

Prämedikation

M. Grapengeter, H. Freesemann

T. Standl, C. Lussi (Hrsg.), *Ambulantes Operieren in Klinik, Praxis und MVZ*,
Erfolgskonzepte Praxis- & Krankenhaus-Management
DOI 10.1007/978-3-662-49787-6_15

15.1 Einführung

Der Prozess einer ambulanten Operation ist darauf ausgelegt, die Kontaktzeiten zwischen Patient und Behandlerteam auf das medizinisch notwendige Maß zu beschränken, immer unter den Vorgaben optimierter Patientensicherheit und rechtlicher Vorgaben.

Um einen reibungslosen Ablauf des Behandlungsprozesses zu gewährleisten und diesen letztlich auch wirtschaftlich darstellen zu können, ist eine strukturierte, evidenzbasierte, Ressourcen schonende und verbindliche präoperative Evaluation, Risikoeinschätzung und Vorbereitung des Patienten unerlässlich.

Hierfür praktikable Denkansätze zu entwickeln, ist das Anliegen des folgenden Kapitels. Die notwendigen, aktuellen Empfehlungen der Fachgesellschaften kommen in diesem Kapitel zur Anwendung.

15.2 Evaluation und Vorbereitung des Patienten

15.2.1 Aufgaben und Ziele

Evaluation und Vorbereitung dienen der perioperativen **Risikostratifizierung** und zielen darauf ab, das Anästhesierisiko zu minimieren. Abhängig vom Zustand des Patienten und der Art des operativen Eingriffs sieht der Anästhesist den Patienten idealerweise vor dem OP-Tag und kommt unter Einbeziehung von individuell angeordneten Zusatzuntersuchungen zu einer Einschätzung bezüglich des körperlichen Zustandes, aber auch des Anästhesieverfahrens und Anästhesieablaufes.

Diese Evaluation wird umso bedeutender, als die Indikationen für ambulante Eingriffe auch auf Patienten mit anästhesierelevanten Komorbiditäten fortwährend erweitert werden.

Es ist aber auch der Zeitpunkt, an dem der Anästhesist die psychophysiologische Situation des Patienten evaluiert, ein Vertrauensverhältnis aufbauen, Angst und Aufregung vermindern und so für unser Fach und sich selbst werben kann.

Es gilt also, diesen Zeitpunkt medizinisch und betriebswirtschaftlich so effizient, rechtlich einwandfrei und so patientenfreundlich wie möglich zu gestalten.

15

15.2.2 Anamneseerhebung und Hausarztbefunde

An dem Komplex der ambulanten, operativen Versorgung sind mehrere ärztliche Fachrichtungen beteiligt. Zum einen der Hausarzt, der als Lotse den Patienten im Vorfeld betreut und seine Lebensumstände und seine Vorerkrankungen kennt. Zum anderen der ärztliche bzw. zahnärztliche Operateur, der die Indikation stellt und das operative Vorgehen bestimmt.

Zur Anamneseerhebung sollten deren relevante Vorbefunde eingesetzt werden. Ergänzend hierzu sind eigene oder kommerzielle **Aufklärungsbögen**, die eine systematische und standardisierte Anamneseerhebung ermöglichen, nutzbar. Diese Bögen können bereits beim Erstkontakt vom Operateur dem Patienten mit der Bitte, diesen zu lesen und auszufüllen, mitgegeben werden. Im Internetzeitalter können entsprechende Informationen für Behandler und Patienten über die Praxis- oder Klinikwebseite angeboten werden.

Vorteilhaft für den perioperativen Prozess wäre es, mit den Zuweisern und Hausärzten standardisierte Abläufe (**Standard Operating Procedures**, SOPs) zu erstellen und diese entsprechend zu kommunizieren.

Mit den SOPs werden alle Beteiligten über die perioperativen Erfordernisse informiert. So ist neben der Anordnung von präoperativen Zusatzuntersuchungen für die Nachbehandler jederzeit ersichtlich, welche Schmerztherapie indiziert ist oder welche Kontrollen gewünscht werden. Generell kann mit den SOPs auch festgelegt werden, welche Patienten mit entsprechenden Risikoprofilen von ambulanten Eingriffen ausgeschlossen werden sollten.

Der **Zeitpunkt** der Anamneseerhebung und der Aufklärung richtet sich im Bereich des ambulanten Operierens neben den Zeitressourcen, den Organisationsstrukturen und den juristischen Empfehlungen (► Kap. 14) auch nach den Vorerkrankungen des Patienten. So kann ein junger, gesunder Patient ohne Vorerkrankungen am OP-Tag evaluiert und aufgeklärt werden, jedoch zu einem Zeitpunkt, der nicht unmittelbar vor dem operativen Eingriff liegt. Ältere Patienten mit Komorbiditäten oder Patienten vor größeren ambulanten Eingriffen sollten sich mehrere Tage vor dem OP-Termin in der

Prämedikationssprechstunde einfinden, damit gegebenenfalls weitere Maßnahmen und Untersuchungen veranlasst werden können.

Die Grundevaluierung umfasst eine sorgfältige Anamneseerhebung (u. a. Blutungsanamnese), die körperliche Untersuchung und eine Einschätzung der körperlichen Belastbarkeit. Bei auffälligen Befunden können Zusatzuntersuchungen erforderlich sein.

15.2.3 Zusatzuntersuchungen

Präoperative Zusatzuntersuchungen sollten dann angeordnet werden, wenn die Kenntnis ihrer Ergebnisse die Narkoseführung zwingend beeinflusst, um das perioperative Anästhesierisiko zu reduzieren. Der Nutzen fester Altersgrenzen zur Durchführung von Zusatzuntersuchungen ist wissenschaftlich weder für die kardiovaskuläre noch die pulmonale Evaluation belegbar.

Kardiovaskuläre Diagnostik

Indikation und Umfang präoperativer kardiovaskulärer Untersuchungen sollten in Abhängigkeit von einer akuten symptomatischen Herzerkrankung, von vorbestehenden kardialen Risikofaktoren, der körperlichen Belastbarkeit des Patienten sowie dem kardialen Eingriffsrisiko, aber nicht von festen Altersgrenzen erfolgen.

Akut symptomatische Herzerkrankungen, wie das instabile Koronarsyndrom, eine dekompensierte Herzinsuffizienz, hämodynamisch wirksame Arrhythmien oder relevante Klappenvitien stellen eine Kontraindikation für ambulante Eingriffe dar.

Als **kardiale Risikofaktoren** sind neben der Herzinsuffizienz, der koronaren Herzkrankheit, der pAVK und höhergradigen Arrhythmien auch die zerebrovaskuläre Insuffizienz, ein bekannter Diabetes mellitus und die Niereninsuffizienz zu nennen.

Bei Vorliegen von mehr als einem dieser Risikofaktoren wird die Durchführung eines 12-Kanal EKGs von den Fachverbänden empfohlen [4].

Patienten nach einer koronaren Bypass-Operation haben kein signifikant erhöhtes

Tab. 15.1 Revised Cardiac Risk Index nach Lee [17]

Anzahl Risikofaktoren	Risiko für schwere Kardiale Komplikationen
0	0,4%
1	1,0%
2	2,4%
≥3	5,4

Risikofaktoren:
- Hochrisiko-Operation
- Ischämische Herzerkrankung, KHK
- Herzinsuffizienz, auch anamnestisch
- Zerebrovaskuläre Erkrankung
- Insulinpflichtiger Diabetes mellitus
- Serum-Kreatinin >2 mg/dl

perioperatives kardiales Risiko, wenn die Revaskularisierung adäquat erfolgt ist und sich der Zustand des Patienten seit der letzten kardiologischen Untersuchung nicht verändert hat [10]. Hingegen gehören periphere gefäßchirurgische Eingriffe mit einem perioperativen kardialen Risiko von >5% zu den ambulanten Hochrisikoeingriffen.

Die **körperliche Belastbarkeit** des Patienten wird in **metabolischen Äquivalenten** (METs) angegeben. METs setzen den maximal möglichen Sauerstoffverbrauch in Bezug zum Grundumsatz. Ein MET entspricht dem Umsatz von 3,5 ml (3,15 ml bei Frauen) Sauerstoff pro kg Körpergewicht, also in etwa dem Ruheumsatz des Körpers. Mäßige körperliche Aktivität wird mit 3–6 METs bewertet, 3 Stockwerke Treppensteigen entsprechen 4 METs.

Bei <4 METs und dem Vorliegen von >2 kardialen Risikofaktoren sollte eine präoperative kardiologische Evaluation durch z. B. einen Belastungstest stattfinden. In diesen Fällen sollten darüber hinausgehend präoperativ auch der Hb-Wert, Thrombozyten, die Nierenfunktion und die Elektrolytwerte bekannt sein. Auch sollte die Indikationsstellung zur ambulanten Operation reevaluiert werden.

Auch gibt der **Revised Cardiac Risk Index** nach Lee [17] Aufschluss über das zu erwartende kardiovaskuläre Risiko des Patienten (Tab. 15.1).

Laut ESC/ESA-Guidelines 2014 [4] kann auch auf das Vorhersagemodell, das auf der Datenbasis des **National Surgical Quality Improvement**

Tab. 15.2 Indikationen zur Thoraxübersichtsaufnahme

Beurteilung von	Pathologischer Befund
Hydratationszustand der Lungen	Ödem, Beurteilung der kardialen Funktion
Belüftungszustand der Lungen	Pneumonien, COPD, pleurale Prozesse
Einschränkungen des Lungenkreislaufs	Embolien
Pleura	Pneumothorax, Erguss, Empyem
Mediastinum	Emphysem, Perikardtamponade
Thoraxwand	Weichteilphlegmone, Frakturen, Abszess
Diaphragma	Paralyse
Extrapulmonal	Trachealdeviation (z. B. Struma)

Program (NSQIP) des American College of Surgeons beruht, zurückgegriffen werden. Für beide Scores gibt es hilfreiche Apps für gängige Plattformen (www.qxmd.com/apps/calculate-by-qxmd, www.mdcalc.com/revised-cardiac-risk-index-for-pre-operative-risk).

Pulmonale Diagnostik

Thoraxübersichtsaufnahme

15

Obwohl eine Thoraxübersichtsaufnahme generell einen hohen Informationsgehalt hat, ist sowohl die Sensitivität als auch die Spezifität bei unauffälliger Anamnese und körperlichem Untersuchungsbefund gering. Die Durchführung ist präoperativ daher nur indiziert, wenn eine bestehende Erkrankung wie eine COPD oder Asthma exazerbiert bzw. eine neue akut symptomatische Erkrankung diagnostiziert wird (▣ Tab. 15.2).

Allgemein gilt, dass eine Thoraxübersichtsaufnahme nur dann angeordnet werden soll, wenn diese für die perioperative Therapie Konsequenzen hat. So ist auch der Nutzen fester Altersgrenzen für die Durchführung des „Routine-Thorax" wissenschaftlich nicht belegbar und wird demnach von der DGAI [3] nicht empfohlen.

Lungenfunktionsuntersuchung

Pulmonale Komplikationen in der frühen postoperativen Periode haben in der elektiv-chirurgischen Patientenpopulation eine höhere Inzidenz als kardiale Komplikationen. Die präoperative Untersuchung der Lungenfunktion ermöglicht hier ein frühzeitiges Erkennen patienten-, anästhesie- oder operationsassoziierter Risikofaktoren [1]. Es ist aber strittig, ob die Kenntnis pulmonaler Untersuchungsbefunde bei nicht kardiochirurgischen Patienten entscheidenden Anteil an der Senkung perioperativer Morbidität und Mortalität hat [2].

Die Funktionsuntersuchung erscheint demnach nur bei neu aufgetretener pulmonaler Symptomatik bzw. bei Exazerbation einer vorbestehenden pulmonalen Pathologie sinnvoll.

Laborchemische Diagnostik

Noch in den 1990er Jahren wurden bei sonst gesunden Patienten und unabhängig vom Narkoseverfahren routinemäßig bestimmte Laboruntersuchungen durchgeführt [9]. Die aktuell gültigen Empfehlungen der DGAI [3] sehen von einem Routinelabor ab, da von der Norm abweichende Zufallsbefunde häufig keine Behandlung nach sich ziehen, das Narkoseverfahren meist nicht beeinflussen oder im Falle der Blutgerinnungskontrolle das von-Willebrand-Jürgens Syndrom nicht screenen können.

Labordiagnostik ist demnach nur durchzuführen bei Patienten mit bekannter Anamnese oder relevantem klinischen Verdacht.

In diesen Fällen sollten die relevanten Laborparameter mit einem Standardlabor kombiniert werden: Hämoglobin, Leukozyten, Thrombozyten, Natrium und Kalium, Kreatinin, ALAT und ASAT, aPTT, INR und Bilirubin.

15.2.4 Risikomanagement

ASA-Klassifikation

Mit der ASA-Risiko-Klassifikation wird der physische Zustand des Patienten beurteilt. Es gelten die folgenden Definitionen:

- ASA 1: Normaler, gesunder Patient
- ASA 2: Patient mit leichter Allgemeinerkrankung

Tab. 15.3 ASA-Score

Kategorie	1	2	3	4	5	Mögliche Befunde
Kardial						KHK, Klappenvitium, Decompensatio cordis
Pulmonal						Asthma , COPD, Emphysem, Resektion
Allgemein						Somnolenz, Epilepsie, Schwangerschaft
Labor						Blutbild, BGA, Elektrolyte, Gerinnung
Anästhesie						Maligne Hyperthermie, Cholinesterase-Mangel, Allergien
Komorbidität						Diabetes mellitus, Bluthochdruck, Obesitas, Niereninsuffizienz

- ASA 3: Patient mit schwerer Allgemeinerkrankung
- ASA 4: Patient mit schwerer und ständig lebensbedrohender Allgemeinerkrankung
- ASA 5: Moribunder Patient

Der Nachteil der ASA-Klassifikation liegt in der Subjektivität der Beurteilung (lediglich 30–80% Übereinstimmung). Um die ASA-Klassifikation zu objektivieren, hat sich folgende Methodik bewährt: In jeder der 6 Kategorien kardiale, pulmonale und allgemeine Situation sowie Nebendiagnosen, Laborwerte und anästhesierelevante Befunde bekommt der Patient einen Wert von 1 bis 5, entsprechend den ASA-Definitionen, zugeteilt. Der höchste vergebene Punktwert bestimmt dann letztlich den ASA-Score (Tab. 15.3).

Evaluation des Atemweges

Hinweise auf schwierige Maskenbeatmung

Die **OBESE-Klassifikation** nach Langeron gibt Hinweise auf eine schwierige Maskenbeatmung. Die Maskenbeatmung ist erschwert bei:

- **O**besitas (MBI>30)
- **B**earded (Bartträgern)
- **E**lderly (Patienten >55 Jahre)
- **S**norers (Schnarchern)
- **E**dentulous (Zahnlosen)

Hinweise auf die schwierige Intubation

Hier hilft der **LEMON-Score** nach Walls, um den Luftweg einzuschätzen und die unerwartet schwierige Intubation zu vermeiden. Der Schwierigkeitsgrad der Intubation steigt mit der Anzahl der abweichenden Befunde (Tab. 15.4).

Risikopatienten

Obesitas

> **Body-Mass-Index (BMI, Tab. 15.5) = Körpergewicht in kg/(Körperlänge in m)^2.**

Anamnese und körperliche Untersuchung

Ausschluss von Ventilationsstörungen, besonders von COPD, Luftweginfekten und OSAS. Symptome, die an ein OSAS denken lassen, sind unter anderen unerklärliche Müdigkeit und Konzentrationsstörungen. Diese Patienten sollten postoperativ 24 h überwacht werden.

Obstruktives Schlaf-Apnoe-Syndrom

Das Akronym „**STOP-Bang**" bezeichnet einen Risikoscore für das OSAS [19, 20]:

- **S** = Snoring/Schnarchen
- **T** = Tiredness/schnelle Ermüdung
- **O** = Observed apnea/beobachtete Apnoe während des Schlafs
- **P** = Pressure/arterielle Hypertension
- –
- **B** = BMI>35 kg/m^2
- **A** = Age>50 Jahre
- **N** = Neck circumference/Halsumfang >40 cm
- **G** = Male Gender/männliches Geschlecht

> **Je mehr Merkmale erfüllt sind, desto höher die Auftretenswahrscheinlichkeit einer klinisch relevanten Schlafapnoe.**

Laborwerte

Folgende Blutuntersuchungen sollten durchgeführt werden: Hb, Glukose, Natrium, Kalium, Kreatinin. Bei BMI >40 oder BMI >30+ OSAS zusätzlich:

Tab. 15.4 Der schwierige Atemweg – LEMON-Score

LEMON	Der normale Luftweg	Der schwierige Luftweg
Look Klinischer Blick	Keine Auffälligkeiten	Retrognathie BMI >30 Makroglossie
Evaluate 3-3-2 Regel	Mundöffnung >3 Querfinger Abstand Kinn – Os hyoideum >3 Querfinger Abstand Os hyoideum – thyroideum >2 Querfinger	Mundöffnung <3 Querfinger Abstand Kinn – Os hyoideum <3 Querfinger Abstand Os hyoideum – thyroideum <2 Querfinger
Mallampati-Score	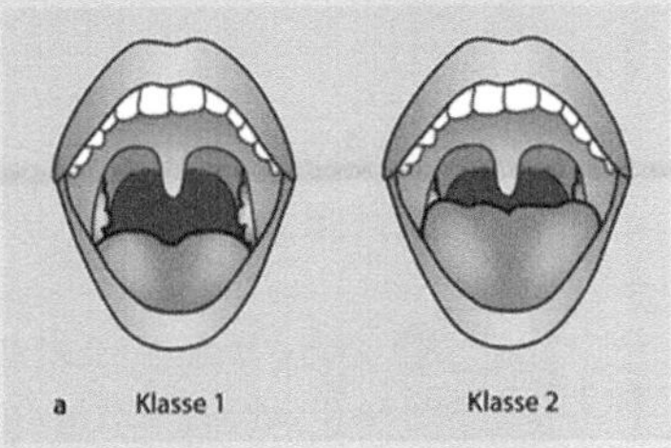	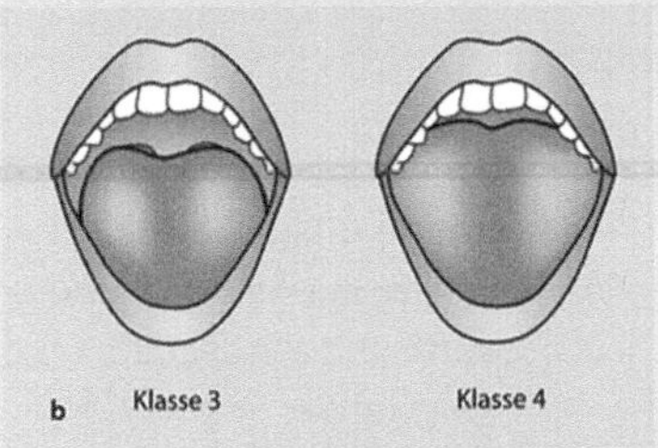
Obstruction	Keine Pathologie	Stridor Schluckprobleme Pathologie im Bereich der oberen Luftwege: Epiglottitis, Brandverletzung, Angio-Ödem, Peritonsillarabszess, retropharyngealer Abszess
Neck mobility	Keine Pathologie	Morbus Bechterew Rheumatoide Arthritis Trauma HWS

arterielle Blutgasanalyse mit arterieller CO_2, EKG sowie Lungenfunktionsuntersuchung.

Prämedikation

Um das Risiko einer postoperativen Hypoxie nicht zu erhöhen, sollten zur Prämedikation keine Benzodiazepine zur Anwendung kommen.

Allergien

Anamnese und körperliche Untersuchung

Bei Hinweis auf allergische Disposition oder durchgemachtes Ereignis

- wird gefragt nach (Schleim-)Hautrötung, Jucken, Angio-Ödem, Orthostase, medikamentöse Behandlung, mögliche Allergene (insbesondere Antibiotika, Latex)
- wird untersucht auf atopische Disposition, Kontaktdermatitis, allergische Rhinitis, Asthma bronchiale

Präoperative Vorbereitung

Mögliche Allergene müssen vermieden werden. Es wird nicht empfohlen, eine Prävention mit Kortikosteroiden und H1-Antagonisten zu beginnen.

Mögliche Reaktionen bei Gebrauch von

- HES-Produkten: Kreuzallergie mit stärkehaltigen Produkten (Kartoffeln, Pasta)
- Kontrastmittel: Kreuzallergie mit Erdbeeren und Jod
- Latex: Erhöhtes Risiko bei Spina bifida und multipler urogenitaler Katheterisierung, Arbeitnehmer in der Patientenversorgung oder Gummiherstellung; Kreuzallergien mit Kiwi, Avocado, Bananen

■ Tab. 15.5 Zusätzliche Maßnahmen und Risiken bei Obesitas [18]

BMI	Maßnahmen
BMI>30	Check: Bluthochdruck, kardiovaskuäre Probleme, Nierenfunktionsstörungen, obstruktives Schlaf-Apnoe-Syndrom (OSAS)
BMI>35	Zusätzlich Prämedikation mit Ranitidin (150 mg 12 h+2 h vor dem Eingriff) Sicherstellung eines postoperativen Hypoxie-Monitorings für 24 h Aufklärung über Difficult-Airway-Management
BMI>50	Signifikant erhöhte Inzidenz für perioperative pulmonale bzw. kardiovaskuläre Komplikationen

- Propofol: nicht gebrauchen bei Allergie gegen Sojaeiweiß; Kreuzallergie mit Erd- und Haselnüssen
- Protamin: Überempfindlichkeit bei Fischallergikern

15.2.5 Dauermedikation

Kardial wirksame Medikamente

Eine antianginöse, antihypertensive und antiarrhythmische Medikation wird in der Regel präoperativ nicht unterbrochen, dies gilt insbesondere für Patienten, die mit **β-Blockern** und **Nitraten** eingestellt sind. Hier kann es nach Therapieunterbrechung durch Rebound-Effekte zu einer akuten Myokardischämie bzw. einem Myokardinfarkt kommen.

Ein präoperativer Neubeginn einer Therapie mit β-Rezeptorenblockern kann für den ambulanten Bereich nicht empfohlen werden. Die bestehenden Richtlinien empfehlen dieses Vorgehen lediglich für Patienten mit hohem kardialen Risiko und Hochrisikooperationen. Außerdem soll zwischen Start einer Therapie und dem OP-Termin ausreichend Zeit für eine Dosistitration bestehen.

Andere Medikamente wie Kalziumantagonisten, ACE-Hemmer oder Digitalis werden perioperativ nicht gestoppt, da entweder wie bei Digitalis die HWZ lang ist oder wie bei den ACE-Hemmern das Risiko eines Rebound das Risiko der Nebenwirkungen übersteigt. Lediglich Diuretika sollen wegen der Gefahr einer perioperativen Hypovolämie am OP-Tag nicht gegeben werden, allerdings früh postoperativ wieder gestartet werden.

Antikoagulanzien

Vitamin-K-Antagonisten

Patienten nach Herzklappenersatz oder -repair, aber auch Patienten mit chronischem Vorhofflimmern oder nach thrombembolischen Ereignissen werden langfristig mit Vitamin-K-Antagonisten behandelt.

Unter bestehender Antikoagulation (INR>1,5) geht ein operativer Eingriff mit deutlich erhöhtem intra- und postoperativem Blutverlust einher. Präoperatives Absetzen der Vitamin-K-Antagonisten ohne Substitution bei Patienten mit deutlich erhöhtem Thromboserisiko hätte unabsehbare Folgen, so dass hier eine Bridging-Therapie bis zur Operation mit LMWH („low molecular weight heparins") durchgeführt werden sollte. Das in ■ Tab. 15.6 dargestellte Schema hat sich in der Klinik bewährt und wird von der European Society of Cardiology (ESC) empfohlen [4].

Thrombozytenaggregationshemmer

Ob Thrombozyten-Aggregationshemmer präoperativ abgesetzt werden, muss in Kenntnis der kardialen Situation des Patienten und des Eingriffes individuell beurteilt und entschieden werden. Operationen bei koronaren Risikopatienten sollten zumindest unter ASS-Schutz durchgeführt werden, wenn nicht eine absolute Kontraindikation zum Absetzen zwingt. Vor ambulanten Operationen in geschlossenen Höhlen (z. B. Augenhinterkammer, intraspinale Eingriffe), Biopsien (Prostata, Niere) oder zur Durchführung rückenmarksnaher Regionalanästhesien (außer ASS) müssen Thrombozytenaggregationshemmer zwingend abgesetzt werden.

Es sollten folgende Zeitintervalle eingehalten werden:

Nach Absetzen von ASS sind nach 5 Tagen 50–70% der Thrombozyten wieder funktionsfähig. Bei Clopidogrel dauert es

Tab. 15.6 Bridging-Therapie mit LMWH bei bestehender Therapie mit Vitamin-K-Antagonisten

	Niedriges Blutungsrisiko	Hohes Blutungsrisiko
Niedriges Thromboembolierisiko	Bestehende Antikoagulation nicht unterbrechen INR im therapeutischen Bereich	Vitamin-K-Antagonisten 5 Tage präoperativ stoppen Start der prophylaktischen LMWH Therapie 4 Tage präoperativ Letzte Dosis >12 h vor dem Eingriff Start LMWH >12 h nach dem Eingriff Start Vitamin-K-Antagonist 2 Tage postoperativ Stop LMWH bei INR im therapeutischen Bereich Indikation zum ambulanten Eingriff überdenken!
Hohes Thromboembolierisiko	Vitamin-K-Antagonisten 5 Tage präoperativ stoppen Start der prophylaktischen LMWH Therapie 4 Tage präoperativ Letzte Dosis >12 h vor dem Eingriff Start LMWH >12 h nach dem Eingriff Start Vitamin-K-Antagonist 2 Tage postoperativ Stop LMWH bei INR im therapeutischen Bereich	

LMWH = "low molecular weight heparins", niedermolekulare Heparine

4–7 Tage nach der letzten Dosis, bis die Thrombozyten funktionsfähig sind und bei Ticlopidine 14 Tage.

Bei Patienten nach perkutaner, transluminaler koronarer Angioplastie (PTCA) und Stentimplantation sind elektive Eingriffe für einen Zeitraum von 14 Tagen bis 12 Monaten in Abhängigkeit vom Verfahren (■ Abb. 15.1) absolut kontraindiziert [4].

Infolge der kardialen Intervention ist das Gefäßsystem vulnerabel und hochthrombogen, so dass die Patienten meist mit ASS und Clopidogrel behandelt werden. Diese duale Therapie sollte bei Patienten mit „drug eluting stents" (DES) mindestens 12 Monate, bei „bare metal stents" mindestens 3 Monate ohne Unterbrechung fortgeführt werden, bis an einen elektiven Eingriff unter ASS Schutz (z. B. 100 mg/d) gedacht werden kann. Eingriffe vor Ablauf dieser Fristen sind mit einer hohen Mortalität behaftet.

Psychopharmaka

▪ Antidepressiva

Selektive Serotonin-Reuptake-Inhibitoren (SSRI) hemmen selektiv die präsynaptische Wiederaufnahme von Serotonin. Ein abruptes Absetzen führt zu Entzugssymptomen, das Absetzen der Dauermedikation vor einem operativen Eingriff wird demnach von der DGAI nicht empfohlen [3]. Jedoch vermindern SSRIs die Serotoninaufnahme in Thrombozyten und beeinflussen über eine Thrombozytendysfunktion die Blutgerinnung [10]. Bei Operationen mit hohem (Nach-)Blutungsrisiko gelten die gleichen Überlegungen wie für Aspirin oder Clopidogrel.

Bei Patienten mit SSRI-Medikation muss sichergestellt sein, dass Medikamente, die ebenfalls die Wiederaufnahme von Serotonin verhindern, wie Tramadol, Pethidin und MAO-Hemmer, nicht verwendet werden. Andernfalls droht ein schwerwiegendes Serotonin-Syndrom. Dies gilt ebenso für die trizyklischen Antidepressiva.

▪ MAO-Hemmer

MAO-Hemmer der 2. und 3. Generation sind reversibel in ihrer Wirkung und brauchen perioperativ nicht abgesetzt zu werden. Während der Anästhesie sollte in jedem Falle auf Medikamente verzichtet werden, die ihrerseits über eine serotoninerge Aktivität verfügen. Dies sind z. B. Tramadol, Pethidin, Dextromethorphan, aber auch alle indirekten Sympathomimetika (z. B. Ephedrin).

MAO-Hemmer der 1. Generation wirken irreversibel. Die Wirkung hält ca. 14 Tage an. Unter Beachtung der Kontraindikationen für Medikamente mit serotoninerger Aktivität und Erhaltung der Kreislaufhomöostase unter Anästhesie brauchen auch diese Präparate nicht abgesetzt oder durch MAO-Hemmer der 2. oder 3. Generation substituiert zu werden.

Andere Substanzen

▪ Statine

Durch die Hemmung der HMG-CoA-Reduktase haben Statine einen LDL-Cholesterin senkenden Effekt, wirken darüber hinaus indirekt

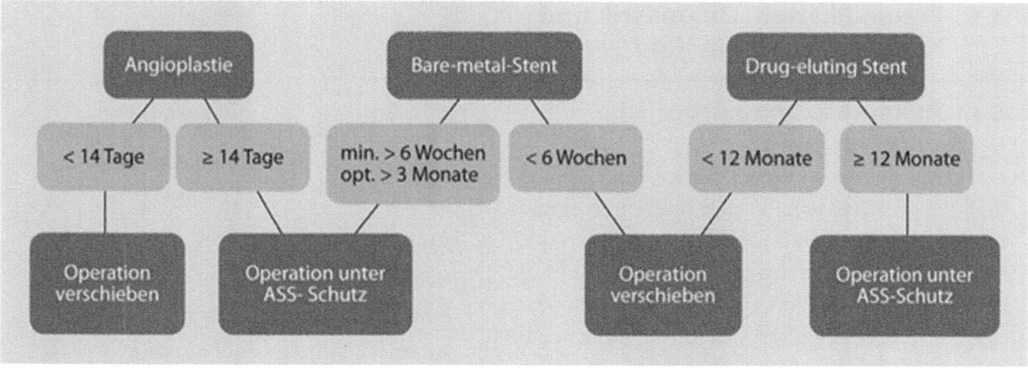

Abb. 15.1 Elektive Eingriffe nach Koronarintervention nach ESC [4]

entzündungshemmend und stabilisierend auf fragile artherosklerotische Plaques. Eine bestehende Dauertherapie sollte demnach nicht unterbrochen werden. Eine präoperative prophylaktische Gabe, wie für kardiale Risikopatienten vor gefäßchirurgischen Eingriffen derzeit empfohlen wird, ist im ambulanten Bereich nicht indiziert.

Kortikosteroide

Bei Patienten, die Kortikosteroide oberhalb der Cushing-Schwelle länger als 5 Tage gebrauchen, besteht die Gefahr einer insuffizienten Kortisolproduktion bei erhöhtem Stressniveau. Um eine perioperative Kreislaufinsuffizienz zu verhindern, sollten diese Patienten zu Beginn des Eingriffes einmalig 25 mg Hydrocortison i.v. erhalten.

15.2.6 Aufklärung und Dokumentation

Da es sich bei den ambulanten Operationen in den meisten Fällen um Elektiveingriffe handelt, ist der Patient über den Eingriff und die damit verbundenen Risiken aufzuklären. In der Regel erhält er die ersten anästhesierelevanten Informationen über die Anästhesieaufklärungsbögen, die beim Erstkontakt vom Operateur mitgegeben wurden. Zusätzlich weisen Informationsblätter oder Flyer, die der Patient vom Operateur erhalten hat, auf erforderliche Verhaltensmaßnahmen hin. Eine entsprechende Leitlinie zur rechtssicheren Aufklärung wird im ► Kap. 14 beschrieben. Diese Aufklärungsgespräch ist stichwörtlich zu dokumentieren und gegenzuzeichnen.

24-stündige Betreuung

Der Patient hat sein persönliches Umfeld so zu organisieren, dass er für die postoperative Zeit von 24 Stunden eine ständige Betreuung erhält. Diese Betreuung muss in der Lage sein, den Patienten zu beurteilen und ggf. Hilfsmaßnahmen einzuleiten. Einkäufe und die Betreuung von Kindern sollten präoperativ organisiert werden.

Die betreuende Person soll namentlich auf dem Aufklärungsprotokoll mit Alter und Telefonnummer genannt werden.

Verkehrstüchtigkeit

Eine Verkehrstüchtigkeit ist postoperativ nicht gegeben. Hierauf muss der Patient zwingend hingewiesen werden und die Aufklärung sollte entsprechend gegengezeichnet werden.

OP-Ort und -Zeit

Ausführliche Informationen zum OP-Ort und der OP-Zeit ermöglichen eine straffe, zeitliche Organisation des OP-Tages. Der Patient und seine Begleiter können sich vorab über die örtlichen Gegebenheiten wie Anfahrtswege und Parkplatzsituation ein Bild machen.

15.2.7 Unterlagen

Erwachsene Kassenpatienten benötigen neben ihren Voruntersuchungen ihre Krankenversichertenkarte. Bei Wahlleistungen sollten die entsprechend unterzeichneten Einverständniserklärungen oder Behandlungsverträge mitgebracht werden.

15.3 Prämedikation, Diagnostik und Nüchternheit beim Kind

15.3.1 Anamnese und körperliche Untersuchung

Auch bei den Kindern, die sich wiederholt einem Eingriff unterziehen müssen, ist die orientierende körperliche Untersuchung vor jedem Eingriff Bestandteil der Evaluation. Anatomie und Physiologie des Kindes verändern sich mit zunehmendem Alter entscheidend, auf Vorbefunde sollte demnach nicht vertraut werden.

Die orientierende körperliche Untersuchung besteht aus der eingehenden Auskultation des Herzens und der Lungen, der Inspektion von Oro- und Hypopharynx sowie der Inspektion der relevanten Anatomie bei geplanter Regionalanästhesie.

Die spezifische Untersuchung anderer Organsysteme ist bei auffälliger Anamnese bzw. Symptomatik durchzuführen.

Bei Neonaten und Säuglingen muss immer nach bestehenden Apnoe-Phasen oder anderen Atmungsauffälligkeiten gefragt werden, bis zu einem post-konzeptionellen Alter von 60 Wochen ist das perioperative Risiko hierfür deutlich erhöht.

15.3.2 Zusätzliche Untersuchungen

Vor ambulant durchgeführten Operationen, die meist mit wenig Blutverlust einhergehen, brauchen beim anamnestisch gesunden Kind keine Laboruntersuchungen erfolgen. Diese stellen für die kleinen Patienten eine psychische Belastung dar, führen selten zu Korrekturen im geplanten Anästhesieverfahren und sollten demnach nur im begründeten Einzelfall angefragt werden.

Wird das Kind als ASA 3 oder 4 klassifiziert, sollten jedoch Hb, Na, K, Kreatinin, APTT, PT und Thrombozyten bekannt sein.

In einigen europäischen Ländern, wie z. B. den Niederlanden, wird bei allen nicht-kaukasischen Kindern >6 Monaten der Hb-Wert bestimmt, um eine Sichelzellanämie auszuschließen.

Tab. 15.7 Inkubationszeiten wichtiger Kinderkrankheiten

Kinderkrankheit	Inkubationszeit
Diphtherie	1–7 Tage
Masern	10–18 Tage
Meningokokken	1–7 Tage
Mumps	14–24 Tage
Pertussis	7–24 Tage
Röteln	14–21 Tage
Scharlach	2–7 Tage
Tetanus	1–24 Tage, u. U. Monate
Windpocken	10–20 Tage

15.3.3 Kinderkrankheiten, Impfungen und Anästhesie

Die Inkubationszeiten sollten bei vermuteter Exposition zur terminlichen Planung von elektiven ambulanten Eingriffen einbezogen werden (Tab. 15.7) [5]. Dies wurde durch den Arbeitskreis Kinderanästhesie der DGAI so bestätigt und publiziert [6].

Zwischen einer Impfung und einer Operation sollte nach den Empfehlungen des wissenschaftlichen Arbeitskreises Kinderanästhesie der DGAI ein Sicherheitsabstand von 3 (Totimpfstoff) bzw. 14 Tagen (Lebendimpfstoff) liegen. Diese Empfehlung ist jedoch nicht zwingend, da wissenschaftlich nicht gesichert, sollte aber dennoch befolgt werden, um impfbedingte Nebenwirkungen nicht als postoperative Komplikationen zu interpretieren. Auch kann eine Allgemeinanästhesie zu einer passageren Immunsuppression führen, die – theoretisch – den Impferfolg abschwächen kann [6].

15.3.4 Infekt der oberen Atemwege

Der blande Infekt ohne Fieber, eitrigem Auswurf oder Sekret stellt keine Kontraindikation für einen ambulanten operativen Eingriff in Allgemeinanästhesie dar, sondern ist in der HNO-Heilkunde oftmals der Grund für den operativen Eingriff.

Perioperative Komplikationen wie Stridor, Laryngo- oder Bronchospasmus, Husten oder ein geringer passagerer Sättigungsabfall haben eine allenfalls leicht erhöhte Inzidenz [11]. Diese lässt sich durch Vermeidung der endotrachealen Intubation weiter reduzieren [12].

Geht ein symptomatischer Infekt mit Fieber über 38,5°C, eitrigem Auswurf oder Sekret und beeinträchtigtem Allgemeinbefinden einher, sollte der Eingriff bis zum Abklingen der Symptome aufgeschoben werden [6].

15.3.5 Seltene Erkrankungen

Informationen zu seltenen Erkrankungen sind der europäischen Datenbank **Orphanet** (www.orphanet.de) zu entnehmen, die fortlaufend mit den neuesten Erkenntnissen und Empfehlungen rund um seltene spezifische Erkrankungen ergänzt wird.

15.3.6 Medikamente

Midazolam

Die Prämedikation mit 0,3–0,5 mg/kg Midazolam ist weltweit der Standard in der Kinderanästhesie. Midazolam wirkt anxiolytisch und sedierend, hat einen schnellen Wirkungsbeginn, eine kurze Halbwertszeit und kann sowohl oral, rektal, nasal und intravenös appliziert werden. Untersuchungen zeigen, dass eine Prämedikationsdosis nur kurzfristig zu einer signifikanten Abnahme der funktionellen Residualkapazität (FRC) und zur Alteration von Resistance und Elastance führt und demnach als sicher beurteilt werden kann [7].

Kinder mit Midazolam-Prämedikation wachen nach einer Sevofluran-Narkose später auf, erholen sich langsamer und können später verlegt werden als die Kinder der Placebo-Gruppe [8]. Auf postoperative Unruhe und Analgetikagebrauch hat Midazolam keinen Einfluss. Lediglich der Schlafkomfort in der ersten postoperativen Nacht war nach Midazolam in der Prämedikation signifikant höher.

Tab. 15.8 Nüchternzeiten nach DGAI und BDA

Zeit vor Narkoseeinleitung	Erlaubte Nahrung
Bis 6 h	Kleine Mahlzeit und Milch
Bis 4 h	Stillen und Flaschennahrung
Bis 2 h	Klare Flüssigkeiten, fett-, alkohol- und partikelfrei
Bis kurz vor dem Eingriff	Medikamente mit wenig Wasser

Ketamin

Jain [13] konnte in einer Placebo kontrollierten Untersuchung nachweisen, dass die Kombination von Midazolam zur Prämedikation mit Ketamin (1 mg/kg KG p.o.) zu einer besseren Anxiolyse führt als die Midazolam-Medikation alleine. Diese Kombination bietet sich demnach für besonders ängstliche Kinder an.

Anwesenheit der Eltern, Clowns etc.

Vagnoli [14] verglich den anxiolytischen Effekt einer Midazolam Prämedikation mit dem der Anwesenheit der Eltern und eines Clowns! Der anxiolytische Effekt der Clown-Gruppe wurde besser beurteilt als der medikamentöse Effekt. Ob die medikamentöse Prämedikation demnach für viele kleine Patienten verzichtbar wäre, bleibt Gegenstand der Diskussion.

15.4 Nüchternzeiten

Die Stellungnahme der DGAI und des BDA zur perioperativen Nüchternheit bei elektiven Eingriffen wird in Tab. 15.8 zusammengefasst.

Die postoperative Nahrungsaufnahme ist abhängig vom operativen Eingriff, dem Zustand und den Wünschen des Patienten.

15.5 Prämedikation

Die wichtigsten Ziele der medikamentösen Prämedikation sind Anxiolyse, Sedierung, vegetative Dämpfung und die Herbeiführung einer retrograden Amnesie, um die psychische Situation der Patienten rund um die Operation zu stabilisieren.

Bei ambulanten Patienten ist dies oft nicht nötig. Durch das aktivere Selbstverständnis, die Aussicht auf baldige Rückkehr in die häusliche Umgebung und die geringere Komplexität ambulant durchgeführter operativer Eingriffe sind, wenn überhaupt, anxiolytische Maßnahmen am Morgen der Operation indiziert.

Kurzwirksame Substanzen ohne Gefahr eines postoperativen Überhanges sind hier zu bevorzugen.

15.5.1 Medikamente

Midazolam ist der Goldstandard der medikamentösen Prämedikation am Operationstag. Neben den bekannten Nebenwirkungen kann Midazolam im ambulanten Bereich zu einer verzögerten Ausleitung und damit zu Zeitverzögerungen im Prozess kommen. Hier ist die Prämedikation mit **Melatonin** ist eine interessante Alternative. Seine anxiolytische, sedierende und antiinflammatorische Wirkung ist nachgewiesen [16].

Die Vorteile einer Supplementierung des Midazolams mit Ketamin ist in ► Abschn. 15.3 beschrieben.

Auch **Clonidin** mit seiner sedierenden und anxiolytischen Wirkung ist eine dem Midazolam vergleichbare Alternative. Desweiteren reduziert Clonidin die Freisetzung endogener adrenokortikotroper Hormone und verhindert damit eine Herzfrequenzerhöhung unter der Einleitung und es kommt zu keiner Verzögerung der Anästhesieausleitung [15]. Allerdings ist Clonidin dem Midazolam in der Patientenzufriedenheit unterlegen.

Literatur

[1] Berger MM, Gust R (2005) Perioperative Evaluation der Lungenfunktion. Anaesthesist 54:273–288

[2] Arozullah AM, Conde MV, Lawrence VA (2003) Preoperative evaluation for postoperative pulmonary complications. Med Clin North Am 87:153–173

[3] DGAI (2010) Präoperative Evaluation erwachsener Patienten vor elektiven, nicht kardiochirurgischen Eingriffen. Anästh Intensivmed 51:S788–S797

[4] Kristensen SD, Knuuti J, Saraste A, Anker S, et al. (2014) 2014 ESC/ESA Guidelines on non-cardiac surgery: cardiovascular assessment and management: The Joint Task Force on non-cardiac surgery: cardiovascular assessment and management of the European Society of Cardiology (ESC) and the European Society of Anaesthesiology (ESA). Eur Heart J 35(35):2383–431

[5] Pietrini D et al. (2005) Infectious diseases of childhood and their anesthetic implications. Minerva Anestesiol 71:385–389

[6] Becke K, Giest J, Strauss JM (2007) Handlungsempfehlungen zur präoperativen Diagnostik, Impfabstand und Nüchternheit im Kindesalter. Anaesth Intensivmed 48:S62–66

[7] von Ungern-Sternberg BS et al. (2009) The impact of oral premedication with Midazolam on respiratory function in children. Anesth Analg 108:1771–1776

[8] Viitanen H et al. (1999) Premedication with Midazolam delays recovery after ambulatory sevoflurane anesthesia in children. Anesth Analg 89:75–79

[9] Larsen R (2013) Anästhesie. Urban & Schwarzenberg, München Wien Baltimore

[10] Serebruany V (2006) SSRIs and increased blleding risk: are we missing something? J Amjmed 119:2

[11] von Ungern-Sternberg BS et al. 2007) Laryngeal mask airway is associated with an increased incidence of adverse respiratory events in children with recent upper respiratory tract infactions. Anesthesiology 107(5)714–719

[12] Tartari S et al. (2000) Laryngeal mask vs tracheal tube in pediatric anesthesia in the presence of upper respiratory tract infection. Minerva Anesthesiol 66(6):439–443

[13] Jain K et al. (2010) Efficacy of two oral premedicants. Paediatr Anaesth 20(4):330–337

[14] Vagnoli L et al. (2010) Parental presence, clowns or sedative premedication to treat preoperative anxiety in children: what could be the most promising option? Ped Anesthesia 20(10):937–43

[15] Paris A et al. (2009) Effects of clonidine and midazolam premedication on bispectral index and recovery after elective surgery. Eur J Anaesthesiol 26(7):603–610

[16] Yousaf F et al. (2010) Efficacy and safety of melatonin as an anxiolytic and analgesic in the perioperative period: a qualitative systematic review of randomized trials. Anesthesiology 113(4):968–976

[17] Lee TH et al. (1999) Derivation and prospective validation of a simple index for prediction of cardiac risk of major noncardiac surgery. Circulation 100:1043–1049

[18] Joshi GP et al. (2013) Selection of obese patients undergoing ambulatory surgery: a systematic review of the literature. Anesth Analg 117(5):1082–1091

[19] Joshi GP et al. (2012) Society for ambulatory anesthesia consensus statement on preoperative selection of adult patients with obstructive sleep apnea scheduled for ambulatory surgery. Anesth Analg 115(5):1060–1068

[20] Chung F et al. (2008) STOP questionnaire: a tool to screen patients for obstructive sleep apnea. Anesthesiology 108:812–821

Anästhesiologische Aspekte

W. Wilhelm, A. Herminghaus, T. Standl, S. Eibicht, S. Rapp, A. Gottschalk

T. Standl, C. Lussi (Hrsg.), *Ambulantes Operieren in Klinik, Praxis und MVZ,*
Erfolgskonzepte Praxis- & Krankenhaus-Management
DOI 10.1007/978-3-662-49787-6_16

16.1 Allgemeinanästhesie[1]

W. Wilhelm, A. Herminghaus

16.1.1 Einleitung

Moderne Operations- und Anästhesietechniken ermöglichen heute, dass sich Patienten nach kleinen, aber auch mittleren operativen Eingriffen innerhalb von einigen Minuten bis wenigen Stunden weitgehend erholen, nahezu schmerzfrei sind und dann auch wieder in das häusliche Umfeld entlassen werden können, sodass man diese Eingriffe ambulant durchführen kann. Allerdings ist dafür – neben einer optimierten operativen Technik – ein differenziertes Anästhesiekonzept erforderlich, das um weitere „flankierende" Maßnahmen wie z. B. Normothermie, Prophylaxe gegen postoperative Übelkeit und postoperatives Erbrechen (PONV), einen ausreichenden Volumenstatus u. v. a. m. ergänzt wird. In der Summe sind so kurze Aufwach-, Wechsel- und Überwachungszeiten zu erreichen, und der Patient kann bei gutem persönlichen Wohlbefinden meist (1–)2 h nach Ende des Eingriffs aus dem ambulanten OP-Zentrum oder der operativen Praxis nach Hause entlassen werden.

16.1.2 Klinische Pharmakologie

Für ambulante Eingriffe verwendet man am besten Anästhesiesubstanzen, die durch folgende Merkmale gekennzeichnet sind:

- Bei Anästhesiebeginn tritt die Wirkung rasch ein.
- Während der Operation kann die „Narkosetiefe" durch Dosisänderung zügig variiert werden.
- Am Operationsende werden die Substanzen so rasch abgeatmet, metabolisiert oder umverteilt, dass die Patienten bereits wenige Minuten nach Ende der Zufuhr erwachen und dann sicher extubiert werden können.

Diese Substanzen bilden die pharmakologische Grundlage der ambulanten Anästhesie und werden als „gut steuerbar" bzw. als „kurz wirksam" bezeichnet. Hierzu gehören heute die intravenösen Anästhetika Propofol und Etomidat, die Inhalationsanästhetika Desfluran und Sevofluran sowie die beiden Opioide Remifentanil und Alfentanil.

16.1.3 Intravenöse Anästhetika

▪ ▪ Propofol

Propofol ist seit mehreren Jahren die Basissubstanz der TIVA-Konzepte und sicherlich auch das im ambulanten Bereich am häufigsten benutzte Anästhetikum [8]. Propofol ist stark lipophil, wird zu 98% an Plasmaeiweiße gebunden und vorwiegend in der Leber metabolisiert, die Clearance wird mit etwa 20–30 ml/kg/min angegeben [26]. Klinisch resultiert hieraus eine gute Steuerbarkeit und nach Infusionsende ein relativ zügiges Erwachen aus der Narkose. Das Erwachen nach Propofolanästhesie wird von vielen Patienten als angenehm geschildert; außerdem besitzt Propofol offensichtlich eigene antiemetische Eigenschaften [4]. Das Profil von Propofol kann folgendermaßen zusammengefasst werden:

- Die Clearance von Propofol ist etwa 6- bis 10-mal höher als die von Thiopental;
- Propofolmetabolismus: vor allem hepatisch, vermutlich renal, fraglich pulmonal;
- gute Dämpfung der pharyngealen und laryngealen Reflexe, daher ideal geeignet zur Einlage einer Larynxmaske (LMA);
- Senkung des zerebralen Sauerstoffverbrauchs;
- antiemetische Wirkung;
- Propofol gilt als sicher zur Anästhesieeinleitung bei Porphyrie [16];
- Propofol wirkt v. a. vasodilatierend und etwas negativ inotrop: Der mittlere arterielle Druck (MAP) sinkt nach Propofolgabe um etwa 20–25%

16

1 Alle Dosierungsangaben in diesem Buchkapitel beziehen sich auf normalgewichtige Erwachsene. Es wurde darauf geachtet, alle Angaben, insbesondere zu Medikamenten, Dosierungen und Applikationsformen, korrekt zu publizieren. Dennoch können die Autoren keine Gewähr dafür übernehmen; der Anwender muss diese Angaben individuell auf ihre Richtigkeit und Anwendbarkeit überprüfen. Die jeweils gültigen Fachinformationen der genannten Produkte sind zu berücksichtigen. Zudem gibt es teilweise Überlappungen mit unserem Übersichtsartikel „Allgemeinanästhesie bei ambulanten Operationen. Klinisch-pharmakologische Überlegungen zum praktischen Vorgehen", Anaesthesist 2014;63:865–874.

(ähnlich stark wie bei Thiopental), der Effekt wird durch Opioide dosisabhängig verstärkt.

Etomidat

Etomidat ist ein karboxyliertes Imidazolderivat, das von allen gebräuchlichen i.v.-Anästhetika die Herzkreislauffunktion am geringsten beeinflusst, sodass es lange Zeit bei kardiovaskulären Hochrisikopatienten zur Narkoseeinleitung empfohlen wurde. Nach einer üblichen Induktionsdosis von 0,15–0,3 mg/kg tritt die Wirkung nach 15–45 s ein. Etomidat wird vor allem in der Leber zügig metabolisiert, der Hauptmetabolit ist unwirksam. Insgesamt wird die Clearance von Etomidat mit 18–25 ml/kg/min angegeben [26]. Klinisch äußert sich dies in einer Wirkdauer von 3–12 min; nach kurzen chirurgischen Eingriffen erwachen die Patienten rasch und ohne wesentlichen Überhang. Etomidat besitzt bei alleiniger Anwendung typische Nebenwirkungen (ungenügende Reflexdämpfung, insbesondere bei der Intubation, unfreiwillige Muskelbewegungen, Myokloni) und wird daher in der klinischen Praxis meist erst nach Vorgabe eines Opioids, manchmal auch in Kombination mit Propofol angewendet. Derzeit wird der Einsatz von Etomidat in der Anästhesiologie kritisch betrachtet: Etomidat hemmt dosisabhängig die Enzyme 11β-Hydroxylase und 17α-Hydroxylase, die für die Synthese von Kortison und Aldosteron aus Cholesterin zuständig sind. Zudem ist für diese Kortison- und Aldosteronsynthesehemmung eine um den Faktor 20 geringere Etomidatkonzentration ausreichend, als für den anästhetischen Effekt benötigt wird, sodass dieses Problem nicht durch eine Dosisreduktion von Etomidat umgangen werden kann. Zusammengefasst wäre Etomidat aufgrund seines pharmakologischen Profils für ambulante Eingriffe gut geeignet; aufgrund der derzeitigen Studienlage sollte aber im Rahmen der ambulanten Anästhesie weitgehend darauf verzichtet werden [23].

16.1.4 Inhalationsanästhetika

Desfluran und Sevofluran

Desfluran und Sevofluran sind die „modernen" Inhalationsanästhetika. Im Vergleich zu den herkömmlichen Substanzen (Isofluran, Enfluran, Halothan) sind Desfluran und Sevofluran durch eine geringere Löslichkeit im Blut und in den Geweben gekennzeichnet, charakterisiert durch die niedrigeren Blut-Gas- und Gewebe-Blut-Verteilungskoeffizienten [19, 28] (■ Tab. 16.1). In der klinischen Praxis bedeutet dies, dass Veränderungen der Vaporeinstellung auch schneller zu der gewünschten Änderung der Anästhesietiefe führen, Desfluran und Sevofluran also besser steuerbar sind. Bei Anästhesiebeginn werden Desfluran und Sevofluran rasch angeflutet und bei OP-Ende dann wieder rasch abgeatmet (■ Abb. 16.1); die Patienten erwachen schneller nach Desfluran und Sevofluran als nach Isofluran, motorische und kognitive Funktionen kehren eher zurück [12]. Beim direkten Vergleich untereinander ist das Aufwachverhalten nach Desfluranänästhesie etwas schneller als nach Sevoflurananästhesie [15, 25]. Dies wird folgendermaßen erklärt:

- Der Blut-Gas-Verteilungskoeffizient von Desfluran ist niedriger als der von Sevofluran, also wird Desfluran nach kurzer Operation auch schneller wieder ausgewaschen.
- Mit steigender Anästhesiedauer über etwa 90 min spielt auch der bei Sevofluran deutlich höhere Fett-Blut-Verteilungskoeffizient eine Rolle [2]: Sevofluran wird mit der Zeit in das Fettgewebe der Patienten eingewaschen, sodass es insbesondere bei adipösen Patienten zu Kumulationsvorgängen kommt, die bei Desfluran nahezu nicht beobachtet werden [29] (■ Abb. 16.2).

Allerdings spielen diese Kumulationseffekte durch Einwaschen von Sevofluran in das Fettgewebe bei den

■ Tab. 16.1 Eigenschaften von Desfluran und Sevofluran im Vergleich zu Isofluran [7, 19, 28]

	Desfluran	Sevofluran	Isofluran
MAC in O_2 (Vol.-%)*	6	2,05	1,15
MAC_{awake} (Vol.-%)*	2,04	0,70	0,44
Blut-Gas-Verteilungskoeffizient	0,45	0,65	1,40
Fettgewebe-Blut-Verteilungskoeffizient	29	52	50
Metabolisierung (%)	0,02	3–5	0,2

*Gilt für Erwachsene mittleren Alters

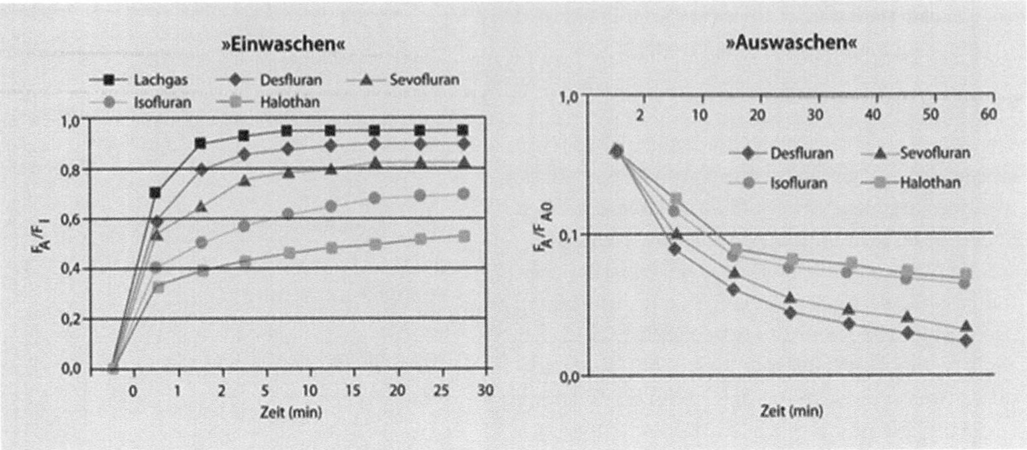

Abb. 16.1a,b Ein- und Auswaschverhalten der verschiedenen Inhalationsanästhetika. **a** Verhältnis zwischen der endexspiratorischen (= alveolären, F_A) und der inspiratorischen (F_I) Konzentration während der Anflutung; **b** Quotient aus der im Zeitverlauf gemessenen alveolären (F_A) Anästhesiegaskonzentration, bezogen auf den Ausgangswert vor Beendigung der Zufuhr (F_{A0}). Desfluran wird von allen volatilen Inhalationsanästhetika am schnellsten ausgewaschen (modifiziert nach [7, 30, 36, 37])

eher kürzeren ambulanten Eingriffen keine Rolle [2, 22], sodass Desfluran und Sevofluran im Erwachsenenalter für die ambulante Anästhesie gleichermaßen geeignet sind [32]. Darüber hinaus sind Desfluran und Sevofluran aufgrund ihrer physikochemischen Eigenschaften sehr gut für die Anwendung bei verringertem Frischgasfluss geeignet. Desfluran besitzt von allen verfügbaren volatilen Inhalationsanästhetika mit 0,02 Vol.-% die geringste Metabolisierungsrate. Hingegen wird Sevofluran zu ca. 3–5 Vol.-% verstoffwechselt, wobei Hexafluoroisopropanol (HFIP) und anorganisches Fluorid entstehen; außerdem reagiert Sevofluran mit dem Atemkalk, wobei u. a. Compound A gebildet wird. Die anfängliche Sorge, dass diese Abbau- bzw. Reaktionsprodukte zu Nierenschäden führen könnten, insbesondere durch Akkumulation bei verringertem Frischgasfluss, ist nach umfangreichen Untersuchungen und derzeitigem Kenntnisstand unbegründet, sodass auch Sevofluran bei Niedrigflussnarkosen eingesetzt werden kann.

16.1.5 Opioide

Die zu Narkosezwecken eingesetzten Opioide Fentanyl, Alfentanil, Sufentanil und Remifentanil gehören alle zu der Gruppe der 4-Anilinopiperidin-Opioidanalgetika.

▪▪ Alfentanil

Alfentanil ist ein Tetrazolderivat von Fentanyl, das sich von der Muttersubstanz u. a. durch seinen raschen Wirkeintritt (Anschlagzeit 1–1,5 min) und die kürzere Wirkdauer (bei niedriger Dosierung ca.10–15 min) unterscheidet und daher den Handelsnamen Rapifen (= rapid fentanyl) erhielt.

▪▪ Remifentanil

Im Unterschied zu allen bisher verfügbaren Opioiden wird Remifentanil durch körpereigene unspezifische Blut- und Gewebeesterasen rasch metabolisiert, wobei dieser Abbauvorgang unabhängig von der Leber- und Nierenfunktion erfolgt und die entstehenden Metabolite am μ-Rezeptor nahezu unwirksam sind. Aufgrund dieser für ein Opioid bisher einzigartigen pharmakokinetischen Eigenschaften ermöglicht Remifentanil die Kombination einer intraoperativ hoch dosierten Opioidanalgesie mit einem anschließend zügigen und sicheren Erwachen, und dies nahezu unabhängig von der Dauer des operativen Eingriffs [35]. Im Vergleich zu einer „herkömmlichen" Anästhesie mit Fentanyl oder Sufentanil und Inhalationsanästhetikum kann die Anwendung einer Remifentanil-basierten Anästhesie folgende klinische Vorteile bieten:

- Rasches und sicheres Aufwachverhalten, auch nach längeren OP-Zeiten.

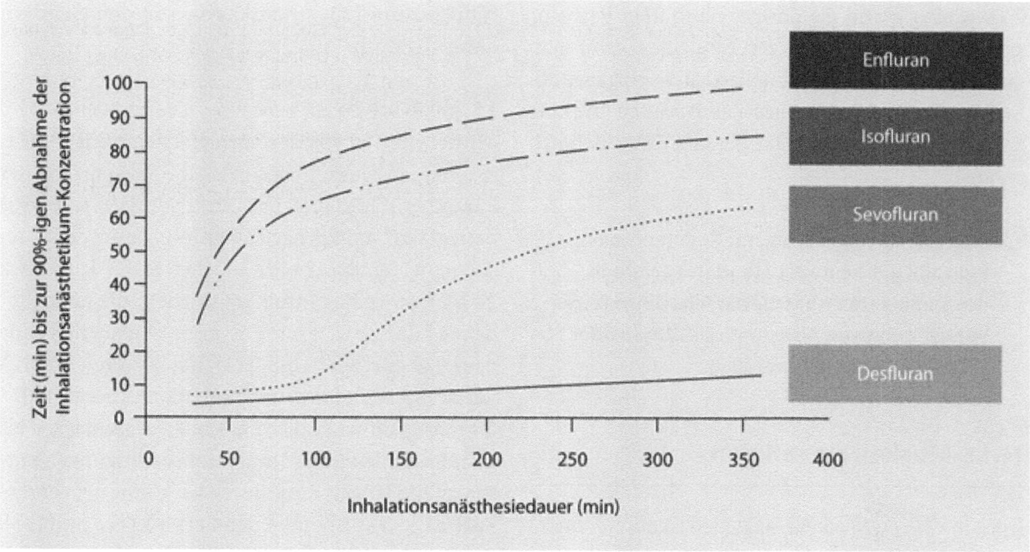

Abb. 16.2 90%ige Abnahme der Inhalationsanästhetikum-Konzentration in Abhängigkeit von der vorangegangenen Dauer der Inhalationsanästhesie (modifiziert nach [2]). Im Vergleich zu den anderen Inhalationsanästhetika wird das Auswaschverhalten von Desfluran am wenigsten von der vorangegangenen Anästhesiedauer beeinflusst. Hingegen wird Sevofluran u. a. aufgrund seines deutlich höheren Fett-Blut-Verteilungskoeffizienten mit der Zeit in das Fettgewebe der Patienten eingewaschen

- Der Aufwachvorgang selbst erfolgt zügig und meist ohne Anzeichen einer Exzitation: Fast gleichzeitig mit dem Beginn der Spontanatmung öffnen die Patienten die Augen, können anschließend sofort extubiert werden und sind dann auch wach und orientiert [33].
- Während bei allen anderen Opioiden mit einem mehr oder minder ausgeprägten Opioidüberhang – auch mit der Folge einer erneuten Atemdepression – gerechnet werden muss, ist dies nach Anwendung von Remifentanil unwahrscheinlich. Natürlich muss der Einfluss weiterer, gleichzeitig angewandter Anästhesiesubstanzen und Analgetika beachtet werden [35].

Durch den Einsatz von Remifentanil war eine völlige Neukonzeption der Technik der Allgemeinanästhesie möglich: Während bisher das Opioidanalgetikum, z. B. Fentanyl, aus Sorge vor einer postoperativen Atemdepression eher zurückhaltend dosiert wurde und stattdessen die „Steuerung" der Anästhesie mit Propofol oder dem Inhalationsanästhetikum erfolgte, kann nun das Opioid Remifentanil hoch dosiert und bis zum OP-Ende infundiert werden, während das Koanästhetikum nur noch in hypnotischer Dosierung zugeführt werden muss [35]. Allerdings muss bei der Anwendung von Remifentanil beachtet werden, dass der zügige Abbau der Substanz auch dazu führt, dass postoperativ keine analgetische Opioidrestwirkung vorliegt, der Anästhesist also die postoperative Schmerztherapie vorausschauend planen muss. Diese kann bei großen stationären Eingriffen mit rückenmarknahen oder peripheren Regionalanästhesietechniken erfolgen, bei den eher „kleinen" ambulanten Eingriffen genügt meist die Anwendung eines oder die Kombination mehrerer Nichtopioidanalgetika oder die Kombination mit geringen Mengen Piritramid.

Fazit

Zusammenfassend ist festzustellen, dass aus der Gruppe der Opioide Remifentanil und Alfentanil am besten zur ambulanten Anästhesie geeignet erscheinen. Am Klinikum Lünen verwenden wir Remifentanil, wobei wir 1 mg Remifentanil in 50 ml NaCl

0,9% auflösen und die Lösung dann über Perfusor applizieren. Bei ganz kurzen Eingriffen kann man den Ampulleninhalt auch teilen, dies setzt aber ein hygienisch absolut einwandfreies Arbeiten und eine korrekte Dokumentation im Betäubungsmittelbuch voraus.

> **Eine Anästhesietechnik mit Remifentanil-Propofol gilt heute als Standardverfahren der ambulanten Anästhesie. Allerdings ist die Verwendung von Alfentanil, Desfluran oder Sevofluran ebenfalls möglich.**

16.1.6 Muskelrelaxanzien

Der Einsatz von Muskelrelaxanzien ist nur bei einem kleinen Teil der ambulanten Eingriffe erforderlich, und zwar meist dann, wenn der Patient endotracheal intubiert werden muss oder beispielsweise eine Pelviskopie oder Laparoskopie erfolgt. Allerdings ist die Anwendung von Muskelrelaxanzien immer mit der Sorge eines Relaxansüberhangs verbunden, sodass im klinischen Alltag der ambulanten Anästhesie verschiedene Konzepte verfolgt werden, um einen Relaxansüberhang zu vermeiden:

- Intubation in tiefer Anästhesie unter vollständigem Verzicht auf Muskelrelaxanzien [14],
- ausschließliche Verwendung des kurz- bis mittellang wirkenden Relaxans Mivacurium,
- Reduktion der verwendeten Intubationsdosis von Mivacurium, Atracurium, Cisatracurium, Vecuronium oder Rocuronium,
- Relaxometrie am Ende der Operation, ggf. Antagonisierung mit Neostigmin/Atropin, ggf. Reversierung mit Sugammadex.

16

Welches dieser Konzepte verwendet wird, entscheidet der betreuende Anästhesist unter Berücksichtigung der individuellen Vor- und Nachteile und Risiken. So ist die Intubation in tiefer Anästhesie, z. B. mit Propofol und Remifentanil, auf den ersten Blick verlockend, jedoch sind so hohe Propofol- und Remifentanildosierungen erforderlich, dass dies zu einem erheblichen (und teilweise bedrohlichen) Blutdruckabfall führen kann. Darüber hinaus gibt es Hinweise, dass der Verzicht auf Muskelrelaxanzien bei der Intubation zu vermehrten Stimmbandschäden führen kann [23] und daher – von den Gegnern dieser Technik – abgelehnt wird.

Mivacurium

Mivacurium ist von den vorhandenen nicht depolarisierenden Muskelrelaxanzien die Substanz mit der kürzesten Wirkdauer: Die Effektivdosis 95% (ED95) beträgt 0,07 mg/kg, nach einer Intubationsdosis von 0,2 mg/kg (entspricht der 3-fachen ED95) kann etwa 2–2,5 min später intubiert werden; die anschließende klinisch wirksame neuromuskuläre Blockade dauert aber etwa 20 min [11]. Bei kürzeren Eingriffen ist eine Reduktion der Intubationsdosis auf 0,07–0,1 mg/kg sinnvoll, allerdings ist die Anschlagzeit bis zum Erreichen guter Intubationsbedingungen entsprechend länger; die klinisch wirksame neuromuskuläre Blockade beträgt dann etwa 13–15 min [11]. Bei der Anwendung von Mivacurium sind noch folgende Besonderheiten zu beachten:

Mivacurium führt zur Histaminfreisetzung aus den Mastzellen, sodass es dosisabhängig und interindividuell unterschiedlich zu einer (ungefährlichen) Rötung von Gesicht und Körperstamm kommen kann, allerdings dann häufig verbunden mit einem teilweise erheblichen Blutdruckabfall, insbesondere in der Kombination mit Propofol und Remifentanil. Daher soll Mivacurium langsam injiziert werden. Am Klinikum Lünen messen wir den Blutdruck nicht-invasiv bei Anästhesieeinleitung mit Remifentanil-Propofol-Mivacurium 1-minütlich, bei Risikopatienten wird schon prophylaktisch eine geringe Menge Vasopressor (z. B. Akrinor®) injiziert.

Bei adipösen Patienten orientiert sich die Dosierung eher am Idealgewicht und nicht am Realgewicht; bei Patienten mit terminaler Niereninsuffizienz ist die Wirkdauer von Mivacurium etwa auf das 1,5-Fache, bei terminaler Leberinsuffizienz auf das 3-Fache der üblichen Wirkdauer verlängert [11].

Mivacurium wird wie Succinylcholin durch die Plasmacholinesterase abgebaut. Patienten mit deutlich reduzierter Plasmacholinesteraseaktivität (<20–25% der Norm, z. B. bei schwerer Lebererkrankung, Malignomen oder in der Schwangerschaft) wie auch Patienten mit heterozygot oder sogar homozygot (1:2.000–2.500) atypischer Plasmacholinesterase können eine teilweise erhebliche bis mehrstündige Wirkverlängerung erfahren.

Bestimmte Medikamente können die Wirkung der Plasmacholinesterase hemmen und damit die Wirkdauer von Mivacurium deutlich verlängern. So ist z. B. bekannt, dass bei gleichzeitiger Anwendung von Metoclopramid (MCP) die Wirkdauer von Mivacurium [9] und Succinylcholin teilweise deutlich verlängert werden kann: Mivacurium wird bei gleichzeitiger MCP-Gabe eher zum mittellang wirksamen Muskelrelaxans.

▪▪ Rocuronium

Wie für Mivacurium konnte auch für Rocuronium oder Cisatracurium gezeigt werden, dass eine reduzierte Intubationsdosis für ambulante Eingriffe eingesetzt werden kann, allerdings verlängert sich auch hier die Anschlagzeit bis zum Erreichen guter Intubationsbedingungen.

Bei Rocuronium beträgt die Routineintubationsdosis (2×ED95) 0,6 mg/kg, die Anschlagzeit beträgt dann etwa 1,5–2 min und die klinische Wirkdauer etwa 30–40 min. Durch Reduktion der Intubationsdosis auf 0,3 mg/kg (1×ED95) verlängert sich die Anschlagzeit auf etwa 4 min, die klinische Wirkdauer reduziert sich im Mittel auf 16 min [27]. In diesem Zusammenhang sei darauf hingewiesen, dass der Begriff „klinische Wirkdauer" lediglich die Zeitdauer beschreibt, bis zu der die Muskelkraft 25% des Ausgangswerts erreicht hat, d. h., der Patient ist danach noch relevant anrelaxiert! In der o. g. Untersuchung mit 0,3 mg/kg Rocuronium betrug die Zeit bis zu einer TOF-Ratio von 0,8 nach 0,3 mg/kg Rocuronium insgesamt 34 min, konnte aber durch Antagonisierung mit Neostigmin auf 22 min reduziert werden [27]. Alternativ könnte die Restwirkung von Rocuronium auch durch Sugammadex (Bridion®) vollständig aufgehoben werden; dies geschieht durch eine sog. Enkapsulierung des Rocuroniummoleküls. Aufgrund des sehr hohen Preises ist der Einsatz von Sugammadex derzeit eher ein Ausnahmefall.

▪▪ Cisatracurium

Bei Cisatracurium beträgt die Anschlagzeit nach einer „üblichen" Intubationsdosis (2×ED95) von 0,1 mg/kg insgesamt 3–4 min, die klinische Wirkdauer dieser Dosis liegt bei etwa 45 min. Schnellere Intubationsbedingungen können durch eine höhere Dosis wie 0,15 mg/kg erreicht werden, allerdings ist der Patient dann auch länger relaxiert. Cisatracurium hat den Vorteil, dass keine Histaminfreisetzung und keinerlei hämodynamische Nebenwirkungen auftreten. Allerdings kann die Wirkung von Cisatracurium nicht sofort aufgehoben werden. Aufgrund der relativ langen Anschlagzeit von 3–4 min schon bei der „normalen" Intubationsdosis (2×ED95) wäre die Anschlagzeit nach der halben Intubationsdosis (1×ED95) unverhältnismäßig lang, sodass Cisatracurium in der ambulanten Anästhesie nahezu keine Rolle spielt.

▪▪ Sonderfall Succinylcholin

Succinylcholin ist das Muskelrelaxans mit dem schnellsten Wirkeintritt und der kürzesten Wirkdauer. Schon 30–60 s nach i.v.-Gabe von 1–1,5 mg/kg ist die Relaxierung optimal; die Wirkung hält nach einmaliger Gabe etwa 8–12 min an. Aufgrund seiner Nebenwirkungen müssen bei Succinylcholin jedoch wesentliche Kontraindikationen beachtet werden: So ist die Anwendung von Succinylcholin bei den meisten Patienten mit Muskelerkrankungen sowie bei Lähmungen oder Bettlägerigkeit >48 h, z. B. nach Polytrauma oder schweren Verbrennungen, kontraindiziert. Vereinfacht erklärt kommt es bei diesen Patienten wegen Inaktivität der Muskulatur zu einer Ausbildung zusätzlicher motorischer Endplatten an der Skelettmuskelzellmembran. Wird nun Succinylcholin injiziert, kommt es beim Depolarisationsblock zu einem massiven Kaliumausstoß, der zu Serum-Kalium-Konzentrationen von über 12 mmol/l und damit zum Herzstillstand führen kann. Im Kindesalter kann es sein, dass eine Muskelerkrankung (z. B. Morbus Duchenne) durch diesen Mechanismus der Ausbildung zusätzlicher motorischer Endplatten klinisch unentdeckt bleibt, das (scheinbar gesunde) Kind dann aber nach Succinylcholingabe einen Hyperkaliämie-bedingten Herzstillstand erleidet. Durch repetitive Gabe und hohe Dosierungen von Succinylcholin >5 mg/kg kann es außerdem zu einem lang anhaltenden Dualblock über mehrere Stunden kommen.

! Die Anwendung von Succinylcholin ist kontraindiziert bei den meisten Patienten mit Muskelerkrankungen sowie bei Lähmungen, Hyperkaliämie, Bettlägerigkeit >48 h, z. B. nach Polytrauma oder schweren

Verbrennungen, bekannter Allergie gegen Succinylcholin oder bei maligner Hyperthermie.

Die Deutsche Gesellschaft für Anästhesiologie und Intensivmedizin urteilt in ihrer Stellungnahme zur Verwendung von Succinylcholin aus dem Jahr 2002 [5]: „Die Indikation für die Anwendung des Muskelrelaxans Succinylcholin – nämlich die zügige Intubation der Trachea bei Patienten mit einem hohen Risiko der Aspiration von Mageninhalt (Sectio caesarea, Ileus) bzw. bei respiratorischen Notfällen (Laryngospasmus) – ist bis heute (trotz bestehender Alternativen) weitgehend unumstritten geblieben. Dagegen muss die routinemäßige Verwendung von Succinylcholin bei elektiven Eingriffen bis auf wenige Ausnahmen als kontraindiziert angesehen werden, insbesondere auch bei elektiven Eingriffen im Kindesalter." Damit ist der Routineeinsatz von Succinylcholin als Standardrelaxans für elektive ambulante Eingriffe verboten.

> **In seltenen Fällen der ambulanten Anästhesie kann der Einsatz von Succinylcholin im Rahmen einer Ileuseinleitung gerechtfertigt sein, z. B. bei einer nicht nüchternen Patientin mit Blutung vor Kürettage oder bei einem erbrechenden Patienten mit Harnleiterstein vor dem urologischen Eingriff. In diesen Fällen sind die o. g. Kontraindikationen zu beachten!**

■■ Fazit

Zusammenfassend kann man feststellen, dass der Einsatz von Muskelrelaxanzien in der ambulanten Anästhesie eher selten erforderlich ist. Am Klinikum Lünen verwenden wir dann vorzugsweise Mivacurium in einer reduzierten Dosis (0,07–0,15 mg/kg) zusammen mit Remifentanil-Propofol; die von einer einzelnen Arbeitsgruppe [6] berichteten unzureichenden Intubationsbedingungen können wir in der klinischen Praxis nicht bestätigen. Wichtig ist, dass in allen Fällen, in denen Muskelrelaxanzien angewandt werden, danach auch relaxometriert wird, um vor der Extubation eine Wiederkehr der neuromuskulären Funktion (TOF-Quotient >0,9) sicherzustellen!

16.1.7 Hygienische Aspekte

Bei der Anwendung von Propofol und anderen Medikamenten müssen strikte hygienische Regeln beachtet werden. So gibt es inzwischen eine Reihe von Berichten über schwere septische Komplikationen und auch Todesfälle durch kontaminiertes Propofol, u. a. von der Arzneimittelkommission der deutschen Ärzteschaft [1]. Wie bei allen anderen Fettlösungen besteht bei Propofol (und natürlich auch bei Etomidat lipuro®) die große Gefahr, dass es bei bakterieller Kontamination zu einem geradezu explosionsartigen Wachstum der Bakterien in der Fettlösung kommt. Aus diesem Grund wird noch einmal auf das hygienisch korrekte Vorgehen hingewiesen:

- Propofol immer erst unmittelbar vor Gebrauch aufziehen und auf steriles Vorgehen achten!
- Wird ein Propofolfläschchen mit Gummikappe verwendet, so muss die Gummikappe der Propofolstechampulle vor der Entnahme mit Alkohol desinfiziert werden.
- Der Inhalt von Spritzen sowie die jeweiligen Infusionsbestecke sind nur zur Anwendung bei einem Patienten bestimmt.
- Geöffnete Propofolampullen oder geöffnete Propofolfläschchen dürfen keinesfalls über Nacht im Kühlschrank gelagert und dann am nächsten Tag weiterverwendet werden!
- Für Etomidat lipuro® gilt das Gesagte gleichermaßen.

16.1.8 Atemwegsmanagement bei ambulanter Anästhesie

In den meisten Fällen der ambulanten Anästhesie erfolgt die Atemwegssicherung heute mit einer Larynxmaske, wobei sich vielerorts die Verwendung von Einmallarynxmasken durchgesetzt hat, da diese meist auch kostengünstiger sind, weil der Reinigungs- und Desinfektionsprozess entfällt [3].

In der Regel wird bei nüchternen Elektivpatienten ohne besondere Risikofaktoren eine Standardlarynxmaske in ihren verschiedenen Modifikationen verwendet, z. B. LMA Unique®, Ambu Aura Once®, Intersurgical Solus®, Intersurgical I-Gel® u. a. Allerdings gibt es für den Einsatz einer Larynxmaske auch verschiedene Kontraindikationen, bei deren

Vorliegen eine endotracheale Intubation erfolgen sollte. Dies sind im Wesentlichen [13]:

- erhöhtes Aspirationsrisiko, z. B. bei Ileus oder verzögerter Magenentleerung, z. B. durch Trauma, starke Schmerzen, Opioide;
- hohe Beatmungsdrücke, z. B. bei restriktiven Ventilationsstörungen;
- anatomische Hindernisse, z. B. oropharyngeale Tumoren;
- relative Kontraindikationen und umstrittene Kontraindikationen wie Adipositas oder ein nahrungsabhängiger gastroösophagealer Reflux.

In den Fällen relativer oder umstrittener Kontraindikationen [13], z. B. bei Adipositas oder nahrungsabhängigen gastroösophagealen Refluxbeschwerden, erfolgt eine Einzelfallentscheidung: Sofern nicht intubiert wird, verwenden wir am Klinikum Lünen in diesen Fällen bevorzugt Einmallarynxmasken von Typ „LMA Supreme", da diese wie die Proseal-LMA einen höheren oropharyngealen Leckagedruck ermöglichen und zusätzlich der Magen über einen gesonderten Drainagekanal abgesaugt werden kann [30]. Hingegen werden Patienten mit Hiatushernie eher intubiert; Laparoskopien werden ausschließlich in Intubationsnarkose durchgeführt.

16.1.9 Konzept zur ambulanten Anästhesie

In der klinischen Praxis der ambulanten Anästhesie erhält der einzelne Patient neben den eigentlichen Anästhetika noch einige andere Substanzen, v. a. zur PONV-Prophylaxe und zur postoperativen Schmerztherapie, seltener auch z. B. zur perioperativen Antibiotikaprophylaxe u. a. Hierbei sind nachfolgende Punkte zu beachten:

▪ ▪ Prämedikation

Ambulante Patienten erhalten in der Regel keine Prämedikation. Sehr selten (!) kann es erforderlich sein, den Patienten vor der Anästhesieeinleitung zu sedieren, dann am besten mit 1(–2) mg Midazolam i.v. oder mit 10-mg-Boli Propofol i.v. Der Patient muss dann aber kontinuierlich überwacht werden!

▪ ▪ PONV-Prophylaxe

Im Jahr 2014 hat die Society for Ambulatory Anesthesia (SAMBA) ihre aktualisierte Leitlinie zum PONV-Management bei ambulanten Eingriffen publiziert [10]. Hiernach können die PONV-Risikofaktoren bei erwachsenen Patienten folgendermaßen klassifiziert werden:

- Patienteneigene Risikofaktoren: weibliches Geschlecht, Nichtraucherstatus, Anamnese für PONV oder Reisekrankheit sowie Alter <50 Jahre,
- anästhesiologische Risikofaktoren: Verwendung von Lachgas oder volatilen Inhalationsanästhetika sowie postoperative Opioidgabe,
- chirurgische Risikofaktoren: Art und Dauer des chirurgischen Eingriffs. Sog. Risikoeingriffe sind insbesondere Laparoskopien, die Cholezystektomie sowie gynäkologische Eingriffe.

Basierend auf diesen Risikofaktoren empfiehlt die Expertengruppe sog. „Basismaßnahmen" zur PONV-Prophylaxe, die im Wesentlichen auf der Umgehung vermeidbarer Risiken beruhen. Hierzu gehören [10]:

- Verwendung von Propofol zur Anästhesieeinleitung und -führung,
- Verzicht auf Lachgas,
- möglichst Verzicht auf volatile Inhalationsanästhetika,
- möglichst Reduktion des postoperativen Opioidbedarfs,
- adäquate Infusionstherapie (Hydrierung),
- ggf. Verzicht auf eine Allgemeinanästhesie und Durchführung kleiner Eingriffe in Regionalanästhesie, bspw. für eine kleine Metallentfernung.

Neben diesen Basismaßnahmen spricht sich die SAMBA-Leitlinie für eine risikoadaptierte PONV-Prophylaxe aus [10]. Hierzu stehen in Deutschland insbesondere zur Verfügung:

- Dexamethason, z. B. 4 mg Fortecortin®. Dexamethason sollte möglichst frühzeitig nach Anästhesieeinleitung gegeben werden, aber nicht schon im Wachzustand, weil es gelegentlich zu sehr unangenehmen Brennschmerzen im Genital- und Perinealbereich führen kann.

- $5\text{-}HT_3$-Rezeptorantagonisten (sog. Setrone), u. a. Ondansetron, z. B. 4 mg Zofran®. Ondansetron sollte – wie fast alle Setrone – am besten erst kurz vor OP-Ende injiziert werden.
- Dimenhydrinat, z. B. 62 mg Vomex A®. Dimenhydrinat kann bspw. im Aufwachraum als „Rettungsmedikament" eingesetzt werden, wenn alles andere versagt hat, führt aber zu Benommenheit und Müdigkeit. Es wird am besten als Kurzinfusion oder als Zusatz zur laufenden Infusion gegeben.
- Droperidol, z. B. 0,625–1,25 mg Xomolix®, ist ähnlich gut antiemetisch wirksam wie die $5\text{-}HT_3$-Antagonisten, war aber wegen einer QT-Zeit-Verlängerung in der Diskussion und spielt – auch wegen des nach der Wiederzulassung höheren Preises – keine wesentliche Rolle mehr.

▪▪ Übelkeit und Erbrechen nach Entlassung

Zudem hat die aktuelle SAMBA-Leitlinie [10] erstmalig einen Risikoscore für Übelkeit und Erbrechen nach Entlassung („postdischarge nausea and vomiting", PDNV) aufgenommen, der folgende Risikofaktoren definiert:
- weibliches Geschlecht,
- PONV-Anamnese,
- Alter < 50 Jahre,
- Opioide im Aufwachraum sowie
- Übelkeit im Aufwachraum.

Liegt kein Risikofaktor vor, liegt die Wahrscheinlichkeit für PDNV bei 10%, bei 5 Risikofaktoren hingegen bei 80% (◘ Tab. 16.2). Dieser Score ist für ambulante Eingriffe entwickelt worden und hilft bei der Entscheidung, welchem Patienten beispielsweise ein orales Antiemetikum nach Hause mitgegeben werden sollte.

◘ Tab. 16.2 Wahrscheinlichkeit für Übelkeit und Erbrechen nach Entlassung („postdischarge nausea and vomiting", PDNV) in Abhängigkeit von der Anzahl der Risikofaktoren (nach [10])

Anzahl der Risikofaktoren	PDNV-Wahrscheinlichkeit
0	10%
1	20%
2	30%
3	50%
4	60%
5	80%

▪▪ Wärmemanagement

Mit Einleitung der Anästhesie kommt es zu einer Aufhebung der funktionellen Trennung zwischen warmem Körperkernblut und kaltem Körperschalenblut. Infolge der Durchmischung resultiert ein Kerntemperaturabfall, gleichzeitig wird die Körperperipherie von wärmerem Mischblut perfundiert, die Venen treten besser hervor, aber der Patient ist nun auch besonders anfällig für Temperaturverluste durch Entkleiden und Desinfektionsalkoholverdunstung. Weiterhin ist bekannt, dass ein Auskühlen von Patienten zu einer verlängerten Aufwachzeit [21], zu mehr Wundinfektionen [20] und mehr Gerinnungsstörungen führen kann. Auch wenn diese Effekte bei den ambulant meist kleineren und damit kürzeren Eingriffen nicht so ins Gewicht fallen wie beispielsweise bei „großen" abdominalchirurgischen Eingriffen, sollte bei allen ambulanten Eingriffen generell auf ein adaptiertes Wärmemanagement geachtet werden. Hierzu können folgende Maßnahmen ergriffen werden:
- Alle Patienten sollten während des Eingriffs gut zugedeckt sein.
- Angewärmte Infusionen sind zwar zur Erwärmung des Patienten ungeeignet, können aber einen zusätzlichen Temperaturverlust verhindern.
- „Prewarming": Die Patienten werden vor der Anästhesieeinleitung bereits mit einem Warmluftgebläse gewärmt. Dies wird von den meisten Patienten als sehr angenehm empfunden und erhöht die Körperschalentemperatur. Erfahrungsgemäß ist diese Maßnahme bei allen Eingriffen mit einer OP-Dauer <10–15 min ausreichend.
- Warmluftdecken kommen zum Einsatz, wenn der Eingriff (vermutlich) länger als 15 min dauert.
- Die Verwendung eines Warmluftgebläses, das einfach unter die normale Patientendecke

gesteckt wird („hosing"), birgt ein Verbrennungsrisiko für den anästhesierten Patienten.

Überwachung der „Narkosetiefe"

Aus verschiedenen Untersuchungen ist bekannt, dass der Einsatz von BIS- oder Narcotrend-Monitoring die Aufwachzeiten insbesondere bei Anwendung von Propofol weiter verkürzen kann [17], während sich bei Desfluran aufgrund der ohnehin guten Steuerbarkeit kein wesentlicher Zeitgewinn mehr erzielen lässt [18]. Wird ein EEG-Monitor zur Überwachung der „Narkosetiefe" verwendet, so wird intraoperativ z. B. ein BIS-Wert von 40–50, bei Verwendung des Narcotrend-Monitors ein Stadium D–E angestrebt [34].

Postoperative Schmerztherapie

Die postoperative Schmerztherapie stellt einen wichtigen Baustein beim Gelingen des ambulanten Operierens dar und wird daher in einem eigenen Beitrag behandelt (▶ Abschn. 16.4). Generell kann man sagen, dass die bestmögliche Schmerztherapie mit Lokalanästhesie oder peripheren Regionalanästhesieverfahren erreicht werden kann, sodass diese Techniken immer dann angewandt werden sollten, wo dies nach Aufwand- und Risikoabwägung sinnvoll machbar ist.

Ansonsten erfolgt die postoperative Schmerztherapie am besten mit einem oder der Kombination von zwei Nichtopioidanalgetika, nur „größere" ambulante Eingriffe benötigen die Gabe von Opioiden. Dabei ist zu berücksichtigen, dass bei Remifentanil-basierter Anästhesie eine rechtzeitige, „vorsorgliche" Analgetikagabe erfolgen muss. Je nach Intensität der erwarteten postoperativen Schmerzen werden prophylaktisch beispielsweise Metamizol, Dexketoprofen (z. B. Sympal®), Paracetamol, Diclofenac, Piritramid oder Pethidin verwendet [35]. Erfahrungsgemäß dauert der Wirkungseintritt dieser Schmerzmittel 20–30 min, sodass sie am besten 30 min vor OP-Ende zugeführt werden sollten – bei ambulanten Operationen also schon vor oder spätestens unmittelbar nach der Anästhesieeinleitung!

16.1.10 Praktisches Vorgehen

Wie macht man eine ambulante Allgemeinanästhesie konkret? Wir machen es in unserem ambulanten OP-Zentrum am Klinikum Lünen meist folgendermaßen:

Im Anästhesieeinleitungsraum:

- Der Patient legt sich auf den fahrbaren OP-Tisch,
- „Prewarming" mit einem Warmluftgebläse,
- Anlage von Monitoring und Venenverweilkanüle,
- Kurzinfusion von einem oder zwei Nichtopioiden, meist 1 g Metamizol und 50 mg Dexketoprofen als Kurzinfusion,
- Anlage der Narcotrend-Elektroden auf der Stirn.

Wenn der vorhergehende Patient ausgeschleust und der OP-Saal gereinigt ist:

- Einfahrt mit dem Patienten auf dem OP-Tisch in den OP-Saal,
- Anschluss des Monitorings inkl. des Narcotrend-Monitors zur Überwachung der „Narkosetiefe",
- Anästhesieeinleitung mit Propofol- und Remifentanilperfusor,
- Einlage einer Larynxmaske oder Muskelrelaxierung und Intubation,
- weitere Anästhesieführung mit Remifentanil und Propofol (oder seltener Desfluran),
- meist Gabe von 4 mg Dexamethason und 4 mg Ondansetron zur PONV-Prophylaxe,
- Warmhalten des Patienten, ggf. auch Warmluftdecke bei längeren ambulanten Eingriffen,
- vor der Extubation Relaxometrie, sofern Muskelrelaxanzien angewandt wurden,
- individuelle postoperative Schmerztherapie, sofern möglich mit einer Lokalanästhesie, bei „größeren" ambulanten Eingriffen ggf. mit einer kleinen Dosis Piritramid (dies sollte dann möglichst frühzeitig gegeben werden, z. B. nach der Anästhesieeinleitung),
- Extubation im OP-Saal, dann Transport des Patienten unter Aufsicht des Anästhesisten in den Aufwachraum und Überwachung dort.

Aufwachraum und danach:

Im Aufwachraum werden EKG, Blutdruck und Sauerstoffsättigung kontinuierlich mittels Monitor überwacht. Der Patient kann häufig schon etwas Wasser oder Kaffee trinken. Je nach Eingriff kann der Patient den Aufwachraum meist nach etwa 15–30 min mit Hilfe verlassen, sich mit Hilfe anziehen und wartet dann unter visueller Überwachung in einem Liegesessel in unserem Ruheraum. Hier wird der Patient etwa 120 min nach OP-Ende von einem erwachsenen Betreuer „gegen Unterschrift" abgeholt.

16.2 Regionalanästhesie

T. Standl

16.2.1 Grundsätzliche Aspekte

Für ambulante Eingriffe an den Extremitäten und im Unterleibsbereich kommen grundsätzlich alle Techniken der Regionalanästhesie (RA) infrage:
- Lokalanästhesie inkl. kontinuierliche Wundinfusion,
- intravenöse Regionalanästhesie (IVRA),
- periphere Nerven- und Plexusblockaden (PNB),
- rückenmarknahe Blockaden.

Im Setting des ambulanten Operierens sind ein schneller Anschlag, eine gute Steuerbarkeit der Ausbreitung sowie eine zuverlässige Rückbildung der Blockade essenziell.

Dabei ist eine mehrstündige Dauer der sensorischen Blockade im Hinblick auf eine postoperative Schmerztherapie durchaus erwünscht, während die motorische Blockade nach Beendigung des Eingriffs in aller Regel unerwünscht ist. Einige Lokalanästhetika haben den Vorteil, diesen sog. Differenzialblock zumindest im Ansatz zu ermöglichen (z. B. Ropivacain > Bupivacain). Zusätzliche Beeinträchtigungen, die beispielsweise die Entlassung eines ambulant in RA operierten Patienten verzögern können, sind bei speziellen Techniken verfahrensimmanent (Blasenentleerungsstörung nach rückenmarknahen Blockaden). Bei Spinal- und (den eher selten durchgeführten) Epiduralanästhesien finden daher eher kurz- bis mittellang wirkende Lokalanästhetika eine Anwendung.

Bei den PNB und Plexusanästhesien kann eine mehrere Stunden über die Operation hinausgehende sensorische und motorische Blockade erreicht werden. Es besteht die grundsätzliche Gefahr einer Schädigung der Extremität nach Entlassung des Patienten, beispielsweise durch eine aufgrund der fortbestehenden Blockade nicht bemerkten Druckeinwirkung mit Ulzera oder Schädigung peripherer Nerven. Aus Furcht vor medikolegalen Konsequenzen werden diese Blockadetechniken von einigen ambulant tätigen Anästhesisten daher nicht durchgeführt. Andererseits vergibt man sich durch den Verzicht auf PNB die effektivste Form der postoperativen Analgesie bei Extremitäteneingriffen. Aufgrund der jahrelangen sehr positiven Erfahrungen in den USA und Skandinavien werden diese Techniken auch in Deutschland im Sinne einer „good clinical practice" zunehmend im ambulanten Operieren eingesetzt [38–40] (▶ Kap. 14).

Die Regionalanästhesie (RA) bietet im Vergleich zur Allgemeinanästhesie – zumindest bei PNB und nicht allzu hoher rückenmarknaher Blockade – zweifelsfrei Vorteile:
- fehlende zentralnervöse Beeinflussung,
- fehlende respiratorische Beeinflussung,
- hämodynamische Stabilität,
- reduzierter Blutverlust,
- weniger PONV.

Einige dieser Vorteile gelten allerdings nur, wenn auf Supplementierung z. B. mit Benzodiazepinen, Opioiden oder Hypnotika verzichtet wird. Dies gilt insbesondere für geriatrische Patienten, die ein deutlich höheres Risiko für ein postoperatives Delir aufweisen [41]. Hier scheint der Verzicht auf sedierende Pharmaka, insbesondere Benzodiazepine, einen günstigen Einfluss auf die Häufigkeit und Schwere des postoperativen Delirs auszuüben [42]. Unbestritten ist die insuffiziente postoperative Schmerztherapie als Trigger für ein Delir [43]. Demzufolge könnte die RA aufgrund der teilweise lang anhaltenden Analgesie diesbezüglich Vorteile bringen. Auch die nur mehrstündige Unterbrechung der Homöostase und zeitnahe Rückkehr in das gewohnte häusliche Ambiente trägt zu einer Reduktion der Delirhäufigkeit bei [43].

Wichtig sind in diesem Zusammenhang die optimale Durchführung und der Erfolg der RA gerade bei Risikopatienten, da sich ansonsten eher Nachteile durch additive Maßnahmen zeigen [44].

16

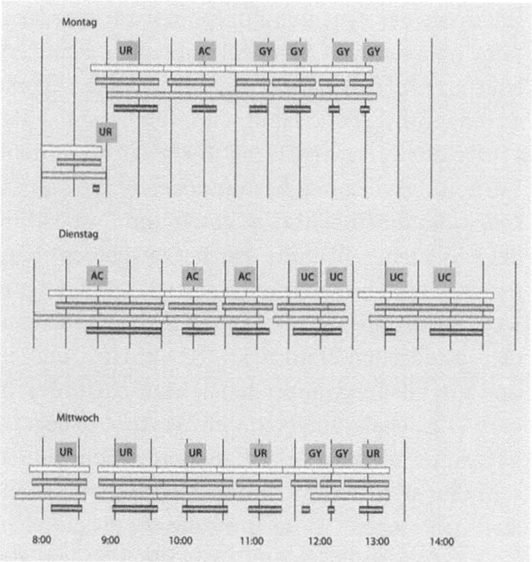

Abb. 16.3 Workflow im ambulanten OP-Zentrum des SKS. UR: Urologie, AC: Allgemeinchirurgie, GY: Gynäkologie, UC: Unfallchirurgie. Unterster Balken: Schnitt-Naht-Zeit

Der Zeitaufwand für die Durchführung einer Blockade liegt zumindest für die PNB deutlich über der Einleitungszeit einer Allgemeinanästhesie inkl. Platzieren der Larynxmaske oder Intubation. Dies wird von den Gegnern der RA im ambulanten Setting immer wieder aufgeführt, da hier ja vor allem der Zeitfaktor besonders ins Gewicht fällt (Abb. 16.3). Dieser Nachteil wird teilweise am Ende der Operation kompensiert, da eine Ausleitphase und meist auch eine Betreuung im Aufwachraum entfallen und aufgrund der oben geschilderten ausgezeichneten Analgesie eine rasche Entlassung des Patienten möglich ist, vorausgesetzt die notwendigen Kautelen sind erfüllt.

Die Bedeutung einer optimalen postoperativen Schmerztherapie für die Reduktion perioperativer Komplikationen wie Delir und Verbesserung des postoperativen Outcomes ist mittlerweile – auch und gerade bei älteren Risikopatienten – unumstritten. Die Regionalanalgesie ist in Bezug auf die Schmerzreduktion einer systemischen Analgesie überlegen [45].

Von großer Bedeutung bei der Durchführung ambulanter Regionalanästhesien ist ausführliches Informationsmaterial für die Patienten. Insbesondere das postoperative Verhalten muss gut dargestellt werden, und die wichtigsten Telefonnummern des Krankenhauses müssen aufgeführt sein, damit der Patient bei Beschwerden bzw. in Notsituationen zu Hause problemlos im Krankenhaus Rat einholen kann. Dies gilt in besonderem Maße, wenn Plexuskatheter oder Wundinfusionspumpen (▶ Abschn. 16.4) ambulant eingesetzt werden. Darüber hinaus sollte ein Arzt der zuständigen Fachabteilung mit den am Tage operierten oder behandelten Patienten abends idealerweise telefonisch Kontakt aufnehmen, um sich nach deren Befinden zu erkundigen. Am nächsten Tag muss sich der Patient entweder zur fachärztlichen Entfernung des Schmerzkatheters oder zur Wiederbefüllung des LA-Reservoirs bzw. zum Check der Schmerzpumpe vorstellen.

Obwohl vor allem aus den USA und skandinavischen Ländern zahlreiche Beiträge zum gefahrlosen Einsatz von Kathetern und Schmerzpumpen zur PNB in der postoperativen Analgesie im ambulanten Bereich publiziert sind, gibt es in Deutschland nach wie vor Ängste vor Komplikationen mit diesen Verfahren im häuslichen Bereich und entsprechenden forensischen Konsequenzen.

16.2.2 Verfahren und Medikamente

Grundsätzlich gilt für alle RA-Verfahren der gleiche Sicherheitsstandard hinsichtlich Anlage der Blockade (z. B. Kontraindikationen ausschließen), Anwendung von Ultraschall oder Nervenstimulatoren (oder beiden) bei PNB sowie der gleiche Überwachungsstandard wie bei stationären Patienten und Patienten in Allgemeinanästhesie (EKG, NIBD, Pulsoxymetrie).

Lokalanästhesie und Wundinfusion

Ein Pflaster mit einer eutektischen Mischung aus gleichen Anteilen Lidocain und Prilocain (EMLA®) bewirkt nach etwa 30 min Einwirkzeit eine Anästhesie der Haut, sodass kleinere oberflächliche Eingriffe (Warzen, Naevi, Dermabrasio) schmerzfrei durchgeführt werden können. Zu beachten sind die ausschließliche Applikation auf der intakten Haut (Gefahr der gesteigerten LA-Resorption über lädierten Hautarealen oder Schleimhäuten) sowie eine Kontraindikation bei Säuglingen <3 Monate, da der Methämoglobinbildner Prilocain aufgrund des unreifen (Reduktions-)Enzymsystems eine gefährliche Methämoglobinämie auslösen kann. Eine Oberst'sche Leitungsanästhesie an den Fingern oder ein Feldblock bzw. Infiltrationsanästhesien mit LA (inguinal für Leistenbrüche bzw. für Retinaculumspaltung bei Karpaltunnelsyndrom) bewirken eine gute lokale Anästhesie.

Die direkte Infiltration von Wundrändern mit LA am Ende der Operation und die Applikation von 10–20 ml Bupi- oder Ropivacain in die Wunde vor Verschluss (sog. Splash-Technik) durch den Operateur bewirken bei umschriebenen bis mittelgroßen Operationen eine sehr gute postoperative Analgesie bis zu 10 Stunden. Diese Methode eignet sich wegen ihrer Einfachheit besonders gut für ambulante Patienten. Die Effektivität dieses Verfahrens kann durch Verwendung von elastomeren Pumpen zur kontinuierlichen Wundinfusion, die über 24–48 h über spezielle Mehrlochkatheter eine zu bestimmende Dosis an LA (6–10 ml/h) ins Wundgebiet applizieren, deutlich gesteigert werden (▶ Abschn. 16.4). Der Katheter kann am nächsten Tag während der ambulanten Nachuntersuchung schmerzlos gezogen oder bei Bedarf eine weitere elastomere Schmerzpumpe mit LA angeschlossen werden.

▪▪ IVRA

Die IVRA ist eine einfache, effektive und preiswerte Technik der Regionalanästhesie. Durch Injektion hoher Volumina (!) niedrig konzentrierter LA in das zuvor durch Kompression entleerte Venensystem des Unterarms oder Unterschenkels können nach Diffusion des LA an die peripheren Nervenendigungen umschriebene Eingriffe im Bereich von Fuß, Unterschenkel, Hand oder Unterarm durchgeführt werden.

Eine pneumatisch insufflierbare Tourniquetmanschette wird proximal an der Extremität angebracht. Nach möglichst weit distal gelegener Anlage eines i.v.-Zugangs wird die betreffende Extremität mit einer Gummibandage ausgewickelt. Anschließend wird die proximal gelegene Manschette auf Werte um 100 mmHg über dem systolischen Blutdruck des Patienten aufgepumpt und eine langsame Injektion von 40–60 ml eines niedrig konzentrierten LA (Prilocain 0,5%) in den Venenzugang durchgeführt. Prilocain bietet sich wegen seiner vergleichsweise niedrigen Toxizität bei hohem Verteilungsvolumen besonders an (cave Methämoglobinämie bei hohen Dosen und Disposition des Patienten, z. B. starke Raucher, angeborene Methämoglobinämie, schwere Anämie!). Nach 10 min wird die distale Manschette auf den entsprechenden systolischen Blutdruck +100 mmHg insuffliert und anschließend die proximale Manschette desuffliert. Die distale, aufgepumpte Manschette liegt im jetzt anästhesierten Gebiet, sodass der Tourniquetschmerz nicht mehr verspürt wird. Frühestens 20–30 min nach OP-Beginn kann die distale Manschette für wenige Sekunden geöffnet und wieder insuffliert werden, bevor eine endgültige Desufflation erfolgt. Bei korrekter Anwendung ist das Risiko der IVRA gering.

> **!** **Eine rasche i.v.-Abflutung des LA ist bei der IVRA unbedingt zu vermeiden (LA-Intoxikation!).**

Dies wird durch den Einsatz des Tourniquets, Beachtung der Höchstdosen, Fixierungszeiten der LA und vorsichtige schrittweise Reduktion des Manschettendrucks sowie lückenlose Überwachung des Patienten gewährleistet.

▪▪ Periphere Nerven- und Plexusblockaden (PNB)

Indikationen für PNB sind Eingriffe an der oberen und unteren Extremität oder Kontraindikationen gegen rückenmarknahe Blockaden. PNB werden durch die Applikation von relativ hohen Dosen von LA in die unmittelbare Nähe von Nerven, Nervenstämmen und Plexus durchgeführt, nachdem diese sonographisch und/oder durch Stimulation der Kennmuskeln mittels Nervenstimulator identifiziert wurden. Es sollten ausschließlich isolierte und stumpf geschliffene Punktionskanülen zur Anwendung kommen.

> **!** **Die Höchstdosis für LA muss unbedingt beachtet werden (◘ Tab. 16.3)! Es liegen für PNB keine validierten LA-Höchstdosen vor, die empfohlenen Höchstdosen der**

Tab. 16.3 Dosis (mg) für maximale Einzelinjektion und Grenzdosis bei fraktionierter Injektion von Lokalanästhetika in der EDA

LA	Ohne Adrenalin	Mit Adrenalin	Protrahierte Injektion
Lidocain	400 mg	500 mg	500 mg
Mepivacain	400 mg	500 mg	500 mg
Prilocain	600 mg	600 mg	700 mg
Bupivacain	150 mg	150 mg	200 mg Infusion: 20 mg/h
Levobupivacain	150 mg	Keine Daten	200 mg
Ropivacain	250 mg	250 mg	300 mg Infusion: 30 mg/h

LA in der EDA können aber als Orientierungshilfe dienen. Bei Schwangeren im letzten Trimenon und bestimmten Begleiterkrankungen (terminale Niereninsuffizienz, M. Crohn etc.) gelten aufgrund der Hypalbuminämie und möglicher Erniedrigung des α1-sauen Glykoproteins niedrigere Werte.

Es kommen vor allem Prilocain als mittellang und vergleichsweise weniger toxisches LA und Ropivacain als im Vergleich zu Bupivacain vergleichsweise lang wirkendes LA mit geringerer Kardiotoxizität zum Einsatz.

Ein Vorzug der PNB besteht in

- der großen therapeutischen Sicherheit,
- umschriebenen motorischen Blockaden an nur einer Extremität sowie
- fehlender Beeinträchtigung der Blasenfunktion.

Tab. 16.4 gibt eine Übersicht über die wichtigsten Vor- und Nachteile von PNB und rückenmarknahen Blockaden.

Die Nachteile der PNB liegen in

- der gelegentlich unzureichenden Anästhesie im Operationsgebiet,
- einem teilweise höheren Zeitaufwand sowie
- der sehr seltenen Gefahr von Nerven-, Blutgefäß- und Pleuraverletzungen [46].

Bei wiederholter Aspiration und fraktionierter Injektion, möglichst über Katheter, ist die akzidentelle Injektion von LA in Blutgefäße weitgehend vermeidbar.

Als Kontraindikationen für PNB gelten

- infizierte Punktionsstellen und
- Allergie gegen LA.

Bei Patienten mit Störungen der Blutgerinnung ist die Indikationsstellung streng zu prüfen. Bestimmte Verfahren wie z. B. der Psoas-Kompartmentblock (PKB) dürfen unter Einnahme von Thrombozytenaggregationshemmern und/oder Heparin sowie DOAK (direkte orale Antikoagulanzien) nicht durchgeführt werden, während z. B. ein Femoralisblock oder eine axilläre Plexusblockade zu vertreten sind [47].

Im Vergleich zu den anderen Techniken der RA sind die Kosten für das Equipment (Sonographiegerät, Nervenstimulator, spezielle Punktionskanülen und Kathetersets) bei PNB relativ hoch.

Im Hinblick auf eine zunehmende Anzahl ambulanter Operationen erlangen PNB, die ausgezeichnete Operationsbedingungen und vielfach eine mehrstündige postoperative Analgesie gewährleisten, wachsende Bedeutung. Durch die Zunahme der Ultraschall-gesteuerten PNB wird sich die Effektivität und Sicherheit der Blockaden in nächster Zeit durch die zunehmende Routine der Anästhesisten erhöhen.

An Techniken zur Blockade des Plexus brachialis kommen zur Anwendung:

- interskalenäre Blockade für Eingriffe an der Schulter,

Tab. 16.4 Techniken der RA im Vergleich

Spinalanästhesie	Epiduralanästhesie	PNB
Einfach	Schwieriger	Schwieriger
Schnell (5 min)	20 min	15–30 min
Sehr effektiv	Effektiv	Effektiv
Hervorragende Muskelrelaxierung	Mittelgradige Muskelrelaxierung	Gute Muskelrelaxierung
Moderates Trauma	Höheres Trauma	Moderates Trauma
Preiswert	Höhere Kosten	Höhere Kosten (v. a. durch Katheter und Ultraschall)
Single dose: keine Titration Kurze postoperative Analgesie	Katheter obligat, Titration möglich Postoperative Analgesie +++	Katheter manchmal schwierig, Titration möglich Postoperative Analgesie +++
RR-Abfall rasch Blasenfunktion gestört	Kreislaufschonend Blasenfunktion teilweise gestört	Kreislaufschonend Blasenfunktion nicht gestört

- supra- oder infraklavikulare Blockade für Eingriffe an Oberarm und Olekranon sowie
- axilläre Blockade für Eingriffe an Unterarm und Hand.

Seltene spezifische Nebenwirkungen oder Komplikationen dieser Techniken sind N.-phrenicus- oder N.-recurrens-Parese, Hornersyndrom oder akzidentelle Spinal- bzw. Epiduralanästhesie (interskalenär) sowie Pneumothorax oder Schulterluxation (supra- oder infraklavikulär) [48]. Die axilläre Blockade ist im Vergleich die Technik mit der geringsten Komplikationsrate.

Für Eingriffe an der unteren Extremität kommt vor allem eine Kombination aus Blockade des Plexus lumbalis (PKB) oder des N. femoralis mit einer N.-ischiadicus-Blockade, aber auch die Blockade einzelner Nerven wie z. B. des N. saphenus, infrage. Für die PKB und die dorsale Ischiadikusblockade gelten hinsichtlich der Blutgerinnung die gleichen Kautelen wie für rückenmarknahe Blockaden (Tab. 16.5).

Zu beachten ist, dass insbesondere bei Verwendung lang wirksamer LA wie Ropivacain erhebliche motorische Beeinträchtigungen bei Entlassung des Patienten bestehen, die eine Sturzgefahr erhöhen [49].

Wie bereits oben beschrieben ist eine umfangreiche Aufklärung des Patienten, unterstützt durch schriftliches Informationsmaterial, und eine zuverlässige Betreuung durch eine Begleitperson unbedingte Voraussetzung für die Durchführung von PNB im ambulanten Bereich.

Umschriebene Operationen im Bereich von Mittelfuß und Zehen können durch einen sog. Fußblock anästhesiert werden, der auch eine mehrstündige postoperative Analgesie bewirkt.

Bei Eingriffen im Bereich des unteren Abdomens (z. B. Hernienchirurgie) bietet sich die US-gesteuerte einseitige Blockade der Nn. infrainguinalis und iliohypogastricus oder der Transversus-abdominis-plane-Block (TAP) an. Bei Zirkumzisionen bewirkt der Peniswurzelblock eine mehrstündige postoperative Schmerzfreiheit bei Patienten aller Altersklassen.

Rückenmarknahe Blockaden

Die Epiduralanästhesie (EDA) wird im ambulanten Operieren eher selten, und dann meist als lumbale Single dose-EDA, sehr selten mit Katheter eingesetzt. Gründe sind

- die vergleichsweise strengen Kontraindikationen, vor allem in Zusammenhang mit dem zeitlichen Abstand zur Einnahme von Antikoagulanzien [50] (Tab. 16.5),
- der zeitliche Aufwand der Blockade sowie

Tab. 16.5 Auszug aus der S1-Leitlinie zu RA in Zusammenhang mit Gerinnungshemmern [50]

Präparat	Zeitlicher Abstand vor Punktion	Zeitlicher Abstand nach Punktion	Laborkontrolle
UFH (niedrig dosiert)	4 h	1 h	Thrombozyten >5d Anwendung
UFH (hoch dosiert)	4–6 h i.v. 8–12 h s.c.	1 h	aPTT, ACT, Thrombozyten
NMH (niedrig dosiert)*	12 h	4 h	Thrombozyten >5d Anwendung
NMH (hoch dosiert) *	24 h	4 h	Thrombozyten, Anti-Xa-Spiegel
Fondaparinux*	36–42 h	6–12 h	Anti-Xa-Spiegel
Rivaroxaban* 1×10 mg 2×15 mg oder 1×20 mg	22–26 h 44–65 h	6 h 6 h	Anti-Xa-Spiegel Anti-Xa-Spiegel
Apixaban* 2×2,5 mg 2×5 mg	26–30 h 40–75 h	6 h 6 h	Anti-Xa-Spiegel Anti-Xa-Spiegel
Dabigatran* 1×150 mg 2×150 mg	28–34 h 56–85 h	6 h 6 h	ACT, TT
Vitamin-K-Antagonisten	INR <1,4	Nach Katheterentfernung	INR
ASS (100 mg/die)	–	–	–
Clopidogrel Ticlopidin Prasugrel Ticagrelor	7–10 d 7–10 d 7–10 d 5 d	6 h nach Katheterentfernung	–
NSAR	–	–	

UFH: unfraktioniertes Heparin; aPTT: aktivierte partielle Thromboplastinzeit; NMH: niedermolekulares Heparin; ACT: „activated clotting time"; ASS: Acetylsalicylsäure (Aspirin); INR: International normalized ratio; NSAR: nichtsteroidale Antirheumatika; TT: Thrombinzeit. * cave: Nierenfunktion beeinflusst HWZ!

- Nebenwirkungen wie lang dauernde motorische Blockaden beider unterer Extremitäten und Beeinflussung der Miktionsfähigkeit.

Als kurz wirksames LA mit schnellem Anschlag wird Lidocain 2%, bei gewünscht mehrstündiger Blockade Ropivacain 0,75% (besserer Differenzialblock) sowie Bupivacain 0,5% eingesetzt.

Die Spinalanästhesie (SPA) eignet sich für kurze bis mittellange Operationen an der unteren Extremität (Materialentfernung nach Osteosynthese, Arthroskopie, Varizenentfernung), am Unterbauch (Herniotomie) sowie für urogenitale und proktologische Eingriffe. Hier hat sich vor allem hyperbares LA bewährt, da dieses bei subarachnoidaler Injektion am sitzenden Patienten zuverlässig die sakralen Spinalnerven blockiert. Hierzu stehen Bupivacain 0,5% iso- und hyperbar, Ropivacain 0,5% isobar, Prilocain 2% hyperbar und neuerdings auch Chloroprocain 1% zur Verfügung. Vorteile der SPA sind der rasche Anschlag der Blockade innerhalb weniger Minuten, die zuverlässige Wirkung mit hoher Effektivität bei niedrigen Kosten. Nachteile der langwirksamen LA sind die z. T. über Stunden andauernde Motorschwäche in der unteren Extremität und die Störung der Miktion, die viele Stunden postoperativ andauern kann. Hier bieten die kurz wirksamen LA Chloroprocain (40 min) und Prilocain (60–90 min) einen klaren Vorteil. Nach SPA können transitorisch neurologische Symptome (TNS) über 1–3 Tage auftreten, die nach Chloroprocain offensichtlich gar nicht, nach Prilocain (1,7%) und Bupivacain (1,1%) signifikant seltener auftreten als nach Mepivacain (19%) und

Lidocain (17%) [51, 52]. Postpunktionelle Kopfschmerzen (PPKS) treten bei Verwendung dünner Pencil-point-Kanülen (25–26 G) in weniger als 1,5% der Fälle auf. Gravierende Komplikationen wie Subdural- oder Epiduralhämatome sind bei Beachtung der Empfehlungen (▣ Tab. 16.5) extrem selten [53]. Durch die Sympathikolyse kommt es in Abhängigkeit von Lokalisation und Zahl der blockierten Segmente zum Abfall des arteriellen Blutdrucks und seltener der Herzfrequenz.

> **Im Hinblick auf Effektivität und Nebenwirkungsrate können derzeit Chloroprocain 1% und Prilocain 2% hyperbar für die SPA im ambulanten Bereich empfohlen werden [54].**

! **Auf ohnehin nur als „off-label use" einsetzbare Zusätze wie Opioide (späte Atemdepression) oder Clonidin (lang anhaltende Kreislaufdepression) sollte bei ambulanten Patienten verzichtet werden.**

16.3 Atemwegsmanagement

S. Eibicht, S. Rapp

Eine der zentralen Aufgaben des Anästhesisten ist es, die Sauerstoffversorgung für die ihm anvertrauten Patienten zu gewährleisten und die Vitalfunktionen zu sichern. In den meisten Fällen ist die Sicherung der Atemwege ohne Probleme möglich. In ca. 1,5–8,0% der Fälle treten jedoch z. B. unerwartete Intubationsschwierigkeiten auf [55–56]. Eine noch höhere Inzidenz von Problemen bei der Atemwegssicherung ist aus der Präklinik, wie z. B. der Notfallmedizin beschrieben. Kann der Anästhesist in der Klinik auf eine umfangreiche Logistik zurückgreifen, so stehen dem ambulant tätigen Anästhesisten in aller Regel nur eingeschränkte Möglichkeiten zur Verfügung.

16.3.1 Besonderheiten bei ambulanten Operationen

Ambulante Operationen finden statt
- innerhalb der Klinik,
- in ambulanten Operationszentren,
- in der Praxis des Operateurs.

Grundsätzlich steht bei ambulanten Operationen der Ablauf der operativen und anästhesiologischen Tätigkeit unter höherem wirtschaftlichem Druck als bei der stationären Tätigkeit. Hieraus folgt, dass Wechselzeiten zwischen den Operationen optimiert, der Materialeinsatz minimiert und der Personaleinsatz reduziert ist. Erschwernisse und zusätzliche Risikopotenziale ergeben sich dadurch, dass anästhesiologisch eingeschränkte Arbeitsbedingungen in den Praxen bestehen und auch nur eingeschränkte logistische Vorhaltungen getroffen sind, wie z. B. eine zentrale Gasversorgung.

> **Auch unter den Bedingungen der ambulanten Anästhesie mit deutlich höherem Kostendruck gegenüber stationären Behandlungen dürfen keine Kompromisse bei den Möglichkeiten zur Sicherung der Atemwege eingegangen werden.**

Wesentliche Aufgabe des ambulant tätigen Anästhesisten zur Vermeidung von Atemwegsschwierigkeiten ist es, Risikopatienten im Rahmen der Voruntersuchungen zu erkennen und im Zweifelsfall Operation und Anästhesie unter stationären Bedingungen zu veranlassen.

In den ~~Kern~~Empfehlungen der S1-Leitline Airway Management von 2015 der DGAI werden folgende Mindestanforderungen für jeden anästhesiologischen Arbeitsplatz zur Sicherung der Atemwege genannt: „Möglichkeit der Maskenbeatmung, Vorhaltung von extraglottischen Atemwegen, Hilfsmittel zur direkten Laryngoskopie, Alternative zum Macintosh-Spatel (z. B. Videolaryngoskop) und Instrumentarium zur translaryngealen bzw. transtrachealen Oxygenierung bzw. Ventilation." [58]

Mögliche Intubationsschwierigkeiten können z. B. darstellen:
- kurzer, dicker Hals, thyreomentaler Abstand <6 cm,
- eingeschränkte Beweglichkeit der HWS (z. B. Morbus Bechterew),
- Trachealverlagerung, große Struma,
- Makroglossie,
- geringe Mundöffnung <2 cm,
- Kiefersperre,
- schwangere Patientinnen im letzten Trimenon,
- tumoröse Erkrankungen in Larynx/Pharynx.

Neben einer gewissenhaften Anamneseerhebung hinsichtlich Intubationsschwierigkeiten z. B. bei früheren Operationen liefern verschiedenste klinische Screening-Verfahren eine gewisse Aussagekraft bzgl. Intubationsproblemen. Die bekanntesten sind die Klassifikationen nach Mallampati [63], der multifaktorielle Risikoindex nach Arne [57] und der Wilson-Index [67].

Ausführliche Anamnese und gewissenhafte Untersuchung sind unerlässlich, um Patienten mit Intubationshindernissen zu erkennen.

16.3.2 Routinemaßnahmen zur Atemwegssicherung

Maskenbeatmung

Die Maskenbeatmung ist die grundlegende Maßnahme zur Oxygenierung und Ventilation von Patienten. Über ein Beatmungsbeutel-Maskensystem kann einerseits eine Präoxygenierung der Patienten vor der Anästhesieeinleitung durchgeführt werden, zum anderen kann eine assistierte oder kontrollierte Beatmung als ausschließliche Maßnahme bei kürzeren Eingriffen oder als vorübergehende Maßnahme bis zur weiteren Sicherung der Atemwege vorgenommen werden. Durch einen relativ hohen Sauerstoff-Frischgasfluss können Undichtigkeiten bei der Maskenbeatmung zumeist kompensiert werden. Allerdings stellen verschiedene Risikofaktoren wie z. B. Adipositas, höhere Mallampati-Klasse (III–IV), Makroglossie, Bart und das Fehlen von Zähnen der Maskenbeatmung Grenzen.

Bei Zeichen einer unzureichenden Maskenbeatmung können die Einlage eines Guedel- oder Wendltubus, die Überstreckung des Kopfes, Änderung der Lagerung oder eine zusätzliche Assistenz die Verbesserung der Ventilation bewirken.

Endotracheale Intubation

Die endotracheale Intubation ist in der ambulanten Anästhesie sicherlich nicht mehr die häufigste Maßnahme zur Sicherung der Atemwege. Sie ist aber dennoch uneingeschränktes Verfahren der Wahl bei Eingriffen, bei denen ein Aspirationsrisiko während der Operation (z. B. abdomineller Eingriff, ZMK-Eingriff oder bei erforderlichen speziellen Lagerungen wie z. B. Bauch- oder überdrehte Seitenlagerung) besteht. Bei der konventionellen Intubation wird in der Regel mit einem Macintosh-Spatel laryngoskopiert und bei freier Einsicht auf den Kehlkopf der Tubus endotracheal eingeführt. Sind allerdings die Stimmlippen oder auch der Kehldeckel nicht einsehbar (Cormack u. Lehane Grad III und IV), können einfache externe Manipulationen wie OELM (Optimal External Larnygeal Manipulation) bzw. BURP (Backward Upward Rightward Pressure) durch eine Assistenzperson die Sicht verbessern. Ist auch unter Verbesserung der Tubusführung durch einen eingelegten Führungsstab die Intubation nicht möglich, müssen Alternativen erwogen werden, während der Patient über die Gesichtsmaske ventiliert wird.

Supraglottische Verfahren

In den vergangenen Jahren haben supraglottische Hilfsmittel zur Sicherung des Atemwegs enorm an Bedeutung zugenommen. Insbesondere im Bereich der ambulanten Anästhesie stellen sie die am meisten genutzten Verfahren bei der Allgemeinanästhesie dar. Seit der Einführung der Larynxmaske zur Beginn der 1980er Jahre durch Archie Brain haben zahlreiche Modifikationen und Weiterentwicklungen die Anwendungsmöglichkeiten erweitert und verbessert (LMA ProSeal™, Fastrach™, I-Gel™). Ebenso haben Einmallarynxmasken die Anwenderfreundlichkeit und die hygienische Sicherheit für die Patienten deutlich verbessert. Neben der Larynxmaske ist der Larynxtubus die am meisten genutzte supraglottische Atemwegshilfe. Nach der Empfehlung der Leitline Airway Management der DAGI von 2015 wird darauf hingewiesen, dass im Allgemeinen der Cuffdruck von 60 cmH_2O nicht überschritten werden sollte.

Larynxmaske

Nach der Narkoseeinleitung und zumeist einer primären Oxygenierung des Patienten über eine Gesichtsmaske wird die Larynxmaske mit der Öffnung nach kaudal am harten Gaumen und der Pharynxwand entlang geführt und bis auf Kehlkopfhöhe vorgeschoben. Nach Blockung mit einer der Größe der Larynxmaske entsprechenden Luftmenge tritt diese zumeist 1–2 cm aus dem Mund. Zumeist ist dann eine Beatmung mit einem maximalen Beatmungsdruck von ca. 20 cmH_2O möglich. Die ► Übersicht zeigt die Vor- und die Nachteile und die daraus resultierenden Kontraindikationen für die Larynxmaske.

Die Verbesserung bei der ProSeal™-Larynxmaske besteht vor allem darin, dass durch einen zusätzlichen ösophageal liegenden Kanal Luft nach gastraler Insufflation entweichen kann bzw. eine Magensonde gelegt werden kann. Eine erhöhte Dichtigkeit ergibt sich durch einen zweiten keilförmigen Cuff an der dorsalen Seite der Maske. Somit sind höhere Beatmungsdrücke möglich. Eine ähnlich hohe Dichtigkeit bei gleich hoher Erfolgsrate der Platzierbarkeit zeigt sich bei der Einmalmaske Ambu Auraonce™ mit entsprechend geringem Aspirationsrisiko [64] (▶ Übersicht).

Vorteile, Nachteile und Kontraindikationen bei der Larynxmaske

- **Vorteile**
  - Leicht erlernbare Methode
  - Geringer Zeitaufwand für Platzierung
  - Schonung der Stimmbänder, z. B. bei Lehrern, Sängern
  - Keine Muskelrelaxation erforderlich
  - Frühe Spontanatmung während der Narkose möglich
  - Geringer Husten- und Würgereiz
  - Rasche Wechsel zwischen den Operationen möglich
- **Nachteile**
  - Kein Aspirationsschutz
  - Verletzungen der Epiglottis durch unbemerkte Deflektion der Epiglottis
  - Unzureichende Dichtigkeit
  - Vereinzelt Druckschädigung von N. lingualis, N. hypoglossus und N. recurrens
  - Ösophageale Luftinsufflation
  - Laryngealer Reiz bei unzureichender Anästhesietiefe
- **Kontraindikationen**
  - Aspirationsgefährdeter Patient; Patienten, bei denen hohe Beatmungsdrücke erforderlich sind (z. B. Laparoskopie mit Kopftieflagerung), hohe pulmonale Resistenz
  - Extreme Adipositas
  - Vorbestehende Kardiainsuffizienz, Hiatushernie

16

▪▪ Larynxtubus

Die andere supraglottische Atemwegshilfe ist der Larynxtubus, ein leicht gebogener Tubus mit einer großvolumigen pharyngealen und einem kleinvolumigeren ösophagealen Cuff. Dieser Tubus kann ebenso ohne Laryngoskopie in den Pharynx eingelegt werden. Dabei wird die richtige Tiefe dann erreicht, wenn die mittlere Markierung in Höhe der Zahnreihe liegt. Nach Blockieren der beiden Cuffs mit den der Größe entsprechenden Luftmengen kann die Beatmung durchgeführt werden.

Im Vergleich zur Larynxmaske besteht eine höhere Systemdichtigkeit und somit die Möglichkeit für höhere Beatmungsdrücke. Diese Vorteile haben dazu geführt, dass Empfehlungen u. a. für den Larynxtubus für die Präklinik [61] wie z. B. die Atemwegssicherung bei der Reanimation ausgesprochen wurden [60].

Supraglottische Verfahren haben in der ambulanten Anästhesie viele Vorteile und nehmen einen hohen Stellenwert ein.

16.3.3 Verfahren zur Beherrschung des schwierigen Atemwegs

Die schwierige Freihaltung der Atemwege bezieht sich jeweils auf die klinische Situation, in der einem mit den verschiedenen Verfahren routinierten anästhesiologischen Facharzt die gewählte Technik nicht gelingt. Bei der unerwartet schwierigen Freihaltung des Atemwegs, insbesondere der schwierigen Intubation bestehen innerhalb einer Klinik jeweilige Algorithmen zur Beherrschung. Der ambulant tätige Anästhesist, der evtl. ohne weitere anästhesiologische Kollegen in einer operativ tätigen Praxis arbeitet, verfügt jedoch nur über eingeschränkte Möglichkeiten. Dennoch muss auch der ambulant tätige Anästhesist Vorkehrungen treffen, die es ihm erlauben, solche Situationen sicher zu beherrschen. Ein vorhersehbarer schwieriger Atemweg eines Patienten, bei dem es schon in der Vergangenheit zu Problemen bei der Intubation gekommen ist oder bei dem Prädiktoren eines schwierigen Atemweges bestehen, sollte unter stationären Bedingungen narkotisiert werden.

Folgende Hilfsmittel sind in der anästhesiologischen Tätigkeit verbreitet und geeignet:

- Intubationslarynxmaske Fastrach™,
- optische Larynxmaske C-Trach™,
- Video-Laryngoskopie,
- starres Intubationsendoskop nach Bonfils.

Fastrach ™

Die Larynxmaske Fastrach™ ist eine Larynxmaske mit starrer Führung, durch die ein Endotrachealtubus blind in die Trachea vorgeschoben werden kann. Sie kann ohne Relaxation und ohne Sicht eingeführt werden, danach ist eine primäre Beatmung über die Larynxmaske zumeist möglich. Durch den starren Griff kann sie so auf die Glottis ausgerichtet werden, dass die Oxygenierung möglich ist. Im weiteren Verlauf wird dann ein gleitfähig vorbereitetet flexibler Tubus durch die Larynxmaske in den Kehlkopf geschoben, der durch die Führung des vorderen Cuffs zumeist direkt in die Trachea gleitet. Korrekturen am Handgriff der Larynxmaske sind zur korrekten Platzierung jederzeit möglich. Nach Kontrolle einer korrekten Lage mittels der endexspiatorischen CO_2-Messung kann die Fastrach™-Larynxmaske entfernt werden. Untersuchungen zeigen, dass in bis zu 98% der Fälle eine erfolgreiche Intubation möglich ist. Allerdings kommt die Fastrach™ an ihre Grenzen bei allen Patienten mit Hypopharynx- und Kehlkopfanomalitäten, ebenso bei Patienten mit einer deutlich eingeschränkten Mundöffnung. Die Einlage der Intubationslarynxmaske ist auch für den ungeübten Anwender einfach, die Positionierung des Tubus erfordert allerdings Routine und birgt eine hohe Verletzungsgefahr der Atemwege durch das blinde Einführen des Tubus. Es ist deshalb zu erwägen, den Tubus nachfolgend fiberoptisch einzuführen. Inwieweit dies mit dem Equipment des ambulant tätigen Anästhesisten möglich ist, erscheint fraglich.

Optische Intubationslarynxmaske C-TrachTM

Eine weitere Variante der Larynxmaske ermöglicht die Einlage und die folgende Intubation über eine integrierte Fiberoptik, teilweise mit Kabel, angeschlossenem Bildschirm oder über einen in den Handgriff integrierten Bildschirm. Durch diese visuelle Kontrolle kann vor allem bei der Intubation der Tubus in die richtige Position dirigiert werden. Auch hier wurden nahezu 100%ige Erfolgsraten beschrieben. Allerdings stellt der integrierte Bildschirm in Größe und somit hinsichtlich der Handlichkeit des Instruments einen Kompromiss dar und erfordert ebenfalls regelmäßige Übung.

Video-Laryngoskopie

In den letzten Jahren ist es durch die rasante Weiterentwicklung im Bereich der digitalen Foto- und Videotechnik zu einem Aufkommen von einer Vielzahl von Video-Laryngoskopen gekommen. Diese ermöglichen via Bildschirm, die Stimmbänder indirekt zu visualisieren. Eine direkte Sicht des Intubierenden ist nicht erforderlich. Der Blick ist durch die Kamera in den Hypopharynx vorverlagert. Somit besteht ein deutlich verbesserter Einblick nach ventral in den Kehlkopf, die Darstellung ist auch bei sonst nur schwer einsehbaren Patienten deutlich verbessert. Untersuchungen im OP belegen eine Verbesserung der Sicht auf die Stimmbänder. Bei den Video-Laryngoskopen befinden sich an der Spitze des Spatels eine LED-Lichtquelle sowie eine kleine Digitalkamera. Das Bild wird zu einem LCD-Bildschirm übertragen. Dieser Bildschirm kann dabei direkt am Laryngoskopgriff integriert oder befestigt (z. B. McGrath©, C-MAC©PM, King Vision©) oder über ein Kabel mit dem Laryngoskopgriff verbunden sein (z. B. C-MAC©, GlideScope©). Die Einführung des Tubus erfordert jedoch eine gewisse Übung. Der Anästhesist muss erkennen, dass die Sichtachse durch die vorgelagerte Digitalkamera nicht mit der Ausrichtung des Tubus übereinstimmt. Zur Intubation sollte der Tubus mit einem Führungsstab stärker vorgebogen sein, vor allem bei der Verwendung von den stark gebogenen Spateln, wie z. B. D-Blade für C-MAC© oder GlideScope© als bei der konventionellen Laryngoskopie und Intubation. Mit dem Führungsstab muss der Tubus bis an die Kehlkopfebene dirigiert werden. Dann erfolgt bei gleichzeitiger Retraktion des Führungsstabs das Vorschieben des Tubus in die Trachea unter Sicht.

Diese Art der Intubation ist eine Methode, mit der die Erfolgsquote deutlich verbessert werden kann, als bei der konventionellen direkten Laryngoskopie. Jedoch erfordert diese Technik eine nicht zu unterschätzende Lernphase, da die Sichtachse und die Ausrichtung der Tubusführung nicht übereinstimmen, ist jedoch rasch mit zumeist 5 bis 10 Anwendungen erlernbar. Trotz meist optimaler

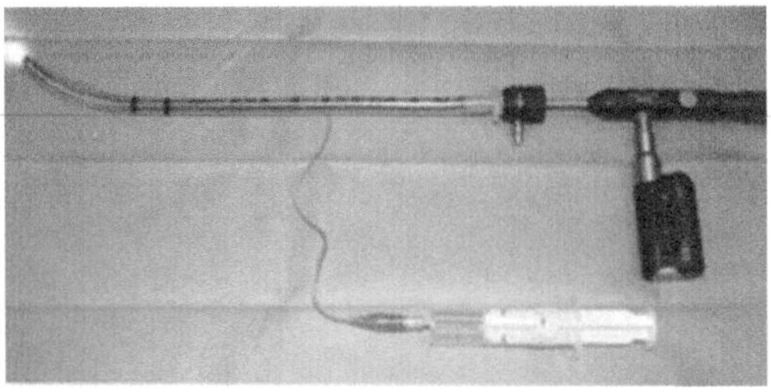

■ **Abb. 16.4** Intubationsendoskop nach Bonfils, vorbereitet für den Einsatz

Sichtverhältnisse beträgt die Zeit zur erfolgreichen Intubation länger als bei der konventionellen direkten Laryngoskopie. Vorteile der Technik sind deutlich verbesserte Sichtverhältnisse bei geringerem Kraftaufwand. Beim Einsatz des GlideScope© ist im Vergleich zur direkten Laryngoskopie ein geringerer Anpressdruck auf den Zungengrund beschrieben. Somit ist das Risiko von Verletzungen reduziert. Durch die immer kleineren und hochauflösenden Bildschirme werden die Video-Laryngoskope immer handlicher und transportabler (z. B. McGrath©, C-MAC©PM, King Vision©). Als Nachteil ist vor allem die kostenintensive Ausstattung vor allem von stationären Geräten zu nennen. Auch sind entsprechende Mehrkosten von Einwegspatel zu berücksichtigen. Verletzungen durch ein blindes Vorschieben des Tubus am Gaumensegel und an der Rachenhinterwand im Zusammenhang mit Verwendung eines starren Führungsstabes sind möglich. Zahnschäden durch Video-Laryngoskope wurden bisher noch nicht publiziert. Der Nutzen der stationären Geräte ist durch die verringerte Mobilität eingeschränkt und das Verfahren nur mit erheblichem Zeitaufwand einsetzbar.

16

■ ■ Intubationsendoskop

Das in Deutschland weit verbreitete retromolare Intubationsendoskop nach Bonfils (■ Abb. 16.4) besteht aus einem an der Spitze abgewinkelten starren optischen Mandrin, einem in den Mandrin integrierten Lichtleiter und einem Okularteil. Zur Ausleuchtung werden entweder netzbetriebene Lichtquellen oder eine netzunabhängige LED-Batterielichtquelle genutzt. Für Schulungs- und Demonstrationszwecke lässt sich das Okular über eine Aufsetzkamera an einen Monitor anschließen. Für den raschen mobilen Einsatz ist ein Anschluss nicht erforderlich. Alternativ sind Videoendoskope erhältlich.

Für die Durchführung der Intubation wird ein Endotrachealtubus auf die starre Optik aufgefädelt und über einen Adapter am Normkonnektor fixiert. Ein permanenter Gasstrom, der sich an den Mandrin anschließen lässt, verhindert das Beschlagen der Optik. Der Mund des Patienten wird mit der linken Hand geöffnet und das Endoskop am rechten Mundwinkel eingeführt. Nach Erreichen der Rachenhinterwand wird das Instrument leicht nach rechts gedreht, bis die Epiglottis sichtbar wird. Unter weiterem leichten Kippen und Drehen wird das Endoskop unter die Epiglottis bis an die Glottis geführt. Nach Lösen des Tubus vom Adapter wird dieser nun unter Sicht von einer zweiten Person in die Trachea vorgeschoben. Oftmals gelingt die Intubation dem mit dem Routineverfahren vertrauten Anästhesisten mit einer alternativen Methode leichter: Mit einem Laryngoskop werden Mund und Rachen geöffnet und das Endoskop in die Sagittalebene eingeführt. In der gewohnten Ausrichtung wird das Instrument ebenso unter die Epiglottis geführt und der Tubus in Trachea geschoben (■ Abb. 16.5). Allerdings erfordert dieser Zugang im Vergleich zum retromolaren Zugang eine weitere Mundöffnung. Ebenso wie die Video-Laryngoskopie braucht diese Methode bis zur sicheren Beherrschung eine Lernphase und kontinuierliche Übung. Jedoch sind in der Literatur steile Lernkurven beschrieben, ebenso wie die Methode sich auch im präklinischen Einsatz bewährt hat [66].

Vorteile dieses Intubationsverfahrens sind:

- schnelle unkomplizierte Handhabung.
- Nutzbarkeit bei relativ kleiner Mundöffnung,
- verminderte Extension der HWS, z. B. bei HWS-Trauma,
- direktes Einsehen der Tubuspassage durch die Glottis,
- mobiler Einsatz durch die Batterielichtquelle,
- schnelle und sichere Aufbereitung (keine integrierten Kanäle),
- relativ geringe Anschaffungs- und Wartungskosten,
- kontinuierliches Sauerstoffflow-Angebot über Tubusadapter,
- Endoskope mit geringem Außendurchmesser auch für pädiatrische Intubationen erhältlich.

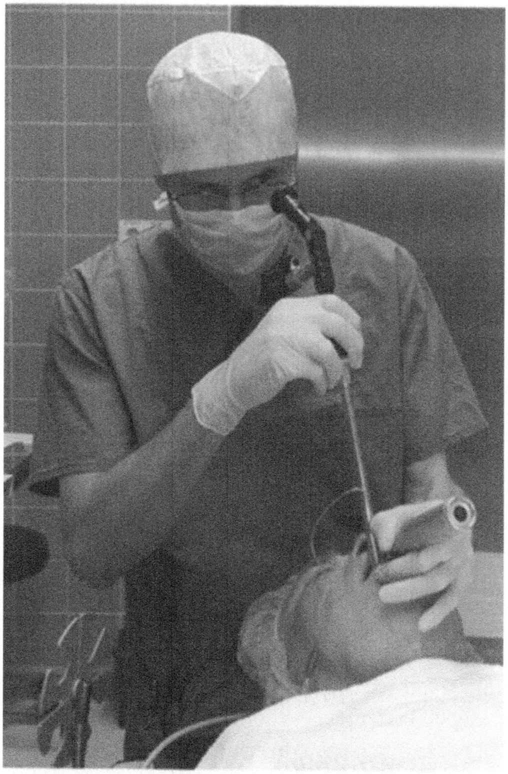

Abb. 16.5 Intubation mit Intubationsendoskop unter Einsatz der gewohnten konventionellen Laryngoskopie

Nachteile und Kontraindikationen sind:

Eine Wachintubation ist nur eingeschränkt möglich, ebenso ist das Verfahren bei starker Sekretion oder Blutung wegen einer fehlenden Absaugmöglichkeit nur eingeschränkt nutzbar.

16.3.4 Zusammenfassung

Jeder ambulant tätige Anästhesist muss für die Bewältigung von Schwierigkeiten bei der Atemwegssicherung ebenso wie der Anästhesist in der Klinik über spezifische Algorithmen verfügen. Um in schwierigen Situationen über das erforderliche Instrumentarium zu verfügen, ist es sinnvoll, dieses Zubehör z. B. in einem Koffer vor Ort bereitzuhalten. Die Vorhaltung des Instrumentariums kann aber nur dann zielführend sein, wenn der Anästhesist in regelmäßiger Folge zusammen mit seinem Team die Anwendung der Hilfsmittel trainiert!

16.4 Postoperative Schmerztherapie

A. Gottschalk

16.4.1 Einführung

Mit einer insuffizienten Schmerztherapie sind negative physiologische und psychologische Aspekte verbunden. Es kommt zu einer Aktivierung der Stressachse. Daraus können kardiale Komplikationen, wie hypertensive Entgleisungen, myokardiale Ischämien, Myokardinfarkte, Aktivierung der Gerinnungskaskade mit der Folge von Thrombosen sowie eine gestörte Wundheilung resultieren [79]. Große Bedeutung hat ebenso der negative Aspekt von insuffizient behandelten Schmerzen auf die Psyche des Patienten. Durch Angst, Unsicherheit und die damit verbundenen negativen Erinnerungen an die Operation sind eventuell negative Erwartungen bei erneut geplanten operativen Eingriffen verbunden. Dies ist im verstärkten Maß für Kinder von Bedeutung. In Untersuchungen konnte gezeigt werden, dass neben Übelkeit und Erbrechen akute postoperative Schmerzen ein Hauptgrund für eine Krankenhauswiederaufnahme der Patienten nach ambulanten Eingriffen sind [70, 83–84]. So konnte eine retrospektive Untersuchung aus den USA zeigen, dass eine insuffiziente Schmerztherapie die Ursache von 33% der Wiederaufnahme nach ambulanten Operationen gewesen ist. Die daraus resultierenden Kosten wurden mit etwa 1900 US $ pro Patient angegeben [71].

Nichtsdestotrotz, obwohl die Schmerztherapie nach Operationen immer noch Mängel aufweist, ist eine gute Analgesie perioperativ mit den heute zur Verfügung stehenden Mitteln weitestgehend möglich [77]. Es besteht eine Rechtspflicht des Arztes zu einer ausreichenden postoperative Schmerztherapie [85]. Eine erfolgreiche postoperative Schmerztherapie beginnt dabei bereits präoperativ. Ein aufgeklärter Patient ist nach der Operation deutlich besser in der Lage, mit dem Auftreten von Schmerzen umzugehen und deutlich zufriedener mit der Schmerztherapie als ein nicht aufgeklärter Patient. Hierbei muss ein besonderes Augenmerk vor allen auf Patienten mit bereits präoperativ schon bestehenden chronischen Schmerzen gerichtet werden.

> **Für eine erfolgreiche Schmerztherapie ist es grundlegend, dass es im ambulanten Therapiezentrum etablierte und allen beteiligten Kollegen bekannte Schmerztherapiekonzepte gibt.**

Ebenso wichtig ist eine bereits präoperativ stattfindende eingehende Patientenaufklärung über die geplante postoperative Schmerztherapie. Diese sollte idealerweise unter Einbeziehung der Angehörigen stattfinden. Positive und negative Patientenerfahrungen in Bezug auf verschiedene Analgesiekonzepte und Medikamentenunverträglichkeiten sind zu beachten. Der Patient muss klare Anweisungen zur Medikamenteneinnahme und Informationen zum Umgang mit möglichen Medikamentennebenwirkungen bekommen. Begleiterscheinungen und Warnhinweise für Komplikationen bei den durchgeführten Verfahren müssen dem Patienten verständlich erklärt werden. Zu beachten ist ebenso, dass es zu logistischen Problemen kommen kann, wenn der Patient z. B. vor Beginn des Wochenendes aus dem Ambulanzzentrum ohne ausreichend zur Verfügung stehende Medikation entlassen wird. Bedarfsmedikationen sollten verfügbar sein. Ebenso wichtig ist es, dass dem Patienten Möglichkeiten der nichtmedikamentösen Schmerztherapie in Form von physikalischen Maßnahmen, wie lokale Kühlungen und Lagerungsmaßnahmen nahe zu legen.

Für eine erfolgreiche Schmerztherapie ist es elementar, dass eine effektive Analgesie in den ersten Stunden nach der Operation durchgeführt wird. Hier auftretende Defizite können zu starken, schwer zu therapierbaren und dauerhaften Schmerzen nach der Entlassung führen [73]. Die moderne Medizin bietet hierfür hinreichend viele Möglichkeiten diese Probleme zu vermeiden. Diese können aus einer alleinigen oralen, rektalen oder auch perkutanen Gabe von Medikamenten bestehen, aus Regionalanästhesieverfahren, Lokalanästhesien oder auch kontinuierlicher Wundinfusion mit zu verwerfenden Einmalpumpensystemen. Bevorzugt werden sollten jedoch multimodale Schmerztherapieverfahren, da diese eine besonders suffiziente Schmerztherapie ermöglichen. Hierdurch können Opioide gespart und opiatbedingte Nebenwirkungen reduziert werden [81].

Die Kommunikation mit dem Patienten selbst und dem weiterbehandelnden ärztlichen Kollegen ist für die Fortführung einer adäquaten Schmerztherapie ein weiterer entscheidender Punkt. Der Patient sollte nur mit suffizient behandelten Schmerzen und primär zufrieden nach Hause entlassen werden. Bei der Entlassung des Patienten empfiehlt es sich ebenso, dass der Patient noch einmal Informationen zur Schmerztherapie erhält. Hilfreich ist es hier, dem Patienten die Art, Dosierung und das Zeitintervall der Medikamenteneinnahme bei der Entlassung nochmal zu erläutern. Einfache und klar formulierte, am besten schriftlich niedergelegte Stufenschemata mit Substanz-/Wirkstoffgruppen sollten dem Patienten zur Verfügung gestellt werden [73]. Eine entsprechende Patientencompliance ist hier Voraussetzung.

Im Folgenden soll auf die für die ambulante Schmertherapie wesentlichen Aspekte der Analgetika eingegangen werden. Bezüglich der wesentlichen Pharmakologie möchten wir auf weiterführende Literatur hinweisen [74–75]. Es soll ebenso darauf hingewiesen werden, dass die Dosierungsangaben lediglich Richtwerte darstellen (◘ Tab. 16.6 und ◘ Tab. 16.7). Hierbei müssen insbesondere individuelle Patientengegebenheiten (z. B. bestehende Organinsuffizienzen) beachtet werden.

16.4.2 Nichtopioidanalgetika

Nichtopioidanalgetika sind bei Operationen mit geringen bis moderaten Schmerzen als alleinige Analgetika eingesetzt meist völlig ausreichend. Bei Operationen mit zu erwartenden starken Schmerzen werden Nichtopioidanalgetika eingesetzt, um den Opiatbedarf zu senken und opioidassoziierte Nebenwirkungen zu reduzieren, die bei ambulanten Operationen eine der häufigsten Gründe für die Wiederaufnahme ins Krankenhaus darstellen [73, 86].

▪ ▪ Paracetamol

Paracetamol hat nur eine schwache analgetische Wirkung und ist deutlich weniger opioideinsparend als nichtsteroidale Antirheumatika und Coxibe. Es ist daher nur bei kleineren Eingriffe mit zu erwartenden geringen Schmerzen zu empfehlen [86].

> **Trotz des geringen Nebenwirkungsrisikos ist die Dosierungshöchstgrenze unbedingt einzuhalten, da es sonst zu**

16

Tab. 16.6 Pharmakologische Daten und Eigenschaften wichtiger klinisch gebräuchlicher Nichtopioidanalgetika [74]

Name	Applikation	Dosierung	Besonderheiten
Paracetamol	p.o./rektal	ED: 10–20 mg/kg	Tagesmaximaldosis: Frühgeborene und Säuglinge: 60 mg/kg Kinder (>1. LJ): 75 mg/kg Kinder (>6. LJ): 90 mg/kg Erwachsene: 4 g
	i.v.	ED 15 mg/kg als Kurzinfusion in 15 Minuten (Repetition alle 4–6 h) Tagesmaximaldosis: 60 mg/kg ED 7,5 mg/kg: reife Neugeborene, Säuglinge, Kleinkinder und Kinder unter 10 kg Zwischen zwei Anwendungen muss ein Mindestabstand von 4 h liegen Maximale Tagesdosis: 30 mg/kg	Mit der intravenösen Anwendung wird ein sicherer analgetischer Spiegel rasch erreicht. Danach kann mit einer geringen z. B. rektalen Dosis (15 mg/kg) weitertherapiert werden Bei Kindern <10 kg nur ½ der Erwachsenendosierung, da Clearance und Plasmahalbwertszeit verlängert sind Bei Patienten mit Leber- und Nierenfunktionsstörungen oder Gilbert-Syndrom muss die Dosis vermindert bzw. das Dosierungsintervall entsprechend verlängert werden Cave: Dosierungshöchstgrenze unbedingt einhalten, da es sonst zu lebensbedrohlichen Leberzellschädigungen kommen kann
Metamizol	p.o.	ED 8–16 mg/kg: Kinder ab 5 kg KG bis 14. LJ (Faustregel: halbes KG in kg in Tropfen) ED bis zu 1.000 mg: Erwachsene/Jugendliche Ab 15 LJ (>53 kg): Bei unzureichender Wirkung kann die jeweilige ED, in Abhängigkeit von der Tagesmaximaldosis, bis zu 4-mal täglich gegeben werden Tageshöchstdosis Erwachsene: 6 g	Bei der Wahl der Applikationsweise ist zu bedenken, dass die parenterale Medikamentengabe mit einem höheren Risiko anaphylaktischer bzw. anaphylaktoider Reaktionen verbunden ist Sehr seltene jedoch lebensbedrohliche NW: Agranulozytose → bei längerfristiger Therapie regelmäßige Blutbildkontrollen einschließlich Differenzialblutbild erforderlich Da hypotensive Reaktionen auf die Injektion möglicherweise dosisabhängig sind, muss die Indikation für parenterale Einzeldosen von mehr als 1 g Novalgin streng gestellt werden
	i.v./i.m.	ED: 6–16 mg/kg	Metamizol sollte bei der i.v.-Gabe langsam als Kurzinfusion verabreicht werden

Tab. 16.6 Fortsetzung

Name	Applikation	Dosierung	Besonderheiten
Diclofenac	p.o./rektal/ i.m./s.c.	Der empfohlene Dosisbereich für Erwachsene und Jugendliche ab 15 Jahren liegt zwischen 50 und 150 mg Diclofenac ED 1 mg/kg: Kinder ab 6 Jahre	KI: hämorrhagische Diathese, vorbestehende Nierenerkrankungen. Cave: kardiale Risikopatienten! Neben den typischen NW für NSAID kommt es bei Diclofenac häufiger zu Diarrhöen, Bauchkrämpfen, Inappetenz sowie Erhöhung der Transaminasen. Gelegentlich Hämatemesis, Meleana oder blutigem Durchfall. Ösophagusläsionen und Unterbauchbeschwerden (Verstärkung von M. Crohn und Colitis ulcerosa möglich) Schwere Überempfindlichkeitsreaktionen mit Gesichtsödem, Zungen- bzw. Larynxschwellung mit Einengung der Luftwege, Luftnot und Asthmaanfall möglich
Ibuprofen	p.o./rektal	>6. LM: initial 10 mg/kg oral bzw. rektal, Tageshöchstdosis: 20–30 mg/kg verteilt auf mehrere Einzeldosen bzw. bei Erwachsenen 2.400 mg	Besonders wirksam bei Knochen- und Weichteilschmerz, NW: z. B. Gesichtsödem, Zungen- bzw. Larynxschwellung mit Einengung der Luftwege, Luftnot und Asthmaanfall möglich, Kontraindikation: Porphyrie, Asthmabeschwerden, Hautreaktionen nach Einnahme anderer NSAR/ASS
Naproxen	p.o.	Erwachsene: 220–250 mg/d als 1–3 Einzelgaben. Tageshöchstdosis: 750 mg Kinder ab 5 LJ: 10–15 mg/kg/d, verteilt auf 2 Einzelgaben. Tageshöchstdosis:15 mg/kg	Nicht für die direkte postoperative Schmerztherapie nach größeren chirurgischen Eingriffen zugelassen, kontraindiziert bei Hinweisen auf Darmentzündungen (M. Crohn, Colitis ulcerosa) in der Vorgeschichte, Patienten mit Überempfindlichkeit gegenüber NSAR, schweren Leberfunktionsstörungen
Etoricoxib	p.o.	Ab 16. LJ 60–120 mg/d, einmalige Gabe am Tag	Zulassung bei Reizzuständen im Rahmen von Arthrose und rheumatoider Arthritis, akuter Gichtarthritis, gute Erfahrungen bei Schmerzen nach OP im muskuloskelettalen Bereich (z. B. als Alternative zu NSAID bei Patienten mit gastrointestinalen Problemen), entzündlich bedingten (Gelenk-)Schmerzen
Parecoxib	i.v./i.m.	40–80 mg/d in zwei Einzelgaben Anwendung bei Kindern nicht empfohlen Zulassung ab 18. LJ	Zur Kurzzeitbehandlung von postoperativen Schmerzen zugelassen, Indikation: Schmerzen nach OP im muskuloskelettalen Bereich (z. B. als Alternative zu NSAID bei Patienten mit gastrointestinalen Problemen), entzündlich bedingte Gelenkschmerzen, KI: Sulfonamidallergie Parecoxib ist Prodrug von Valdecoxib

NW: Nebenwirkung, KI: Kontraindikation, LJ: Lebensjahr, LM: Lebensmonat, ED: Einzeldosis

Tab. 16.7 Niedrig potente Opiate (Opiate der WHO-Stufe II) [74]

Name	Applikation	Einzeldosis (Dosierung)	Wirkdauer	Besonderheiten
Dihydrocodein ret.	p.o.	Ab 16. LJ 60 mg 2×/d (max. 240 mg/d)	12 h	Dosisanpassung bei Nieren- und Leberinsuffizienz
Tilidin retard	p.o.	Ab dem 14. LJ 50–100 mg (max. 300 mg alle 12 h)	8–12 h	Tilidin ist Prodrug von Nortilidin
Tilidin mit Naloxon	p.o.	50–100 mg (retardiert)	8–10 h	Indikationen: viszerale spastische Schmerzen (keine Obstipation, keine Tonuserhöhung der glatten Muskulatur, keine Miktionsstörungen, keine Dosisreduktion bei renaler Funktionsminderung) Cave bei längerfristiger Therapie → hohes Abhängigkeitspotenzial
		Ab. 14. LJ bis 6× tgl. 20–40 (1 Tr. = 2,5 mg) <20 kg KG 0,5 mg/kg >20 kg KG 0,7 mg/kg (20 Tr. = 50 mg) Max. Tagesdosis 400–600 mg/d	2–4 h	
Tramadol	i.v.	0,5–2 mg/kg als Einzeldosis (Kurzinfusion) 1.–11. LJ 1–2 mg/kg	2–4 h	Schwacher μ-Rezeptor-Agonist, analgetische Wirkung teilweise durch Wiederaufnahmehemmung von Serotonin und Noradrenalin im ZNS, Häufig Übelkeit oder Erbrechen bei Bolusgabe KI: Anfallsbereitschaft, erhöhter Hirndruck. Etwa 10% der Patienten kann das zugeführte Tramadol nicht zu einem analgetisch wirksamen Metaboliten umgewandelt werden → keine ausreichende Wirksamkeit (Polymorphismus Cytochromoxidase CYP2 D6). Vor Entlassung des Patienten daher Wirkung des Medikaments sicherstellen Cave: Serotoninsyndrom bei gleichzeitiger Einnahme von SSRI, trizyklischen Antidepressiva oder MAO-Hemmern
	p.o.	>12. LJ 50–100 mg 50–100 mg (20 Tr. = 50 mg) Max. Tagesdosis 400–600 mg		
Tramadol retardiert	p.o.	100–200 mg (retardiert alle 12 h) Ab 12. LJ	8–12 h	Ab dem 75. LJ Verlängerung der HWZ → Dosierungsintervall verlängern

KI: Kontraindikationen, LJ: Lebensjahr, ED: Einzeldosis

lebensbedrohlichen Leberzellschädigungen kommen kann [74].

▪ ▪ Metamizol

Metamizol ist mit den NSAID und Coxiben im Hinblick auf seine analgetische Potenz vergleichbar. Nach viszeralen endoskopischen Operationen konnten für die Kombination von Metamizol und Opioiden opiodsparende Effekte um bis zu 60% gezeigt werden [73]. Bei Metamizol wird dabei vor allem seine spasmolytische Komponente geschätzt. Bei Anwendung ist vor allem auf allergische Hautreaktionen bis hin zum allergischen Schock bzw. auf Blutdruckabfälle zu achten. Insbesondere bei der intravenösen Gabe sollte Metamizol daher langsam in Form einer Kurzinfusion gegeben werden. Sehr selten kann eine Agranulozytose auftreten. Für die ambulante Schmerztherapie steht Metamizol sowohl in Tablettenform, in Tropfen (hier beklagen einige Patienten einen sehr unangenehmen Geschmack) als auch als Zäpfchen zur Verfügung.

16.4.3 Nichtsteroidale Antirheumatika (NSAID)/Selektive COX2-Inhibitoren (Coxibe)

Für NSAID und Coxibe konnten vergleichbare Effizienzen in der Behandlung von akuten Schmerzen gezeigt werden; die NNT50 („number needed to treat") wird mit 2–3 angegeben [81].

NSAID sind bei Operationen mit leichten bis moderaten postoperativen Schmerzen zu empfehlen. Zu denken ist hier jedoch an das Risiko von eventuell auftretenden Nachblutungen. Angewandt wird im Rahmen dieser Medikamentengruppe vor allem Ibuprofen, das vor allem in der Schmerztherapie von Kindern aufgrund seiner Darreichungsform als Saft und Suppositorien weite Anwendung findet. Bei der Gabe von NSAID ist vor allem auf die Gabe eines Protonenpumpenhemmers zur gastroduodenalen Ulkusprophylaxe zu achten. Zu sagen ist allerdings auch, dass die benannten gastrointestinalen Probleme meist nach längerfristigem Gebrauch von ungefähr 3 Monaten auftreten.

Coxibe (z. B. Etoricoxib, Valdecoxib) haben ein günstiges Nebenwirkungsprofil als traditionelle NSAID. Da sie nicht zu klinisch relevanten Thrombozytenfunktionsstörungen führen, sind Risiken für Nachblutungen nicht zu befürchten. Bei aspirinsensiblen Patienten besteht außerdem nicht das Risiko für Bronchospamen. In Metaanalysen konnte darüber hinaus kein erhöhtes kardiovaskuläres Risiko bei der kurzzeitigen perioperativen Anwendung bei nicht nichtkardiochirurgischen Eingriffen festgestellt werden [82]. Orale Coxibe sind ausgenommen zur Analgesie nach Zahnextraktion derzeit noch nicht explizit für die Behandlung von postoperativen Schmerzen zugelassen. Trotzdem sollten sie aufgrund ihres analgetischer Benefits Patienten ohne Kontraindikationen nicht vorenthalten werden; vorerst sollten aber die Patienten bei Anwendung dieser Stoffgruppe über diesen off-label use aufgeklärt werden.

16.4.4 Opioide/Opiate

In der postoperativen Schmerztherapie nach ambulanten Operationen finden vor allem orale Opioide der WHO-Stufe II, wie die nicht BtM-pflichtigen Opioide Tilidin und Tramadol Anwendung. Bei diesen ist das Risiko für das Auftreten einer Atemdepression bei adäquatem Gebrauch am geringsten. Tilidin und Tramadol liegen ebenso in retardierter Form vor, so dass eine Einmalgabe postoperativ für 8–12 Stunden nach der Operation analgetisch wirksam sein kann.

Wichtig zu beachten sind hier aber vor allem opiatbedingte Nebenwirkungen wie Übelkeit und Schwindel, die bei einigen Patienten so ausgeprägt sein können, dass sie ggf. zur Wiederaufnahme der Patienten führen können [73].

Sollte eine Disposition zu Übelkeit und Erbrechen bekannt sein, so empfiehlt es sich daher, die Patienten mit einer antiemetischen Bedarfsmedikation zu entlassen. Zu beachten ist ebenso, dass bei 10% der kaukasischen Bevölkerung Tramadol nicht wirksam ist. Seine Wirksamkeit muss daher vor Entlassung des Patienten sichergestellt sein.

In der Gruppe der stark wirksamen Opioide stehen Oxycodon, Morphin oder auch Hydromorphon als BtM-pflichtige Substanzen zur Verfügung. Allerdings sollten Patienten mit ausgeprägten Schmerzen, bei denen der Einsatz stark wirksamer Opioide postoperativ nach deren Entlassung zu erwarten ist, nicht ambulant operiert werden. Hier ist eine stationäre Patientenversorgung zu empfehlen. An dieser Stelle soll auch auf Patienten mit einem bekannten obstruktiven Schlafapnoesyndrom hingewiesen werden.

Die Anwendung von Opiaten ist bei diesen Patienten ohne entsprechendes Monitoring kontraindiziert [73].

16.4.5 Lokalanästhetika

Lokalanästhetika allein oder in Kombination mit einer systemischen Analgesie sind effektiv und scheinen gerade im ambulanten Bereich sehr sinnvoll [81].

Lokalanästhetika sind dabei vor allem im Bereich der einmaligen Lokalanästhesie (z. B. bei der Zahnextraktion), bei der Infiltration der Wunde mit Lokalanästhetika durch den Operateur, im Rahmen der kontiniuierlichen Wundinfusion und der Regionalanästhesie sehr wertvoll.

▪▪ Kontinuierliche Wundinfusion

Die Effizienz und Sicherheit der kontinuierlichen Wundinfusion konnte mehrfach nachgewiesen werden. So führt die Wundinfiltration mit einem Lokalanästhetikum zu einer Reduktion der postoperativen Schmerzen und des Opiatverbrauchs [78, 68]. Hierbei eignen sich nach der sterilen Einlage des Infiltrationskatheters durch den Operateur insbesondere elastomere Einmalpumpen, die nach Benutzung verworfen werden. Die entsprechenden Katheter können durch den weiterbehandelnden hausärztlich tätigen Kollegen gezogen werden. Der Vorteil der kontinuierlichen Wundinfusion gegenüber einer alleinigen systemischen Analgesie besteht hier neben der guten Analgesie vor allem aber auch in einer verbesserten Rehabilitation [75].

! Besonders zu beachten ist hier jedoch, dass die Sterilität in jedem Fall gewahrt bleibt und dass die Katheter nicht in die Gelenkkapsel gelegt werden, da sich hierdurch die Inzidenz von Knorpelnekrosen signifikant erhöht [75].

▪▪ Regionalanästhesie

Es konnte gezeigt werden, dass der Einsatz von Regionalanästhesieverfahren im ambulanten Sektor mit weniger Schmerzen, einer höheren Patientenzufriedenheit, einer wesentlich geringen Wiederaufnahmerate und zu einer verkürzten Rehabilitationszeit verbunden sind [73]. Ebenso sind weniger Opiate zur Analgesie nötig, woraus weniger opiatassoziierte Nebenwirkungen resultieren [81]. Dabei rücken auch zunehmend immer mehr kontinuierliche Regionalanästhesien mittels Kathetertechniken in den Mittelpunkt des Interesses. Die Deutsche Fachgesellschaft für Anästhesie und Intensivmedizin DGAI empfiehlt die Entlassung der Patienten erst nachdem die Blockade von Sensorik und Motorik rückläufig ist [72]. Dies ist sicherlich auch bei der Anwendung von niedrigkonzentrierten Lokalanästhetika nicht immer gegeben. Publikationen aus dem amerikanischen Raum berichten jedoch, dass bereits 2002 85% der Patienten mit bestehendem Block entlassen wurden [76]. Hier müssen aber vor allem eine gute Patientenaufklärung, eine sicherere Patientencompliance und eine ununterbrochene telefonische Kontaktaufnahme des Patienten mit dem behandelnden Zentrum gegeben sein.

Als Risiken muss bei Anwendung dieser kontinuierlichen Regionalanästhesieverfahren vor allem an das Sturzrisiko bei Blockaden an der unteren Extremität gedacht werden. Auch bei Anwendung der Katheterverfahren an der oberen Extremität muss an ein Verletzungsrisiko bedacht werden, wenn die muskuläre Kontrolle noch nicht gegeben ist. Darauf sollte der Patient explizit vor der Entlassung hingewiesen werden. Bezüglich des Risikos von möglichen Infektionen ist es neben dem sterilen Arbeiten bei der Anlage des Katheters und einem sorgfältigen Verbandswechsel natürlich auch wichtig, die Länge der Liegedauer zu begrenzen, da diese ein unabhängiger Risikofaktor für das Auftreten von infektassoziierten Komplikationen ist [69].

Literatur

Literatur zu Kap. 16.1

[1] Arzneimittelkommission der deutschen Ärzteschaft (2008) „UAW – Aus Fehlern lernen": Septische Komplikationen durch kontaminiertes Propofol. Dtsch Ärztebl 2004, 105:A 592

[2] Bailey JM (1997) Context-sensitive half-times and other decrement times of inhaled anesthetics. Anesth Analg 85:681–686

[3] Bein B, Francksen H, Steinfath M (2011) Atemwegsmanagement – Supraglottische Atemwegshilfen. Anästhesiol Intensivmed Notfallmed Schmerzther 46:598–606

[4] Cechetto DF, Diab DT, Gibson CJ, Gelb AW (2001) The effects of propofol in the area postrema of rats. Anesth Analg 92:934–942

[5] Deutsche Gesellschaft für Anästhesiologie und Intensivmedizin DGAI (2002) Verwendung von Succinylcholin – Aktualisierte Stellungnahme der DGAI. Anästh & Intensivmed 43:831

[6] Dieck T, Steffens J, Sander B et al. (2011) Propofol, remifentanil and mivacurium: fast track surgery with poor intubating conditions. Minerva Anestesiol 77:585–591

[7] Eger EI (1994) New inhaled anesthetics. Anesthesiology 80:906–922

[8] Eikaas H, Raeder J (2009) Total intravenous anaesthesia techniques for ambulatory surgery. Curr Opin Anaesthesiol 22:725–729

[9] El Ayass N, Hendrickx P (2005) Decreased mivacurium infusion rate and delayed neuromuscular recovery after metoclopramide: a randomized double blind placebo-controlled study. Eur J Anaesthesiol 22:197–201

[10] Gan TJ, Diemunsch P, Habib AS et al. (2014) Consensus guidelines for the management of postoperative nausea and vomiting. Anesth Analg 118: 85–113

[11] GlaxoSmithKline (2014) Fachinformation Mivacron 10mg/20mg, Stand Mai 2014

[12] Gupta A, Stierer T, Zuckerman R et al. (2004) Comparison of recovery profile after ambulatory anesthesia with propofol, isoflurane, sevoflurane and desflurane: a systematic review. Anesth Analg 98:632–41

[13] Hillebrand H, Motsch J (2007) Larynxmaske – Möglichkeiten und Grenzen. Anaesthesist 56:617–632

[14] Hopf HB, Sgoll S, Leischik M (2005) Muskelrelaxansfreie Anästhesie bei Kindern mit Remifentanil/Propofol – Eine retrospektive Analyse von 563 Anästhesieverläufen bei elektiven Adenotomien und/oder Tonsillektomien. Anästh Intensivmed 46:200–204

[15] Jindal R, Kumra VP, Narani KK, Sood J (2011) Comparison of maintenance and emergence characteristics after desflurane or sevoflurane in outpatient anaesthesia. Indian J Anaesth 55:36–42

[16] Koch T, Bürkle H (2008) Empfehlung zur Durchführung von Anästhesien bei Patienten mit Porphyrie. Anästh Intensivmed 49:612–615

[17] Kreuer S, Biedler A, Larsen R, Altmann S, Wilhelm W (2003) Narcotrend monitoring allows faster emergence and a reduction of drug consumption in propofol/remifentanil anesthesia. Anesthesiology 99:34–41

[18] Kreuer S, Bruhn J, Stracke C, Aniset L, Silomon M, Larsen R, Wilhelm W (2005) Narcotrend or Bispectral Index monitoring during desflurane-remifentanil anesthesia: A comparison with a standard practice protocol. Anesth Analg 101:427–434

[19] Kreuer S, Bruhn J, Wilhelm W, Bouillon T (2007) Pharmakokinetische / pharmakodynamische Modelle für Inhalationsanästhetika. Anaesthesist 56:538–556

[20] Kurz A, Sessler DI, Lenhardt R (1996) Perioperative normothermia to reduce the incidence of surgical-wound infection and shorten hospitalization. N Engl J Med 334:1209–1215

[21] Lenhardt R, Marker E, Goll V et al. (1997) Mild intraoperative hypothermia prolongs postanesthetic recovery. Anesthesiology 87:1318–1323

[22] Lockwood G (2010) Theoretical context-sensitive elimination times for inhalation anaesthetics. Br J Anaesth 104:648–55

[23] Löser S, Herminghaus A, Hüppe T, Wilhelm W (2014) Allgemeinanästhesie bei ambulanten Operationen. Klinisch-pharmakologische Überlegungen zum praktischen Vorgehen. Anaesthesist 63: 865–874

[24] Mencke T, Echternach M, Kleinschmidt S et al. (2003) Laryngeal morbidity and quality of tracheal intubation: a randomized controlled trial. Anesthesiology 98:1049–1056

[25] Nathanson MH, Fredman B, Smith I, White PF (1995) Sevoflurane versus desflurane for outpatient anesthesia: a comparison of maintenance and recovery profiles. Anesth Analg 81:1186–1190

[26] Reves JG, Glass PSA, Lubarsky DA et al. (2010) Intravenous anesthetics. In: Miller RD (Ed.) Miller's anesthesia, 7. Aufl. Churchill Livingston, Philadelphia

[27] Schlaich N, Mertzlufft F, Soltész S, Fuchs-Buder T (2000) Remifentanil and propofol without muscle relaxants or with different doses of rocuronium for tracheal intubation in outpatient anaesthesia. Acta Anaesthesiol Scand 44:720–726

[28] Scholz J, Tonner PH (1997) Desfluran und Sevofluran – eine Zwischenbilanz. Anaesthesist 46:816–825

[29] Strum EM, Szenohradszki J, Kaufman WA et al. (2004) Emergence and recovery characteristics of desflurane versus sevoflurane in morbidly obese adult surgical patients: a prospective, randomized study. Anesth Analg 99:1848–1853

[30] Timmermann A, Cremer S, Heuer J et al. (2008) Larynxmaske LMA Supreme – Anwendung durch im Airwaymanagement unerfahrenes medizinisches Personal. Anaesthesist 57:970–975

[31] Torossian A, Bräuer A, Höcker J, Bein B, Wulf H, Horn EP (2015) Klinische Leitlinie: Vermeidung von unbeabsichtigter perioperativer Hypothermie. Dtsch Ärztebl 112: 166–172

[32] White PF, Tang J, Wender RH (2009) Desflurane versus sevoflurane for maintenance of outpatient anesthesia: the effect on early versus late recovery and perioperative coughing. Anesth Analg 109:387–393

[33] Wilhelm W, Grundmann U, van Aken H, Haus EM, Larsen R (2000) A multicenter comparison of isoflurane and propofol as adjuncts to remifentanil-based anesthesia. J Clin Anesth 12:129–135

[34] Wilhelm W, Kreuer S (2003a) Das interpretierte EEG als Überwachungsverfahren in der Anästhesiologie. Anästh Intensivmed 44:8–15

[35] Wilhelm W, Wrobel M, Kreuer S, Larsen R (2003b) Remifentanil – eine Bestandsaufnahme. Anaesthesist 52:473–494

[36] Yasuda N, Lockhart SH, Eger EI 2nd et al. (1991a) Comparison of kinetics of sevoflurane and isoflurane in humans. Anesth Analg 72:316–324

[37] Yasuda N, Lockhart SH, Eger EI. 2nd et al (1991b) Kinetics of desflurane, isoflurane, and halothane in humans. Anesthesiology 74:489–498

Literatur zu Kap. 16.2

[38] Rawal N et al. (2002) Patient-controlled regional analgesia (PCRA) at home. Anesthesiology 96:1290–6

[39] Ilfeld BM et al. (2003) Continuous interscalene brachial plexus block for postoperative pain control at home: a randomized, double-blinded, placebo-controlled study. Anesth Analg 96:1089–95

[40] Ilfeld BM et al. (2002) Continuous infraclavicular brachial plexus block for postoperative pain control at home: a

randomized, double-blinded, placebo-controlled study. Anesthesiology 96:1297–304

[41] Marcantonio ER et al. (1994) A clinical prediction rule for delirium after elective noncardiac surgery. JAMA 271:134–9

[42] Heymann A et al. (2010) Postoperatives Delir und kognitives Defizit. Prävention und Therapie. AINS 45:112–6

[43] Flinn DR et al. (2009) Prevention, diagnosis, and management of postoperative delirium in older adults. J Am Coll Surg 209:261–8

[44] Bode RH et al. (1996) Cardiac outcome after peripheral vascular surgery. Anesthesiology 84:3–13

[45] Wu CL et al. (2005) Efficacy of postoperative patient-controlled and continuous infusion epidural analgesia versus intravenous patient-controlled analgesia with opioids. Anesthesiology 103:1079–88

[46] Capdevila X et al. (2005) Continuous peripheral nerve blocks in hospital wards after orthopedic surgery. Anesthesiology 103:1035–45

[47] Leitlinie der DGAI (2005) Thromboembolieprophylaxe bei peripheren Blockadetechniken zur Regionalanästhesie. Anästh Intensivmed 46:319–22

[48] Rodríguez J et al. (2003) Shoulder dislocation after infraclavicular coracoid block. Reg Anesth Pain Med 28:351–3

[49] Muraskin SI et al. (2007) Falls associated with lower-extremity-nerve blocks: a pilot investigation of mechanisms. Reg Anesth Pain Med 32:67–72

[50] Gogarten W et al. (2007) Rückenmarksnahe Regionalanästhesien und Thromboembolieprophylaxe/antithrombotische Medikation. Anästh Intensivmed 48:109–124

[51] Eberhart LH et al. (2005) Transiente neurologische Symptome nach Spinalanästhesie. Anaesthesist 51:539–46

[52] Korhonen AM (2006) Use of spinal anaesthesia in day surgery. Curr Opin Anaesthesiol 19:612–6

[53] Slowinski J et al. (2003) Bilateral chronic subdural hematomas with neurologic symptoms complicating spinal anesthesia. Reg Anesth Pain Med 28:347–50

[54] Rätsch G et al. (2007) Spinalanästhesie in der Tageschirurgie. Anaesthesist 56:3222–7

Literatur zu Kap. 16.3

[55] Lavery GG, McCloskey BV (2008) The difficult airway in adult critical care. Crit Care Med 36:2163–73

[56] Adnet F, Racine SX, Borron SW, Clemessy JL, Fournier JL, Lapostolle F, Cupa M (2001) A survey of tracheal intubation difficulty in the operating room: a prospective observational study. Acta Anaesthesiol Scand 45:327–32

[57] Arne J, Descoins P, Fusciardi J et al. (1988) Preoperative assessment for difficult intubation in general and ENT surgery: predictive value of a clinical multivariante risk index. Br J Anaesth 80(2):140–146

[58] Piepho T, Cavus E, Noppens R, Byhahn C, Dörges V, Zwissler B, Timmermann A (2015) S1 guidelines on airway management. Guideline of the German Society of Anesthesiology and Intensive Care Medicine. Anästh Intensivmed 56:505–52

[59] Cambes X, Le Roux B, Suen P, Dumerant M, Motamed C, Sauvat S, Duvaldestin P, Dhonneur G (2004) Unanticipated difficult airway in anaesthetized patients: prospective validation of a management algorithm. Anesthesiology 100:1146–1150

[60] Deakin CD, Nolan JP, Soar J, Sunde K, Koster RW, Smith GB, Perkins GD (2010) Erweiterte Reanimationsmaßnahmen für Erwachsene („advanced life support"). Notfall Rettungsmed 13:559–620

[61] Dengler V, Wilde P, Byhan C, Mack MG, Schalk R (2010) Präklinische Anwendung des Larynxtubus. Anaesthesist DOI: 10. 1007/s00101-010-1774-y

[62] Dörges V, Bein B (2006) Atemwegsmanagement – Klinisches Management des schwierigen Atemwegs. Anästhesiol Intensivmed Notfallmed Schmerzther 9:564–574

[63] Dörges V, Byhan C (2008) Atemwegsmanagement. In: Scholz et al. (Hrsg) Notfallmedizin. Thieme, Stuttgart; S 70–80

[64] Heuer JF, Stiller M, Rathgeber J, Eich C, Züchner K, Bauer M, Timmermann A (2009) Evaluation der neuen Kehlkopfmasken Ambu AuroOnce TM und Intersurgical i-gelTM. Anaesthesist 58:813–820

[65] Mallampati SR, Gatt SP, Gugino LD, Desai SP, Waraska B, Freiberger D, Liu PL (1985) A clinical sign to predict difficult tracheal intubation: A prospective study. Can Aaesth Soc J 32:429–434

[66] Piepho T, Noppens R, Buggenhagen H, Thierbach A (2010) Erfolgreicher Einsatz des Intubationsendoskops nach Bonfils in der präklinischen Notfallmedizin. Notfall Rettungsmed 13:41–46

[67] Wilson ME, Spiegelhalter D, Robertson JA, Leeser P (1988) Predicting difficult intubations. Br J anaesth 61:211–216

Literatur zu Kap. 16.4

[68] Cantore F, Boni L, Di Giuseppe M, Giavarini L, Rovera F, Dionigi G (2008) Pre-incision local infiltration with levobupivacaine reduces pain and analgesic consumption after laparoscopic cholecystectomy: a new device for day-case procedure. Int J Surg 6(Suppl 1):89–92

[69] Capdevila X, Bringuier S, Borgeat A (2009) Infectious risk of continuous peripheral nerve blocks. Anesthesiology 110:182–8

[70] Chung F, Mezei G (1999) Factors contributing to a prolonged stay after ambulatory surgery. Anesth Analg 89:1352–9

[71] Coley KC, Williams BA, DaPos SV, Chen C, Smith RB (2002) Retrospective evaluation of unanticipated admissions and readmissions after same day surgery and associated costs. J Clin Anesth 14:349–53

[72] DGAI Deutsche Gesellschaft für Anästhesiologie und Intensivmedizin, BDA Berufsverband Deutscher Anästhesisten (2006) Vereinbarung zur Qualitätssicherung ambulante Anästhesie des Berufsverbandes Deutscher Anästhesisten, der Deutschen Gesellschaft für Anästhesiologie und Intensivmedizin und des Berufsverbandes deutscher Chirurgen. Anästh Intensivmed 47:49–53

[73] Englbrecht JS, Pogatzki-Zahn EM (2010) Pain management after ambulatory surgery in Germany. Anasthesiol Intensivmed Notfallmed Schmerzther 45:44–55

[74] FachInfo: Fachinformationsverzeichnis Deutschland (einschließlich EU-Zulassungen), AMInfo DVD-Version, Satz-Rechen-Zentrum Berlin, Rote Liste Service GmbH Frankfurt/Main, Ausgabe 01/2010

[75] Gottschalk A, Gottschalk A (2010) Continuous wound infusion of local anesthetics: importance in postoperative pain therapy. Anaesthesist 59:1076–82

[76] Klein SM, Pietrobon R, Nielsen KC, Warner DS, Greengrass RA, Steele SM (2002) Peripheral nerve blockade with long-acting local anesthetics: a survey of the Society for Ambulatory Anesthesia. Anesth Analg 94:71–6

[77] Maier C, Nestler N, Richter H, et al. (2010) The quality of pain management in German hospitals. Dtsch Arztebl Int 107: 607–14

[78] Michaloliakou C, Chung F, Sharma S (1996) Preoperative multimodal analgesia facilitates recovery after ambulatory laparoscopic cholecystectomy. Anesth Analg 82:44–51

[79] Moraca RJ, Sheldon DG, Thirlby RC (2003) The Role of Epidural Anesthesia and Analgesia in Surgical Practice. Ann Surg 238:663–673

[80] Pogatzki-Zahn E, van Aken H, Zahn P (Hrsg) (2008) Postoperative Schmerztherapie: Pathophysiologie, Pharmakologie und Therapie. Thieme, Stuttgart

[81] Schug SA, Chong C (2009) Pain management after ambulatory surgery. Curr Opin Anaesthesiol 22:738–43

[82] Schug SA, Joshi GP, Camu F, Pan S, Cheung R (2009) Cardiovascular safety of the cyclooxygenase-2 selective inhibitors parecoxib and valdecoxib in the postoperative setting: an analysis of integrated data. Anesth Analg 108:299–307

[83] Shaikh S, Chung F, Imarengiaye C, Yung D, Bernstein M (2003) Pain, nausea, vomiting and ocular complications delay discharge following ambulatory microdiscectomy. Can J Anaesth 50:514–8

[84] Shirakami G, Teratani Y, Namba T, Hirakata H, Tazuke-Nishimura M, Fukuda K (2005) Delayed discharge and acceptability of ambulatory surgery in adult outpatients receiving general anesthesia. J Anesth 19:93–101

[85] Weißauer W (1993) Juristische aspekte der postoperativen Schmerzbehandlung. Anästh Intensivmed 34: 361–366

[86] Wu CL, Berenholtz SM, Pronovost PJ, Fleisher LA (2002) Systematic review and analysis of postdischarge symptoms after outpatient surgery. Anesthesiology 96:994–1003

Operative Aspekte

S.-H. Chon, H.-J. Meyer, S. Flohé, R. Weindl, C. Voigt, M. Heuser, P. Follmann, H.J. Graff†, G.T. Rutt, T. Appel, St. Schmickler, A.M. Sesterhenn, G. Geyer, B. Pfaffenbach

T. Standl, C. Lussi (Hrsg.), *Ambulantes Operieren in Klinik, Praxis und MVZ,*
Erfolgskonzepte Praxis- & Krankenhaus-Management
DOI 10.1007/978-3-662-49787-6_17

17.1 Allgemein- und Viszeralchirurgie

S.-H. Chon, H.-J. Meyer

17.1.1 Einleitung

Trotz der Devise „so viel ambulant wie möglich, so wenig stationär wie nötig" bzw. „ambulant vor stationär" und der unbestrittenen Vorteile erfolgreich durchgeführter ambulanter Operationen führt diese Versorgungsart – besonders in der Allgemein- und Viszeralchirurgie – weiterhin ein Schattendasein. Während in den angloamerikanischen Ländern ambulante Operationen in ca. 60% aller durchgeführten Eingriffe vorgenommen werden, macht dieser Anteil in Deutschland, ebenso wie in den Nachbarländern Frankreich oder Niederlande, insgesamt nur 20–30% aus. Dabei ist allerdings zu beachten, dass die äußerst dynamische Entwicklung der ambulanten Chirurgie auch in den USA nur selektiv bestimmte Fachbereiche bzw. ausgewählte Eingriffe betrifft, z. B. die Ophthalmologie, HNO-Heilkunde oder Gastroenterologie, während verschiedene chirurgische Schwerpunktgebiete davon weniger oder kaum betroffen sind [11, 13, 16].

Bereits seit 1993 konnte in Deutschland nach § 115b SGB V auch im Krankenhaus ambulant operiert werden, aber erst seit dem 1. April 2005 kam es zur Umsetzung der aktuellen Vertragsabstimmungen zwischen der Deutschen Krankenhausgesellschaft, der Kassenärztlichen Bundesvereinigung und den Spitzenverbänden der Krankenkassen nach § 115b Abs. 1 SGB V. Dabei musste der Katalog der ambulant durchzuführenden Operationen mit Einführung des neuen Einheitlichen Bewertungsmaßstabs (EBM 2000+) partiell neu definiert werden; zudem erfolgte eine Katalogisierung nach „regelhaft" ambulanten Eingriffen (Kategorie 1) sowie nach sowohl ambulant als auch stationär vorzunehmenden Eingriffen (Kategorie 2). Weiterhin steht aber besonders der ökonomische Aspekt mit fraglich gesicherter aufwandsgerechter Vergütung im Vordergrund, auch wenn die Erlöse des ambulanten Operierens im Krankenhaus aus dem Budget für stationär erbrachte Leistungen ausgegliedert werden [1, 5]. Nach aktueller Analyse kann allerdings davon ausgegangen werden, dass bei Anpassung der strukturellen Rahmenbedingungen und konsequenter Anwendung von ambulanten Leistungen ein erhebliches Einsparpotenzial zur Finanzierung des Gesundheitssystems möglich ist [22].

17

17.1.2 Ambulante Eingriffe in der Allgemein- und Viszeralchirurgie

▪▪ Generelle Aspekte

> **Bei ambulant durchzuführenden Operationen hat generell in allen Fachgebieten der Schutz und die Sicherheit des Patienten absolute Priorität, d. h., im Vergleich zur Krankenhausbehandlung darf die ambulant durchgeführte Operation kein höheres Risiko beinhalten [28].**

Dies gilt sowohl für die umfassende präoperative Aufklärung des Patienten mit dezidierten Hinweisen auf den postoperativen Verlauf, die gesicherte Strukturqualität i. S. des Facharztstandards als auch besonders für die ordnungsgemäße Dokumentation in der frühen postoperativen Phase bei kontinuierlicher Überwachung mit ausreichenden medizinischen Sicherheitsstandards. Auch das individuelle soziale Umfeld sowie die häusliche Versorgung im weiteren postoperativen Verlauf sind zu berücksichtigen und zu dokumentieren. Ferner müssen entsprechende Qualitätsmaßnahmen erfüllt werden.

Neben der jeweiligen individuellen ärztlichen Abschätzung einer Möglichkeit zur ambulanten Operation sollte der Patient den Risikogruppen I und II nach der ASA-Klassifikation angehören. Bei Beschränkung auf etablierte Operationsverfahren ohne vorhersehbare Beeinträchtigung der Vitalfunktionen und bei minimalem Blutungsrisiko sollte die OP-Dauer maximal 60–120 min ohne Laparotomie oder Thorakotomie betragen (► Übersicht).

Kriterien zur Durchführung ambulanter Operationen
- Risikogruppe I/II (III) der ASA-Klassifikation
- Operationsdauer bis maximal 120 min
- Minimales Blutungsrisiko bei etablierten Operationsverfahren
- Keine Laparotomien (außer Leistenhernienoperationen)
- Keine intrathorakalen und intrakraniellen Operationen

Längere Operationszeiten oder vorhersehbar starker Analgetikabedarf sind als grenzwertig anzusehen, Eingriffe mit erhöhtem Blutungsrisiko und Eingriffe, die einer postoperativen parenteralen Ernährung bedürfen, sind als Kontraindikation für die ambulante Operation einzustufen [5].

Bei Durchsicht des Indikationskatalogs zur ambulanten Chirurgie im Schwerpunktgebiet der Allgemein- und Viszeralchirurgie finden sich in
- Kategorie 1: proktologische Eingriffe, Laparoskopie bzw. diagnostische Peritonealspülung sowie Lymphknotenexstirpationen und Exzisionen aus tiefer gelegenem Gewebe der Körperoberfläche;
- Kategorie 2: Hernienchirurgie, Hämorrhoidektomie oder Implantation eines Portsystems [11].

Auch in den USA finden sich unter den 20 häufigsten ambulant durchgeführten Eingriffen im Jahr 2000 aus dem Bereich der Allgemeinchirurgie lediglich die Leistenhernienversorgung ab dem 5. Lebensjahr, die Exzision von Haut- und Subkutantumoren sowie die laparoskopische Cholezystektomie [13].

▪▪ Hernienchirurgie

Die Hernienchirurgie, im kindlichen Alter als Leisten-, Nabel- und epigastrische Hernien bzw. beim Erwachsenen als primäre- und Rezidivleistenhernien, eignet sich bei standardisiertem, vor allem konventionellem Operationsverfahren besonders für die ambulante Chirurgie. Während z. B. in den USA diese Eingriffe bereits 1996 etwa in 87% der Fälle ambulant vorgenommen wurden, betrug dieser Anteil im gleichen Jahr in Großbritannien 40,6% und wurde in Dänemark für den Zeitraum von 1998 bis 2000 mit 59% angegeben. Auch bei endoskopisch durchgeführter Hernienreparation mit Netzeinlage werden diese Eingriffe heute teilweise als ambulante Operationen in Intubationsnarkose bzw. Regionalanästhesie vorgenommen; ob dies aus ökonomischer Sicht sinnvoll ist, erscheint derzeit, zumindest in unserem Land, fraglich [19, 30]. In der Bundesrepublik Deutschland macht die ambulante Leistenhernienchirurgie zurzeit weniger als 20% aus [22].

Nach aktueller Analyse verschiedener Qualitätssicherungsstudien kann immer noch von einer stationären Verweildauer nach Leistenhernienchirurgie bei Erwachsenen von etwa 4 Tagen, bei Kindern von etwa 2 Tagen ausgegangen werden [25].

Nach ausführlicher Aufklärung über das geplante operative Vorgehen und dessen Verlauf, möglichst unter Einbindung von Angehörigen und bei Kindern obligat der Eltern, kann dieser Eingriff bei Erwachsenen in Lokalanästhesie, Regionalanästhesie oder Larynxmaskennarkose erfolgen. Dabei werden entsprechend Art und Ausmaß der vorliegenden Leistenhernie die Techniken nach Shouldice oder Lichtenstein bevorzugt durchgeführt. Unmittelbar postoperativ wird der Patient mobilisiert, wobei das Operationsfeld ggf. mit einem Eisbeutel gekühlt werden kann.

Vor allem auf Anzeichen eines Harnverhalts oder einer Überlaufinkontinenz ist zu achten.

Am Nachmittag des Operationstages erfolgt unter Rezeption eines Analgetikums die Entlassung aus der operativen Tagesklinik. Nach Operation in Lokalanästhesie erscheint eine routinemäßige medikamentöse Thromboseprophylaxe nicht notwendig [23]. Neben Verbesserung des Patientenkomforts mit Verbleib in der häuslichen Umgebung nach ambulanter Operation wird zunehmend über eine mögliche

Senkung nosokomialer Infektionen berichtet [2, 20]. Wundinfektionen bzw. Rezidivraten sind also insgesamt bei ambulantem Vorgehen gegenüber dem stationären eher niedriger (0,3–2,7% vs. 2,0–5,9% bzw. 0,47% vs. 1,95%) [20].

Neben generell absoluten Ausschlusskriterien für die ambulante Leistenhernienchirurgie finden sich solche für die Kinderchirurgie bei Säuglingen unter 6 Wochen bzw. bei Frühgeborenen im 1. Lebensjahr. Als möglicher relativer Ausschlussfaktor sei auf eine Adipositas mit einem BMI >30 kg/m^2 hingewiesen [25].

Laparoskopische Eingriffe inkl. chirurgische Onkologie

Endoskopisch oder laparoskopisch durchgeführte kleinere oder mittlere Eingriffe, mit vermeintlich geringerer Patientenbelastung durch die Minimierung der Zugangswege, können ebenfalls ambulant vorgenommen werden, wenn eine kurze postoperative Überwachungszeit ausreichend ist, um vor allem das Auftreten von gravierenden oder sogar lebensbedrohlichen Komplikationen weitestgehend ausschließen zu können. Nur unter Beachtung dieser Kriterien kann durch den behandelnden Arzt der Entlassungstermin festgelegt werden. Zudem ist gerade bei den endoskopischen oder laparoskopischen Eingriffen zu bedenken, dass bei der aktuellen Honorierung der ambulant durchgeführten Operationen insgesamt ein deutlich geringerer Erlös bei Einsatz kostenaufwändiger Instrumentarien resultieren kann [7].

Im derzeitigen Indikationskatalog wird die diagnostische Peritonealspülung und Laparo- bzw. Pelviskopie einschließlich Probeexzisionen und/oder Adhäsiolyse der Kategorie 1 zugeordnet. Diese Eingriffe können sicherlich in gewissem Umfang ambulant vorgenommen werden.

Ausgedehntere laparoskopische Explorationen mit einer Komplikationsrate bis zu 4% – Komplikationen treten fast alle innerhalb der ersten 24 postoperativen Stunden auf – sollten bevorzugt einer kurzzeitigen stationären Behandlung unterzogen werden [7].

Zudem stellt die laparoskopische Exploration des Abdomens bei malignen Tumoren in aller Regel keinen isolierten Eingriff dar, denn bei Ausschluss einer Peritonealkarzinose oder lokaler Inoperabilität kann sich die Resektion des Primärtumors direkt an diesen Eingriff anschließen [5].

Gerade unter Berücksichtigung der ökonomischen Auswirkungen erscheinen die ambulant durchgeführte laparoskopische Cholezystektomie wie auch Appendektomie bei jährlichen Operationsfrequenzen zwischen 120.000 bis 150.000 bzw. etwa 120.000 Eingriffen reizvoll, da diese zu mehr als 80% bzw. in etwa 50% laparoskopisch durchgeführt werden.

In Deutschland, wie auch in anderen europäischen Ländern, stellt aber die ambulante laparoskopische Cholezystektomie (oder auch die Fundoplicatio) im Gegensatz zu den angloamerikanischen Ländern eine absolute Ausnahme dar.

Dieses trifft weiterhin zu, obwohl in den S_3-Leitlinien zur Diagnostik und Behandlung von Gallensteinen mit starkem Konsens festgehalten wird, dass bei ausgewählten Patienten unter Berücksichtigung von patientenindividuellen, prozedurbezogenen sowie sozialen Faktoren eine elektive Cholezystektomie ambulant durchgeführt werden kann. Etwa 40–60% der Patienten kommen für einen Elektiveingriff in Betracht, wobei allerdings keine Stellungnahmen zu den ökonomischen Aspekten abgegeben werden [14].

Eine Kontraindikation zur ambulant durchzuführenden Cholezystektomie kann u. U. die chronische Cholezystitis darstellen [9].

Während diese Eingriffe besonders in den USA trotz Wiederaufnahmerate zwischen 3% und 10% weiterhin in bis zu 80% bzw. 90% der Fälle ambulant durchgeführt werden [8, 24], wird in Europa unter Berücksichtigung der eingriffsspezifischen Komplikationen, z. B. Nachblutung, Organperforation, Gallengangsverletzung etc., aber auch der Patientenbelastung, eine kurzfristige oder längere stationäre Behandlung bevorzugt; dies gilt besonders auch für die Fundoplicatio aufgrund dysphagischer Beschwerden oder relevanter Schmerzsymptomatik [29].

In der chirurgischen Onkologie resultiert wegen der in aller Regel notwendigen großen Eingriffe und dem entsprechenden Risikoprofil dieser Patienten nur ein äußerst geringes Spektrum ambulant durchzuführender Operationen. Neben der explorativen Laparoskopie ist ein solches Vorgehen u. a. bei Tumorexzisionen aus der Haut oder Subkutis, bei Lymphknotenexstirpationen, besonders aber bei der Implantation eines venösen Portsystems möglich und indiziert. Inwieweit Adenomabtragungen bzw. Vollwandexzisionen des Rektums bei Frühkarzinomen oder interventionelle endoskopische Maßnahmen mit Anlage einer perkutanen endoskopischen Gastrostomie bzw. Stentimplantation in vermehrtem Umfang zukünftig auch ambulant durchgeführt werden können, muss abgewartet werden [5].

Endokrine Chirurgie

Eingriffe der Schilddrüsen- und Nebenschilddrüsenchirurgie sind derzeit in Deutschland entsprechend § 115b SGB V nicht im Katalog für ambulante und stationsersetzende Operationen aufgelistet.

> **Die Eingriffe weisen zwar eine geringe Komplikationsrate von weniger als 4% auf [6], die Komplikationen sind dann allerdings vital bedrohlich und treten auch später als 24 h postoperativ auf.**

Deshalb wird lediglich in vereinzelten Zentren außerhalb Deutschlands, wiederum vor allem in den USA, das Konzept einer kurzzeitstationären oder ambulanten Behandlung bei selektionierten, sog. risikoarmen Eingriffen an der Schilddrüse und Nebenschilddrüse überprüft bzw. aufgrund einer Metaanalyse verschiedener Studien als sicheres OP-Verfahren bezeichnet [10], vor allem auch bei prophylaktischer Gabe von Kalzium, um einer möglichen passageren Hypokalzämie nach Resektion der Nebenschilddrüse vorzubeugen [26]. Von erfahrenen Zentren wird zudem der positive ökonomische Aspekt der Kostenreduktion hervorgehoben [27]. Bei weiterer Definition von operationstechnischen Kriterien zur Minimierung möglicher zervikaler Obstruktion bei protrahierter Nachblutung könnte evtl. eine kurzzeitstationäre Behandlung eine mögliche alternative Therapieoption darstellen [4].

Tab. 17.1 Eingriffe im Ambulanten Operationszentrum (AOZ) des SKS (Krankengut 2000–2010; insgesamt n=2344)

Art des Eingriffs	Anzahl der Fälle
Leisten-, Nabel-, epigastrische Hernien	41%
Tumorexzisionen, -inzisionen der Körperoberfläche	10%
Im-/Explantationen venöser Portsysteme	32%
Proktologische Eingriffe	4%
Lymphknotenexstirpationen	2%
Exzisionen eines Sinus pilonidalis/Abszesse	7%
Sonstige	4%

> **Allerdings wird bislang nachdrücklich, gerade aufgrund einer möglichen Nachblutung, unabhängig von etwaiger Antikoagulationstherapie, von einer ambulanten Schilddrüsenchirurgie Abstand genommen [15].**

17.1.3 Eigene Erfahrungen und Ausblick

In der eigenen Klinik wurden vom 01.01.2000 bis zum 31.12.2010 2.344 Eingriffe über das ambulante Operationszentrum durchgeführt (Tab. 17.1). Am häufigsten erfolgte bei 41% der Patienten eine Reparation einer Leisten-, Nabel- oder epigastrischen Hernie, im Einzelfall auch von Rezidivleistenhernien. Neben Gewebeentnahmen im Bereich der Körperoberfläche (10%) wurde bei 32% der Patienten ein venöses Portsystem implantiert, revidiert oder entfernt. Zudem erfolgten bei 4% der Patienten proktologische Operationen einschließlich der Hämorrhoidektomie nach Milligan/Morgan oder Parks [18].

In mehr als 94% handelte es sich um „echte ambulante Eingriffe", d. h., die Patienten wurden am Nachmittag des Operationstages nach entsprechenden Kontrolluntersuchungen aus der Klinik entlassen. In 5,9% der Fälle war aufgrund postoperativer Komplikationen, erheblicher Schmerzsymptomatik oder Nebenwirkungen der Anästhesie etc. eine Übernahme in den stationären Bereich notwendig. Bei allen Eingriffen war nach präoperativer Untersuchung und Aufklärung des Patienten durch Chirurgen und Anästhesisten während der Operation die Strukturqualität im Sinne des Facharztstandards sowie Qualitätssicherungsdokumentation gewährleistet. Die meisten Operationen wurden von Assistenten in der Weiterbildung mit fachärztlicher Assistenz durchgeführt.

Mit Blick auf das Altersverteilungsmuster der o. g. Patienten bleibt festzuhalten, dass die Altersgruppe jenseits des 65. bis hin zum 74. Lebensjahr mit ca. 29% überrepräsentiert ist; demgegenüber sind Kinder und Jugendliche im Alter bis zu 14 Jahren mit nur ca. 3,5% unterrepräsentiert.

Trotz angestrebter optimaler Organisation des Operationsablaufs zeigten sich zu Beginn in wenigen Fällen strukturelle Probleme bei der Eingliederung von Patienten aus der operativen Tagesklinik in das Programm der stationären Patienten, da die ambulant durchzuführenden Eingriffe damals in den zentralen Operationssälen durchgeführt wurden.

Nach Installation einer selbstständigen Operationseinheit für das ambulante Operieren im Jahr 2009 konnten die strukturellen Probleme behoben werden, woraus eine sinnvolle Ausnutzung freier Kapazitäten resultierte.

Somit scheint die Einrichtung separater Operationseinheiten am Krankenhaus für das ambulante Operieren zukünftig erstrebenswert. Dieses gilt sicher auch für eine Verbesserung der nur mangelhaften Qualitätssicherung, vor allem in Kooperation mit den weiterbehandelnden niedergelassenen Kollegen.

Eine signifikante Zunahme des ambulanten Operierens aus dem Fachgebiet der Allgemein- und Viszeralchirurgie erscheint unter den jetzigen Vergütungssystemen eher nicht zu erwarten. Als attraktiver könnte sich im eigenen Fachbereich das Konzept der kurzzeitstationären Chirurgie, vor allem in der laparoskopischen oder endokrinen Chirurgie erweisen.

17.1.4 Zusammenfassung und Ausblick

In der Bundesrepublik Deutschland besteht seit vielen Jahren ein erheblicher Verteilungskampf im Gesundheitswesen, so auch im ambulanten wie sektorenübergreifenden Versorgungsbereich. Diese Aufteilung unterliegt angesichts dem demographischen Wandel und der ansteigenden Kostenentwicklung einem kontinuierlichen Strukturwandel.

International wird in der Literatur eine zunehmende Verschiebung der Versorgungsleistung vom stationären zum ambulanten Bereich hin beschrieben, was auch für die ambulanten Operationen zutrifft. Dieser Trend wird ebenfalls in Deutschland beobachtet („ambulant vor stationär"). Sektorale Strukturen allein scheinen dauerhaft nicht zukunftsfähig zu sein.

Obwohl das ambulante Versorgungspotenzial in Deutschland bei weitem noch nicht als ausgeschöpft angesehen werden kann, scheinen die gesundheitspolitischen Rahmenbedingungen nicht ausreichend ausgestaltet zu sein, um eine effizientere transsektorale Versorgung zu ermöglichen. Sowohl aggressiver innerärztlicher Verteilungskampf als auch zunehmende rechtliche, politische und ökonomische Einflüsse tragen ihren Anteil dazu bei. Es scheint, dass neben der Finanzierung auch die Vergütung ambulanter Operationen weder gesichert, noch zukünftig abschätzbar zu sein scheint. Eine im Oktober 2015 veröffentlichte Studie von Sundmacher et al. zeigte, dass bis zu 3,7 Millionen Krankenhausfälle pro Jahr durch eine bessere ambulante Koordination und Versorgung vermeidbar gewesen wären [31].

Um das Problem im Spannungsfeld von Kosten-, Qualitäts- und Sicherheitsaspekten sinnvoll zu lösen, bedarf es neuer angepasster, sektorenverbindender Konzepte. Dabei eignet sich das ambulante Operieren aufgrund der überschaubaren Behandlungspfade als Modellprojekt für neue indikationsbezogene, sektorenverbindende Versorgungsmodelle.

Aktuell werden hierzu einheitliche fallbezogene Vergütungsmodelle diskutiert, um eine Verbesserung der sektorenübergreifenden Versorgungsqualität ohne eine Intensivierung der Kosten zu erreichen. Dreh- und Angelpunkt der Modelle sind gemeinsame Qualitäts- und Vergütungskriterien im ambulanten und im stationären Sektor. Als konkretes Beispiel hierzu seien die Hybrid-DRGs genannt, welche aktuell an einem Modellprojekt in Thüringen erprobt werden. Hybrid-DRGs sind Fallpauschalen für Leistungen, die in gleicher Höhe vergütet werden, unabhängig vom operativen Vorgehen (stationär, ambulant, tagesklinisch).

Eine weitere Möglichkeit sektorenübergreifende Behandlungs- und Vergütungsstrukturen zu etablieren, sind Integrierte Versorgungszentren (IVZ). In diesen medizinischen Zentren wird ein Großteil notwendiger Facharztdisziplinen für die ambulante Behandlung vorgehalten. Dabei werden beispielsweise bundesweit Verträge durch ambulant operierende Ärzte geschlossen, die eine Honorierung außerhalb der Regelversorgung ermöglichen.

Optimierung der Abläufe im gesamten Behandlungspfad und Ausbau von Selektivverträgen können weitere Ansätze für die Zukunft darstellen, um den Prozess zur Verbesserung der sektorenübergreifenden Gesundheitsversorgung fortzuführen.

Generell stellen diese, an der Schnittstelle zwischen ambulanter und stationärer Versorgung vorgestellten Innovationen, nur einzelne Lösungen dar, die einer Weiterentwicklung bedürfen. Dennoch bleibt zu konstatieren, dass die Sektoren beim ambulanten Operieren zunehmend verschmelzen werden.

Aufgrund der Komplexität einer effektiven patientenorientierten sektorenübergreifenden Gesundheitsversorgung steht das ambulante Operieren auch in Zukunft vor enormen Herausforderungen in einem schwierigen Umfeld. Dabei sind nicht nur die niedergelassenen Ärzte, sondern auch Krankenhäuser, Krankenkassen und die Politik gefordert, gemeinsame Lösungen zu erarbeiten, um auch künftig eine bedarfsgerechte, hochwertige und gut erreichbare medizinische Versorgung der Patienten zu ermöglichen.

17.2 Orthopädie und Unfallchirurgie

S. Flohé, R. Weindl, C. Voigt

17.2.1 Einführung

▪▪ Bedeutung des ambulanten Operierens für das Fach Orthopädie und Unfallchirurgie

Nach den aktuellen gesetzlichen Vorgaben ist der Arzt verpflichtet zu prüfen, ob eine Behandlung bzw. eine operative Leistung nicht ambulant zu erbringen ist, bevor dieser unter stationären Bedingungen erfolgt. Die zunehmende Anzahl von arthroskopischen Therapieverfahren und streng genommen fast die komplette Chirurgie der oberen Extremität, insbesondere die Handchirurgie, eignen sich bis auf wenige Ausnahmen für das ambulante Operieren. Dieser Tatsache ist sich auch der Medizinische Dienst der Krankenkassen bewusst, weswegen im Falle von stationär erbrachten handchirurgischen Eingriffen oder Arthroskopien regelhaft Anfragen gestellt werden, in wie fern der Eingriff nicht ambulant hätte durchgeführt werden können. Den Krankenhausarzt stellt die „Ambulatisierung der muskuloskelettalen Chirurgie" nicht selten vor logistische Probleme. Engere Verzahnungen von stationären Einrichtungen und ambulantes Operieren im Krankenhaus oder Kooperation mit ambulanten Operationseinrichtungen werden zwingend notwendig sein. Krankenhäuser mit Schwerpunkten in der Handchirurgie oder arthroskopischen Chirurgie werden ihre Daseinsberechtigung im stationären Sektor verlieren. Aber auch die Entwicklung in der Endoprothetik mit minimierten Zugängen wird in der Zukunft die Frage aufwerfen, ob eine minimalinvasive Schlittenprothese oder eine Kurzschaftprothese nicht tagesstationär oder gar ambulant zu erbringen ist. Das ist zwar aktuell noch Zukunftsmusik, die Entwicklung wird aber sowohl medizinisch als auch gesundheitspolitisch in diese Richtung gehen.

▪▪ Zusammenarbeit zwischen Niedergelassenen und klinischer Abteilung

Die operative Therapie ist immer nur ein Schritt in der Behandlung eines Patienten. Dieser erste Schritt ist zwar unabdingbar, um dieses Ziel zu erreichen, jedoch müssen weitere Schritte anschließen, ohne die ein Heilerfolg nicht möglich ist. Die Leistungen hierzu werden häufig im niedergelassenen Bereich erbracht, somit ist eine Verzahnung zwischen Operateur und Weiterbehandler unbedingt erforderlich. Dabei ist besonders bei im Krankenhaus ambulant erbrachter Operationsleistung darauf zu achten, dass eine Rücküberweisung an den Zuweiser erfolgt. Nur so kann dieser die postoperative Nachbehandlungsziffer abrechnen.

Prinzipiell ist nach einer Operation sicherzustellen, dass sich die Patienten bei Eintreten von Komplikationen sofort wieder vorstellen können. Dieses ist beim ambulanten Operieren im Krankenhaus in aller Regel einfach zu gewährleisten, da dort immer eine Dienstmannschaft vorgehalten wird. Ein organisatorisches Problem kann sich jedoch in der Übermittlung der Behandlungsdaten aus dem ambulant-operativen Bereich in den Bereich der Zentralen Notaufnahme darstellen, den die Patienten – besonders an Wochenenden und Feiertagen – bei Komplikationen aufsuchen werden.

> **Es ist zwingend notwendig, den Patienten nach der Operation eine Telefonnummer an die Hand zu geben, die bei Eintreten von Komplikationen zu einem direkten Kontakt mit dem Operateur und/oder zu einer Stelle führt, die dann auch Hilfe leisten kann.**

An Werktagen stellt sich die Problematik weniger stark dar, da die Praxen der Zuweiser geöffnet sind und dort die erste Anlaufstelle ist.

Einen nicht unerheblichen Anteil an einer erfolgreichen ambulanten Operation hat der Kontakt mit dem Zuweiser und Weiterbehandler, der möglichst unkompliziert und direkt telefonisch erfolgen kann – neben dem selbstverständlichen Arztbrief und Operationsbericht, den die Patienten bei Entlassung nach ambulanter Operation erhalten.

Wichtiger Grund für ambulantes Operieren im Krankenhaus kann dessen Expertise als Gesundheitszentrum mit Vorhaltung vieler Disziplinen und moderner apparativer Ausstattung sein. So ist eine Rückversicherung für Operateure und Patienten gegeben.

▪▪ Gesetzliche Vorgaben – Probleme in der Orthopädie und Unfallchirurgie

Der Vertrag nach § 115b Abs. 1 SGB V „Ambulantes Operieren und sonstige stationsersetzende Eingriffe im Krankenhaus“, kurz AOP-Vertrag, geschlossen zwischen dem GKV-Spitzenverband, Berlin, der Deutschen Krankenhausgesellschaft e.V., Berlin, sowie der Kassenärztlichen Bundesvereinigung, Berlin, ist seit Mai 2014 gültiges Regelwerk zur Erbringung ambulant operativer Leistungen. Der Vertrag soll gleiche Rahmenbedingungen für niedergelassene Ärzte und Krankenhäuser schaffen. Auch soll die Zusammenarbeit zwischen Krankenhäusern und niedergelassenen Ärzten gefördert werden, insbesondere im Hinblick auf neue Kooperationsmodelle, die das Vertragsarztrechtsänderungsgesetz und das GKV-Versorgungsstrukturgesetz ermöglichen. Ziel des Vertrages ist die Vermeidung nicht notwendiger vollstationärer Krankenhausbehandlung und die Kooperation zwischen niedergelassenem Bereich und Krankenhausbereich zu verbessern.

Ambulant zu erbringende Eingriffe werden in Anlage 1 des Vertrages aufgeführt, Tatbestände, die eine stationäre Erbringung rechtfertigen, sind in Anlage 2 benannt. Die Zulassungsvoraussetzungen zum ambulanten Operieren sind in der „Vereinbarung von Qualitätssicherungsmaßnahmen nach § 135 Abs. 2 SGB V zum ambulanten Operieren“ (Qualitätssicherungsvereinbarung ambulantes Operieren) vom 28.11.2011 geregelt. Die Abrechnung ambulanter Operationen erfolgt im EBM (einheitlicher Bewertungsmaßstab) extrabudgetär. Unabhängig vom kassenärztlichen System gibt es aber mittlerweile durch die Möglichkeit, Einzel-, Sonderverträge mit Krankenkassen abzuschließen, eine Vielzahl anderer Vergütungssysteme. Genannt seien hier Verträge zur integrierten Versorgung, aber auch Abrechnungsgesellschaften wie MICADO, die ihrerseits Kooperationsverträge mit Krankenkassen zur ambulant operativen Versorgung geschlossen haben. Zu guter Letzt hat jede Krankenkasse selbst die Möglichkeit, im Rahmen von Kostenübernahmen, nach Einzelfallprüfungen, Fälle direkt und nicht über die Kassenärztliche Vereinigung mit dem Operateur abzurechnen. Gemeinsam ist diesen Modellen, dass sie sich bei stationsersetzenden Eingriffen, an der entsprechenden DRG minus Abschlag und nicht am EMB orientieren und sich damit der Erlös deutlich besser als im EBM darstellt.

▪▪ Aus- und Weiterbildung beim ambulanten Operieren

Für die Weiterbildung zum Facharzt für Orthopädie und Unfallchirurgie ist die Durchführung von Operationen entsprechend einem Operationskatalog erforderlich. Gleiches gilt für die möglichen Zusatzbezeichnungen wie z. B. „Spezielle Unfallchirurgie“, „Spezielle operative Orthopädie“ oder die „Handchirurgie“. Hierbei sind von dem Weiterzubildenden Richtzahlen für bestimmt Eingriffe zu erfüllen.

Viele der ambulant durchzuführenden Operationen können so für den Weiterbildungskatalog verwendet werden. Im Umkehrschluss bedeutet dies aber auch, dass es für die Weiterbildungseinheit, in der Regel das Krankenhaus, nur möglich ist, den

Weiterbildungsauftrag auch mit den notwendigen operativen Inhalten zu füllen, wenn sowohl stationäre als auch ambulante Operationseinrichtungen vorhanden sind. Für Bereiche wie die Handchirurgie, die einen sehr großen Anteil von ambulant zu erbringende Operationen aufweist, ist eine Weiterbildung an einem Krankenhaus ohne ambulante Operationsmöglichkeit quasi nicht möglich.

Im Rahmen der Wirtschaftlichkeit des ambulanten Operierens wird rasch eine defizitäre Situation erreicht, wenn bei den Eingriffen des EBM 2000+ ein Operateur und ein ärztlicher Assistent die Operation durchführen. Aus wirtschaftlicher Sicht ist es wünschenswert und ausreichend, nur einen Operateur (Facharzt) am Tisch zu haben und entsprechend zu bezahlen. Operationstechnisch lassen sich auch viele Eingriffe ohne Assistenz durchführen. Die helfende Hand der instrumentieren Schwester kann auch noch eingesetzt werden. Der oben angesprochene Weiterbildungsgedanke wird bei einem solchen Vorgehen der Ökonomie geopfert. Die fehlende Ausbildung von Operateuren für die Zukunft wird somit vorrangig das ambulante Operationspotenzial treffen. Es ist durchaus denkbar, dass in Zukunft Chirurgen in den ambulanten Operation Sektor einsteigen, ohne dort im Rahmen ihrer Ausbildung im Krankenhaus ausreichend Erfahrung gesammelt zu haben.

Im Krankenhausbereich mit ambulanten Operationseinrichtungen ist dieses Problem bei ambulanten Operationen nur zu lösen, indem der Geschäftsführung klar gemacht wird, dass hier keine Vollkostenrechnung folgen kann, sondern die Ausbildung von Weiterbildungsassistenten auch finanziell mit einkalkuliert werden muss.

> **Die Verzahnung zwischen ambulanten und stationären Bereichen wird zunehmend von der Politik gefordert und immer konkreter werden, ist aber auch aus Sicht der Weiterbildungskommissionen der Ärztekammern zu fordern.**

17.2.2 Spezieller Teil

▪ ▪ Identifikation des Patienten zur ambulanten Operation

Bei der Durchführung jeder Operation ist nach § 39 Abs. 1 SGB V zu prüfen, ob die Maßnahme ambulant, teilstationär oder stationär durchzuführen ist. Bei der Frage, ob am Krankenhaus Patienten ambulant oder stationär operiert werden, ist darüber hinaus noch der Regelkatalog nach G-EAP zu beachten. Gründe, eine Operation nicht ambulant durchzuführen, können u. a. sein:

- Mangelnde Versorgung des Patienten zu Hause am Operationstag: Der Patient wohnt allein, seine Wohnsituation ist so, dass keine rasche Hilfe geholt werden kann; er hat (bei Eingriffen an den unteren Extremitäten) erhebliche Stufen zu überwinden, der Patient hat kein Telefon.
- Fehlende sprachliche Kompetenz: Der Patient ist nicht in der Lage, die Anordnungen ausreichend zu verstehen. Dies kann sowohl auf fehlenden Deutschkenntnissen als auch auf geistigen Defiziten beruhen.
- Der Patient ist nicht in der Lage oder willens, den Anweisungen Folge zu leisten (fehlender Intellekt, fehlende Compliance).
- Der Patient leidet an erheblichen Begleiterkrankungen, z. B. kardialer Art, er leidet an einer Schlafapnoe, Epilepsie oder einem schwer einzustellenden Diabetes mellitus.

Die Einschätzung, in wie fern ein Eingriff ambulant durchzuführen ist, wird in der Regel im Dialog zwischen Operateur und behandelnden Anästhesisten gefällt. Es gilt aber in aktuellen Gesundheitssystem die Prämisse „ambulant vor stationär", so dass der bloße Wunsch des Patienten oder das Bauchgefühl der Operateurs alleine nicht ausreichen, den Eingriff mit ambulanten Operationspotenzial unter stationären Bedingungen zu erbringen.

▪ ▪ Operationen

Im Folgenden werden besonders häufig ambulant durchgeführte Operationen erläutert, wobei die Häufigkeit in der jeweiligen ambulanten Operationseinheit sehr von der Expertise und dem Ruf der dort tätigen Operateure und der stationären und ambulanten Versorgungssituation in der jeweiligen Region abhängig ist.

Operationen an der Hand – CTS und RIBA Operationen im Bereich der Hand eignen sich besonders gut für den ambulanten Bereich. Im Gegensatz zur Operation an der unteren Extremität besteht kein Problem bzgl. der Mobilität des Patienten oder einer ausgeprägten Schwellneigung postoperativ. Der Patient sollte darüber informiert sein, seinen Arm in die Höhe zu halten und so Schwellungen zu vermeiden.

Nach kritischer Durchsicht zeigt sich, dass fast alle der elektiven Handoperationen ambulant durchgeführt werden können – und teilweise entsprechend § 115b SGB V auch müssen.

Die sicherlich häufigsten elektiven Operationen in der Handchirurgie insgesamt und auch in der ambulanten Handchirurgie sind die Ringbandspaltung und die Eröffnung des Karpaltunnels.

Ringbandspaltung (RIBA) Die operative Therapie der Tendovaginitis stenosans der Ringbandes A1 ist sicherlich eine der häufigsten handchirurgischen Eingriffe. Mit einer Häufung in der 4. bis 6. Dekade sind Frauen 4-mal so häufig von diesem Krankheitsbild betroffen wie Männer.

Klinisch imponiert der typische „schnellende Finger", meist mit einem Druckschmerz über dem Ringband A1, häufig in Verbindung mit einer Verdickung oder Schwellung in diesem Bereich. Nicht selten kann man einen Sehnenknoten palpieren.

Standardisiert wird die Ringbandspaltung in Lokalanästhesie, wahlweise im „wide awake approach" um eine Blutsperre zu vermeiden, durchgeführt. Die Ausnahme, z. B. bei der Versorgung von Kindern, stellt die Operation in Vollnarkose dar.

Neben der offenen Ringbanddurchtrennung mittels Hautlängs- oder -querschnitt, setzt sich an den Langfingern II bis IV immer mehr die minimal invasive Ringbandspaltung durch Stichinzisionen oder sog. Needling durch.

Postoperativ wird eine sofortige Beübung im schmerzfreien Bereich empfohlen, ein direkter Druck durch die Verwendung von z. B. Werkzeug bei Handwerkern ist für 4 Wochen zu vermeiden.

Spaltung der Karpaltunnel (KTS, CTS) Laut Literatur liegt die Inzidenz des behandlungsbedürftigen KTS bei etwa 8–10% der Bevölkerung, Frauen sind etwa 3- bis 4-mal häufiger betroffen als Männer.

Typische Klinik sind die Kribbelparästhesien der Langfinger I bis III und IV hälftig und nächtliche Schmerzen. Als klinische Tests seien genannt der Hoffman-Tinel-Test, das Auslösen von elektrisierenden Missempfindungen durch das Beklopfen des beugeseitigen Handgelenkes und der Phalen-Test als Provokationstest.

Präoperativ obligat ist eine Bestimmung der Nervenleitgeschwindigkeit zum Einen, um die anatomische Höhe des Nervenengpasses und Ausprägung des KTS zu bestimmen, zum Anderen um den Therapieerfolg postoperativ zu dokumentieren.

Prinzipiell zu unterscheiden sind die offenen von den halboffenen und endoskopischen Verfahren der Karpaldachspaltung. Unter der Vorgabe im ambulanten Sektor schnell und kosteneffizient zu arbeiten, hat sich das endoskopische Verfahren im klinischen Alltag, bei gleichen postoperativen Ergebnissen, nicht in der Breite durchgesetzt. Der Aufbau des Endoskopie-Settings mit entsprechendem Personaleinsatz, Kameraabdeckung, Materialkosten und der Zeitaufwand machen dieses Verfahren für die ambulante Anwendung wenig attraktiv.

Das am häufigsten angewandte Verfahren ist die halboffene Ein- oder Zweiportaltechnik, vorwiegend in Lokalanästhesie mit Blutsperre oder im sog. „wide awake approach", der für den Patienten am wenigsten belastend ist.

Bei entsprechender Indikation, wie Rezidivoperationen oder Rheuma, wird der Karpaltunnel offen unter Sicht durchtrennt. Auch dies ist im „wide awake approach" problemlos durchzuführen. Bei entsprechender Indikation kann das KTS auch unter Vollnarkose operiert werden. In dem Patientenkollektiv eines großen ambulanten OP-Zentrums sind dies unter 5%.

Eine Gipsversorgung wird bei der halboffenen Methode nicht durchgeführt, die Patienten werden angehalten die Hand und die Finger zu bewegen, die Hand jedoch 4 Wochen zu schonen. Bei Schwellneigung ist frühzeitig an die Verordnung von Lymphdrainage und Krankengymnastik zur Vermeidung eines CPRS zu denken.

Arthroskopische Operationen am Knie Im Zentrum der ambulanten Knieoperationen stehen arthroskopische Eingriffe. Sie eignen sich sehr gut für die ambulante Chirurgie, da die Patienten durch die minimalinvasive Technik meist weniger Beschwerden haben und gut ambulant durchführbar sind. So wird die Meniskusteilresektion bei Meniskusläsionen oder die Naht des Meniskus bei basisnahen Rissen immer arthroskopisch durchgeführt und stellen damit die häufigsten ambulanten arthroskopischen Eingriffe am Kniegelenk dar. Die häufigste Indikation für die ambulante Kniespiegelung ist somit sicherlich die arthroskopische Menisksteilresektion bei degenerativer Meniskusläsion. Es bleibt eine viel diskutierte Frage, welche Meniskusverletzungen tatsächlich von einer arthroskopischen Therapie profitieren [32]. Aus diesem Grunde hat sich bei vielen Chirurgen bei der Meniskusproblematik ohne Blockadeerscheinung eine etwas zurückhaltende Indikationsstellung mit einem zuvor konservativen Therapieversuch etabliert. Die Kniegelenksarthroskopie bei Gonarthrose, auch ohne eindeutige Meniskussymptomatik, war eine lange gängige Therapie. Diese Indikation wird jedoch aufgrund von Studienergebnissen [33] ab dem 2. Quartal 2016 durch die GKV nicht mehr vergütet [34]. Die Staging-Arthoskopie bei degenerativ veränderten Kniegelenken mit einer Knorpelglättung als Bestandsaufnahme zur Planung der weiteren Therapien (partieller oder vollständiger Oberflächenersatz oder Umstellungsosoteotomie) wird es somit wohl in der Form künftig nicht mehr geben. Der Fortschritt in der MRT-Diagnostik hat hierzu auch seinen Beitrag geleistet. Diese Regelung tritt 2016 in Kraft. Begleitend es wird gerade in der Anfangszeit mit einem hohen Prüfungsanteil der Medizinischen Dienste der Krankenkassen gerechnet. Es ist somit dringend angeraten, im Falle einer Arthroskopie mit Anzeichen einer Gonarthrose die zur Indikation führende Gelenkblockade oder den bewegungsblockierenden Riss des Meniskus zu dokumentieren.

Eine Meniskusrefixation ist bei frischen Rissen nahe an der Meniskusbasis indiziert. Jede ambulante Operationseinrichtung, die Meniskuschirurgie betreibt, sollte Verfahren für die Meniskusnaht beherrschen und auch die entsprechenden Fadenmaterialien und Ankersysteme vorhalten. In der Meniskuschirurgie hat sich die Kombination aus All-inside-Nähten (z. B. Ultra-Fast-Fix) und Outside-in-Naht etabliert. In diesem Zusammenhang ist darauf hinzuweisen, dass generell alle im Patienten verbleibenden Implantate in der ambulanten Chirurgie einzeln abgerechnet werden können. Dies kann gerade in der Meniskuschirurgie zum Beispiel bei der Refixation eines Korbhenkelrisses erhebliche Summen darstellen. Hier ist auf sorgfältige Dokumentation zu achten.

Auch die vordere Kreuzbandplastik ist im EBM-Katalog als ambulante Operation der Kategorie 2 zugeordnet, kann also als Eingriff sowohl ambulant als auch stationär erbracht werden. Es existiert eine Vielzahl von Fixierungstechniken für das vordere Kreuzband. Man kann zusammenfassend feststellen, dass das isolierte Sehnentransplantat aus der Semitendinosus – ggf. mit Gracilis-Sehne – das verbreitetste Ersatztransplantat darstellt. Bei der Fixierung sind tibial resorbierbare Interferenzschrauben am geläufigsten, femoral werden Schrauben und/oder gelenkfern Fixationsbuttons verwendet.

Bei Eingriffen am Bein sollten sich die Patienten selbst so lange subkutan niedermolekulares Heparin injizieren, wie sie noch nicht mit voller Belastung den überwiegenden Teil des Tages umherlaufen können. Ein Kompressionsstrumpf und Lymphdrainage können verordnet werden, um Schwellneigungen vorzubeugen und die Ergebnisse der Operation zu sichern.

Metallentfernung Gut für ambulante Eingriffe eignen sich sämtliche Implantatentfernungen, sofern sie nicht am Körperstamm stattfinden. Folgerichtig sind der Großteil der möglichen Metallentfernung an den Extremitäten im ambulanten OP-Katalog abgebildet entweder unter Kategorie 1, also obligat ambulant zu erbringen oder in der Regel, wenn es sich um größere Zugänge oder proximaler gelegene Implantate handelt, unter Kategorie 2, also Leistungen, die sowohl ambulant als auch stationär zu erbringen sind. Prinzipiell ist die Metallentfernung mit 15% das zweithäufigste Operationsverfahren im Fach Orthopädie und Unfallchirurgie und trägt mit einem Anteil von 30% zu allen elektiven Eingriffen bei. Somit besitzen sie eine große medizinische und sozioökonomische Bedeutung im Fach. Vorweg muss festgestellt werden, dass fast alle Metallentfernung eine relative OP-Indikation darstellen, weswegen einer differenzierten Aufklärung, gerade was die Indikation betrifft, eine große Bedeutung zukommt. Dem vermeintlichen „Anfängereingriff" Metallentfernung kommt aber auf der anderen Seite eine sehr hohe Komplikationsrate zu. In Studien mit größerer Fallzahl werden Komplikationsraten zwischen 3 und 40% bei Metallentfernung beschrieben [35]. Die zunehmende Diversität der eingebrachten Implantate, insbesondere die Einführung von winkelstabilen Implantaten mit der Möglichkeit der Kaltverschweißung von Platte und Schraube werden die Komplikationsrate der Metallentfernung in Zukunft wohl eher steigen lassen. Auch die große Verbreitung des Werkstoffes Titan mit eher weicheren Werkstoffeigenschaften kann eine Metallentfernung erschweren.

Zwingend notwendig vor einer Metallentfernung sind ein aktuelles Röntgenbild mit dem komplett abgebildeten Implantat sowie die Kenntnis des eingebrachten Osteosynthesematerials. Hierzu muss der Operateur den Arztbrief und/oder OP-Bericht von der Erstoperation mit Beschreibung des eingebrachten Implantats kennen.

Eventuell notwendige Spezialinstrumente zum Entfernen von Osteosynthesematerial müssen vor dem Eingriff bestellt werden. Dies kann im Einzelfall mit Lieferzeiten und Kosten verbunden sein. Wenn regelhaft ambulant Metallentfernungen durchgeführt werden, empfiehlt sich dringend die Vorhaltung von speziellen Schrauben-Extraktions-Sieben, mit der ein Großteil der möglichen Probleme gelöst werden können.

17.2.3 Fazit

Das Fach Orthopädie und Unfallchirurgie hat ein großes ambulantes OP-Potenzial, was durch schonendere OP-Techniken auch weiter zunimmt. Die Handchirurgie ist bis auf wenige Ausnahmen im Handtrauma-Bereich und in der Infektchirurgie komplett für die ambulante Durchführung geeignet. Durch die Zunahme von ambulant durchführbaren Eingriffen steigt die logistische Herausforderung (Vorhaltung von Implantaten und Instrumenten) für ambulante OP-Einrichtungen. Für das Krankenhaus mit einer Abteilung für Orthopädie und Unfallchirurgie und/oder Handchirurgie ergibt sich aus Sicht der kompletten Patientenversorgung, Aus-und Weiterbildungsgründen und nicht zuletzt ökonomischen Aspekten die zwingende Notwendigkeit, gut funktionierende ambulante Operationseinheiten selber vorzuhalten und/oder feste Kooperationen mit entsprechenden ambulanten OP-Zentren einzugehen.

17.3 Urologie

M. Heuser, P. Follmann, H.J. Graff†

17.3.1 Einleitung

Die Durchführung ambulanter Operationen erfordert von den Beteiligten ein besonderes Maß an Verantwortungsbewusstsein und Sorgfalt, da die permanente Präsenz des Patienten in unmittelbarer Nähe des Behandlers naturgemäß nicht mehr vorhanden ist. Der ambulante Patient muss viel intensiver über den Behandlungsprozess informiert werden, als dies für einen stationär geführten der Fall ist, der im Rahmen der Visite in der Regel mehrfach besucht wird. Nur als optimal in den Behandlungsprozess Eingeweihter wird der ambulante Patient fähig sein, den eigenen Notfall zu erkennen und entsprechend zu reagieren.

Neben besonderen Anforderungen an die Arzt-Patienten-Interaktion stellt die Durchführung ambulanter Operationen hohe Anforderungen an die Struktur- und Prozessqualität, damit sich eine hohe Ergebnisqualität einstellen kann. Dies gilt auch für das Fachgebiet der Urologie, da die ambulant zu erbringenden Operationen dieses Fachgebiets neben allgemeinen chirurgischen Komplikationsmöglichkeiten auch Folgen haben können, die unmittelbar die Reproduktionsfähigkeit bzw. den sensiblen Bereich der Sexualität betreffen.

Wie für alle schneidenden Disziplinen sind auch für das Fachgebiet Urologie seit Januar 1994 Kataloge vereinbart worden, die den Umfang ambulant durchzuführender operativer Eingriffe des jeweiligen Fachgebiets definieren. Hierbei wurde eine Einteilung in obligat ambulant, fakultativ ambulant und ausnahmsweise ambulant durchzuführende

Operationen vorgenommen. Diese Kataloge werden in Abstimmung mit den Spitzenverbänden der Krankenkassen, der Deutschen Krankenhausgesellschaft (DKG) und den Kassenärztlichen Bundesvereinigungen (KBV) aktualisiert und den Entwicklungen in der Medizin sowie den bestehenden Erfahrungen angepasst.

Die Durchführung ambulanter Operationen muss mit dem gleichen Qualitätsstandard wie bei stationären Eingriffen erfolgen. Bei offen operativen Eingriffen sind die überall geltenden Maßstäbe der Hygiene zu berücksichtigen; dies gilt aber auch für endoskopische Eingriffe in der Harnröhre, Harnblase und im Harnleiter [38]. Die Rate nosokomialer Infektionen scheint bei ambulanter Operation geringer [39]. Gerade für kinderurologische Eingriffe ist eine möglichst kurze Hospitalisation mit überwiegender Betreuung durch vertraute Angehörige ein nicht zu unterschätzender Vorteil.

Voraussetzung für eine erfolgreiche Abwicklung ambulanter operativer Eingriffe sind eine gute interdisziplinäre Organisation im Krankenhaus sowie eine gut aufeinander und den Patienten abgestimmte Kooperation, die zum einen die Indikationsstellung und zum anderen die postoperative Nachbetreuung – besonders im Komplikationsfall – zu jedem Zeitpunkt sicherstellen muss.

Im Praxisbereich stellt das ambulante Operieren hohe Anforderungen an die Organisationsfähigkeit des Arztes und beinhaltet eine intensive Ausbildung der Praxismitarbeiter im OP- und Endoskopiebetrieb einschließlich der fachgerechten Instrumentenaufbereitung.

Im Folgenden wird detailliert auf einzelne in der Urologie typische ambulante Operationen eingegangen. Dargestellt werden die 6 häufigsten ambulanten Operationen in unserer Klinik. Dabei sind die Hinweise so gestaltet, dass dem ambulanten Operateur in Kurzform die wesentlichen Aspekte der „kleinen" urologischen Chirurgie mitgeteilt werden, ohne dabei den Anspruch auf eine operationstechnisch detaillierte Eingriffsdarstellung zu erheben. Auch sind jeweils nicht alle Operationsmethoden aufgeführt, sondern nur die, die aktuell in unserer Abteilung verwendet werden.

17.3.2 Spezielle Aspekte ambulanter Eingriffe in der Urologie/Kinderurologie

Operationen an Skrotum, Hoden und Hodenhüllen (OPS-Codes 5-611, 5-612, 5-613, 5-621, 5-622.08)

Skrotalhautveränderungen Exzision von Fisteln, Abszessen, kleineren Hauttumoren wie z. B. Atheromen; Rekonstruktionen nach kleineren Skrotalhautverletzungen.

Veränderungen der Hodenhüllen Häufigste Indikation ist die Hydrocele testis (5-611). Beim Kind erfolgt der Zugang inguinal bei in der Regel bestehendem offenem Processus vaginalis. Operationszeitpunkt ist erst nach dem 1. Lebensjahr zu stellen. Bei Erwachsenen erfolgt der Zugang skrotal.

Indikation zur Orchiektomie/Epididymektomie Die ein- oder beidseitige Orchiektomie erfolgt bei metastasiertem Prostatakarzinom oder bei einseitiger Hodenatrophie nach vorangegangener OP oder Entzündung. Eine Nebenhodenentfernung kann bei chronisch-rezidivierenden Epididymitiden oder zystischer Degeneration des Nebenhodens erfolgen.

Eine laparoskopische Orchiektomie beim kindlichen Abdominalhoden wird nur im Einzelfall durchgeführt, wenn eine Rückverlagerung (Fowler-Stephens 1 und 2) bzw. Autotransplantation nicht möglich ist.

Durchführung In der Regel Allgemein- oder Regionalanästhesie. Eingriffe am Skrotum ggf. in LA, am Hoden ggf. nach Samenstrangblockade. Single-shot-Antibiose (z. B. Cotriumoxazol, Cephalosporine 2. Generation) ausreichend.

Hydrozelen-OP In unserer Institution wird die Operation nach von Bergmann eindeutig favorisiert, da diese die geringste Gefahr einer Rezidivhydrozele aufweist. Penibelste Blutstillung! Postoperatives Suspensorium.

Orchiektomie/Epididymektomie Penible Blutstillung. In der Regel keine Wunddrainage. Suspensorium mit zusätzlicher Kompression durch eingebrachte Mullkompressen. Bei bilateralen Orchiektomien legen wir für 12 Stunden einen zirkulären Kompressionsverband um das Skrotum an.

Nachsorge Hauptrisiken sind Nachblutungen und die postoperative Schwellung.

- Frühzeitig Hoden hochlagern und kühlen (Gelkompressen).
- Zusätzliche vorübergehende Gabe von NSAR (z. B. 2 × 50–100 mg Diclofenac für 5 Tage zusammen mit Protonenpumpeninhibitor; Cave: gastrointestinale NW!).
- Ausmaß der körperlichen Aktivität für mehrere Tage beschränken.
- Tragen eines Suspensoriums oder auch einer eng anliegenden Unterhose (z. B. Badehose) für 1 Woche.

Operation eines Leistenhodens (OPS-Codes 5-624.4, 5-625.4 sowie skrotale Orchidopexie 5-624.5)

Indikation Die Versorgung eines Leistenhodens sollte bis Ende des 1. Lebensjahres erfolgt sein. In der Regel ist eine hormonelle Vorbehandlung ohne Erfolg vorangegangen. Präoperativ abzugrenzen sind ein Pendelhoden (fehlende Atrophie des Skrotalfachs, spannungsfreies Herunterbringen des Hodens in das Skrotum und dortiges Verbleiben - keine OP-Indikation) sowie ein Gleithoden (OP-Indikation nach im 1. Lebensjahr je nach Hodenprotokoll).

Bei fehlendem inguinalem Nachweis des Hodens besteht keine Indikation zum präoperativen MRT, sondern zum primär laparoskopischen Vorgehen. Ambulant wird ein solcher Eingriff im Allgemeinen nicht durchgeführt.

Die skrotale Orchidopexie erfolgt im Intervall nach notfallmäßiger Operation einer Hodentorsion oder auch bei rezidivierenden inkompletten Torsionen mit spontaner Retorsion. Die akute Hodentorsion ist in der Regel ein Notfalleingriff mit einem eintägigen stationären Aufenthalt.

Durchführung In der Regel Allgemeinanästhesie. Inguinaler Zugang mit Mobilisation des Funiculus spermaticus bis zum inneren Leistenring und skrotaler Verlagerung des Hodens in eine Subdartostasche (sog. Shoemaker-Tasche). Bei Vorhandensein eines offenen Processus vaginalis Unterbindung und Resektion nach Inspektion des Inhalts.

Inguinale (ggf. versenkte) Intrakutannaht; skrotal Einzelknopfnaht mit selbstauflösendem Nahtmaterial (z. B. Vicryl rapid).

Vor der Subkutannaht Einträufeln eines Lokalanästhetikums in die Wunde; ggf. (z. B. 0,25% Bupivacain) auch subkutane Infiltration zur Minderung postoperativer Wundschmerzen.

Nachsorge Geringe Komplikationsrate. Allgemeine Wundkontrolle (Ödem, Hämatom etc.).

- Entfernung des inguinalen Nahtmaterials am 7.–8. postoperativen Tag.
- Das skrotale Nahtmaterial wird abgebadet (Kamillosansitzbäder ab dem 3. postoperativen Tag für 15–20 Minuten täglich für ca. 14 Tage).

Operative Behandlung einer Varikozele (OPS-Codes 5-630.0 bis 4)

Indikation In der Regel Jugendliche mit linksseitiger Befundausprägung. Die einzige wirkliche Indikation zur Operation ist der persistierende Hodenschmerz. Relative Indikationen sind ein pathologischer Spermiogrammbefund sowie eine Hodenatrophie, obwohl man hier meistens zu spät kommt.

Durchführung Heute in der Regel als antegrade Sklerosierung nach Tauber von einem hochskrotalen Zuschnitt.

Anästhesie: Lokalanästhesie, ggf. Analgosedierung.

Die offen-operative Versorgung nach Palomo oder Bernardi ist weitgehend verlassen (transrektaler/pararektaler suprainguinaler Zugang).

Immer häufiger wird auch die laparoskopische Vorgehensweise angewendet, da hier weniger Rezidive beschrieben sind, in der Regel in Allgemeinanästhesie.

Die Versorgung von Rezidivvarikozelen sollte stationär und mikrochirurgisch von einem hochskrotalen Schnitt unter Verödung der Gubernaculumvenen erfolgen.

▪▪ Vasektomie (OPS-Codes 5-6360.0 bis 2)

Indikation Voraussetzung zur Operation ist in der Regel eine abgeschlossene Familienplanung und/oder Unverträglichkeit hormoneller Kontrazeptiva seitens der Partnerin.

Dem gelegentlichen Begehren junger unverheirateter Männer für diesen Eingriff ist mit Zurückhaltung zu begegnen.

> **Die Sterilisierung des Mannes aus Gründen der Empfängnisverhütung ist seit dem 01.01.2004 keine Kassenleistung und muss vom Patienten selbst bezahlt werden!**

▪▪ Durchführung

In LA oder auch Allgemeinanästhesie, auf Wunsch des Patienten.

> **Bei kurzem straffem Skrotum kann die palpatorische Lokalisierung der Samenleiter durch die Manipulation sowie externe Kältereize infolge der Kontraktion der Tunica dartos Schwierigkeiten bereiten!**

Wir verzichten auf eine histologische Untersuchung der resezierten Ductus deferentes (Kosten!) und kontrollieren den OP-Erfolg mehrfach über das Spermiogramm.

Hautnaht mit selbst resorbierendem Nahtmaterial (z. B. Vicryl rapid).

Nachsorge Geringe Komplikationsrate (selten Hämatome und Wundinfekte).

- Spermiogrammkontrolle 2-mal nach 18–20 Ejakulationen sowie nochmals nach einem Jahr (Cave: spontane Rekanalisation).
- Bei Verwendung von Vicryl rapid: Sitzbäder ab dem 3. postoperativen Tag für 15–20 Minuten für 10–14 Tage zur Auflösung des Nahtmaterials.

▪▪ Operationen der Vorhaut (OPS-Codes 5-640.2 bis 3)

Indikation Eine postnatale Zirkumzision ist nicht indiziert. Eine relative Phimose und Verklebung der Vorhaut mit der Glans penis ist bis zum Ende des 2. Lebensjahres physiologisch. Eine gewaltsame Retraktion sollte vermieden werden, da sie über Hauteinrisse zur narbigen Verengung führt.

Eine Indikation zur operativen Therapie ist gegeben bei rezidivierenden Balanopostitiden, Blasenentleerungsstörungen und der Unmöglichkeit einer Exposition des Meatus urethrae bei einem Retraktionsversuch.

> **Ausführliches Aufklärungsgespräch mit den Eltern über das mögliche Ausmaß der Vorhautresektion, d. h. radikal oder im Sinne einer subtotalen Resektion bzw. Erweiterungsplastik!**

Die Aufklärung sollte ohne jegliche Emotion in die eine oder andere Richtung erfolgen. Bei einer nicht radikalen Zirkumzision ist auf das Risiko einer Rezidivphimose, aber auch auf postoperative Probleme der Wundbehandlung hinzuweisen. Die Reposition der Vorhaut zum Zweck des Badens wird von Kleinkindern im frischen Operationsgebiet häufig nicht toleriert. Dies führt zwangsläufig zur erneuten Verklebung zwischen Vorhaut und Eichel. Ein Großteil der sog. Rezidive ist auf eine solche unzureichende Wundbehandlung zurückzuführen. Je älter das Kind, umso mehr Einsichtsfähigkeit besteht.

Durchführung Bei Kindern in Allgemeinanästhesie, bei Erwachsenen auch in Peniswurzelblockanästhesie.

Die Durchführung der Operation im Einzelnen kennt zahlreiche Variationen, die operateurabhängig sind.

Penible Blutstillung!

Bei subradikalen Zirkumzisionen bevorzugen wir unmittelbar postoperativ die Fixation der reponierten Vorhaut mit einem Pflasterstreifen (sog. Bischofsmütze) für die ersten Stunden. Eine spätere Reposition ist oft nicht erfolgreich!

Verwendete Naht: Selbstauflösendes Nahtmaterial (z. B. Vicryl rapid). Am Ende des Eingriffs wird regelhaft ein Peniswurzelblock mit z. B. Bupivacain 0,25% durchgeführt.

Lokale Applikation von Bepanthen-Salbe.

Nachsorge

- Engmaschige lokale Befundkontrolle im Hinblick auf Hämatome, Schwellung und Wundinfekt.

- Ggf. postoperative Kühlung mit Gelkompressen.
- Ab dem 3. postoperativen Tag Abbaden des Nahtmaterials (tägliche Sitzbäder für 15–20 Minuten für 14 Tage).

> **Bei subradikalen Zirkumzisionen ist eine Retraktion der Vorhaut zur Auflösung des Nahtmaterials sowie zur Vorbeugung einer erneuten Verklebung nötig.**

Urethrozystoskopien mit und ohne Einlage von Ureterschienen (OPS-Codes 1661, 81370 bis 2)

Indikation Abklärung einer Hämaturie zum Tumorausschluss.

Behandlung von Harnstauungsnieren unterschiedlicher Genese (Tumor, Fibrose, postoperative Narbe etc.). Aufklärung über die Möglichkeit einer perkutanen Nephrostomie.

Durchführung Lokalanästhesie, auf Wunsch des Patienten auch in Allgemein- oder Regionalanästhesie.

Als Ureterschienen werden in unserer Institution zentral offene Katheter bevorzugt, die über einen hydrophilen Terumodraht eingelegt werden. Dieses Verfahren ist schmerzarm, und auch unter schwierigen Bedingungen gelingt häufig noch eine Positionierung der DJ-Katheter.

Nachsorge

- Komplikationsarmer Eingriff.
- Passagere mäßige Makrohämaturie häufig, aber selten therapiebedürftig.
- Ausreichende Diurese (mindestens 1,5–2 Liter).
- Ggf. sonographische/radiologische Kontrolle der Schienenposition und einer evtl. bestehenden Harnstauungsniere.

17

17.3.3 Ergebnisse und Fazit

Das ambulante Operieren wird immer wichtiger. Dies wird durch die Zahlen der letzten Jahre belegt. Die Zahl ambulanter Operationen im Krankenhaus hat sich von 2002 bis 2011 mehr als verdreifacht. Waren es im Jahre 2002 noch 575.613 ambulante Eingriffe, so sind es im Jahre 2011 schon ca.1,9 Millionen [41]. Im gegenwärtigen Abrechnungssystem mit gewichteten Fallpauschalen profitieren die Krankenhäuser im Zeitalter der Bettenreduktion und Leistungsverdichtung dadurch, dass wieder mehr Raum für größere Eingriffe geschaffen wird, wenn kleinere Eingriffe nicht stationär durchgeführt werden. Umgekehrt erspart die Durchführung ambulanter Operationen in der vertragsärztlichen Versorgung dem Patienten sowohl den Sektorübertritt in den stationären Bereich als auch dem Niedergelassenen die temporäre Abgabe des Patienten.

Derzeit fehlt in der Gesundheitsberichterstattung noch eine diagnosebezogene Aufstellung durchgeführter ambulanter Operationen. Deshalb lässt sich für den Durchdringungsgrad im urologischen Fachgebiet nur wenig sagen.

Das ambulante Potenzial schneidender Disziplinen ist sicherlich bei Weitem nicht ausgeschöpft. Gemessen am internationalen Vergleich mit den USA, wo gegenwärtig 50% aller Eingriffe ambulant durchgeführt werden, sollten zumindest 40% aller Eingriffe in Deutschland möglich sein. Durch ambulante Operationen könnten 5–10% aller Krankenhaustage eingespart werden [42].

Damit hat ambulantes Operieren in Deutschland noch lange nicht die Bedeutung erlangt, die Gesundheitspolitik und Gesellschaft ihr zugedacht haben. Der Grundsatz „so viel ambulant wie möglich, so viel stationär wie nötig“ wird bei Weitem nicht überall beherzigt.

Die Akzeptanz seitens der Patienten, insbesondere der jüngeren Generation, ist dabei sehr hoch. Bei älteren Patienten entstehen häufiger aufgrund einer mangelhaften sozialen Betreuung nach dem Eingriff (Kleinfamilie, ausschließliche Nachbarschaftshilfe) Probleme in der postoperativen Betreuung.

Weiterhin werden häufig Patienten stationär aufgenommen, bei denen Defizite in der Nachbehandlung aufgrund des Sozialstatus bestehen. Durch die notwendige stationäre Behandlung entstehen Folgekosten dadurch, dass soziale Härten abgefangen werden müssen. Die Ungleichheiten zwischen den Patientengruppen können einen Vergleich der entstehenden Kosten (ambulant vs. stationär) erschweren.

■ Tab. 17.2 Ambulante Operationen im Städtischen Klinikum Solingen gGmbH, Klinik für Urologie und Kinderurologie

Operation	2011	2012	2013	2014
Varikozelensklerosierung/laparoskopische Unterbindung	8	10	14	15
Vasektomie	42	30	25	30
Zirkumzision	194	187	178	166
Leistenhoden (einseitig)	14	13	9	12
Offener Processus vaginalis	4	6	5	4
Hydrozele	12	11	11	12
Summe	**274**	**257**	**242**	**239**

Die Verwirklichung ambulanter Operationen in der Zukunft wird davon abhängen, inwieweit die Erbringung ambulanter operativer Leistungen finanziell abgebildet werden wird. Gegenwärtig werden sowohl die vertragsärztlich als auch die vom Krankenhaus erbrachten ambulanten Operationen identisch vergütet, unterschiedlich sind lediglich die Abrechnungsmodalitäten.

Bei einer Vergütung nach EBM, wie es auch für das ambulante Operieren gilt, steht der allgemeine Verfall der Punktwerte einer weiteren Leistungsausweitung im ambulanten Operationssektor entgegen. Da aufgrund der hohen Anforderungen an die Strukturqualität des ambulanten Operierens die Kosten hoch sind, schrumpfen die entsprechenden Deckungsbeiträge erheblich bzw. werden negativ.

Der medizinische Fortschritt hin zur minimalen Invasivität in der Steinbehandlung, aber auch in der Uro-Onkologie, wird einerseits die Entwicklung hin zum ambulanten Operieren fördern. Dies wird aber nur so sein, wenn die Verwendung der oft teuren Gerätschaften und Einmalmaterialien auch im ambulanten Bereich entsprechend vergütet wird.

Überraschend ist der Mangel an verfügbaren wissenschaftlichen Ergebnissen zum ambulanten Operieren in den einzelnen Fachbereichen. Aus einer gynäkologischen Tagesklinik [43] wurde über einen 10-Jahres-Zeitraum eine Wundinfektionsrate von 0,09%, eine Infektionsrate von 0,34% sowie eine postoperative Gesamtkomplikationsrate von 0,62% berichtet. Eine auf einer Fragebogenaktion basierende Evaluation durch den Bundesverband für Ambulantes Operieren (BAO) aus dem Jahr 2000 [44–45] hat eine Gesamtkomplikationsrate von 8,4% ergeben, wobei Blutungen mit 2,0%, Hämatome mit 2,4% sowie Wundinfektionen mit 1,6% im Vordergrund standen.

Die Hospitalisierungsrate nach kinderurologischen Eingriffen wird mit 1,3–3,4% angegeben [46–47]. Im eigenen Krankengut betrug sie über die letzten 2 Jahre 0%.

■ Tab. 17.2 gibt eine Auflistung ausgesuchter ambulant durchgeführter Operationen in der Urologischen Klinik des Städtischen Klinikums Solingen aus den Jahren 2011 bis 2014 wieder. Insgesamt wurden in den letzten 4 Jahren etwa 2.000 urologische Patienten ambulant operiert.

17.4 Gynäkologie

G.T. Rutt

17.4.1 Einleitung

Das ambulante Operieren ist die Domäne im Fachgebiet der Gynäkologie. Dies erklärt sich zum einen aus der Historie; bereits im Mittelalter erfolgten vaginale Eingriffe, insbesondere in Form von Schwangerschaftsabbrüchen und Ausschabungen. Zum anderen hat die Entwicklung der Endoskopie bahnbrechende Bedeutung für das ambulante Operieren in diesem Fach. In Deutschland gelten vor allem Prof. Hans Frangenheim und Prof. Kurt Semm als Inauguratoren des endoskopischen Operierens. Prof. Frangenheim entwickelte bereits 1952 einen CO_2-Insufflator, Prof. Semm dann 1963 den automatischen CO_2-Insufflator. Dies eröffnete den Weg für eine foudroyante Entwicklung der gynäkologischen Endoskopie. 1989 führte Harry Reich in den USA die erste Gebärmutterentfernung per Bauchspiegelung durch.

Heutzutage gilt, dass, bis auf wenige Ausnahmen, alle operativ behandlungsbedürftigen Krankheitsbilder mit gutartigen Indikationen der Gynäkologie endoskopisch bzw. minimalinvasiv therapiert werden können. Gleichzeitig sind alle auf diesem Weg vorgenommenen Eingriffe ambulant (oder mit einer Übernachtung) erbringbar. Das dazugehörige Spektrum der Operationen ist im Nachfolgenden dargestellt.

17.4.2 Übersicht der möglichen Eingriffe

Bauchspiegelung (Laparoskopie)

- Sterilisation,
- Sterilitätsdiagnostik,
- Fertilitätsoperation,
- Behebung von Verwachsungen (Adhäsiolyse),
- Adnexchirurgie (Zystenausschälung, Ophorektomie, Salpingektomie, Adnexektomie),
- Endometriose-OP,
- PCO-Syndrom (Syndrom der polyzystischen Ovarien),
- Myomresektion,
- Hysterektomie, suprazervikal (LASH) oder total (TLH),
- Deszensus- und Inkontinenzchirurgie mit und ohne alloplastisches Material,
- radikale Hysterektomie (RLH) mit (oder ohne) systematisierter Lymphonodektomie beim frühen Korpuskarzinom (Stadium FIGO I),
- Eileiterschwangerschaft (Extrauteringravidität), Retroperitonealchirurgie, Blinddarm-OP (Appendektomie).

Gebärmutterspiegelung (diagnostische Hysteroskopie)

- Ausschluss von Fehlanlagen oder sonstigen krankhaften Befunden,
- Probeexzision.

Operative Gebärmutterspiegelung: Hysteroresektoskopie (Laser-/HF-Chirurgie)

- Polypabtragung,
- Fremdkörperentfernung („lost IUD", Spirale),
- Endometriumablation,
- Myomresektion,
- Septumdissektion.

Kleine Eingriffe an der Gebärmutter über die Scheide

- Abortkürettage,
- fraktionierte Abrasio (mit Hysteroskopie),
- Konisation (Lasertechnik),
- Laser-Vaporisation der Ektozervix,
- IUP-Einlage bei Zervixstenose.

Operationen am äußeren Genitale und an der Vagina (Laser-OP)

- Condylomata acuminata,
- Paraurethralzyste,
- Vaginalzysten und -tumoren,
- Bartholini-Tumoren,
- Vulvaatherome und -lipome,
- Vaginalseptum,
- Hymenalplastik,
- Perineoplastik,
- vordere und hintere Scheidenplastik (Kolporraphia anterior et posterior).

Mamma-Chirurgie

- Tumorexstirpation,
- Milchgangexstirpation,
- Entfernung von radiologisch suspektem Mikrokalk,
- Quadrantenresektion,
- Ablatio mammae,
- Axilladissektion,
- Augmenation,
- Mastopexie.

Harninkontinenz

- Spannungsfreie suburethrale Schlinge, z. B. retropubischer Zugang (klassisches TVT), transobturatischer Zugang (TOT; Minischlinge),
- transurethrale Injektionen („bulking agents"),
- Botoxinjektionen.

Aus dieser Aufstellung werden im Folgenden die bedeutsamsten Eingriffe mit ihren jeweiligen Besonderheiten unter Betonung der endoskopischen und mikroinvasiven Verfahren nach heutigem Stand näher beleuchtet.

17.4.3 Die Bauchspiegelung: Video-Laparoskopie

In diesem Bereich sind fast die größten Fortschritte gemacht worden. Neben der offenen Technik, die vorwiegend bei Verdacht auf Adhäsionen in Betracht zu ziehen ist, hat sich die geschlossene Laparoskopie unter Zuhilfenahme der Verres-Nadel weitgehend durchgesetzt.

Sterilisation (bipolare Tubenkoagulation)

Hierbei werden die Eileiter mittels bipolaren Stroms über eine Strecke von 2 cm im isthmo-ampullären Übergang durch Hitze denaturiert. Die Versagerquote dieser ohnehin sehr zuverlässigen Verhütungsform lässt sich durch intermittierendes Benetzen mittels Kochsalzlösung während der Koagulation nochmals reduzieren. Eine zusätzliche Durchtrennung ist obsolet.

Sterilitätsdiagnostik mittels Chromopertubation

Nach vorheriger Einlage eines Portioadapters wird über diesen ein blauer Farbstoff (Indigokarmin-Blau) über die Gebärmutter retrograd in die Eileiter appliziert, um letztlich den freien Austritt des Farbstoffs in die Bauchhöhle unter laparoskopischer Kontrolle zu dokumentieren. Leichte intraluminale Verklebungen können durch die Pertubation gelöst werden.

Fertilitätsoperation

Bei Sterilität tubarer Genese lässt sich in den meisten Fällen der Verschluss nicht nur laparoskopisch exakt lokalisieren, sondern auch im gleichen Eingriff endoskopisch beheben. Dies gilt für isthmische und insbesondere für die häufigste, die ampulläre Lokalisation. Die Tubenchirurgie ist nicht zuletzt eine Domäne der Lasertechnik.

Adhäsiolyse

Ob durch entzündliche Prozesse, Endometriose oder Voroperationen entstanden, stellen Verwachsungen allzu oft die Ursache für Unterleibsschmerzen oder Sterilität dar. Auch hier ist die endoskopische Vorgehensweise klar zu favorisieren, weil hierdurch das Risiko der Ausbildung neuer Verwachsungen auf ein Minimum reduziert ist. Ein minimales Gewebstrauma bei der Präparation, z. B. durch den Einsatz der Lasertechnik, lässt hierbei die besten Ergebnisse zu.

Adnexchirurgie

Im Vordergrund steht die Organerhaltung. Dies lässt sich insbesondere durch die zunehmend hoch auflösende Darstellbarkeit (HD-System) und den Einsatz der feinen Zusatzinstrumente heutzutage praktisch immer gewährleisten. Zulässig ist dies selbstverständlich nur bei gutartig anmutenden Befunden. In der Postmenopause oder bei fraglicher Dignität ist – stets in Absprache mit der Patientin – der Organentfernung der Vorrang zu geben. Bei nicht sicher benignen Befunden spielt zur Sicherstellung der kontaminationsfreien Bergung von Gewebe der Einsatz reißfester Bergesäcke eine entscheidende Rolle.

Endometriose

Von kleinen Läsionen des Bauchfells beginnend, kann diese Erkrankung die Eierstöcke betreffen (zystische Ovarendometriome), zu teilweise massiven Adhäsionen führen, die Eileiter bis hin zum vollständigen Verschluss in Mitleidenschaft ziehen und sich in extremen Formen über das gesamte kleine Becken und darüber hinaus erstrecken. Die genannten Schweregrade sind durchweg besser endoskopisch, sei es mit Lasertechnik oder HF-Chirurgie, und damit auch ambulant behandelbar. Erst wenn eine Darmbeteiligung vorliegt, ist zwar nicht von der endoskopischen, aber von der ambulanten Operation Abstand zu nehmen.

▪▪ PCO-Syndrom

Im Gegensatz zu der früher am offenen Bauch durchgeführten Ovarkeilexzision ist heute durch die Stichelung der Ovarkapsel mittels Lasertechnik (oder HF-Chirurgie) ein länger anhaltender Behandlungseffekt mit Normalisierung des Hormonstatus und Zyklusgeschehens unter vollständiger Organerhaltung möglich.

▪▪ Myomresektion

Subseröse, intramurale und intraligamentäre Myome lassen sich laparoskopisch und unter Organerhaltung entfernen. Insbesondere bei Frauen mit Kinderwunsch, vor allem die intramurale Lage betreffend, ist eine saubere mehrschichtige Nahttechnik unabdingbar. Hierbei ist der intrakorporalen Knüpfung der Vorrang zu geben. Das endoskopische Nähen stellt hohe Anforderungen an den Operateur. Nur wer diese Technik beherrscht, sollte eine endoskopische Resektion oder gar Enukleation eines Myoms in Angriff nehmen. Die Bergung des Gewebes gelingt heutzutage durch Morcellement. Hierfür stellt die Industrie inzwischen ausgereifte Instrumente bereit.

▪▪ Gebärmutterentfernung (Hysterektomie)

Auch diese Operation ist in der Hand des geübten Operateurs im Vergleich zur konventionellen vaginalen oder abdominalen Vorgehensweise mit kaum längeren Operationszeiten verbunden. Der Benefit für die betroffene Patientin ist enorm. Der Eingriff sollte ebenso wie komplizierte Myomoperationen bevorzugt mit einer Übernachtung verbunden werden, um etwaige Komplikationen, wie Nachblutungen, frühzeitig erkennen zu können. Nicht wenige Patientinnen sind jedoch schon am Abend des Operationstages beschwerdefrei und können nach persönlichem Ermessen auch schon zu diesem Zeitpunkt in die häusliche Umgebung entlassen werden.

Aufgrund der Schonung des Beckenbodens favorisieren wir bei „gesunder" Zervix die suprazervikale Hysterektomie. Hierdurch bleibt das Zusammenspiel von Muttermund und Scheide, Vegetativum und sexuelle Empfindung betreffend, völlig unversehrt. Gleichzeitig wird dem sonst so häufig zu verzeichnenden Risiko eines späteren Deszensus der Scheide mit Harninkontinenz bestmöglich vorgebeugt.

▪▪ Deszensus- und Inkontinenzchirurgie

Auch diese Art der operativen Behandlung ist als Folge des demographischen Wandels enorm gefragt. In den nächsten Jahren werden minimal-invasive Techniken der Deszensus und Inkontinenz (laparoskopische Sakro-/Pektopexie der Zervix und Vagina sowie endoskopische Kolposuspension nach Burch, „lateral repair" etc.) die konventionelle OP-Verfahren weiter verdrängen. Einer der Gründe hierfür sind die deutlich geringeren postoperativen Schmerzen. Weitere Vorteile des extravaginalen Vorgehens sind die niedrige Dyspareunierate sowie bessere funktionale und anatomische Ergebnisse.

▪▪ Radikale Hysterektomie

Dieser Eingriff kommt nur für erfahrene Operateure in Betracht. Er beschränkt sich auf das Endometriumkarzinom im Frühstadium und ist mit einer Übernachtung verbunden. Festzuhalten bleibt, dass auch in diesem Fall eine endoskopische Operation eine wesentlich niedrigere Belastung für die Patientin unter Einhaltung einer leitliniengerechten Medizin darstellt. Insbesondere die ggf. erforderliche systematische Lymphonodektomie ist wesentlich präziser, schonender und komplikationsärmer durchführbar. Das Verfahren ist in geübter Hand erwiesenermaßen sicher. Rekonvaleszenzzeiten und Gesamtbeeinträchtigung der Patientin sind der klassischen Operationsweise am offenen Bauch überlegen. Somit profitieren insbesondere ältere Frauen enorm von der laparoskopischen Onkochirurgie.

▪▪ Eileiterschwangerschaft (Extrauteringravidität)

Diese häufigste Notfallindikation für eine Operation unseres Fachs ist ebenso wie die weiter oben genannte Eileiterchirurgie aufgrund der dort geschilderten Vorteile, wenn eben möglich, auf endoskopischem Wege mit Lasertechnik (oder HF-Chirurgie) und unter Organerhaltung durchführbar.

Für viele Formen der operativen Laparoskopie spielt die intraoperative Anwendung der Spül-Saug-Technik mit Kochsalz (Ringerlösung) eine maßgebliche Rolle. Nur so lassen sich auch bei blutigen Verhältnissen eine zuverlässige Sicht und saubere Präparation, ggf. auch als Aquadissektion, gewährleisten. Schließlich dient dies auch der Prävention von postoperativen Beschwerden und Adhäsionen. In Kombination mit einer angemessenen Schmerztherapie ist für ein erfahrenes Behandlungsteam postoperative Beschwerdefreiheit der Normalfall.

17.4.4 Operative Gebärmutterspiegelung

▪▪ Kleine Eingriffe im Rahmen der Gebärmutterspiegelung

Hierzu gehören die Entfernung eines „lost IUD“ und von Polypen. Beide sind unter Verwendung von Kochsalz oder elektrolytfreier Flüssigkeit als Distensionsmedium längst zur Routine geworden. Zum Einsatz kommen kleine Zangen und Scheren sowie nicht selten die HF-Chirurgie. Leider ist auch heute noch zu beobachten, dass Ausschabungen (Abrasiones) nicht standardisiert mit einer vorgeschalteten Hysteroskopie kombiniert werden. Nur durch die direkte Visualisierung können auch kleinste Veränderungen in der Gebärmutterhöhle entdeckt werden. Durch eine gezielte Biopsie lassen sich oftmals Frühstadien von Veränderungen nachweisen, ohne dass sie sich klinisch oder sonographisch gezeigt haben.

Bei Unterlassen einer Hysteroskopie kann nicht sicher gesagt werden, ob die Gebärmutterhöhle überhaupt erreicht wurde. So werden insbesondere Polypen allzu oft übersehen, was eine klare Diagnose und die Vollständigkeit der Therapie gefährdet. Zudem sind durch die vorausgehende isolierte Entfernung eines Polypen, insbesondere bei malignen oder prämalignen Veränderungen, eine zuverlässige Lokalisierung einer Läsion, deren Stadieneinteilung und die daraus resultierende Behandlungsstrategie wesentlich besser möglich.

▪▪ Hysteroresektoskopie

Endometriumablation Diese Technik basiert auf der modernen HF-Chirurgie; seltener und mit schlechteren Resultaten kommt hier der Laser zum Einsatz. So lässt sich mit der HF-Schlinge, ggf. kombiniert mit dem HF-Rollerball, ob mono- oder bipolar, die Schälung der Wandauskleidung der Gebärmutterhöhle als State-of-the-Art-Therapie zur hysteroskopischen Behebung von Blutungsstörungen durchführen. Sie setzt allerdings eine Histologiegewinnung durch eine Abrasio innerhalb von 6 Monaten und die einmalige medikamentöse Vorbehandlung mit GnRH 4 Wochen vor dem Eingriff voraus. Unter Wahrung dieser Behandlungsstrategie können in der Hand des geübten Operateurs Amenorrhöraten von weit über 90% erzielt werden. Sie liegen damit nicht nur wesentlich höher als die in den Medien so häufig propagierten globalen Verfahren wie Goldnetz- oder Ballontechnik, sie sind auch wesentlich kostengünstiger. Therapieversager dieser Endometriumablation durch Schlingenresektion sind eigentlich nur bei Vorliegen einer Adenomyosis uteri interna zu verzeichnen. Letztere ist als eine Sonderform der Endometriose in 5–7% der Fälle histologisch nachweisbar. Sie führt dann nicht selten erst durch Monate oder Jahre später auftretende zyklische Unterleibsschmerzen ohne Blutungen als Symptom des Postablationssyndroms zur sekundären Hysterektomie.

Hysteroskopische Myomresektion Mit der gleichen Technik (HF-Schlinge) lassen sich submukös und intrakavitär gelegene oder gelegentlich auch intramurale Myome in einer Größe von bis zu 4 cm unter Erhaltung der Gebärmutter entfernen. Frauen mit Blutungsstörungen und/oder unerfülltem Kinderwunsch profitieren hiervon in höchstem Maße. In solchen Fällen blieb bis dato nur die Laparotomie mit der extrem aufwändigen und traumatisierenden Hemisectio uteri, die zudem bei zukünftigen Schwangerschaften fast immer eine Schnittentbindung erforderlich machte.

Hysteroskopische Septumdissektion Auch dieser Eingriff basiert auf der HF-Chirurgie, wobei das Septum mit einer stromführenden Nadel durchtrennt wird. Im Anschluss hieran empfiehlt sich die Einlage z. B. einer intrauterinen Spirale als Platzhalter für 3 Monate ggf. in Kombination mit einer östrogenlastigen Hormonsubstitution. Durch die transzervikale Technik ist eine Hemisectio uteri per laparotomiam obsolet. Es gibt folglich auch keine primäre Empfehlung zur Entbindung per Sectio.

Zusammenfassung Alle drei hysteroskopischen Verfahren bedeuten einen enormen Fortschritt bei der Behandlung von Blutungsstörungen bzw. intrakavitären Pathologien. So ließen sich in Deutschland jährlich bis zu 70.000 wegen Blutungsstörungen anfallende Hysterektomien mittels Endometriumablation vermeiden. Diese drei Eingriffe dauern nicht länger als 30 Minuten (Ausnahme sind größere, schwierig gelegene Myome) und erfolgen ohne sichtbare Narben. Die Patientinnen sind nach spätestens 2 Stunden beschwerdefrei.

17.4.5 Harninkontinenz: mikroinvasive Techniken

Nach der Integraltheorie von Ulmsten und Petros liegt bei einer Stressinkontinenz ein Defekt der endopelvinen Faszie im mittleren bis äußeren Drittel der Harnröhre vor. Heutzutage wird das Gewebe neben der Harnröhre in solchen Fällen über einen minimierten Zugang durch spannungsfreie Vaginalschlingen locker aufgehängt. Mit nunmehr 20-jähriger Erfahrung haben sich diese unter die Harnröhre gelegten Schlingen aus körperfremdem Material als Goldstandard zur Behandlung der Stressinkontinenz erwiesen. Das Material der Schlingen ist auch mit zunehmender Liegedauer gut verträglich. In jüngster Vergangenheit stand die Minimierung der Nebenwirkungen (z. B. Blasenverletzung, Schmerzen an der Oberschenkelinnenseite) im Vordergrund. Da gleichwertig zum klassischen retropubischen Zugang (TVT), haben die sog. transobturatorischen Schlingen eine zunehmende Verbreitung gefunden. Durch sog. Minischlingen, die das Gewebstrauma nochmals reduzieren, werden gleich gute Heilungsraten erzielt.

Diese Operationen können nahezu alle ambulant durchgeführt werden.

Bei Sonderformen der Inkontinenz (z. B. medikamentös ausgereizte Urge-Inkontinenz) kann die Therapie durch Injektion von Botulinumtoxin (z. B. Botox©) in die Harnblasenwand zielführend sein.

17.4.6 Zusammenfassung

Alle hier aufgeführten Operationen zeichnen sich durch kleine Schnitte und Narben, eine geringere Belastung und schnellere Erholung für die Patientin sowie seltenere Komplikationen aus. Durch die kurze Rekonvaleszenz sind eine schnelle Integration in das häusliche Umfeld bzw. geringe Ausfallzeiten in Familie und Beruf gewährleistet. Die Eingriffe sind zudem kosmetisch vorteilhafter, unterliegen der Prämisse der maximalen Schonung und Organerhaltung.

Besonders bewährt haben sich spezialisierte, endoskopisch ausgerichtete Operationszentren mit langjährig erfahrenen Fachärzten. Auf der Basis eines fokussierten Behandlungsspektrums sind hohe Fallzahlen zu erzielen. Dies wirkt sich, gepaart mit leitliniengerechter Medizin, nachhaltig positiv auf die Expertise, die Qualität der Ergebnisse und gleichermaßen die Reduktion der Komplikationen aus. Auch das Infektionsrisiko ist unter Wahrung der modernen Standards und gesetzlichen Auflagen deutlich geringer. Hospitalismusinfektionen sind nicht zu verzeichnen.

> **Spezialisierte, endoskopisch ausgerichtete Operationszentren gewährleisten aufgrund der hohen Expertise der operierenden Gynäkologen/innen im Gegensatz zu Krankenhäusern und den konventionellen Operationsverfahren bestmögliche Behandlungsergebnisse und eine deutliche Reduktion der Komplikationen.**

Durch die Sicherstellung einer umfassenden Dokumentation und Qualität (QM) lassen sich die o. g. Vorteile des ambulanten Operierens klar objektivieren. Sechs im Großraum des Rhein-Ruhr-Gebietes eng kooperierende Operationszentren führen unter diesen Kautelen inzwischen über 12.000 Eingriffe pro Jahr durch. Darin enthalten sind über 1.000 laparoskopische Hysterektomien. Die Infektionsrate ist mit einer Varianz von 1,2–1,6% deutlich niedriger als die der Krankenhäuser. Gleiches gilt für die Komplikationsrate von 1–2% für leichte (Entzündungen, Hämatome etc.) und nahezu 0% für schwere Komplikationen, die zu einer Krankenhauseinweisung führten (2014). Dies lässt sich aus den AQS1- und AQS2-Auswertungen der medicaltex GmbH, die sich für die Qualitätsdokumentation im ambulanten Bereich durchgesetzt haben, und den jährlich veröffentlichten Qualitätsberichten ablesen.

Hinzu kommt eine extrem hohe Zufriedenheit der Patientinnen. 98,6% würden sich erneut ambulant operieren lassen. 99,2% würden die Behandlungsstätte weiterempfehlen. Ausschlaggebend für dieses hohe Maß der Zufriedenheit sind neben der Vermeidung eines Krankenhausaufenthalts und der damit verbundenen Kosten ein angemessener Service und die Möglichkeit einer wesentlich persönlicheren Betreuung und individuellen Therapiegestaltung durch die spezialisierten Mitarbeiter einer solchen Einrichtung.

Gemeinsam mit der Tatsache, dass diese moderne Entwicklung der operativen Medizin zunehmend gefragt ist und in hohem Maße vielschichtig zur Kostendämpfung im Gesundheitswesen beiträgt, führen die geschilderten Vorteile des ambulanten Operierens dazu, dass auch die gesetzlichen Versicherungen diese Entwicklung konstruktiv aufgreifen und durch Sonderverträge fördern.

17.5 Mund-, Kiefer- und Gesichtschirurgie

T. Appel

17.5.1 Einleitung

Ambulantes Operieren hat in der Mund-, Kiefer- und Gesichtschirurgie bereits eine lange Tradition und so ist heute der Anteil an Patienten, die ambulant operiert werden, in kaum einer anderen Fachrichtung größer als in der Mund-, Kiefer- und Gesichtschirurgie. Insbesondere Eingriffe im Rahmen der zahnärztlichen Chirurgie wurden bereits in großem Umfang ambulant durchgeführt, lange bevor dies in den anderen operativen Fächern üblich wurde und die gesetzlichen und abrechnungstechnischen Voraussetzungen dafür geschaffen wurden. Dies liegt zum einen an der großen Anzahl kleinerer Operationen, zum anderen an der Möglichkeit, einen großen Teil der Eingriffe in Lokalanästhesie durchführen zu können [53].

Voraussetzung für die Erlangung der Facharztbezeichnung Mund-, Kiefer- und Gesichtschirurgie ist die Doppelapprobation, d. h. ein abgeschlossenes Medizin- und Zahnmedizinstudium. Dies hat zur Folge, dass die Mehrzahl der klinischen Abteilungen und niedergelassenen Fachärzte für Mund-, Kiefer- und Gesichtschirurgie in der Regel auch beide Zulassungen – kassenärztlich und kassenzahnärztlich – besitzt. Folglich ist für die Eingriffe in der zahnärztlichen Chirurgie, die in der Regel vor allem in den Praxen den überwiegenden Anteil ausmachen, eine Abrechnung sowohl nach EBM (Einheitlicher Bewertungsmaßstab) als auch nach BEMA-Z (Bewertungsmaßstab für zahnärztliche Leistungen) möglich. Der Operateur kann deshalb für jeden Behandlungsfall individuell entscheiden, ob er die Leistung ärztlich über die kassenärztliche Vereinigung (KV) oder zahnärztlich über die kassenzahnärztliche Vereinigung (KZV) abrechnet. Allerdings besteht ein Splittingverbot, d. h., die Aufteilung eines einheitlichen Behandlungsfalls in zwei Abrechnungsfälle ist nicht zulässig [49]. Dies ist sowohl im EBM (Nr. 6.3 der allgemeinen Bestimmungen) wie auch im BEMA-Z (Nr. 4 der allgemeinen Bestimmungen) festgelegt. Dennoch besteht damit eine gewisse Wahlfreiheit, zu entscheiden, ob ein Behandlungsfall besser kassenärztlich oder kassenzahnärztlich abgerechnet wird. Im Unterschied zur ärztlichen Abrechnung (EBM) bei der – abgesehen von der Ordinationsgebühr und Zuschlägen – eine Gesamtvergütung für einen Eingriff erfolgt, wird bei der zahnärztlichen Abrechnung (BEMA-Z) jeder Teilschritt einzeln vergütet. Im Rahmen der kassenärztlichen Abrechnung werden Leistungen aus Kapitel 31 außerhalb des Regelleistungsvolumens vergütet. In Abhängigkeit von der vorhandenen Zulassung und den individuellen Budgets wird dabei vom Operateur einer Klinik wie einer Praxis im Einzelfall zu entscheiden sein, wie ein ambulant durchgeführter Eingriff abgerechnet werden soll.

Bei den Überlegungen zur Auswahl der geeigneten Anästhesieform sind die Art des geplanten Eingriffs, die voraussichtliche Operationsdauer, der allgemeine Zustand des Patienten, seine Vorerkrankungen und nicht zuletzt die Wünsche des Patienten zu berücksichtigen. Grundsätzlich sind für ambulante Eingriffe in der Mund-, Kiefer- und Gesichtschirurgie alle heute gebräuchlichen Anästhesietechniken geeignet. Die meisten ambulant durchzuführenden Eingriffe können dabei mittels Lokal- und Leitungsanästhesie durchgeführt werden. Diese erfolgt in der Regel durch Ausschaltung des 1., 2. oder 3. Trigeminusasts und dessen Verzweigungen. Die Allgemeinanästhesie ist vor allem bei größeren operativen Eingriffen in der Tumorchirurgie, der Traumatologie, der kieferorthopädischen Chirurgie und der Korrektur angeborener Fehlbildungen indiziert. Häufig wird man aber in diesen Fällen aufgrund der Notwendigkeit einer intensiven längeren postoperativen Überwachung der stationären Durchführung dieser Eingriffe ohnehin den Vorzug geben [52].

Bezüglich der Übernahme der Kosten einer Narkose hat der Bewertungsausschuss seit dem 01.01.2007 Regelungen getroffen, die als Grundlage der Definition des „medizinisch Notwendigen" im Sinne des Wirtschaftlichkeitsgebots bei der Durchführung von Vollnarkosen zulasten des GKV-Systems dienen sollen. Die Erbringung von Narkosen gemäß ▶ Abschnitt 5.3 des EBM im Zusammenhang mit zahnärztlichen und/oder mund-, kiefer- und gesichtschirurgischen Eingriffen ist dabei nur berechnungsfähig bei

- Kindern bis zum vollendeten 12. Lebensjahr, sofern wegen mangelnder Kooperationsfähigkeit und/oder durch den Eingriff bedingt eine andere Art der Schmerzausschaltung nicht möglich ist; die ICD-Kodierung ist mit Begründung anzugeben;
- Patienten mit mangelnder Kooperationsfähigkeit bei geistiger Behinderung und/oder schwerer Dyskinesie; die ICD-Kodierung ist mit Begründung anzugeben;
- Eingriffen entsprechend Abschnitt 31.2.8 des EBM, sofern eine Behandlung in Lokalanästhesie nicht möglich ist.

Nach den Erfahrungen des Autors orientieren sich mittlerweile vermehrt auch private Krankenversicherungen und vor allem Beihilfestellen an diesen Richtlinien und verweigern eine Kostenübernahme der Narkose bei Eingriffen der zahnärztlichen Chirurgie [56]. Hierüber sind die Patienten präoperativ entsprechend aufzuklären und sollten eine Klärung vor Durchführung des Eingriffs in Narkose anstreben.

17.5.2 Allgemeine Voraussetzungen

In Anlage 1 des § 115b SGB V sind die Leistungen vereinbart, die ambulante Operationen oder stationsersetzende Eingriffe im Sinne des § 115b SGB V darstellen, und die unter dem Begriff „Eingriffe gemäß § 115b SGB V" subsumiert werden. Der Katalog beinhaltet die einschlägigen Zuschlagsziffern sowie ambulanten Anästhesien mit den entsprechenden Zuschlägen. Leistungen, die i. d. R. ambulant erbracht werden sollen, sind gesondert gekennzeichnet. Dies sind in der Mund-, Kiefer- und Gesichtschirurgie vor allem die Eingriffe der zahnärztlichen Chirurgie sowie die Dermatochirurgie des Kopf-Hals-Bereichs.

17.5.3 Räumliche und personelle Kriterien

Im Bundesgesundheitsblatt 5/1994 wurde die Anlage zu den Ziffern 5.1 und 4.3.3 der Richtlinie für Krankenhaushygiene und Infektionsprävention „Anforderungen der Hygiene beim ambulanten Operieren in Krankenhaus und Praxis" veröffentlicht, die in Zusammenarbeit mit dem Berufsverband der Deutschen Chirurgen e.V. (BDC), der Kassenärztlichen Bundesvereinigung, den Spitzenverbänden der Krankenkassen und dem Robert-Koch-Institut erarbeitet und von der Kommission für Krankenhaushygiene und Infektionsprävention beraten und verabschiedet wurde. Die Zuordnung von operativen Eingriffen zu den räumlichen Anforderungen wurde vom BDC vorgeschlagen und von der Kommission für Krankenhaushygiene und Infektionsprävention ergänzt und beschlossen.

In der Einteilung der operativen Eingriffe gemäß § 115 (Abs. 1) 1. SGB V der katalogisierten ambulant durchführbaren Operationen genügen für praktisch alle Eingriffe aus dem Fachgebiet der Mund-, Kiefer- und Gesichtschirurgie (Kapitel N IX) die Kriterien des Eingriffsraums.

Grundlage für die Anforderungen an die Aufbereitung von Medizinprodukten sind das Medizinproduktegesetz (MPG), die Medizinprodukte-Betreiberverordnung (MPBetreibV) sowie die Empfehlung „Anforderungen an die Hygiene bei der Aufbereitung von Medizinprodukten". Diese schreiben eindeutig fest, dass nur Personen mit der Wartung, Inspektion, Instandhaltung und Aufbereitung von Medizinprodukten (Sterilgut) beauftragt werden dürfen, die aufgrund ihrer Ausbildung und praktischen Tätigkeit über die erforderlichen Sachkenntnisse verfügen.

Für die Umsetzung der Anforderungen sollte in Praxen deshalb mindestens ein Mitarbeiter die Voraussetzungen für den Medizinproduktebeauftragten haben, in klinischen Einrichtungen je nach speziellen Aufgaben ggf. auch den Fachkundekurs I-III absolviert haben.

Die Aufbereitung von Übertragungsinstrumenten (Hand- und Winkelstücke, Turbinen) bedarf aufgrund des komplexen Aufbaus dieser Medizinprodukte einer besonderen Sorgfalt [51]. Die Akademie für Mund-, Kiefer- und Gesichtschirurgie (AMKG) der Deutschen Gesellschaft für Mund-, Kiefer- und Gesichtschirurgie (DGMKG) bietet entsprechende Sachkundelehrgänge an, die an den speziellen Belangen der Mund-, Kiefer- und Gesichtschirurgie ausgerichtet sind.

Eingriffe nach § 115b SGB V werden nach dem Facharztstandard erbracht.

Danach sind die Eingriffe gemäß § 115b SGB V nur von Fachärzten für Mund-, Kiefer- und Gesichtschirurgie, unter Assistenz von Fachärzten oder unter deren unmittelbarer Aufsicht und Weisung mit der Möglichkeit des unverzüglichen Eingreifens zu erbringen. Eingriffe der zahnärztlichen Chirurgie (die zahnärztlich abgerechnet werden) können auch von entsprechend weitergebildeten Zahnärzten/Fachzahnärzten für Oralchirurgie durchgeführt werden.

17.5.4 Ambulant durchführbare Operationen in der Mund-, Kiefer- und Gesichtschirurgie

Grundsätzlich kann eine Einteilung der ambulant durchführbaren Operationen in der Mund-, Kiefer- und Gesichtschirurgie in intra- und extraorale Eingriffe erfolgen. Im Folgenden können beispielhaft nur die Aspekte der häufigsten Operationen Erwähnung finden. Im Einzelnen sei auf Kapitel N IX der katalogisierten ambulant durchführbaren Operationen der operativen Eingriffe gemäß § 115 (Abs. 1) 1. SGB V sowie den BEMA-Z verwiesen. Die aufgeführten OPS-Codes beziehen sich auf die kassenärztliche Abrechnung; im Bereich der zahnärztlichen Chirurgie wird jeweils zu überprüfen sein, inwieweit eine kassenzahnärztliche Abrechnung nach BEMA-Z im konkreten Fall nicht günstiger ist.

Zahnärztliche Chirurgie

Eingriffe

- Zahnextraktionen (werden in der Regel zahnärztlich abgerechnet, alternativ kleinchirurgischer Eingriff der Kategorie I–II),
- operative Zahnentfernung (OPS-Code 5-231), Replantation, Transplantation, Implantation und Stabilisierung eines Zahns (OPS-Code 5-235),
- Wurzelspitzenresektion und Wurzelkanalbehandlung (OPS-Code 5-237),
- Operationen an Zahnfleisch, Alveolen und Kiefer (OPS-Codes 5-240 bis 5-245).

Durchführung In der Regel in Lokalanästhesie; nur wenn der Eingriff in Lokalanästhesie nicht möglich ist oder auf Wunsch des Patienten (s. o.) Analogosedierung oder Intubationsnarkose.

Aufgrund der zunehmenden Häufigkeit von Herz-Kreislauf-Erkrankungen gehören Patienten mit gerinnungshemmender Medikation auch in der Mund-, Kiefer- und Gesichtschirurgie zum Praxisalltag. Mit Rücksicht auf die Grundkrankheit des Patienten und häufig aus vitaler Indikation kann diese in vielen Fällen nicht abgesetzt werden.

In der Regel kann das erhöhte Blutungsrisiko dieser Patientengruppe jedoch bezüglich des geplanten Eingriffes ausreichend beurteilt werden, so dass die Mehrzahl der Eingriffe der zahnärztlichen Chirurgie (Ausnahme: ausgedehnte Osteotomien) unter Beibehaltung der gerinnungshemmenden Medikation durchgeführt werden können.

Blutungen, wie sie z. B. nach Zahnextraktionen auftreten können, sind bei Patienten unter Antikoagulanzientherapie nur in Ausnahmefällen vital bedrohlich. Wenn nicht durch eine Grunderkrankung des Patienten kontraindiziert, spricht prinzipiell nichts gegen den Einsatz von Lokalanästhetika mit gefäßverengendem Zusatz. Zu berücksichtigen ist aber, dass aufgrund der Vasokonstriktion eventuelle Blutungen nicht sofort erkannt werden. Bei einer Zahnentfernung kann die Blutgerinnung durch die Anwendung lokaler Maßnahmen wie das Einbringen eines resorbierbaren Materials, z. B. eines Kollagenpräparates in die ehemalige Alveole und anschließender Adaptation der Wundränder mit einem resorbierbaren Nahtmaterial unterstützt werden. Die Applikation von Fibrinkleber wird aufgrund der vergleichsweise hohen Kosten Ausnahmefällen vorbehalten bleiben. Ein Aufbisstupfer während der ersten Stunde nach dem Eingriff schützt vorübergehend den lokalen Gerinnungsvorgang [54].

Bei der Verabreichung weiterer Medikamente (z. B. Analgetika) muss berücksichtigt werden, dass Wechselwirkungen mit gerinnungshemmenden Medikamenten eintreten können, die den Gerinnungsstatus verändern und entsprechend berücksichtigt werden müssen.

Eine Prophylaxe der infektiösen Endokarditis sollte erfolgen bei

- Patienten mit künstlichen Herzklappen oder einer Endokarditis in der Vorgeschichte,
- Patienten mit bestimmten angeborenen Herzfehlern und
- Patienten nach einer Herztransplantation.

In der Regel ist eine einmalige Gabe eines Antibiotikums per os ausreichend; als Präparat der Wahl hat sich Amoxicillin erwiesen, bei Vorliegen einer Penicillinallergie bietet Clindamycin eine gleichwertige Alternative. Der gegenwärtige Erkenntnisstand und die jeweiligen Empfehlungen sind im Positionspapier „Prophylaxe der infektiösen Endokarditis" der Deutschen Gesellschaft für Kardiologie zusammengefasst [52].

17

Ein vor allem in jüngster Zeit zunehmendes Problem stellen zahnärztliche Eingriffe bei Patienten mit Bisphosphonatmedikation dar.

Bisphosphonate werden seit über 20 Jahren erfolgreich beim multiplen Myelom und bei ossärer Metastasierung solider Tumoren, aber auch bei Osteoporose und anderen Stoffwechselerkrankungen eingesetzt und können – häufig im Zusammenhang mit operativen Eingriffen am Kiefer – zu Bisphosphonat-assoziierten Kiefernekrosen führen, die mit einer ausgeprägten Morbidität und meist langwierigem Verlauf einhergehen. Bei der Prävention sollten deshalb intraorale chirurgische Maßnahmen mit Verletzung der intakten Schleimhaut auf unbedingt notwendige Eingriffe beschränkt bleiben und, falls diese erforderlich sind, durch einen Mund-, Kiefer- und Gesichtschirurgen oder einem mit dem Krankheitsbild vertrauten Zahnarzt mit möglichst atraumatischer Operationstechnik und systemischer antiinfektiöser Prophylaxe bis zum Abschluss der Wundheilung erfolgen [48].

Nachsorge

- Schmerzmedikation mit Ibuprofen 600 mg 3 × 1 nach Bedarf.
- Nahtentfernung nach 7–10 Tagen.

Septische Chirurgie

Entzündungen der Kiefer und der umgebenden Weichteile gehen meistens von kariösen oder parodontal geschädigten avitalen Zähnen aus. Neben odontogenen Entzündungen können aber auch primäre Entzündungen der Schleimhaut oder der Gesichtshaut auftreten, die mitunter schwierig von odontogenen Prozessen abzugrenzen sind. Ausgedehnte Logenabszesse mit Ausbreitungstendenz erfordern grundsätzlich eine stationäre Überwachung, Abszesse in unmittelbarer Umgebung der Kiefer (submuköse Abszesse) und Abszesse ohne Ausbreitungstendenz können ambulant eröffnet und weitertherapiert werden.

Eingriffe

- Inzision des Zahnfleischs und Osteotomie des Alveolarkamms (OPS-Code 5-270),
- äußere Inzision und Drainage im Mund-, Kiefer- und Gesichtsbereich (OPS-Code 5-240).

Traumatologie

Die Versorgung kleinerer Gesichtsweichteilverletzungen kann in der Regel ambulant erfolgen; Gesichtsschädelfrakturen, insbesondere wenn eine intermaxilläre Fixierung (Verdrahtung der

Kiefer) erforderlich ist, bedürfen der stationären Überwachung.

Eingriffe

- Primäre Wundversorgung (kleinchirurgischer Eingriff der Kategorie II-III),
- Rekonstruktion der Weichteile im Gesicht (Naht nach Verletzung, einschichtig OPS-Code 5-778.0; Naht nach Verletzung, mehrschichtig OPS-Code 5-778.1),
- plastische Operationen an Lippe und Mundwinkel (OPS-Code 5-908),
- Operationen bei Gesichtsschädelfrakturen (OPS-Code 5-76).

▪▪ Fehlbildungschirurgie

Der Primärverschluss von Lippen-Kiefer-Gaumenspalten wird in der Regel unter stationären Bedingungen durchgeführt, Sekundäroperationen in Form von kleineren Korrekturen können ohne Weiteres ambulant durchgeführt werden (OPS-Codes 5-275 bis 2-276).

▪▪ Kieferorthopädische Chirurgie

Neben den skelettverlagernden Operationen, die in der Regel unter stationären Bedingungen durchgeführt werden, können die rein dentoalveolären Eingriffe (z. B. Freilegen von retinierten Zähnen im Rahmen einer kieferorthopädischen Behandlung) ambulant durchgeführt werden (s. o.).

▪▪ Präprothetische Chirurgie/Implantologie

Alle operativen Eingriffe, die zu einer Verbesserung des Prothesenlagers führen und die Eingliederung eines funktionstüchtigen Zahnersatzes ermöglichen, werden unter dem Begriff der „präprothetischen Chirurgie" zusammengefasst. Die präprothetische Chirurgie in ihrer ursprünglichen Form hat mit der rasanten Entwicklung der Implantologie jedoch stark an Bedeutung verloren. Heute stehen mit der Insertion von Implantaten als Verankerungsmöglichkeit für festsitzenden und/oder herausnehmbaren Zahnersatz Möglichkeiten zur Verfügung, den Patienten nach Zahnverlust funktionell wie auch ästhetisch zu rehabilitieren. Aufgrund des häufig fortgeschrittenen Knochenverlusts infolge von jahrelang bestehenden Parodontitiden gewinnen augmentative Verfahren immer mehr an Bedeutung. Hier kommen heute sowohl die Transplantation autologen Knochens von Kiefer und extraoralen Spenderregionen als auch die Verwendung von Knochenersatzmaterialien zum Einsatz.

Versicherte der gesetzlichen Krankenversicherung haben in der Regel keinen Anspruch auf eine Versorgung mittels Implantaten. Allerdings hat der Bundesausschuss der Zahnärzte und Krankenkassen in Richtlinien seltene Ausnahmeindikationen für besonders schwere Fälle festgelegt, bei denen ein Anspruch auf implantologische Leistungen einschließlich der Epithesen und/oder der Suprakonstruktionen (implantatgetragener Zahnersatz) im Rahmen einer medizinischen Gesamtbehandlung gemäß § 28 Abs. 2 Satz 9 SGB V als Sachleistung besteht.

▪▪ Tumorchirurgie

Während die Therapie maligner intraoraler Tumoren, bei der häufig die Notwendigkeit einer Ausräumung der lokalen Lymphknotenstationen erforderlich ist, in der Regel unter stationären Bedingungen erfolgt, spielt im Bereich der extraoralen ambulanten Chirurgie die Dermatochirurgie eine herausragende Rolle. So finden sich über 80% der Basalzellkarzinome im Kopf-Hals-Bereich. In der hellhäutigen Bevölkerung ist das Basalzellkarzinom (früher Basaliom) der häufigste bösartige Hauttumor. In Deutschland erkranken etwa 100 von 100.000 Einwohnern jährlich an einem Basalzellkarzinom, dies entspricht einer Häufigkeit von 0,1% [55]. Der überwiegende Teil dieser Tumoren kann unter ambulanten Bedingungen entfernt werden.

Neben der Behandlung von malignen Tumoren besitzt auch die chirurgische Entfernung von Präkanzerosen und gutartigen Hauttumoren zur Vermeidung von maligner Transformation und/oder Größenzunahme in der anatomisch sensiblen Gesichtsregion eine große Rolle. Möglicher Eingriff ist die

- lokale (OPS-Code 5-894) bzw. radikale und ausgedehnte (OPS-Code 5-895) Exzision von erkranktem Gewebe an Haut und Unterhaut.

Indikationen Bei der Behandlung maligner Tumoren der Haut (Basalzellkarzinom [BCC]), Plattenepithelkarzinom [PEC] der Haut) ist nach den Leitlinien der Deutschen Krebsgesellschaft die vollständige chirurgische Entfernung Mittel der ersten Wahl. In der Regel wird einzeitig operiert, d. h., der Defektverschluss erfolgt in einer Sitzung mit der Entfernung des Tumors; lediglich bei ausgedehnten Tumoren, unklaren Tumorgrenzen und histologisch gesicherten sklerodermiformen BCC sollte ein zweizeitiges Vorgehen mit Defektverschluss nach Bestätigung der Tumorfreiheit der Ränder durch den Pathologen angestrebt werden. Unter Berücksichtigung ästhetischer und funktioneller Gesichtspunkte wird die Exzision mit einem Sicherheitsabstand von 2–10 mm – je nach Lokalisation -- durchgeführt [55].

Im Bereich der intraoralen Tumorchirurgie spielt vor allem die Differenzierung von benignen und malignen Raumforderungen, odontogenen und nicht odontogenen Zysten sowie die Sicherung unklarer Schleimhautveränderungen und deren ggf. operative Therapie eine entscheidende Rolle [50].

Eingriffe

- Exzision einer odontogenen pathologischen Veränderung des Kiefers (OPS-Code 5-243),
- Inzision, Exzision und Destruktion von erkranktem Gewebe der Zunge (OPS-Code 5-250),
- Inzision, Exzision und Destruktion in der Mundhöhle (OPS-Code 5-273),
- Inzision (Osteotomie), lokale Exzision und Destruktion (von erkranktem Gewebe) eines Gesichtsschädelknochens (OPS-Code 5-770).

Durchführung In der Regel in Lokalanästhesie; nur wenn der Eingriff in Lokalanästhesie nicht möglich ist, dann Analogosedierung oder Intubationsnarkose.

Nachsorge

- Schmerzmedikation mit Ibuprofen 600 mg 3 × 1 nach Bedarf.
- Nahtentfernung nach 7–10 Tagen.

17

▪▪ Ästhetische und plastische Chirurgie

Eingriffe zur Behandlung des alternden Gesichts und Verbesserung der Ästhetik haben in den letzten Jahren deutlich zugenommen und sind aufgrund des geringen Komplikationsrisikos in der Regel gut für die ambulante Durchführung geeignet.

Durch die Verfeinerung der Operationstechniken und eine Verschiebung der operativen Verfahren hin zu minimalinvasiven Maßnahmen können die meisten dieser Eingriffe wie Lidplastiken, das Anlegen abstehender Ohren und kleine bis mittlere Faltenkorrekturen wie Brauen- und Minilift heute in der Regel ambulant durchgeführt werden. Faltenbehandlung mittels Unterspritzungstechniken (Botulinumtoxin, Filler) bzw. laserchirurgische Verfahren werden regelmäßig ambulant durchgeführt. Die Eingriffe erfolgen zumeist in örtlicher Betäubung oder Analgosedierung, auf Wunsch des Patienten oder bei ausgedehnten Eingriffen kann auch in Intubationsnarkose operiert werden.

17.5.5 Zusammenfassung

Ein großer Teil der Eingriffe aus dem Fachgebiet der Mund-, Kiefer und Gesichtschirurgie eignet sich sehr gut für eine ambulante Durchführung, wobei der überwiegende Teil aus nachfolgenden Eingriffen besteht:

- Eingriffe der zahnärztlichen Chirurgie einschließlich der Implantologie sowie
- dermatochirurgischen Eingriffe einschließlich der ästhetisch-plastischen Operationen im Gesichtsbereich.

Bei allen Eingriffen muss die Sicherheit des Patienten als oberstes Gebot gewährleistet sein. Neben den geschilderten räumlichen und personellen Voraussetzungen setzt dies eine ständige Erreichbarkeit eines kompetenten Ansprechpartners voraus – auch über die Zeit des Aufenthalts in Klinik bzw. Praxis hinaus. Abrechnungstechnisch bietet sich im Bereich der zahnärztlichen Chirurgie neben den aktuellen Vereinbarungen nach § 115 Abs. 1 SGB V auch die Möglichkeit, diese nach BEMA-Z abzurechnen.

> **Eingriffe der ästhetisch-plastischen Chirurgie und Implantologie (abgesehen von den Ausnahmeindikationen gemäß § 28 Abs. 2 Satz 9 SGB V) unterliegen grundsätzlich nicht der Leitungspflicht der gesetzlichen Krankenkassen.**

17.6 Augenheilkunde

St. Schmickler

17.6.1 Einleitung

Wie kaum ein anderes Fach ist auf den ersten Blick die Augenheilkunde für die ambulante Chirurgie geeignet: Der Patient wird „nur" am Auge operiert, was seine Mobilität nicht einschränkt. Doch gibt es auch immer noch viele Gründe, weshalb bestimmte Operationen bzw. bestimmte Ausgangssituationen eher für eine stationäre Augenoperation sprechen. Man denke an die Operation am funktionell einzigen Auge, die komplizierte Kataraktoperation bei ausgeprägtem PEX-Syndrom (Pseudoexfoliationssyndrom) mit intraoperativer Gefahr der Linsenluxation in den Glaskörper, die beidseitige Schieloperation, größere plastische Operationen, die Operation einer Netzhautablösung mit Speziallagerung postoperativ etc. Internistisch schlecht zu kontrollierende, polymorbide und auch schlecht transportfähige Patienten sollten auch besser, um das postoperative Operationsergebnis nicht zunichte zu machen, stationär operiert werden, was aus der Liste der DOG auch abgeleitet werden kann. Die DOG (Deutsche Ophthalmologische Gesellschaft)[1] hat eine Indikationsliste für stationäre Operationen zusammengestellt, die im Internet heruntergeladen werden kann [58]. Bei dieser Liste fehlt allerdings das Gewicht des Patienten. Ist der Patient schwerer als 150 kg, halten ihn die üblichen OP-Liegen im ambulanten Bereich nicht. Daher müssen schwergewichtige Patienten zwangsläufig auch stationär operiert werden.

Zu der häufigsten Operationsart in der Augenheilkunde gehört die Kataraktoperation (Grauer-Star-Operation). Daher wird der ambulante Augen-OP-Ablauf am Beispiel der Kataraktoperation dargestellt. Weitere Operationen in der Augenheilkunde sind:

- IVOM (= intravitreale operative Medikamenteneingabe),
- lidchirurgische Eingriffe,
- Netzhaut-Glaskörper-chirurgische Eingriffe,
- Glaukom-Operationen,
- Augenmuskel-Operationen.

Die Kataraktoperation ist vom G-BA als grundsätzlich ambulant durchführbar eingestuft worden. Bei stationärer Durchführung ist es ratsam, diese vorher mit o. g. Formular unbedingt bei den Krankenkassen zu beantragen.

17.6.2 Personelle Voraussetzungen für eine ambulante Augenoperation

Wer darf eigentlich neben dem Augenchirurgen im Augen-OP arbeiten, welche Qualifikation ist erforderlich? Viele Jahre war dies für den ambulanten OP-Betrieb ungeklärt. Dies hat sich mit der Vereinbarung für Qualitätssicherung beim ambulanten Operieren gem. § 4 des Vertrags nach § 115b, Absatz 1 SGB V, zwischen den Spitzenverbänden der Krankenkassen der Deutschen Krankenhausgesellschaft und der Kassenärztlichen Bundesvereinigung und der Richtlinie der Bundesärztekammer zur Qualitätssicherung ambulanter Operationen geändert.

In § 4(5) der Vereinbarung zur Qualitätssicherung wird gefordert, dass für die unmittelbare Assistenz – falls keine ärztliche Assistenz erforderlich ist – mindestens ein(e) qualifizierte(r) Mitarbeiter(in) mit abgeschlossener Berufsausbildung in einem nicht ärztlichen Heilberuf oder Beruf des/der früheren Arzthelfers/Arzthelferin bzw. jetzt der/des medizinischen Fachangestellten erforderlich ist. Die Richtlinie der Bundesärztekammer fordert von jedem Operateur bzw. Anästhesisten, dass, sofern Assistenzpersonal bei einer OP erforderlich ist, dieses in einer ausreichenden Zahl mit einer ausreichenden Qualifikation zur Verfügung steht. Es gibt seit vielen Jahren ein von der Bundesärztekammer verabschiedetes Curriculum für Arzthelfer/-innen im Augen-OP. Dieses richtet sich an Arzthelfer/innen, die aus konservativen Praxen in ein ambulantes OP-Zentrum wechseln wollen, oder die nach ihrer Ausbildung direkt in einem ambulanten OP arbeiten. Eine weitere Zielgruppe sind Arzthelfer/innen, die schon theoretisches Wissen und praktische Erfahrung beim ambulanten Operieren gesammelt haben

1 DOG Deutsche Ophthalmologische Gesellschaft, Platenstr. 1, 80336 München, Tel. +49(0)89-5505-7680, Fax +49(0)89-5505-76811; BVA, Tersteegenstr. 12, D-40474 Düsseldorf, Tel. +49(0)211-43037-00, Fax +49 (0)211-43037-20

und in einer Praxis ausgebildet worden sind, die die Zusatzbezeichnung „Ambulantes Operieren" führt.

Konkret werden für einen Operationstag folgende Mitarbeiter/-innen benötigt:

- Empfang: 1 Mitarbeiter/-in,
- OP-Vorraum: 1 Mitarbeiter/-in,
- OP-Raum: 1 Mitarbeiter/-in und 1 Springer,
- Instrumentenaufbereitung: 1 Mitarbeiter/-in,
- Ruheraum: 1 Mitarbeiter/-in.

Für einen Operateur mit einem OP-Saal sollten mindestens 5 Mitarbeiter eingeplant werden. Nicht zu vergessen ist die professionelle Reinigungskraft, die am Abend den OP reinigt.

Ein ambulanter OP in der Augenheilkunde rentiert sich aufgrund der personalintensiven Betreuung und der hohen gesetzlichen Anforderungen, auch an die Raumausstattung, nur bei einer hohen Routine des Operateurs und bei täglicher Auslastung[2]. Nur einmal die Woche den OP zu nutzen, kann wirtschaftlich nicht rentabel sein. Auch der Betrieb der Sterilisation ist als bedenklich anzusehen, wenn während der anderen Tage das Wasser in den Leitungen „stagniert" und es somit zur Verkeimung führen kann. Dasselbe gilt für die Lüftungsanlagen, die bei Nichtbetrieb an den Filtern/Befeuchtern ebenfalls zur Verkeimung neigen.

17.6.3 Aufgabenverteilung am OP-Tag

Es empfiehlt sich, am Vortag nochmals die Uhrzeiten der Operationstermine der Patienten durchzugehen. Zeitlich kürze Eingriffe wie z. B. intravitreale operative Medikamenteneingaben können besser gesammelt zu Beginn oder am Ende des Operationsprogramms positioniert werden. Schwierigere Operationen wie z. B. enge Pupille bei Glaukom sollten nicht am Ende des OP-Tages stehen. Mit dieser rechtzeitigen Kontrolle der Operationspläne können Patienten noch rechtzeitig telefonisch umbestellt werden.

2 OcuNet GmbH & Co. KG, Friedrichstr. 47, D-40217 Düsseldorf, Tel. +49(0)211-179-3266, Fax +49(0)211-179-3267

Aufgaben am OP-Tag

Mitarbeiter/-in am Empfang Vorbereitung zu Beginn eines Arbeitstages:

- Empfangstür aufschließen,
- ggf. Flurlicht und Licht im Warteraum anschalten bzw. Zentralschalter betätigen,
- Aufzug entsperren und Automatiktür öffnen (wenn vorhanden),
- PC hochfahren und die benötigten Programme starten,
- Musikanlage anstellen,
- Kaffeemaschine und Snacks für den postoperativen Bereich vorbereiten,
- Augentropfen sowie Tupfer, Markierungspunkte für das zu operierende Auge und Karteikästen bereitstellen,
- OP-Pläne ausbreiten,
- Karteikarten bzw. OP-Karten hinstellen,
- Geräte im Untersuchungszimmer anstellen,
- Bedarfsmaterial für die Schleuse vorbereiten (Überziehschuhe, Hauben),
- Seifenspender, Handtücher und Desinfektionsspender kontrollieren.

Bei Eintreffen der Patienten:

- Unterlagen des Patienten mit dem OP-Plan auf Name, Geburtsdatum, Krankenkasse und zu operierendes Auge abgleichen und auf Vollständigkeit überprüfen (Einverständniserklärung, Narkoseeinwilligung, hausärztliche Untersuchungsergebnisse).

Nachbereitung am Ende eines Arbeitstages:

- Kaffee- und Spülmaschine im Ruheraum kontrollieren (beide Geräte sollten aus sein),
- Musikanlage ausschalten,
- Computer herunterfahren,
- Tupfer und Tropfen entsorgen,
- ggf. Aufzug sperren und Automatiktür (wenn vorhanden) schließen,
- Licht ausschalten bzw. Zentralschalter betätigen,
- Tür am Empfang schließen,
- Flurlicht ausschalten.

OP-Mitarbeiter Vorbereitung OP:

Nach chirurgischer Händedesinfektion und steriler Ankleidung:

- Vorbereitung steriler Lösungen,

- steriler Aufbau von Einzeltischen,
- Vorbereitung des Phakogeräts, Abstimmung auf den Operateur,
- Kalibrierung des Phakohandgriffs,
- Bestückung des Mikroskops mit Mikroskopkappen,
- Einstellung der Helligkeit prüfen, ggf. korrigieren lassen,
- Begrüßung und Vorstellung des Patienten,
- Kontrolle der Fußschalter von Phakogerät und Mikroskop,
- Kontrolle der Infusionshöhe.

Während der Operation:
- Mitbeobachtung der Operation und folgende Schritte vorausahnen, sodass die operationsbedingten Bedürfnisse erfüllt werden (Instrumentieren!):
- Kontrolle von Menge und Höhe der Infusionslösung,
- sachgerechtes Ablegen von Instrumenten,
- Kontrolle der Linsenstärke.

Postoperativ:
- Sortieren der Instrumente,
- Entfernen der Mikroskopgriffe vom Mikroskop,
- Verabschiedung des Patienten,
- Entsorgen von Tupfern und sonstigem Müll,
- Schlauchsysteme in den Mülleimer hängen,
- OP-Kittel und Handschuhe ausziehen und entsorgen,
- erneute Händedesinfektion.

Ende OP-Tag:
- Desinfektion von hängenden Geräten im OP (Mikroskop, OP-Lampe, Versorgungssäulen),
- Vorräte auffüllen im OP-Saal (z. B. fahrbarer Wagen mit Schubladen),
- Okulare des Mikroskops mit Mikrofasertuch reinigen.

Folgende Materialien sollten in der Nähe des OP-Tischs (z. B. im fahrbaren Wagen mit Schubladen) bereitstehen:
- 2× Zigarettentupfer,
- 5× Parazentesemesser,
- 5× Phakolanze,
- 2× Erweiterungslanze 5,2 mm,
- 5× Sauterkanüle,
- 1× Kapselspannring,
- 3× Viskoelastikum,
- 5× Insulinspritze,
- 2× Inzisionsfolie,
- 2× Handschuhe je Größe,
- 1× Mikrofasertuch,
- 1× Ladegerät OP-Stuhl,
- 2× Vitrektom,
- 2× Ersatzschlauch I/A,
- ggf. 2× Papierrolle für den Drucker des Phakogeräts,
- Kassetten und Ablaufbeutel,
- Jeweils dienstags und donnerstags werden die Stühle der Operateure mit dem Aufladekabel aufgeladen.

In ◘ Abb. 17.1 ist ein moderner Operationsraum dargestellt.

> **Für einen reibungslosen Ablauf im Augen-OP empfiehlt es sich, Verantwortungsbereiche mit entsprechender Vertretung festzulegen (◘ Tab. 17.3).**

Weitere Verantwortlichkeiten sollten in ihrer Regelmäßigkeit geklärt sein (◘ Abb. 17.2, ◘ Tab. 17.4).

17.6.4 Antikoagulanzien in der Ophthalmochirurgie

Es gibt immer noch Augenchirurgen, die ohne Anästhesisten arbeiten. Um sich optimal auf den Augenbefund der überwiegend alten und multimorbiden Patienten einstellen zu können, wird die Zusammenarbeit mit einem Anästhesisten empfohlen. Dieser kann die Leitungsanästhesie am Auge durchführen und den Patienten durch die Operation begleiten, sodass dieser optimal versorgt ist und der Augenchirurg sich voll und ganz auf das Auge konzentrieren kann.

Viele Augenoperationen werden heutzutage in Parabulbäranästhesie durchgeführt. Für eine Vollnarkose, die in unserem Augenzentrum in der Regel mithilfe einer Larynxmaske durchgeführt wird, sprechen

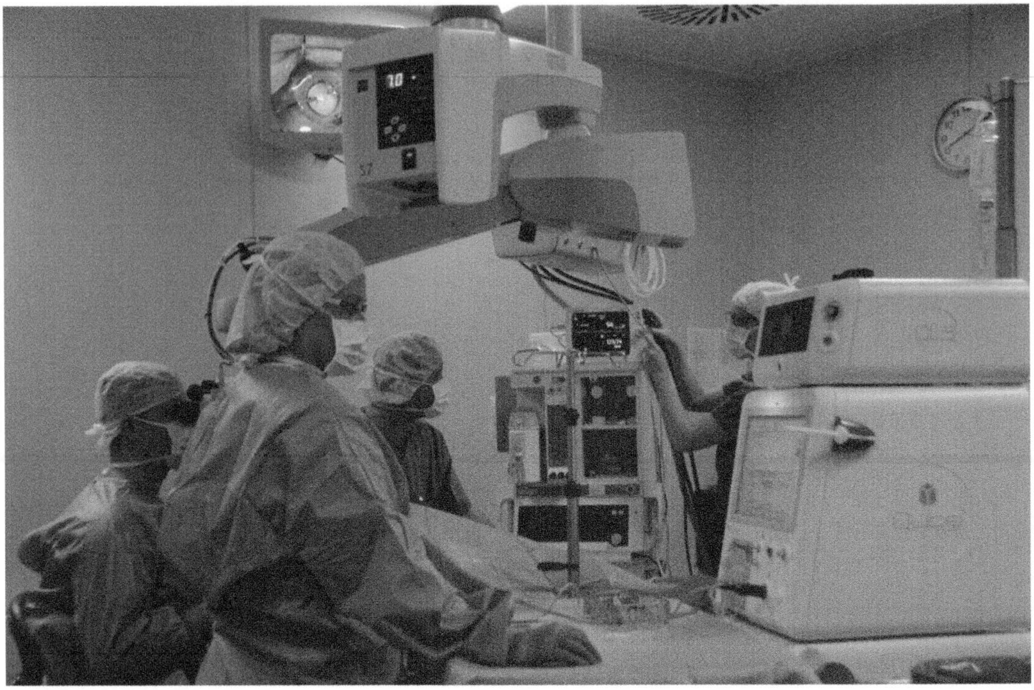

Abb. 17.1 Moderner Augen-OP

- Optikusatrophie,
- schwierige Ausgangssituation (ophthalmologisch oder allgemeinmedizinisch, z. B. schwierige Lagerung),
- sehr langes oder kurzes Auge (Augenlänge >28 mm bzw. <22 mm),
- (funktionell) einziges Auge,
- unruhiger Patient u. a. bei Restless-Legs-Syndrom [57].

Auch bei Durchführung einer Lokalanästhesie muss eine Therapie mit Gerinnungshemmern nicht mehr abgesetzt werden. Da es keine offiziellen Empfehlungen zum Bridging mit niedermolekularen Heparinen (NMH) gibt und ein Bridging mit unfraktioniertem Heparin (UFH) im ambulanten Bereich nicht praktikabel ist, wird empfohlen, die Therapie mit den Gerinnungshemmern beizubehalten und den Eingriff in einer Subtenonanästhesie durchzuführen. Die ausschließliche Betäubung des Auges mittels Tropfanästhesie, die sog. „Topic" würde sicherlich von den meisten Patienten bevorzugt werden, „da man hierbei keine Spritze bekommt". Letztendlich verlangt sie aber eine gute Zusammenarbeit von Patient und Augenchirurg, was sich bei einem überwiegend älteren Patientengut schwierig gestalten kann. Sämtliche Patienten aus unserem Zentrum, die an einem Auge in „Topic" und am anderen in Parabulbäranästhesie operiert wurden, würden sich im Nachhinein wieder für die Parabulbäranästhesie entscheiden.

17.6.5 Der Operationstag

Der Patient kommt am Operationstag in das Augenzentrum. Seine Unterlagen werden am Empfang noch einmal auf Vollständigkeit überprüft (Einverständniserklärung, hausärztliche Untersuchungsergebnisse, Seitenabgleich des zu operierenden Auges).

Im Weiteren wird der Patient durch entsprechende Augentropfen auf die Operation vorbereitet, und es findet das Narkoseaufklärungsgespräch mit dem Anästhesisten statt. Nach telefonischer Anforderung durch den OP wird der Patient zur Schleuse

Tab. 17.3 Verantwortungsbereiche und Vertretung

Thema	Zuständig	Vertretung
Geschäftsleitung		
Qualitätsmanagement (QMB)		
Anmeldung		
OP-Leitung		
Hygiene		
EDV		
Haustechnik		
Instrumentenaufbereitung		
Laserschutzbeauftragte		
Datenschutzbeauftragte		
Arbeitsschutz		

begleitet. Nach nochmaliger Überprüfung der Identität und der OP-Seite (rechtes oder linkes Auge?) durch Rücksprache mit dem Patienten erfolgt die anästhesiologische Vorbereitung (jeder Patient wird mit Blutdruck-, Pulsoxymetrie- und EKG-Monitoring versorgt). Anschließend wird der Patient in den OP gefahren. Jetzt findet nochmals ein Abgleich der Patientendaten mit dem OP-Plan statt. Der Augenchirurg überprüft anhand der Patientenakte/EDV die Intraokularlinse (IOL) und die gewünschte Dioptrienstärke und fordert diese an. Die Dioptrie der Linse wird anschließend nochmals durch die instrumentierende OP-Schwester mit der Dioptrie des OP-Plans verglichen, um akustische Übermittlungsfehler auszuschließen. Die OP-Schwester testet den Phakohandgriff und überprüft den Instrumententisch auf Vollständigkeit.

Nach der Operation wird der Patient für mindestens 1 Stunde im Aufwach- bzw. Ruheraum überwacht, um einen ausreichenden Sicherheitsabstand bis zur Entlassung in den häuslichen Bereich zu gewährleisten. In dieser Zeit werden die Berichte für den Haus- und Augenarzt fertiggestellt und ein Rezept für die postoperative Tropftherapie ausgehändigt. Der Patient muss von einer erwachsenen Person begleitet werden und darf bis zum nächsten Morgen den häuslichen Bereich nicht ohne Begleitung

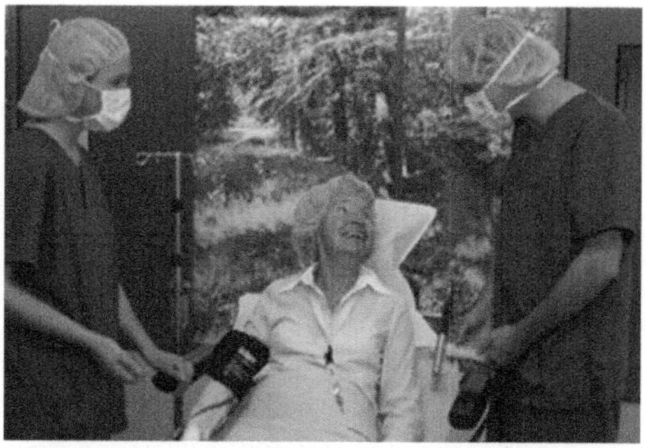

Abb. 17.2 Die perioperative Versorgung des Patienten durch einen Anästhesisten hält dem Augenchirurgen den Rücken frei, sich ganz auf die Operation des Auges zu konzentrieren

verlassen. Das Bedienen von Maschinen, insbesondere das Autofahren ist bis zum nächsten Morgen verboten.

17.6.6 Häufige Operationen

Kataraktoperation 5-14

In erster Linie wird bei der Sehverbesserung an den Visus cc, bestmögliche Sehschärfe mit Korrektur, gedacht. Dieser erfüllt am ehesten die Kriterien Messbarkeit und Objektivität. Bei bestimmten Vorerkrankungen des Auges, z. B. bei einer Makuladegeneration ist jedoch kein wesentlicher Visusanstieg durch die Operation zu erwarten. Die positiven Effekte der Kataraktoperation liegen in diesem Falle u. U. in einem verbesserten Gesichtsfeld, Farbensehen, Kontrastsehen oder einer verminderten Blendung.

Auch wenn durch eine Kataraktoperation aufgrund des ausbleibenden Kontakts mit neuronalem Gewebe keine Jakob-Creutzfeld-Erkrankung übertragen werden kann, schwerwiegende Infektionen aber zum Verlust des Auges führen können, empfiehlt es sich, so viel wie möglich an Einmalinstrumenten zu verwenden. Die Hohlrauminstrumente wie Phakohandgriff und Spül-/Saughandgriff sind „Kritisch-B-Instrumente" und sollten nach der KRINKO 2012 [59] maschinell aufbereitet werden. Mittels beleuchteter Lupe empfiehlt es sich, die Instrumente zu Ende der Aufbereitung auf Intaktheit zu untersuchen.

Tab. 17.4 Praxisrelevante Tätigkeiten: Verantwortliche und Stellvertreter

Thema	Häufigkeit	Verantwortlich	Stellvertreter
Kontrolle Fadenregal	Wöchentlich		
Wechsel Bakterienfilter und Überprüfung Einstellung Phakogeräte	Monatlich		
Bestellung + Kontrolle Linsen	Täglich		
Vakuumtest Sterilisator	Monatlich		
Gewinde ölen und Reinigung Sterilisatoren mit Alkohol	Monatlich		
Sterilgut auf Ablaufdaten überprüfen	Monatlich		
Ultraschallbeckenkontrolle	Monatlich		
Bestellung Medikamente	Wöchentlich		
Kontrolle Kühlschranktemperatur	Arbeitstäglich		
Durchlauf aller Wasserhähne Instrumentenaufbereitung	Wöchentlich (donnerstags)		
Einkauf	Nach Bedarf		
Abrechnung Linsen	Monatlich		
Kontrolle Lager	Wöchentlich		

▪▪ Glaukomoperationen 5-13

Bei den Glaukom-Operationen unterscheidet man zwischen fistulierenden, filtrierenden und zyklodestruktiven Eingriffen. Allen Eingriffen ist gemeinsam, dass sie engmaschig nachkontrolliert werden müssen, weshalb sie deshalb eher stationär durchgeführt werden. Hinzu kommt das Problem der Sachkosten-Abrechnung im ambulanten Bereich: Bei einer der modernsten Glaukom-Operationstechniken, der Kanaloplastie, fallen beispielsweise mit dem erforderlichen Spezialkatheter insgesamt Sachkosten von ca. 1000,00 € an. Diese Kosten werden über die gesetzliche Krankenversicherung derzeit noch nicht vergütet, weshalb diese Operationstechnik, wenn sie ambulant durchgeführt wird, nur als individuelle Gesundheitsleistung abgerechnet werden kann.

▪▪ Schieloperation 5-10

Schieloperationen können bei einfacher Indikation (Rücklagerung und Faltung von kleinen Strecken) ambulant durchgeführt werden.

Intraooperativ ist zu berücksichtigen, dass durch Zug an den Augenmuskeln – ähnlich wie bei einer Retrobulbäranästhesie, die Manipulationen an der Iris und im Rahmen einer Enukleation – der okulokardiale Reflex mit passagerem Herzstillstand ausgelöst werden kann.

Postoperativ ist an das sog. PONV (postoperative Nausea/Vomiting) zu denken, wodurch Patienten sich dann zu Hause in den ersten 48 Stunden sehr unwohl fühlen können (Übelkeit mit Erbrechen, Gleichgewichtsstörungen). Da dieses eher bei Revisionen, Fadenoperationen und Operationen an mehr als zwei Muskeln auftritt, empfehlen wir, diese speziellen Augenmuskeloperationen eher stationär durchzuführen. Hinzu kommt bei Schieloperationen die längere OP-Blockierungszeit, die bei ambulanter Durchführung von den Krankenkassen immer noch nicht adäquat vergütet wird.

▪▪ Lidchirurgie 5-09

Bei der Lidchirurgie unterscheidet man zwischen der kleinen und großen Lidchirurgie:

- Zur kleinen Lidchirurgie gehört die Entfernung von kleineren Lidtumoren wie Chalazion, Papillomen, Naevi. Diese können problemlos ambulant durchgeführt werden. Mit dem

Patienten ist präoperativ rechtzeitig abzuklären, ob es sich um eine IgeL-Leistung handelt.
- Zur großen Lidchirurgie gehört sowohl die operative Korrektur der Lidstellung wie die der Ptosis, des Entro- und Ektropiums als auch die Entfernung bösartiger Tumoren wie der Basaliome mit plastischer Deckung. Letzteres geschieht zweizeitig und sollte daher immer stationär durchgeführt werden.

Es hängt vom Ausgangsbefund ab, welche der großen lidchirurgischen Eingriffe nicht ambulant durchgeführt werden können. Auf jeden Fall sollten Antikoagulanzien rechtzeitig vor dem Eingriff abgesetzt werden.

> **Bei Operationen in Vollnarkose ist zu berücksichtigen, dass es bei diesen Eingriffen vermehrt blutet, da in den üblichen Lokalanästhetika für die Oberflächenchirurgie Adrenalin zur Vasokonstriktion beigemengt ist.**

Netzhautoperation 5-15

Netzhautoperationen werden vielerorts nur stationär durchgeführt, da sie im Rahmen der GKV ambulant nicht vergütet werden. Es gibt hierfür keine EBM-Ziffern. Nur in den Zentren, wo es Verträge mit bestimmten Krankenkassen gibt, erfolgt bei speziellen Indikationen wie dem Membranpeeling bei Makula Pucker eine ambulante Durchführung.

IVOM (= intravitreale Operationen) 5-156.9

Die IVOM hat sich in der Augenheilkunde fest etabliert und zu einer Verbesserung der Lebensqualität vieler Menschen, die unter einer feuchten Makuladegeneration, einem diabetischen Makulaödem, einem Gefäßverschluss oder einer posterioren Uveitis leiden, verbessert. Die Vorbereitungen auf den Eingriff sind jedes Mal groß: Allein die Einhaltung der Hygienemaßnahmen blockiert zeitlich. Kommt es im Rahmen einer IOVM zu einer Endophthalmitis, wird diese leider vom Patienten später wahrgenommen als im Rahmen einer Kataraktoperation, bei der diese im vorderen Augenabschnitt beginnt und daher früher Schmerzen verursacht.

Die IVOM ist zwar seit dem 1.10.2014 im EBM abgebildet, kann aber vielerorts noch über Spezialverträge zwischen dem BDOC (Bundesverband Deutscher Ophthalmochirurgen)[3] und vielen deutschen Krankenkassen abgerechnet werden, bei denen die teuren Medikamente wie Lucentis (= Ranibizumab) und Eylea (= Aflibercept) ausgeeinzelt oder Avastin (= Bevacizumab) im Rahmen von off-label use gespritzt werden und hierdurch die Krankenversicherungen deutlich gegenüber einer Original-Ampulle sparen. Diese Spezialverträge setzen bei den Augenärzten wiederum Erfahrung im ophthalmochirurgischen Bereich voraus und sind wie das ambulante Operieren ferner an bestimmte räumliche Voraussetzungen/Ausstattung (z. B. Mikroskop) gekoppelt.

17.6.7 Sterilisation der Instrumente

In 2012 hat die Kommission für Krankenhaushygiene und Infektionsprävention (KRINKO) beim Robert Koch-Institut (RKI) und des Bundesinstitutes für Arzneimittel und Medizinprodukte (BfArM) eine Empfehlung für die Aufbereitung der kritisch B-Instrumente herausgegeben, wonach grundsätzlich eine maschinelle Reinigung und thermische Desinfektion in Reinigungs- und Desinfektionsgeräten zu erfolgen hat. Kritisch B Instrumente sind Hohlrauminstrumente, die in Kontakt mit Blut, inneren Gewebe und Organen kommen. Hierzu gehört das meiste Instrumentarium in der Augenheilkunde. Die Hohlrauminstrumente werden in der RDG mit Schläuchen an Spülzylinder angeschlossen und gereinigt.

Augeninstrumente müssen auf jeden Fall flusenfrei sein, weshalb in den Spülzylindern der RDG für Augeninstrumente am besten zwei spezielle Filterscheiben eingelegt werden, die vor jedem erneuten Reinigungsdurchgang gesäubert werden (■ Abb. 17.3a,b).

Neben der Investition in die RDG (= Reinigungs- und Desinfektionsgerät) und in die entsprechende Wasseraufbereitungsanlage muss auch der Arbeitsplan der Mitarbeiter diesem Aufbereitungsverfahren angepasst werden: Da die meisten RDGs an die

3 BDOC Bundesverband Deutscher Ophthalmochirurgen e.V., Neuwieder Straße 9, 90411 Nürnberg, Tel. +49(0)911-940-0290, Fax +49(0)911-940-0299

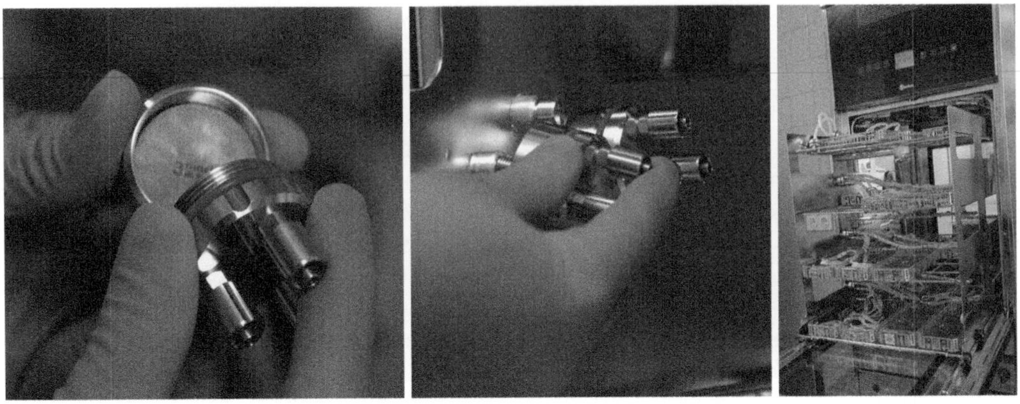

Abb. 17.3a–c Sterilisation der Instrumente. **a** Die zwei Filterscheiben werden übereinander so eingelegt, dass sie ein Interferenzmuster bilden. **b** Die Spülzylinder werden in die RDG eingeschraubt und die Schläuche für die zu reinigenden Instrumente angeschlossen. **c** RDG eines großen OP-Zentrums mit parallel laufenden OP-Sälen

75 Minuten für einen Zyklus benötigen, die Instrumente danach erst in den Sterilisator kommen, ist hierdurch mit einem Arbeitsende für das Personal in der Aufbereitung erst ca. 3 Stunden nach Operationsende zu rechnen (Abb. 17.3c). Dieses produziert mehr Personalkosten.

17.7 HNO-Heilkunde

A.M. Sesterhenn, G. Geyer

17.7.1 Möglichkeiten und Grenzen des ambulanten Operierens

Ein Eingriff unter ambulanten Bedingungen wird oftmals einer stationären Behandlung vorgezogen. Gerade für Kinder und ältere Patienten ist es angenehmer, in der gewohnten häuslichen Umgebung zu genesen. Die nicht zu unterschätzende psychische Belastung – bedingt durch einen stationären Aufenthalt [68] – entfällt, und die Patientenzufriedenheit ist hoch. Es gibt Hinweise, dass die Eingriffe komplikationsärmer (z. B. kein Erwerb nosokomialer Infektionen) verlaufen [63]. Die in jedem Einzelfall zu berücksichtigende Frage ist allerdings nicht nur, welche Operation ambulant durchgeführt werden kann [77], sondern es ist jeweils zu überprüfen, welcher Patient für welche ambulante Operation geeignet ist [63]. Die von den Krankenkassen aufgestellte Liste für ambulant durchführbare Operationen ist bereits bei ihrem Erscheinen nicht vorbehaltlos aufgenommen worden, da sie weder mit dem HNO-Berufsverband noch mit den wissenschaftlichen Gesellschaften beraten oder gar abgestimmt worden ist [69].

17.7.2 Voraussetzungen und Ablauforganisation bei ambulanten HNO-Eingriffen

Soziale Aspekte

Der Patient bzw. die Angehörigen der Kinder müssen mit einem ambulanten Eingriff einverstanden sein. Der Heimtransport und eine 24-stündige Überwachung (auch bei Erwachsenen) sind zu gewährleisten. Die betreuenden Personen müssen die bei der Entlassung gegebenen Instruktionen verstehen und körperlich sowie mental in der Lage sein, diese bei einer drohenden Komplikation sachgerecht umzusetzen (Cave: Sprachliche Barriere!).

! Gerade bei kleineren Kindern (fehlendes Körpergefühl) ist z. B. nach Adenotomie (Polypenentfernung)/Tonsillotomie (Gaumenmandelteilentfernung) auf Blutungen zu achten, da relevante Blutmengen unbemerkt in größeren Mengen verschluckt werden können.

■ ■ Medizinische Aspekte

Kinder mit normalem Geburtsgewicht, die älter als 3 Monate sind, können in der Regel ambulant operiert werden. In diesem Lebensalter kommen in der HNO-Heilkunde am ehesten zwei Eingriffe in Betracht:

- die Parazentese und
- die Einlage von Paukenröhrchen.

Die Entscheidung über eine (altersunabhängige) ambulante Durchführbarkeit des Eingriffs, z. B. bei gravierender kardiopulmonaler Vorbelastung, fällt nach ausgiebiger frühzeitiger anästhesiologischer Mituntersuchung und Beratung.

■ ■ Anästhesiologische Vorbereitung

Von anästhesiologischer Seite werden Informationen zum Nüchternheitsgebot gegeben (z. B. letzte Nahrung 6 Stunden vor der Narkose, letzte Aufnahme klarer Flüssigkeiten, z. B. Mineralwasser 2 Stunden vor der Narkose) [65].

■ ■ Entlassung nach der Operation

Narkosearzt und Operateur entlassen den Patienten nach einer abschließenden Untersuchung. Hierbei hat es sich bewährt – auch zur Prüfung des Wachheitsgrads – den Patienten für die Kontrolluntersuchung einige Schritte vom Aufwachraum zum Untersuchungsraum des HNO-Arztes gehen zu lassen. Für den Notfall wird eine Kontaktadresse (inkl. Telefonnummer) ausgehändigt. Bei ambulanten Eingriffen mit dem Risiko einer akuten Nachblutung (Adenotomie, Tonsillotomie), ist innerhalb von 20 Minuten eine sachgerechte Versorgung zu gewährleisten.

> **Dieses Zeitintervall lässt sich aus der Vorschrift ableiten, dass z. B. ein Belegarzt bei Komplikationen seinem Patienten innerhalb von 20 Minuten zur Verfügung stehen muss [78, 79].**

Schmerzmedikamente werden für die postoperative Periode rezeptiert. Der Patient muss vor und nach dem Eingriff darauf hingewiesen werden, dass er innerhalb der ersten 24 Stunden kein Kraftfahrzeug führen darf. Auf Beruhigungsmittel wird verzichtet. Ein schriftlicher Befund, z. B. ein Arztbrief für den weiterbetreuenden Kollegen, wird mitgegeben.

17.7.3 Auswahl ambulant durchführbarer Operationen in der HNO-Heilkunde [77]

Die folgende Auflistung weicht – geprägt durch eigene Erfahrungen – gelegentlich von den Vorstellungen der Krankenkassen ab:

- Adenotomie,
- Parazentese/Paukendrainage,
- Lymphknotenexstirpation,
- Mikrolaryngoskopie bei Erkrankungen der Kehlkopfregion, bei denen nach dem Eingriff keine Atembehinderung zu erwarten ist (z. B. Stimmlippenpolypen, Reinke-Ödem),
- präaurikuläre Zyste/Fistel,
- Exzisionsbiopsie im Gesichtsbereich (z. B. Ohrmuschel, Nase),
- Trommelfellaufrichtung und -schienung,
- Nasenmuschelchirurgie (z. B. Radiofrequenztherapie/RFT).

Welche Operationen sind im Einzelfall ambulant durchführbar?

- Laterale Halszyste (Redondrainage, Nachblutungsgefahr, Hämatombildung),
- Tonsillotomie (Nachblutungsgefahr, anamnestisch häufig nächtliche Atemaussetzer bei Kindern, die nicht immer durch eine „vordergründige" Tonsillenhypertrophie bedingt sind); Empfehlung: präoperative Untersuchung im Schlaflabor [66],
- Septumplastik,
- Reduktion der unteren Nasenmuscheln,
- Tympanoplastik Typ I (Myringoplastik),
- Exzisionen im Bereich der Haut, ggf. mit Defektdeckung durch lokale Lappenplastiken.

Welche Operationen sind ambulant nicht zu empfehlen?

- Tympanoplastiken mit Ausnahme s. o. (Innenohrfunktions- und Gleichgewichtskontrolle),
- Exstirpation einer medianen Halszyste (unmittelbare Nähe zum Larynx mit relevanter Schwellungsgefahr),
- Exstirpation einer Halsfistel (Operation immer inkl. Tonsillektomie!),

- Eingriffe am Nebenhöhlensystem (abhängig vom Umfang der Operation, meist wegen Nachblutungsgefahr bis zu 2-tägige Nasentamponade erforderlich),
- Eingriffe im Bereich des Zungengrundes (hohe Vaskularisation mit relevanter Nachblutungsgefahr)
- Thyreoidektomie,
- Parotidektomie,
- Neck Dissection.

17.7.4 Besonderheiten ambulanter Operationen in der HNO-Heilkunde

▪▪ Ambulantes Potenzial

Speziell in der HNO-Heilkunde sind viele Eingriffe ambulant möglich, da die Patienten mit wenigen Ausnahmen gehfähig sind. Das ambulante Potenzial wird auf bis zu 60% geschätzt [70].

Die Entscheidung, ob ein Patient nach einem Eingriff den meist medizinisch unerfahrenen Angehörigen anvertraut werden kann, hängt von der Einschätzung des Anästhesisten, des Operateurs und auch vom Wunsch des Patienten bzw. den Eltern des Kinds selbst ab [61]. Eine Vielzahl von Patienten zieht aufgrund eigener schlechter Erfahrungen in der Familie oder im Bekanntenkreis die Sicherheit einer stationären Betreuung vor.

Eine Grundvoraussetzung für die sichere Durchführbarkeit ambulanter Operationen ist die uneingeschränkte sprachliche Kommunikationsfähigkeit des/der Patienten/in bzw. der Angehörigen und das damit verbundene Verständnis sämtlicher Verhaltensregeln im postoperativen Verlauf.

▪▪ Eingriff: Eignung, Planung und postoperative Nachsorge

Im Vorfeld wird vom Operateur und Anästhesisten individuell überprüft, ob ein Patient für einen ambulanten Eingriff geeignet ist. Die Vorgeschichte, Untersuchungsbefunde sowie die Einwilligung zur Operation sollten mindestens 24 Stunden vor dem Eingriff detailliert dokumentiert vorliegen. Nach einem angemessenen postoperativen Intervall überprüfen zunächst der Anästhesist und anschließend der Operateur (oder ein beauftragter Facharzt) die Entlassungsfähigkeit des Patienten und weisen die Angehörigen nochmals auf wichtige Aspekte der postoperativen Betreuung hin. Bei dem medizinisch-technischen Fortschritt speziell in der Anästhesie (TIVA, totale intravenöse Anästhesie) mit kürzeren Aufwachzeiten („fast track") – somit Wechselzeiten – ist bei erhöhter Sicherheit eine gesteigerte Operationsfrequenz (bei zunehmender finanzieller Rentabilität) ambulanter Eingriffe zu erwarten [63].

▪▪ Besondere Vorsichtsmaßnahmen nach HNO-Eingriffen

Gefährliche Komplikationen in der HNO-Heilkunde sind die speziell im Intervall akut auftretende postoperative Nachblutung und die Atemnot. Bei ambulanten Operationen ist deshalb besondere Vorsicht geboten, da die postoperative Betreuung den üblicherweise medizinisch ungeschulten Angehörigen überlassen wird. Nur Eingriffe mit erfahrungsgemäß z. B. geringem Nachblutungsrisiko dürfen ambulant operiert werden. Ist z. B. eine rasche Flüssigkeits- und Nahrungsaufnahme nicht gewährleistet, und erbrechen die Patienten mehrfach, so werden die Patienten stationär weitergeführt. Die Risikoeinschätzung übernehmen Operateur und Anästhesist. Bei Kehlkopfeingriffen „konkurrieren" zwei Fachgebiete (Anästhesiologie/HNO) um die Operationsregion: Die Beatmung ist risikofrei zu gewährleisten, und der Operateur muss möglichst atraumatisch unter mikroskopischer Kontrolle arbeiten können. Nur wenn bei der Entlassung objektiv keine Kehlkopfschwellung besteht (Endoskopie!) oder auch nicht zu erwarten ist, darf der Patient in die ambulante Weiterbetreuung entlassen werden.

▪▪ Charakteristische Beispiele mit fließendem Übergang: ambulant/stationär

Adenotomie Die Besonderheit bei der Adenotomie besteht darin, dass die Patienten mit einer offenen, nicht verschließbaren Wundfläche entlassen werden. Die Angehörigen müssen in der Lage sein, durch regelmäßige Halskontrollen eine Nachblutung rechtzeitig zu erkennen.

Mikrolaryngoskopie Kleine Stimmlippenpolypen können an der „Engstelle Kehlkopf" ambulant entfernt werden. Vor der Entlassung ist der Schwellungszustand des Kehlkopfs zu überprüfen und in

Grenzfällen mit potenzieller Zunahme der Atemnot eine stationäre Beobachtung notwendig.

Ohroperation Nach Ohroperationen ist die stationäre Kontrolle (Nachblutungen sind die Ausnahme) durch geschultes Personal vorzuziehen. Eine Funktionsstörung des Labyrinths (Hör- und Gleichgewichtsapparat) lässt sich so frühzeitig feststellen und behandeln.

17.7.5 Ablauf einer typischen ambulant durchführbaren HNO-Operation am Beispiel der Adenotomie

Die Vorgehensweise bei der Operation in einer Beleg- oder Hauptabteilung oder einem ambulanten OP-Zentrum unterscheidet sich prinzipiell nicht. Der ambulant operierende Arzt sollte sich durch persönliche Absprache versichern, dass er im Notfall seinen Patienten ggf. (vorzugsweise) der nächstgelegenen Hauptabteilung zur Versorgung zuschicken kann.

▪▪ Indikation

Die vergrößerte Rachenmandel – im Volksmund auch Polypen – ist Teil des Waldeyer-Rachenrings, zu dem auch Gaumen- und Zungengrundtonsillen gehören. Diese Ansammlung von lymphoepithelialem Gewebe dient der Filterung und dem Schutz vor Umweltschadstoffen. Im Kindesalter verdickt und vergrößert sich das Gewebe des Rachenrings funktionsbedingt zunächst ohne Krankheitswert. Zunehmende Mundatmung, nächtliches Schnarchen, ggf. Atemaussetzer, Infekte der oberen, aber auch unteren Atemwege, Schwerhörigkeit (z. B. Tubenmittelohrkatarrh mit Ergussbildung) mit zunehmend undeutlicher Artikulation oder im Extremfall eine Sprachentwicklungsverzögerung (SEV) legen den Verdacht auf eine übermäßige Vergrößerung der Rachenmandel (adenoide Vegetationen) nahe. Die Adenotomie ist deshalb die Therapie der Wahl.

▪▪ Vorbereitung zur Operation und Besonderheit der Adenotomie

Operationsbedingt entsteht am Rachendach eine Wundfläche, auf der die Blutung spontan zum Stillstand kommen muss; lokal applizierte, vasokonstringierende Medikamente sowie eine endoskopisch gestützte bipolare Blutstillung führen in der Regel zuverlässig zum Sistieren der Blutung. Im Ausnahmefall kann bei massiver Blutung eine Bellocq-Tamponade zur Blutstillung notwendig werden. Im Vorfeld wird deshalb eine ausführliche Anamnese – ergänzt durch einen Fragebogen – erhoben. So lassen sich z. B. familiäre Bluterkrankungen mit Neigung zu verlängerter Blutung, z. B. nach Verletzungen, zuverlässig herausfiltern. Die üblichen Laborparameter (z. B. Quick-Wert) haben keinen prädiktiven Wert für das mögliche Auftreten einer Blutung. Die Deutsche Gesellschaft für Anästhesiologie und Intensivmedizin (DGAI), die Deutsche Gesellschaft für HNO-Heilkunde, Kopf- und Hals-Chirurgie (DGHNOKC) sowie die Gesellschaft für Thrombose- und Hämostaseforschung (GTH) haben deshalb in einem gemeinsamen Konsensuspapier den Verzicht auf eine Blutabnahme im Kindesalter erklärt [76]. Eine akribische, weitgehend standardisierte „Blutungsanamnese“ als primäres Kriterium vor einer Adenotomie ist inzwischen etabliert und erfahrungsgemäß ausreichend [60]. Will man auch bei Unklarheiten in der Vorgeschichte zunächst auf eine stationäre Überwachung verzichten, so hilft der Thrombozytenfunktionstest weiter [67]. Bei Kindern wird interdisziplinär (HNO-Arzt, Kinderarzt) entschieden, ob im Einzelfall eine Blutabnahme notwendig ist. Das mindestens 24 Stunden zuvor unterschriebene Aufklärungsprotokoll ist Teil der aktuell für die Operation vorliegenden Unterlagen.

▪▪ Durchführung

Operiert wird in Intubations- oder Larynxmaskennarkose. Üblicherweise wird der Kopf in „Hängelage“ etwas überstreckt fixiert. Unter endoskopischer Kontrolle wird z. B. mit dem in unterschiedlichen Größen zur Verfügung stehenden Beckmann-Ringmesser das hyperplastische lymphoepitheliale Gewebe am Rachendach abgetragen. Kleinere Reste, meist am Übergang Nasen-/Rachendach können z. B. mit dem „Blakesley“ transnasal unter visueller Kontrolle mit einem Spiegel oder endoskopisch entfernt werden. Mit fadenarmierten feuchten Kugeltupfern wird die Blutung gestillt. Gelegentlich muss mit einer speziell geformten bipolaren Pinzette eine meist flächige Blutung zum Stillstand gebracht werden. Eine perioperative Antibiotikaprophylaxe („single shot“),

z. B. mit einem Penicillinpräparat, ist in der Regel ausreichend.

Nachsorge

Im Aufwachraum empfangen die Eltern ihre Kinder, sodass sie vertraute Personen um sich haben. Bereits im Vorfeld ist geklärt worden, dass eine Betreuung über 24 Stunden gewährleistet sein muss. Bei einer Nachblutung sucht der Betreuer unverzüglich den behandelnden Arzt oder das nächstgelegene Krankenhaus vorzugsweise mit einer HNO-Hauptabteilung auf. Bei ausgeprägter Sprachbarriere ist eine stationäre Betreuung zumindest für eine Nacht notwendig. Die Eltern werden angehalten, regelmäßig den Rachen z. B. mit einem Holzspatel zu kontrollieren, da speziell kleinere Kinder oft unbemerkt größere Blutmengen schlucken können. Schmerzmittel, z. B. Paracetamol, werden für die erste Zeit mitgegeben. Abends werden die Patienten vom diensthabenden Arzt telefonisch kontaktiert, um sich einerseits nach dem Befinden des Patienten zu erkundigen, andererseits etwaige aufgekommene Fragen ergänzend beantworten zu können.

Komplikationen

Eine Nachblutung nach Adenotomie ist sehr selten. Sie tritt bei bisher nicht bekannten Gerinnungsstörungen sowie gelegentlich bei unvollständig entferntem Gewebe auf. Der Befund sollte deshalb grundsätzlich abschließend endoskopisch kontrolliert werden. Seltene gefährliche Komplikationen sind durch bereits intraoperativ festzustellende Gefäßanomalien verursacht, sodass vor Beginn der Operation der Nasen-Rachen-Raum endoskopisch inspiziert wird. Nackenschmerzen mit Steifigkeit der HWS weisen auf ein Griselsyndrom hin, bei dem es zu einem Reizzustand bei lockerem vorderem transversalem Längsband (atlantoaxiale Dislokation) bei ausgiebiger, tiefer Adenotomie kommen kann [80]. Die Behandlung erfolgt je nach Schwere des Befunds antibiotisch ambulant oder stationär. Das verbliebene basale Gewebe am Rachendach kann im Laufe von Monaten und Jahren erneut (unbeeinflussbar) hypertrophieren. Vorübergehend kann sich durch den Gewebeverlust und die Änderung des Resonanzraums „Nasenrachen" eine nasale Stimmqualität (Mickey-Mouse-Stimme) entwickeln.

17.7.6 Kosten-Kostenerstattungs-Analyse bei ambulanten HNO-Operationen am Beispiel der Adenotomie

Den nachfolgenden Berechnungen zu den Kosten und der Kostenerstattung bei gesetzlich Versicherten werden die aktuellen räumlichen und personellen Verhältnisse im Solinger Klinikum, speziell der HNO-Klinik, zugrunde gelegt [75].

Unter optimalen Bedingungen stehen für eine Adenotomie zurzeit ein Operateur, eine assistierende Schwester sowie ein Springer zur Verfügung. Ein Anästhesist und eine Anästhesieschwester sind für die Narkose verantwortlich. Die Gesamtzeit mit Ein- und Ausschleusen aus dem Operationssaal ist mit bis zu 1 Stunde dokumentiert. Die Personalkosten liegen pro OP-Minute bei 3,35 €. Die Kosten für 1 Stunde sind somit mit rd. 203 € zu veranschlagen. Für die Voruntersuchung in der Ambulanz ist mindestens eine halbe Stunde einzuplanen. Angenommen werden 15 Minuten für die ärztlichen Mitarbeiter (Anästhesie/HNO) und 15 Minuten für die Tätigkeit des nicht ärztlichen Personals (medizinische Fachangestellte). Hierbei wird pro Minute von 1,26 € ausgegangen, somit fallen Kosten von ca. 19 € in der halben Stunde an. Aktuell belaufen sich allein die Personalkosten auf ca. 220 €. Das Klinikum erhält für eine ambulant durchgeführte Adenotomie zwischen 250–300 €. Nicht berücksichtigt sind bei den entstehenden Kosten z. B. die Zentralsterilisation, Verbrauchsmaterial wie Tupfer und blutstillende Substanzen, Medikamente, Reinigungsdienst, Transportdienst von und zur Station bzw. Aufwachraum, Betreuung durch Stationspersonal (aus Kapazitätsgründen werden die ambulanten HNO-Patienten zurzeit durch die Stationsschwestern auf der Bettenstation versorgt) etc. Es darf bezweifelt werden, dass unter diesen Bedingungen die Durchführung einer Adenotomie kostendeckend ist.

Aktuell werden die Patienten im Zentral-OP der HNO-Klinik versorgt, d. h. in einer hoch modernen, allen Sterilitätskriterien gerecht werdenden Einheit, in der die Operationsminute teurer ist als in einem Eingriffsraum. Eine Kostendeckung darf deshalb dann erwartet werden, wenn ein erfahrener Facharzt in einem Eingriffsraum (eingeschränkte Sterilitätskriterien) eine Adenotomie bei wesentlich verkürzter Gesamtoperationszeit durchführt. Ein weiteres Steuerungselement wäre die Personalreduktion z. B. auf eine Schwester, einen Anästhesisten mit Funktionsdienst, einen Operateur. Die reinen Personalkosten lägen dann bei ca.160–180 €. Die Personalreduktion würde allerdings die Gesamtoperationszeit verlängern.

17.7.7 Fazit für die Praxis

Operationen unter ambulanten Bedingungen erfreuen sich bei den Patienten zunehmender Beliebtheit. Eine Mengenausweitung ist bei angemessener Kostendeckung sicherlich möglich [73–74, 78]. Bei der Kostenerstattung müsste berücksichtigt werden, dass die Eingriffe in einer Ausbildungsklinik in Supervision erfolgen und deshalb deutlich zeitaufwändiger und personalintensiver sind als z. B. in einem ambulanten Operationszentrum (erfahrene Fachärzte).

17.8 Gastroenterologie

B. Pfaffenbach

17.8.1 Einleitung

Nicht nur unter dem Aspekt des ambulanten Operierens hat die Endoskopie innerhalb der Gastroenterologie eine zentrale Bedeutung.

Nach der Vorstellung des Lichtleiters mit Spiegel, Röhrensystem und einfacher Kerze durch den Frankfurter Philipp Bozzini 1806 [81] und zahlreichen medizinhistorisch interessanten Innovationen gelang mit der Serienproduktion von Fiberendoskopen seit 1960 der Durchbruch für die Endoskopie in der klinischen Praxis. Die in den 1980er Jahren eingeführte Chip-Technologie ermöglicht die moderne Videoendoskopie mit ihren vielfältigen Anwendungen.

Heute hat die gastroenterologische Endoskopie neben einer umfassenden Diagnostik eine zentrale Bedeutung in der Therapie benigner, insbesondere aber auch maligner Veränderungen. Die Endoskopie ermöglicht beispielsweise durch die endoskopische Mukosaresektion (EMR) und die endoskopische Submukosadissektion (ESD) eine kurative Therapie lokal resezierbarer (Früh)-Karzinome des Gastrointestinaltrakts.

Auch auf dem Gebiet der palliativen Tumortherapie bietet die Endoskopie zahlreiche Optionen, wie u. a. Anlage von Ernährungssonden (PEG, PEJ) und die Stentimplantation bei Stenosen im Gastrointestinaltrakt und der Gallenwege.

Neben den genannten Beispielen gibt es mittlerweile ein breites Indikationsspektrum für die interventionelle Endoskopie. Dabei schreitet die Entwicklung stetig voran und führt zu einem Verschwimmen der Grenzen zwischen chirurgischer und gastroenterologischer Intervention [82]. Hierfür ist die wissenschaftlich-technische Entwicklung von NOTES („Natural Orifice Transluminal Endoscopic Surgery") ein eindrucksvolles Beispiel.

Die Möglichkeiten einer ambulant durchführbaren Endoskopie sind aufgrund der verbesserten technischen Möglichkeiten, der gewachsenen Erfahrung der Endoskopiker im Endoskopie-Team und der sicheren Sedierung – unter Berücksichtigung der Sedierungs-Leitlinie [83] – in den letzten Jahren gewachsen. Allerdings setzt eine ambulante endoskopische Therapie vorab eine sorgfältige medizinische Risikoabwägung zwischen ambulanter und stationärer Behandlung – unabhängig von der ökonomischen Sinnhaftigkeit – voraus.

Grundsätzlich sind zahlreiche interventionelle kurative und palliative endoskopische Eingriffe ambulant durchführbar. Die derzeitige Liste ambulantes Operieren nach § 115b [84] beinhaltet für die Gastroenterologie jedoch ausschließlich die Durchführung der Koloskopie.

17.8.2 Eingriffe mit OPS

Die 2006 in Kraft getretene Qualitätssicherungsvereinbarung nach § 115b SGB V beinhaltet die Durchführung der ambulanten Koloskopie.

Diese Vereinbarung – geschlossen zwischen GKV-Spitzenverbänden, der DKG und der KBV – beinhaltet zu beachtende Maßnahmen zur fachlichen Qualifikation, Strukturqualität und Qualitätssicherung.

Ärzte, die Koloskopien gemäß § 115b SGB V erbringen wollen, habe eine Erklärung gegenüber der zuständigen KV anzugeben, dass sie Anforderungen der Vereinbarung erfüllen. Krankenhäuser haben sich darüber hinaus gleichlautend gegenüber der Landeskrankenhausgesellschaft zu erklären.

In § 1 (2) heiß es:

Die in **Anlage 1A** (Qualitätssicherungsvereinbarung zur Durchführung von Koloskopien im Krankenhaus) aufgeführten Qualitätssicherungsmaßnahmen nach § 135 Abs. 2 SGB V gelten entsprechend für die Eingriffe nach § 115b SGB V. Dies betrifft insbesondere die Beachtung der dort festgelegten fachlichen Qualifikationsanforderungen und Frequenzregelungen bzw. (Re-)Zertifizierungsverfahren, die Durchführung von Hygienekontrollen sowie die Einhaltung der sonstigen Vorgaben zur Strukturqualität. Bezüglich der Anforderungen an die Hygiene wird in der Vereinbarung auf die (dort einzusehenden) Empfehlungen des Robert-Koch-Institutes [85] verwiesen.

Eine Einwilligung des Patienten zur Koloskopie nach regelhafter Aufklärung ist zwingende Voraussetzung (s. Kapitel 13, S. 12).

Maßnahm zur Sedierung und Überwachung der Patienten sind in der Vereinbarung nicht explizit aufgeführt. Hier sei dringend empfohlen, die in Überarbeitung befindliche Leitlinie zur Sedierung in der Gastroenterologie aus 2008 zu beachten und umzusetzen [83].

17.8.3 Betriebswirtschaftliche Aspekte

Die Entscheidung zur Durchführung von Koloskopien auf der Basis von § 115b dürfte in den meisten Kliniken über rein betriebswirtschaftliche Überlegungen hinausgehen.

Die Koloskopie auf der Basis § 115b wird nach dem Einheitlichen Bewertungsmaßstab (EBM) abgerechnet. Diese Vergütung wird in der Regel aufgrund der vorzuhaltenden personellen und apparativen Ausstattung keinen nennenswerten Gewinn erwirtschaften lassen. In einer internen Kalkulation der Klinikum Solingen gGmbH rechnet sich die Durchführung einer ambulanten Koloskopie nach § 115b kaum.

Ein für die meisten Kliniken wichtiger Aspekt besteht jedoch darin, auf Überweisung niedergelassener Kollegen ambulante Koloskopien anbieten zu können, mit dem Ziel einer verbesserten sektorenübergreifenden Zusammenarbeit. Es ist jedoch ratsam, die Situation vor Ort mit den niedergelassenen Gastroenterologen abzuklären, um eine konkurrierende Situation zu vermeiden. Im Zweifelsfall ist es sicherlich vorteilhaft, eine Kooperation mit den niedergelassenen Gastroenterologen entweder fachlich-inhaltlich oder auch vertraglich in unterschiedlichen Kooperationsmodellen zu suchen.

Ähnliche Überlegungen beziehen sich auf ambulant angebotene endoskopische Leistungen der Kliniken, welche der Katalog Ambulantes Operieren § 115b nicht beinhaltet.

Für die GKV-Patienten ist zu klären, ob es sinnvoll ist, für endoskopische Leistungen eine KV-Ermächtigung zu beantragen. Hier bestehen zumeist gute Aussichten auf eine Ermächtigung bzgl. Polypektomie, Anlage von Magenernährungssonden, Endosonographie etc. Die KV-Ermächtigungen setzen jedoch die persönliche Leistungserbringung des Ermächtigten voraus, was den Umfang der Untersuchungen limitiert.

Häufig wird der Umweg über eine prästationäre Leistungserbringung gesucht, wie z. B. die Durchführung einer prästationären Ösophago-Gastro-Duodenoskopie (ohne folgenden stationären Aufenthalt). Diese Praxis verstößt jedoch gegen die Regularien des Vertragsarztrechts und darf vor dem Hintergrund der 5/2015 überarbeiteten Krankenhauseinweisungs-Richtlinie nicht als „Türöffner“ für ambulante Endoskopie genutzt werden.

> **Grundsätzlich sollten die Überlegungen zur ambulanten gastroenterologisch-endoskopischen Leistungserbringung mit den niedergelassenen Kollegen vor Ort und dem Kostenmanagement der Klinik besprochen werden.**

17.8.4 Abrechnung der Koloskopie

Die Leistung der Koloskopie nach § 115 SGB V wird nach dem Einheitlichen Bewertungsmaßstab (EBM) mit den Krankenkassen abgerechnet. Der Umfang der Abrechnung ist variabel, da er vom Leitungsumfang abhängt.

17

Regelhaft kann die Zusatzpauschale Koloskopie EMB 13421 angesetzt werden. Im EBM-Katalog von 2/2015 werden hierfür 181,40 € (1766 Punkte) erstattet [86]. Diese beinhaltet:

- **Obligate Leistungen**
  - Totale Koloskopie mit Darstellung des Zökums,
  - Patientenaufklärung zur Koloskopie und zur Prämedikation in angemessenem Zeitabstand vor dem Eingriff,
  - Aufklärung zum Vorgehen und zu einer möglichen Polypenabtragung und anderer therapeutischer Maßnahmen in derselben Sitzung,
  - Information zu Ablauf und Dauer der Darmreinigung,
  - Foto-/Videodokumentation,
  - Nachbeobachtung und -betreuung,
  - Einhaltung der Maßnahmen der Überprüfung der Hygienequalität entsprechend der Qualitätssicherungsvereinbarung zur Koloskopie gemäß § 135 Abs. 2 SGB V, Vorhaltung der geeigneten Notfallausstattung entsprechend der Qualitätssicherungsvereinbarung zur Koloskopie gemäß § 135 Abs. 2 SGB V:
- **Fakultativer Leistungsinhalt**
  - Lagekontrolle durch ein bildgebendes Verfahren,
  - Probeexzision(en),
  - Aushändigung aller Substanzen zur Darmreinigung,
  - Gerinnungsuntersuchungen und kleines Blutbild,
  - Prämedikation/Sedierung,
  - Darstellung des terminalen Ileums.

Für partielle Koloskopien greift die EBM-Ziffer 13422; 110,94 €; 1080 Punkte).

Zusätzlich können interventionelle Maßnahmen abgerechnet werden (EBM 13423; 26,91 €; 262 Punkte):

- **Obligater Leistungsinhalt**
  - Fremdkörperentfernung(en) und/oder
  - Polypektomie(n) von Polypen mit einer Größe >5 mm mittels Hochfrequenzdiathermieschlinge und/oder
  - Schlingenbiopsie(n) mittels Hochfrequenzdiathermieschlinge und/oder
  - Blutstillung(en).

Außerdem kann ein Zuschlag für die Polypenabtragung abgerechnet werden (EBM 12260; 5,85 €, 57 Punkte).

Zusätzlich sollten die Kosten für notwendige Laboruntersuchungen, feingewebliche Untersuchungen und Portokosten mit berücksichtigt werden. In der Gesamtsumme wird eine Koloskopie nach § 115b SGB V nach dem aktuellen EBM von 2/2015 mit etwa 200–250 € vergütet.

17.8.5 Fazit

Die gastroenterologische Endoskopie hat sich in der kurativen und palliativen Therapie von Erkrankungen des Gastrointestinaltraktes und des pankreatikobiliären Systems etabliert. Dabei ist insbesondere aufgrund der technischen Verbesserungen die Grenze zur chirurgischen Operation mittlerweile verschwommen. Aus Sicht des Patienten ist diese Entwicklung zu begrüßen, da die interventionelle Endoskopie effektiv, schnell und komplikationsarm ist.

Die vielfältigen ambulant durchführbaren endoskopischen Interventionen haben allerdings in der Qualitätssicherungsvereinbarung nach § 115b SGB V keinen Einzug gefunden. Lediglich die Koloskopie ist Bestandteil des ambulanten Operierens nach § 115b SGB V.

Grundsätzlich wäre eine Ausweitung des Kataloges für endoskopische Interventionen in der Gastroenterologie denkbar. Eine Änderung des Katalog-Umfanges ist derzeit allerdings nicht absehbar.

Literatur

Literatur zu Kap. 17.1

[1] Bauer H (2005) Ambulantes Operieren – eine unendliche Geschichte. Dtsch Ges Chirurgie Mitteilungen 4:327–328
[2] Cheek CM et al. (1998) Groin hernia surgery: a systematic review. Ann R Coll Surg Engl 80 (Suppl 1):1–8
[3] DKG-Konzept zur Reform der ambulanten ärztlichen Versorgung. Das Krankenhaus 8.2010
[4] Dralle H et al. (2004) Ambulante und kurzzeitstationäre Schilddrüsen- und Nebenschilddrüsenchirurgie. Chirurg 75:131–143
[5] Fahlke J et al. (2004) Chirurgisch-onkologische Therapiemaßnahmen in der ambulanten und kurzzeitstationären Chirurgie. Chirurg 75:144–152
[6] Falk SA (1990) Complications of thyroid surgery: an overview. In: Falk SA (ed) Thyroid disease: endocrinology,

surgery, nuclear medicine, and radiology. Raven Press, New York; pp 593–598
[7] Feussner H (2004) Laparoskopische Eingriffe – Möglichkeit und Grenzen der ambulanten und kurzzeitstationären Chirurgie. Chirurg 75:248–256
[8] Finley CR, McKernan JB (2001) Laparoscopic antireflux surgery at an outpatient surgery center. Surg Endosc 15:823–826
[9] Harju J et al. (2010) Feasibility of minilaparotomy versus laparoscopic cholecystectomy for day surgery: a prospective randomised study. Scand J Surg; 99:132–136
[10] Hopkins B et al. (2009) Outpatient thyroid surgery and the advances making it possible. Curr Opin Otolaryngol Head Neck Surg 17:95–99
[11] Jähne J (2004) Möglichkeiten und Grenzen ambulanter und kurzzeitstationärer Chirurgie. Chirurg 75:111–112
[12] Kassenärztliche Vereinigung Bayerns et al. (2010) Qualitätsmaßnahme Ambulante Operationen – Ergebnisse zur Patientenzufriedenheit und zum postoperativen Patientenverlauf bei ambulanten Operationen
[13] Kraus T et al. (2002) Strukturelle Entwicklung der ambulanten Chirurgie in den USA. Was können wir lernen oder übernehmen? Chirurg 73:1043–1052
[14] Lammert F et al. (2007) S3-Leitlinie der Deutschen Gesellschaft für Verdauungs- und Stoffwechselkrankheiten und der Deutschen Gesellschaft für Viszeralchirurgie zur Diagnostik und Behandlung von Gallensteinen. Z Gastroenterol 45:971–1001
[15] Leyre P et al. (2008) Does the risk of compressive hematoma after thyroidectomy authorize 1-day surgery? Langenbecks Arch Surg 393:733–737
[16] Lüngen M, Lauterbach KW (2004) Gesundheitspolitischer Rahmen für die ambulante und kurzzeitstationäre Chirurgie. Hintergründe, Fakten und zukünftige Lösungsansätze. Chirurg 75:113–119
[17] Maroske J et al. (2005) Infrastrukturelle Voraussetzungen für Tageschirurgie und ambulante Operationen. Viszeralchirurgie 40:92–94
[18] Mariani M et al. (2005) Local anesthesia for stapled prolapsectomy in day surgery: results of a prospective trial. Dis Colon Rectum 48:1447–1450
[19] McCloud JM, Evans DS (2003) Day-case laparoscopic hernia repair in a single unit. Surg Endosc 17:491–493
[20] Michelsen M, Walter F (1982) Gegenüberstellung von 632 ambulant und 1948 stationär operierten Leistenbrüchen. Zentralbl Chir 107:94–102
[21] Mottram A (2011) „Like a trip to McDonalds": A grounded theory study of patient experiences of day surgery [In Process Citation]. Int J Nurs Stud 48:165–174
[22] Oberender P (2010) Ökonomische Betrachtung des ambulanten Operierens. chefarzt aktuell 3:42–43
[23] Riber C et al. (1996) Postoperative thromboembolism after day-case herniorrhaphy. Br J Surg 83:420–421
[24] Richardson WS et al. (2001) Outpatient laparoscopic cholecystectomy. Outcomes of 847 planned procedures. Surg Endosc 15:193–195
[25] Schumpelick V et al. (2004) Leistenhernienchirurgie als ambulante und kurzzeitstationäre Chirurgie. Möglichkeiten und Grenzen. Chirurg 75:126–130
[26] Seybt MW et al. (2010) Outpatient thyroidectomy: experience in over 200 patients. Laryngoscope 120:959–963
[27] Snyder SK et al. (2010) Outpatient thyroidectomy is safe and reasonable: experience with more than 1,000 planned outpatient procedures. J Am Coll Surg 210: 575–582, 582–584
[28] Ulsenheimer K (2003) Haftungsrechtliche Probleme – Rechtsfragen beim ambulanten Operieren. Dtsch Ges Chirurgie Mitteilungen 3:246–253
[29] Vlug MS et al. (2009) Feasibility of laparoscopic Nissen fundoplication as a day-case procedure. Surg Endosc 23:1839–1844
[30] Weyhe D et al. (2006) Das Aus für die minimal-invasive Leistenhernienversorgung durch §115b SGB V. Chirurg 77:844–855
[31] Sundmacher L, Fischbach D, Schuettig W, Naumann C, Augustin U, Faisst C (2015) Which hospitalisations are ambulatory care-sensitive, to what degree, and how could the rates be reduced? Results of a group consensus study in Germany. Health Policy 119(11):1415–23

Literatur zu Kap. 17.2

[32] Peterson W, Achtnicht A, Lattermann C, Kopf S (2015) Therapie nichttraumatischer Meniskusläsion. Dtsch Ärztebl Int 112(42): 705-13.
[33] Thorlund JB, Juhl CB, Roos EM, Lohmander LS (2015) Arthroscopic Surgery for degenrative knee: Systematic Review and mata-analyis of benefits and harms. BMJ 350: h2747
[34] https://www.g-ba.de/institution/presse/pressemitteilungen/591/
[35] Mückley T, Gras F (2009) Komplikationen bei der Materialentfernung. In: Wirth CJ, Mutschler W, Bischoff H-P, Püschmann H, Neu J (Hrsg) Komplikationen in Orthopädie und Unfallchirurgie. Thieme, Stuttgart
[36] Heins D (2011) Neuordnung der ambulanten ärztlichen Versorgung. Arzt und Krankenhaus 84:11–14

Literatur zu Kap. 17.3

[37] Schräder P, Hansis ML (2004) Die Rolle des Medizinischen Dienstes im Rahmen des neuen Vertrags zum Ambulanten Operieren. Der Chirurg BDC 43:131–133
[38] Rulf W (2002) Sachgerechte Durchführung aufwändiger ambulanter Operationen in der Urologie. Urologe (B) 42:186–189
[39] Muschter R (2002) Ambulantes Operieren im Krankenhaus. Urologe (B) 42:190–194
[40] Tiselius HG, Alken P, Buck C et al. (2008) Guidelines on Urolithiasis, 24-25th ed. European Association of Urology
[41] Busch S, Engelhart R (1997) Zitiert in: Gesundheitsberichterstattung des Bundes 17.01.2011 zum Stichwort „Ambulantes Operieren"

[42] Robra BP (1996) Zitiert in: Gesundheitsberichterstattung des Bundes 17.01.2011 zum Stichwort „Ambulantes Operieren"
[43] Schrader G, Reydelet J, Klautzsch C (1997) Hygienevorgaben beim ambulanten Operieren. Krkh.-Hyg. +Inf. verh. 19:147–149
[44] Richter-Reichhelm M (1997) Ambulantes Operieren: Pro! Urologe (B) 37:95–96
[45] Brökelmann J (2002) Komplikationsraten beim ambulanten Operieren. Urologe (B) 42:200–204
[46] Rüggeberg JA (2000) Qualitätssicherungsstudie des BAO. Ambulant operieren 3/200:143–146
[47] Steffens L, Steffens J (1997) Ambulantes Operieren. Urologe (B) 37:102–105

Literatur zu Kap. 17.5

[48] Grötz KA, Kreusch T (2006) Stellungnahme der DGZMK: Zahnärztliche Betreuung von Patienten unter/nach Bisphosphonat-Medikation. http://www.dgzmk.de/uploads/tx_szdgzmkdocuments/Zahnaerztliche_Betreuung_von_Patienten_unternach_Bisphosphonat-Medikation.pdf. Abgerufen 01.10.2011
[49] Harneit P (2010) Das Splittingverbot, oder was ist ein Behandlungsfall? MKG-Chirurg 3:163–165
[50] Hausamen JE, Machtens E, Reuther J (1995) Kirschner'sche Operationslehre Mund-, Kiefer- und Gesichtschirurgie. Springer, Berlin
[51] Kommission für Krankenhaushygiene und Infektionsprävention beim Robert Koch-Institut (2006) Infektionsprävention in der Zahnheilkunde – Anforderungen an die Hygiene. Bundesgesundheitsbl – Gesundheitsforsch – Gesundheitsschutz 49:375–394
[52] Naber CK, Al-Nawas B et al. (2007) Prophylaxe der infektiösen Endokarditis. Kardiologe 1:243–250
[53] Pistner H, Wiegner JU (2009) Ambulantes Operieren in der Mund-, Kiefer- und Gesichtschirurgie (MKG). Ärztebl. Thüringen 20:315–316
[54] Schmelzeisen R (2001) Zahnärztliche Chirurgie bei Patienten mit Antikoagulanzientherapie http://www.dgzmk.de/uploads/tx_szdgzmkdocuments/Zahnaerztliche_Chirurgie_bei_Patienten_mit_Antikoagulanzientherapie.pdf. Abgerufen 03.01.2016
[55] Tschakaloff A (2009) Therapie des Basalzellkarzinoms in der MKG-chirurgischen Praxis. MKG-Chirurg 2:7–11
[56] Vollnarkose im Zusammenhang mit zahnärztlichen Behandlungen ist nicht beihilfefähig http://ssc.bundesnetzagentur.de/SharedDocs/Downloads/DE/Beihilfe_dBi/beihilfe_dBi_zu_Zahnarzt_und_Vollnarkose.pdf?__blob=publicationFile. Abgerufen 03.01.2016

Literatur zu Kap. 17.6

[57] Weindler J, Weindler M, Ruprecht KW (2004) Lokalanästhesie in der Ophthalmochirurgie. Ophthalmologe 101(8):847–64
[58] DOG (Deutsche Ophthalmologisches Gesellschaft) Indikationsliste für stationäre Augenoperationen. http://www.dog.org/wp-content/uploads/2009/08/IndikationslisteStationaereAugenoperation.pdf. Abgerufen 01.10.2011
[59] Anforderungen an die Hygiene bei der Aufbereitung von Medizinprodukten. Bundesgesundheitsbl 2012-55:1244–1310. Springer, Berlin Heidelberg New York

Literatur zu Kap. 17.7

[60] Oberverwaltungsgericht NRW (2010) Beschluss 13 A 2422/09 vom 29.09.2010
[61] Adler J (2010) Anamnesebogen zur Erfassung angeborener Blutungsneigungen. Zentrum für Kinder- und Jugendmedizin. Städtisches Klinikum Solingen gGmbH
[62] Arbeitskreis ambulantes Operieren (2003) Ambulantes Operieren nach § 115b SGB V. Gemeinsame Stellungnahme. HNO-Mittelungen 4:112–114
[63] Bauer H (2010) OP: Ambulant oder stationär? Management & Krankenhaus 11:16
[64] Bundesverband für Ambulantes Operieren (2010) Gesund werden zu Hause. http://www.operieren.de. Abgerufen 18.09.2011
[65] Deutsche Gesellschaft für Anästhesiologie und Intensivmedizin (DGAI), Berufsverband Deutscher Anästhesisten (BDA) (2004) Präoperatives Nüchternheitsgebot bei elektiven Eingriffen. Anästh Intensivmed 45:720–728
[66] Guilleminault CH, Lee H, Chan A (2005) Pediatric obstructive sleep apnea syndrome. Arch Pediatr Adolesc Med 159:775–785
[67] Heinrich J (2010) Präoperative Gerinnungsanalyse aus laboratoriumsmedizinischer Sicht. Vortrag klinischer Nachmittag der HNO-Klinik Solingen am 28. April
[68] Hempel U (2010) Angst im Krankenhaus. Das unliebsame Gefühl. Deutsches Ärzteblatt 107:B1538–1540
[69] Hildmann H, Schmelzer A (2000) Entwicklung eines standardisierten Verfahrens zur Beurteilung der Notwendigkeit von vollstationären Krankenhausbehandlungen (AEP-Verfahren). Stellungnahme, Deutsche Gesellschaft für HNO-Heilkunde, Kopf- und Halschirurgie
[70] Morar R, Mutter C, Keller C (2003) Ambulante Operationen als neue Verdienstchance. f & w 20:257–25
[71] Neumann A (2010) Ausgabenbegrenzung für das Ambulante Operieren. BAO (Bundesverband für Ambulantes Operieren e.V.) Newsletter 10.12
[72] Poll A (2002) Ambulante Tonsillektomie – nach wie vor ein Tabu? HNO-Nachrichten 4:24–26
[73] Rieser S (2010) Ambulante Operationen: Patienten sind zufrieden – aber es ginge noch mehr. Deutsches Ärzteblatt 107: A-740/B-647/C-635
[74] Rieser S (2010) Studie: Höhere Kosten. Deutsches Ärzteblatt 107:B2004
[75] Sieloff-Karkosch K (2010) Preisleistungsverhältnis bei der Adenotomie. Mitt. Städtisches Klinikum Solingen
[76] Strauß J, Becke K, Schmidt J (2006) Auf die Anamnese kommt es an. Deutsches Ärzteblatt 103:28–29
[77] Vertrag nach § 115b Abs. 1 SGB V (1/2010) – Ambulantes Operieren und stationsersetzende Eingriffe im Krankenhaus
[78] Wienke A (2009) Ein Sieg der Vernunft: Adenotomie auch stationär. HNO-Mitteilungen 6:362–364

[79] Wienke A, Janke K (2006) Streitpunkt stationäre Durchführung der Adenotomie. Wienke & Becker, Köln
[80] Wustrow TPU (1995) Funktionsstörungen. In: Herberhold C (Hrsg) Oto-Rhino-Laryngologie in Klinik und Praxis, Bd 3. Thieme, Stuttgart; S 42–46

Literatur zu Kap. 17.8

[81] Mann G (1973) Der Frankfurter Lichtleiter, Neues über Philipp Bozzini und sein Endoskop. Med Hist J 8: 105–130
[82] Schreiber F (2008) Endoskopie heute und morgen – von der Gastrokamera zu NOTES. Überlegungen zur Entwicklung der gastrointestinalen Endoskopie. J Gastroent Hepatol 6 (1): 21–24
[83] Riphaus A et al. (2008) S3-Leitlinie „Sedierung in der gastrointestinalen Endoskopie" 2008 (AWMF-Register-Nr. 021/014), S3-Guidelines. Z Gastroenterol 46: 1298–1330
[84] Qualitätssicherungsvereinbarung nach § 115b SGB V
[85] Bundesgesundheitsblatt 8/2000 (644-648) und 4/2002 (412–414)
[86] EBM-Katalog 2/2015 (Homepage: Kassenärztliche Bundesvereinigung KBV

17

Besondere Patientengruppen

K. Becke, J. Mehler, S. Mertz, A. Gottschalk

T. Standl, C. Lussi (Hrsg.), *Ambulantes Operieren in Klinik, Praxis und MVZ*,
Erfolgskonzepte Praxis- & Krankenhaus-Management
DOI 10.1007/978-3-662-49787-6_18

18.1 Anästhesie bei Kindern

K. Becke, J. Mehler, S. Mertz

18.1.1 Einleitung

Operationen und Anästhesien werden heutzutage auch im Kindesalter häufig ambulant durchgeführt. Selbstverständlich muss gerade im ambulanten Bereich die Einhaltung der anästhesiologischen Standards bzgl. der Ausstattung des anästhesiologischen Arbeitsplatzes, der Ausbildung des Anästhesisten und dessen Assistenzpersonals sowie die umfassende Betreuung des Kindes und seiner Erziehungspersonen gewährleistet sein. So kann eine ambulant durchgeführte Operation bzw. diagnostische Maßnahme dem Kind eine Hospitalisierung ersparen; es kann möglichst zügig wieder in seine gewohnte und vertraute häusliche Umgebung entlassen werden.

Mögliche ambulant durchzuführende Operationen sind kurze Eingriffe wie Herniotomien, Zirkumzisionen, Adenotomien, Paukendrainagen, Zahnextraktionen und Metallentfernungen sowie diagnostische Maßnahmen wie MRT, CT, Gastroskopien und Hördiagnostik.

18.1.2 Allgemeine Aspekte

Die perioperative Betreuung von Kindern erfordert von dem gesamten Team (Anästhesisten und Chirurgen sowie deren Assistenzpersonal) besondere Fähigkeiten und ein spezielles Training. Es reicht nicht, nur gelegentlich mit Kindern zu arbeiten; diese Arbeit sollte regelmäßig und routiniert erfolgen, um Komplikationen jederzeit kompetent zu managen.

Klinisches Outcome und Mortalität bei Kindern sind in besonderem Maß von der Erfahrung und damit von der Qualität der Arbeit des betreuenden Teams abhängig.

Die FEAPA (Federation of the European Association of Pediatric Anesthesia) hat in ihren Empfehlungen für die anästhesiologische Versorgung von Kindern grundsätzliche Anforderungen formuliert, die als Goldstandard gelten können. Für die ambulante Anästhesie bei Kindern hat der Wissenschaftliche Arbeitskreis Kinderanästhesie der DGAI eine praktisch orientierte Handlungsempfehlung publiziert [14, 44]. In ihren „Mindestanforderungen an den anästhesiologsiche Arbeitsplatz" [52] hat die DGAI genau definiert, welche Personal-, Apparatetechnik-/Equipment-, Raum-, Ausstattungs- und Einrichtungsanforderungen zu erfüllen sind, darüber hinaus ist in einem speziellen Kapitel den Besonderheiten der Kinderanästhesie Rechnung getragen.

Ziel des ambulanten perioperativen Managements ist es, das Kind nach dem Eingriff in einem angemessenen Zeitraum bei stabilen Vitalparametern schmerzfrei und ohne aktuelles Erbrechen in das häusliche Umfeld zu entlassen. Einige Aspekte sollten im Besonderen bedacht werden:

- In einem ausführlichen und vertrauensvollen Prämedikationsgespräch sollte die familiäre Situation dahingehend erfasst werden, ob die Eltern Erfahrung in der Betreuung ihres Kindes haben, und ob eine adäquate postoperative Betreuung gewährleistet ist – hierbei sollte sorgfältig auf sprachliche und Verständnisschwierigkeiten allgemein und auf das Sicherheitsbedürfnis der Eltern bzw. der Betreuungspersonen geachtet werden. Sollten sich die Eltern als sehr unsicher oder unzuverlässig erweisen, muss eine stationäre Einweisung in Erwägung gezogen bzw. den Eltern jederzeit in Aussicht gestellt werden.
- Die Eltern sollten engen Kontakt zu ihrem Kind haben können (ggf. Einleitung in Anwesenheit der Eltern). Die Anwesenheit der Eltern im Aufwachraum sollte gewährleistet sein.
- In der Praxis/dem Krankenhaus sollte es bzgl. Prämedikation, Nüchternzeiten, Schmerztherapie und PONV festgelegte Standardvorgehensweisen geben.
- Es sollten klare, schriftlich dokumentierte Absprachen/Vorgaben bestehen, wie sich die Eltern zu Hause zu verhalten haben (PONV, Schmerztherapie, Unvorhergesehenes, Blutungen etc.). Den Eltern muss eine 24-h-Erreichbarkeit zugesichert werden, entsprechende Notfallnummern müssen mitgegeben werden.

Nicht nur das Kind, sondern die ganze Familie wird betreut.

18.1.3 Räumliche und apparative Voraussetzungen

Anamneseerhebung, Voruntersuchung und Aufklärungsgespräch sollten in einer ruhigen Atmosphäre durchgeführt werden. Vor der OP und im Anschluss daran sollte man Kinder möglichst nicht mit Erwachsenen zusammenlegen; gerade im Aufwachraum sollte die Möglichkeit der Separierung von Kindern gegeben sein. Es sollte den Eltern möglich sein, prä- und postoperativ, auch im Aufwachraum, bei ihrem Kind zu sein. An eine evtl. notwendige Umkleidemöglichkeit für die Eltern sollte gedacht werden.

Die Räume, in denen die Kinder betreut werden, sollten kindgerecht gestaltet sein, um eine freundliche Umgebung zu schaffen, die Vertrauen erweckt.

Im Vorbereitungsraum, im OP-Saal und im Aufwachraum muss jeweils ein komplettes Monitoring mit einer der jeweiligen Altersstufe angemessenen Ausstattung vorhanden sein. Des Weiteren muss eine altersgemäß angepasste Anästhesieausrüstung mit entsprechendem Zubehör, um eine Regional- oder Allgemeinanästhesie durchzuführen, vorhanden sein. Die Vorhaltung eines eigenen Narkosewagens mit kompletter Ausrüstung für Kinder der entsprechenden Altersstufe und der notwendigen Ausrüstung sowie Medikamenten für Notfallsituationen inkl. Reanimation ist zu empfehlen. Die Narkosegeräte müssen für die mechanische Lungenventilation für Kinder der entsprechenden Altersstufe geeignet sein, um eine volumen- oder druckkontrollierte Beatmung mit adäquater Atemfrequenz und den jeweiligen Tidalvolumina einstellen zu können. Insbesondere müssen Schlauchsysteme, Beatmungsbeutel, Filter, Y-Stücke und CO_2-Messung sowie Gesichtsmasken, Laryngoskop/Spatel und Endotrachealtuben für die entsprechende Altersstufe vorhanden sein. Die Basisausstattung soll ergänzt werden durch Material für den intraossären Zugang, Material für den unerwartet schwierigen kindlichen Atemweg inkl. pädiatrischen Guedeltuben und supraglottischen Atemhilfen, sowie Vollelektrolyt-Infusionslösungen bei Kindern <1 Jahr mit Glukosezusatz 1–2%.

An weiterer Ausstattung müssen eine Absaugvorrichtung und ein Defibrillator (mit pädiatrischen Pads) mit der Möglichkeit zur Einstellung auf niedrige Energie (4 Joule/kg KG) vorhanden sein. AEDs sind ab einem Alter von 8 Jahren einsetzbar.

Die technischen Möglichkeiten eines Wärmemanagements müssen verfügbar sein, sowohl im OP als auch im Aufwachraum.

18.1.4 Präoperatives Prozedere

▪ ▪ Präoperatives Gespräch und Evaluation

Das präoperative Aufklärungs- und Anamnesegespräch sollte im Idealfall vom betreuenden Anästhesisten selbst geführt werden, denn darüber wird – neben der Erhebung wichtiger Informationen zur klinischen Situation des Kindes – die kontinuierliche Betreuung der Familie eingeleitet. Wichtig ist es, in der Gesprächssituation eine ruhige, vertrauensvolle Atmosphäre für Eltern und Kind herzustellen und auch mögliche Kontraindikationen für eine ambulante Operation sowohl auf der medizinischen als auch auf der familiär-sozialen Ebene zu erfassen. Folgende Punkte sind offen mit den Eltern zu besprechen:

- Erkrankungen, Behinderungen, Infekte (▶ Übersicht),
- Sprach- und Verständnisschwierigkeiten,
- unklare familiäre Situation im Hinblick auf die Sicherstellung der postoperativen Betreuung.

Die Kinder sollten altersgerecht in das Gespräch miteinbezogen werden, die Vorgehensweise sollte ihnen in angemessener Art und Weise erläutert werden. Auch kleine Kinder können eine komplexe Situation wie eine OP innerhalb ihrer Möglichkeiten erfassen.

Wichtige Fragen im Aufklärungsgespräch

- Probleme bei vorausgegangenen Narkosen des Kindes und/oder Blutsverwandter (ggf. Unterlagen besorgen)
- Geburtsverlauf
- Ereignisse im Neugeborenen- und Säuglingsalter (U-Untersuchungsheft)
- Ehemalige Frühgeburtlichkeit/Apnoerisiko
- SIDS (Sudden Infant Death Syndrome) -Ereignisse bei Geschwistern

- Grunderkrankungen (u. a. Obstruktive Schlafapnoe, Asthma bronchiale, Diabetes mellitus, Epilepsie, Vitium cordis, Muskelerkrankungen)
- Dauermedikation
- Allergien
- Gerinnungsstörungen
- Behinderungen
- Akute Erkrankungen, v. a. Atemwegsinfekte, gastrointestinale Infekte
- Letzte Impfung, letzte Kinderkrankheit
- PONV-Risiko: Alter, PONV-Anamnese und Reisekrankheit (bei Kind und Verwandten 1. Grades)

Der Wert des Prämedikationsgesprächs ist nicht hoch genug einzuschätzen. Dabei werden anästhesierelevante Informationen eingeholt und die Vertrauensbasis geschaffen, die für den weiteren Ablauf von besonderer Bedeutung ist.

■ ■ Indikationen und Kontraindikationen für die ambulante Operation/Anästhesie

Entscheidend ist es, im Vorfeld neben den medizinischen Umständen auch auf die Ängste und Bedürfnisse der Eltern einzugehen und sie auf die Besonderheiten des ambulanten Operierens hinzuweisen. Es sollten klare Absprachen bestehen, wie sie sich postoperativ zu Hause zu verhalten haben, und was bei PONV, Schmerzen oder Blutungen zu tun ist; zudem sollten die Eltern einen Ansprechpartner haben, den sie jederzeit telefonisch erreichen können.

Selbstverständlich gibt es Erkrankungen oder äußere Umstände, die eine klinikambulante oder stationäre Operation nahelegen. Diesen Fall muss der Anästhesist gemeinsam mit dem Chirurgen individuell prüfen.

Neben den u. g. absoluten Kontraindikationen gibt es auch relative Kontraindikationen, die im Einzelfall sehr sorgfältig gegen den Vorteil einer ambulant durchgeführten OP abgewogen werden müssen. Im Team und in Absprache mit den Eltern sollte eine Risiko-Nutzen-Abwägung getroffen werden. Bei Kindern mit Begleiterkrankungen ist neben der Schwere der Erkrankung immer auch der aktuelle Zustand von entscheidender Bedeutung, z. B. können durchaus ambulante Eingriffe bei Kindern mit einem gut eingestellten und von den Eltern kontrollierten Diabetes mellitus, mit einem stabilen, medikamentös behandelten Asthma bronchiale (Asthma-Tagebuch, Peak-Flow-Werte) oder mit einer geistigen Behinderung mit stabilem Verlauf durchgeführt werden.

Typische ambulant durchführbare Eingriffe
- Zirkumzision,
- Herniotomie (inguinal, umbilikal),
- Hodenhochstand,
- Hauttumoren und -anhängsel,
- Ganglien, Zysten, Fisteln (z. B. laterale Halszysten),
- Daktylien,
- Fremdkörper-, Metallentfernung,
- Arthroskopie,
- Zahnbehandlung,
- Tränenkanalsondierung, Strabismusoperation,
- Adenotomie, Paukendrainage, Ohrkorrektur,
- Ankyloglossum,
- Diagnostik (Punktionen, Endoskopien, CT, MRT).

Kontraindikationen für eine ambulante Anästhesie
- Ehemalige Frühgeborene bis zur 60. postkonzeptionellen Woche,
- Neugeborene und Säuglinge mit anamnestisch bekannten Apnoen,
- Near-missed-SIDS in der Anamnese bzw. Geschwister von an SIDS gestorbenen Säuglingen im 1. Lebensjahr,
- Kinder mit schwerem obstruktivem Schlafapnoesyndrom,
- Kinder mit genetischen Syndromen, die ein erhöhtes Anästhesierisiko erwarten lassen, z. B. Williams-Beuren-Syndrom,
- Kinder mit zu erwartenden Intubationsschwierigkeiten durch anatomische oder pathologische Besonderheiten (z. B. kraniofaziale Fehlbildungen, Zustand nach Verbrennungen etc.),
- Kinder mit schweren Muskelerkrankungen (Myopathien),

- Kinder mit Grunderkrankungen wie Asthma bronchiale, Diabetes mellitus, Epilepsie und Herzerkrankungen, die aktuell nicht ausreichend eingestellt sind (s. o.),
- erheblich gestörte sprachliche und soziale Compliance (z. B. Abläufe werden nicht verstanden, postoperativ keine Kontaktaufnahme möglich).

Untere Altersgrenze für eine ambulante Operation Für die untere Altersgrenze bei ambulanten Operationen gibt es keinen wissenschaftlichen Konsens. Im Allgemeinen spricht nichts gegen eine ambulante Versorgung von kleinen, oberflächlichen Eingriffen auch im Säuglingsalter. Dennoch muss gerade in diesem Alter die noch instabile Physiologie der Kinder genauestens beachtet werden. Erst im Alter von etwa 3–6 Monaten sind die Organfunktionen (Leber, Niere) gereift und die meisten der kongenitalen Erkrankungen diagnostiziert.

Bei Säuglingen sollte die häusliche Situation sorgfältig abgefragt werden, um frühzeitig eine mögliche Überforderung der Eltern, z. B. unerfahrene, junge, sehr ängstliche Eltern beim ersten Kind, zu detektieren. Auch sollte eine längere Verweildauer im Aufwachraum veranlasst werden, um mögliche respiratorische Probleme und postoperative Apnoephasen behandeln zu können. Bestehen Hinweise auf ein erhöhtes Anästhesierisiko oder Probleme in der postoperativen Versorgung, sollte die Operation/Anästhesie im Zweifelsfall immer stationär durchgeführt werden.

▪▪ Begleiterkrankungen

Infekt der oberen Atemwege Kinder haben häufig Infekte der oberen Atemwege; besonders rezidivierende Infekte können ein Grund für die OP sein (Fokussanierung). Gegenüber Schulkindern gibt es v. a. bei Säuglingen mit vorliegendem Infekt der Atemwege eine erhöhte Rate an respiratorischen Komplikationen wie Laryngo- und Bronchospasmus sowie Atelektasenbildung. Diese Gefährdung kann – aufgrund einer anhaltenden Hyperreaktivität der Atemwege – noch 2–4 Wochen nach einem überstandenen Infekt bestehen. Da viele Kinder aber z. B. zur Fokussanierung (HNO-OP) kommen, ist mit einer völligen Infektfreiheit erst nach der OP zu rechnen. Bei einem Kind mit einer serösen Rhinitis („Rotznase"), das klinisch keine Beeinträchtigung zeigt, ist eine ambulante Narkose bei entsprechend angepasstem Anästhesie-Management sicher durchzuführen. Bei einem Kind mit Fieber >38,5°C, purulentem Schnupfen, Husten und entsprechender klinischer Symptomatik („Lethargie") sollte von einer ambulanten Narkose Abstand genommen werden [45].

Die Vermeidung einer endotrachealen Intubation (Larynxmaske) sowie die Anwendung von Propofol anstelle von Volatila senkt das Risiko für respiratorische Komplikationen erheblich.

! Je jünger das Kind, umso höher die Komplikationsrate!

Asthma bronchiale Zur Einschätzung des generellen und aktuellen Krankheitsverlaufs sind folgende Fragen zu stellen:
- Wie lange besteht die Erkrankung?
- Was ist zur Genese bekannt?
- Wie ist die medikamentöse Einstellung (Inhalationsregime)?
- Wie häufig treten Anfälle auf? Wann zuletzt?
- Wie ist der Auskultationsbefund der Lunge?

› Inhalationsregime bzw. einzunehmende Medikamente am OP-Tag besprechen und fortsetzen!

Vitium cordis Abzuklären sind folgende Punkte:
- Gibt es klinische Zeichen einer Herzinsuffizienz (Gedeihschwäche, Schwitzen, Dyspnoe, Zyanose)?
- Sind Rhythmusstörungen bekannt?
- Zustand nach Herzoperationen (Befund)?
- Ist eine antibiotische Endokarditisprophylaxe notwendig?

Epilepsie Nachzugehen ist folgenden Fragen:
- Wie ist die Anfallsanamnese (letztes EEG)?
- Rücksprache mit Neuropädiater notwendig?
- Welche Antikonvulsiva (aktueller Spiegel)?

› Medikamenteneinnahme präoperativ besprechen!

Allergien Folgende Informationen sind zu erfragen:
- Risiken für Latexallergien erfragen (Zustand nach multiplen urogenitalen Operationen, Fehlbildungen, Zustand nach Meningomyelozele, Lippenschwellungen nach Aufblasen von Luftballons)?
- Kreuzallergien, z. B. tropische Früchte (Kiwi)?
- Antibiotika, andere Medikamente?
- Atopischer Formenkreis (Asthma, Neurodermitis)?

Bei anamnestisch ausgeprägter Verlaufsform stationäre Aufnahme erwägen! Latexfreier Arbeitsplatz!

Diabetes mellitus Zu erfragen bzw. zu prüfen sind folgende Punkte:
- BZ-Tagesprofil der letzten Wochen? HbA_{1c}?
- Insulinmedikation? Pumpe?
- Neigung zu Entgleisungen bekannt?
- Sind die Eltern in der Lage, bei Hypo- oder Hyperglykämie adäquat zu reagieren?

Kurze Nüchternzeiten! Präoperative Insulingabe besprechen! Regelmäßige BZ-Kontrolle bis zur ersten Nahrungsaufnahme!

Muskelerkrankungen Bei Muskelerkrankungen mit MH-Disposition ist zu beachten:
- Ambulantes Operieren ist nur bei triggerfreier Anästhesie, entsprechenden Überwachungsstandards und Vorrat an Dantrolene möglich.
- Die Beobachtungszeit sollte postoperativ auf 6 h ausgedehnt werden, und die Eltern sollten über mögliche Frühsymptome einer malignen Hyperthermie (MH) informiert sein.

MH-Triggerung oder fulminante Rhabdomyolyse möglich! Schwerwiegende, bereits respiratorisch beeinträchtigende Muskelerkrankungen sind eine absolute Kontraindikation!

Voruntersuchungen

Bei einem Prämedikationsgespräch mit Voruntersuchung sollte nach der Anamneseerhebung eine orientierende körperliche Untersuchung erfolgen, wobei Körperlänge, Gewicht, Perzentilenzugehörigkeit sowie Herz- und Atemfrequenz zu erfassen sind. Neben der Beurteilung des Allgemeinzustands (Vigilanz, Hydratations- und Ernährungszustand, Haut und Schleimhäute, Haltung, Motorik, allgemeiner Entwicklungsstand) sind eine Racheninspektion und eine Herz- und Lungenauskultation sinnvoll.

Laboruntersuchungen vor kleinen Routineeingriffen sind bei einem gesunden Kind nicht indiziert; sie liefern keine zusätzlichen Informationen und können das Kind unnötigerweise traumatisieren.

Im Prämedikationsgespräch sollte allerdings sorgfältig nach Risikofaktoren und Hinweisen für mögliche Erkrankungen gefragt werden. Bei entsprechenden anamnestischen Hinweisen sollte eine gezielte organspezifische Blutuntersuchung durchgeführt werden, z. B. Hb/Hkt, Leukozyten, Gerinnungsstatus, Leberwerte, CK, BZ, Nierenretentionsparameter und Elektrolyte [13].

Bei unauffälliger Anamnese sind präoperative Routinelaboruntersuchungen, EKG und Thoraxröntgen entbehrlich.

Psychologische Vorbereitungen

Der hohe Stellenwert einer altersgemäßen Vorbereitung wurde bereits erwähnt. Eine einfühlsame und ehrliche Darstellung der Abläufe am OP-Tag – für die Eltern und altersentsprechend für das Kind – hat sich sehr bewährt, da aus Unwissenheit viele irrationale Ängste entstehen. Hilfreich sind Merkblätter mit den wichtigsten Informationen. Für Tipps und Erfahrungen aus der Verhaltenstherapie, z. B. Rollenspiel und Modelling (z. B. Pflasterverband beim Lieblingskuscheltier), und Aufmerksamkeitsablenkung bei der Narkoseeinleitung (z. B. Handpuppen, Tablets) sind die Eltern dankbar. Bewährt haben sich auch Bücher und Filme mit Darstellung der für Eltern und Kind relevanten Abläufe. Diese können der Familie mitgegeben werden. Ermuntern Sie die Eltern, ihrem Kind zu Hause alles noch einmal in Ruhe und in altersverständlichen Worten zu erklären. Wichtig ist auch, Dinge aus der vertrauten häuslichen Umgebung (wie Kuscheltiere, Kopfkissen, Kuscheldecke o. Ä.) mitzunehmen und diese dem Kind im Arm zu belassen, bis es eingeschlafen ist.

> **Seien Sie dem Kind gegenüber ehrlich. Falsche Versprechungen können einen Vertrauensverlust des Kindes mit erheblicher Einschränkung der Kooperationsfähigkeit bewirken (z. B. „Das tut gar nicht weh." Besser: „Das kann jetzt mal kurz pieksen.").**

▪▪ Nüchternheit

Liberale Nüchternzeiten verhindern Dyskomfort und erhöhen das Risiko einer Aspiration/Regurgitation nicht [40]. Es gelten folgende Grenzen:

- 6 h präoperativ: leichte Mahlzeit, feste Nahrung.
- 4 h präoperativ: Muttermilch/Milchnahrung bei Säuglingen.
- 2 h präoperativ: klare Flüssigkeit (z. B. Wasser, Tee, Apfelsaft/-schorle).

▪▪ Organisatorische Aspekte

Unter Berücksichtigung von chirurgischen und anästhesiologischen Aspekten wie z. B. Latexallergie, Diabetes und Alter des Kindes wird der OP-Plan erstellt.

Den Eltern werden spätestens am Vortag der OP OP-Termin, Zeitpunkt zum Aufkleben des EMLA-Pflasters (den Eltern während des Prämedikationsgesprächs erklärt und gezeigt) und Nüchternzeiten mitgeteilt. Es wird nochmals auf den Frage- und Informationsbogen verwiesen, eventuell offene Fragen werden beantwortet [25].

> **Eine enge Absprache zwischen Operateur und Anästhesist ist obligatorisch.**

18.1.5 Prämedikation

Die präoperative Gabe anxiolytischer Substanzen wird heutzutage kritisch diskutiert. Gerade im Kleinkindalter ist die Anxiolyse jedoch häufig unentbehrlich, die Gabe von Midazolam hat sich grundsätzlich bewährt. Das Kind wird leicht sediert, die Angst vermindert, während die Vitalfunktionen wie Atmung und Kreislauf unbeeinträchtigt bleiben [9, 33, 50].

▪▪ Midazolam

Goldstandard ist das Benzodiazepin Midazolam wegen seines schnellen Anschlags und seiner kurzen Wirkzeit, bei minimalen respiratorischen und kardialen Nebenwirkungen. Die orale Applikation als Saft wird am häufigsten eingesetzt, seltener als Tablette, rektale oder intranasale Anwendung mittels eines speziellen Zerstäubers (Atomizer).

Früh- und Neugeborene erhalten in der Regel keine Prämedikation, Säuglinge >6 Monate („Fremdelalter") werden mit Midazolam prämediziert, bei ihnen kann auch die rektale Anwendung sinnvoll sein.

Dosierung von Midazolam:

- per os: 0,5 mg/kg KG,
- rektal: 0,5–1 mg/kg KG.
- nasal: 0,3–0,4 mg/kg KG,
- i.v.: 0,1 mg/kg KG.

Bei einem schwer zugänglichen Kind kann eine nasale Prämedikation mit dafür vorgesehenen Spritzen mit Atomizern durchgeführt werden. Durch die Nasenschleimhaut wird das Medikament zwar sehr gut und schnell resorbiert und so eine sichere Wirkung erreicht, Midazolam brennt jedoch sehr unangenehm.

> **Eine i.m.-Prämedikation ist obsolet, sie führt zu einer zusätzlichen Traumatisierung des Kindes.**

▪▪ Midazolam und Ketamin

Midazolam kann mit z. B. intranasalem Ketamin supplementiert werden; dadurch wird eine bessere Sedierung und gleichzeitige Analgesie erreicht.

Dosierung von Midazolam und Ketamin:

- Midazolam: 0,2–0,3 mg/kg KG,
- Ketamin: 5 mg/kg KG,
- S(+)-Ketamin: 2,5 mg/kg KG.

In einigen Fällen, besonders bei kooperativen Kindern im Schulalter, kann auf eine medikamentöse Prämedikation verzichtet werden, wenn in einem vertrauensvollen Setting, im Beisein der Eltern, eine ruhige Einleitungssituation entstehen kann. Diese Möglichkeit ist im Vorfeld mit den Eltern zu besprechen und vom Anästhesisten je nach Eltern-Kind-Interaktion realistisch einzuschätzen.

18.1.6 Monitoring

Das Zusammenspiel von klinischer Erfahrung des Anästhesisten und modernem apparativen Monitoring ermöglicht die frühzeitige Detektion und damit die Verhinderung von Komplikationen.

> **Bei der apparativen Ausstattung darf kein geringerer Standard gelten als in der Klinik [52].**

Apparative Ausstattung

Pulsoxymetrie, bei Neugeborenen und kleinen Säuglingen auch prä- und postduktale Messung Die Pulsoxymetrie hat allerhöchste Priorität bei der Kinderanästhesie und dient der kontinuierlichen Messung der Sauerstoffsättigung. Störungen der Oxygenierung sowie Parameter der Hämodynamik (Herzrhythmus) werden schnell erfasst. Es gibt verschiedene Sensoren, die entsprechend der Altersklasse an Finger, Zehe oder Ohr angebracht werden können.

Kapnographie Die CO_2-Messung gibt Hinweise auf eine Dislokation des Tubus, eine Verlegung der Atemwege (z. B. Sekret, Bronchospasmus) oder einen Hypermetabolismus (z. B. bei einer malignen Hyperthermie [MH]). Die Messung erfolgt im Hauptstrom zwischen Tubusansatz und Y-Stück mittels Absaugung der Gasproben in das Analysegerät.

Gasanalyse Narkosegas und Sauerstoff werden in- und exspiratorisch gemessen, sodass Störungen in der Gasversorgung zu erkennen sind; wichtiger Überwachungsstandard bei Low-Flow-Anästhesie.

EKG Die Verwendung eines EKGs zur Identifikation von Herzrhythmusstörungen ist obligatorisch, zur Aufzeichnung etwaiger Störungen möglichst mit Drucker.

Blutdruck Standard ist die oszillometrische Messmethode, über die auch im Säuglingsalter zuverlässige RR-Messungen erhältlich sind. Es gibt verschiedene Manschetten für die jeweiligen Altersklassen.

Temperatur Das Messen der Temperatur ist essenziell bei Kindern im 1. Lebensjahr sowie bei längeren Eingriffen.

18

18.1.7 Infusionsregime

Da ambulante Eingriffe selten die 2-h-Grenze überschreiten und die präoperativen Nüchternzeiten kurz sind, ist im Wesentlichen der Erhaltungsbedarf zu infundieren. Gemäß der AWMF-S1-Leitlinie 001/032 „Perioperative Infusionstherapie" der DGAI vom 16.02.2016 wird eine Vollelektrolytlösung, bei Kindern unter 1 Jahr mit einem 1%igen Glukosezusatz infundiert. Die Dosierung kann über die einfache „10-er-Regel" erfolgen:

- Kontinuierliche Infusion: 10 ml/kg/h Vollelektrolytlösung (VEG)
- Bei präoperativer Dehydratation oder akuten perioperativen Verlusten: 10 ml/kg VEL (ohne Glukose) als Bolus

18.1.8 Narkoseeinleitung

Anwesenheit der Eltern

Ob und inwieweit die Eltern bei der Narkoseeinleitung anwesend sein sollten, wird kontrovers diskutiert. Von der überwiegenden Zahl der Eltern wird dies gewünscht, einzelne Kinder können davon profitieren.

Hinsichtlich dieses Aspekts sind die räumlichen Gegebenheiten in einer Praxis oder Tagesklinik sicher eher geeignet als die Zentral-OPs von Krankenhäusern. Seit mehr als 15 Jahren wird hierzulande die Anästhesieeinleitung in Anwesenheit der Eltern in vielen Einrichtungen mit großem Erfolg praktiziert. Vorausgehend muss ein ausführliches Gespräch mit den Eltern über die Vorgehensweise und die Abläufe erfolgen; es sollte jedoch auch angenommen werden, wenn Eltern dies nicht wünschen bzw. „nicht geeignete" Eltern sollten detektiert werden, um eine sichere und stressfreie Einleitungsatmosphäre zu gewährleisten.

> **Das Team sollte die Anwesenheit der Eltern respektieren und versuchen, sie in den gewohnten Ablauf zu integrieren.**

Verfahren zur Narkoseeinleitung

Prinzipiell kann die Anästhesie im Kindesalter inhalativ oder intravenös eingeleitet werden [9]. Der erfahrene Anästhesist muss beide Verfahren beherrschen, denn

- bei einem Kind mit erhöhtem Aspirationsrisiko muss immer i.v. eingeleitet werden, und
- bei einem Kind mit schwierigen Venenverhältnissen bleibt oft nur die Möglichkeit der inhalativen Einleitung.

Inhalationsanästhesie Aufgrund der physiologischen Besonderheiten in dieser Altersgruppe (große alveoläre Ventilation bei kleiner funktioneller Residualkapazität [FRC]) erfolgt die Induktion schnell.

Sevofluran Sevofluran ist das einzige Inhalationsanästhetikum, das zur inhalativen Einleitung geeignet ist.

- Vorteile
  - sehr rasche Anflutung und damit rasches Einschlafen des Kindes bei nur minimaler Irritation der Atemwege,
  - kardiale Stabilität.
- Nachteile:
  - negativer Einfluss auf das Aufwachverhalten (Agitation),
  - EEG-Veränderungen im Sinne von Krampfpotenzialen (Bedeutung unklar),
  - Interaktion mit trockenem Atemkalk.
- Praxis: 80% O_2 und eine schrittweise erhöhte Konzentration von Sevofluran bis max. 6 Vol.-%;

Lachgas In den letzten Jahren ist Lachgas aus den Operationssälen fast verschwunden, u. a. wegen folgender Nebenwirkungen:

- Diffusion in luftgefüllte Räume, daher Probleme bei bestimmten Eingriffen wie z. B. am Mittelohr oder bei Erkrankungen wie z. B. Mukoviszidose,
- Gefahr der Hypoxie durch Rückdiffusion oder Anwenderfehler,
- Erhöhung der Inzidenz von postoperativer Übelkeit und Erbrechen (PONV),
- Knochenmarksdepression (nur nach längerer Exposition),Störung des Vitamin-B_{12}-Stoffwechsels,
- (Treibhauseffekt).

Intravenöse Anästhesie Die i.v.-Einleitung ist für die Autoren die Methode der Wahl. Das Einschlafen geschieht schnell und sanft, und bei allen potenziellen Problemen ist der i.v.-Zugang zur Applikation von Notfallmedikamenten bereits vorhanden [28, 43].

> **Auch bei kleinen Eingriffen oder Untersuchungen muss immer ein i.v.-Zugang gelegt werden.**

Die Venenpunktion bei Säuglingen und Kleinkindern, ggf. unter den Augen der Eltern, erfordert Erfahrung. Eine Venenpunktion ohne vorherige Lokalanästhesie sollte möglichst vermieden werden. Präoperativ wird daher routinemäßig ein Lokalanästhetika-haltiges Pflaster (z. B. EMLA®) verwendet. Den Eltern wird beim Vorgespräch die Stelle gezeigt, auf die das Pflaster 1 Stunde vor Ankunft im OP zu kleben ist.

> **Schlecht geklebte EMLA-Pflaster sind ineffektiv.**

Die Entfernung des Pflasters sollte 5–10 min vor der Venenpunktion erfolgen, um die Punktion zu erleichtern. Bevorzugte Punktionsstellen sind die Venen des Hand- und Fußrückens. Bei schwieriger Venensituation kann die V. saphena vor dem medialen Malleolus, eine Vene im volarseitigen Handwurzelbereich oder in der beugeseitigen Ellenbogenregion eine Alternative sein.

> **In schwierigen Fällen kann die Maskeneinleitung durch einen geübten Anästhesisten hilfreich sein, um dann nach Narkoseeinleitung in ruhiger Atmosphäre eine geeignete Vene zu finden und zu punktieren – die perfekte Beherrschung des Atemwegs ist dabei obligat!**

Propofol Propofol ist Einleitungshypnotikum der Wahl und auch für Säuglinge ab dem 31. Lebenstag zugelassen. Kinder brauchen – im Vergleich zu Erwachsenen – eine relativ höhere Dosis.

- Vorteile:
  - Insgesamt wenig Nebenwirkungen: selten Husten, Apnoen und störende Spontanbewegungen, keine Triggersubstanz für MH, präventive Wirkung hinsichtlich einer postoperativen Agitation, keine Organtoxizität;
  - keine Atemwegsirritation, laryngeale Reflexdämpfung,
  - effektive Prophylaxe von postoperativer Übelkeit und Erbrechen,
  - gute Steuerbarkeit (eignet sich zur TIVA).

- Nachteile:
  - Injektionsschmerz (früher Zusatz von 1 ml 2%igem Xylocain auf 20 ml Propofol 1%); heute in 0,5%iger Formulierung, darunter kaum mehr Injektionsschmerzen.
- Dosierung: 3–5–8 mg/kg KG (bei Verzicht auf Prämedikation und jungem Alter höhere Dosis erforderlich).

Thiopental

- Dosierung: 3–5 mg/kg KG, wird in der ambulanten Anästhesie kaum verwendet.

Ketamin Ketamin wird zur intranasalen Applikation bei stark agitierten, unkooperativen Kindern oder intravenös bei kurzen schmerzhaften Eingriffen in Spontanatmung eingesetzt, bei älteren Kindern möglichst in Verbindung mit Midazolam.

- Dosierung:
  - i.v.: 1–2 mg/kg KG,
  - (i.m.: 5 mg/kg KG),
  - intranasal: 5 mg/kg KG,
  - rektal: 10–15 mg/kg KG.
  - Bei Verwendung von S(+)-Ketamin halbe Dosierung verwenden!

! Hypersalivation, bei Säuglingen Apnoen möglich!

18.1.9 Narkose

Atemwegssicherung

▪▪ Maskennarkose

Die Maskennarkose spielt nur noch bei sehr kurzen Eingriffen eine Rolle. Die Masken sollen latexfrei sein. Eine Auswahl von verschiedenen Größen und Formen mit kleinem Totraum und variablem Silikonluftkissen gehört zur Standardausrüstung. Ein Doppelmaskensystem zur Absaugung und Reduktion der Kontamination bei regelmäßigem Einsatz von volatilen Anästhetika im OP ist wünschenswert.

▪▪ Larynxmaske (LMA)

Die Larynxmaske ist ein komfortabler, praktikabler und sicherer Atemweg bei der ambulanten Kinderanästhesie. Damit gelingt eine Atemwegssicherung ohne Irritation der v. a. bei Säuglingen und Kleinkindern vulnerablen subglottischen Region. Des Weiteren kann sie bei unerwartet schwieriger Intubation zur Sicherung des Atemwegs eingesetzt werden oder falls eine Maskenbeatmung nicht möglich sein sollte. Ca. 95% der typischen kinderchirurgischen Eingriffe können mit Larynxmaske anästhesiert werden.

- Nachteile:
  - kein sicherer Aspirationsschutz,
  - Aufblähung des Magens bei hohen Atemwegsdrücken.
- Kontraindikationen:
  - Eingriffe mit Aspirationsgefahr,
  - Bauchlage.

Seit einigen Jahren gibt es auch pädiatrische Larynxmasken, bei denen durch ein separates Lumen zusätzlich eine Magensonde eingeführt werden kann.

Auch Adenotomien (AT) lassen sich hervorragend in Larynxmaskennarkose versorgen. Wichtig sind eine gute Kooperation mit dem Operateur und eine kontinuierliche Überwachung der Beatmung, um rasch Obstruktion, Dislokation oder größere Leckagen zu identifizieren und ggf. eine Lageoptimierung der Maske vorzunehmen.

Zur Einführung der Larynxmaske muss die Narkosetiefe ausreichend sein, da bei zu flacher Narkose ein Laryngospasmus provoziert werden kann. Die Technik der Einführung ist leicht zu erlernen. Nach Befeuchtung wird die LMA bei leicht überstrecktem Nacken über den harten Gaumen vorgeschoben und die Spitze im Hypopharynx platziert. Der Zeigefinger fungiert als Führungsschiene; dies ist vor allem bei der flexiblen LMA, die für die AT verwendet wird, wichtig.

Beim Füllen des Cuffs mit Luft platziert sich die LMA in der Regel von allein, der Cuffdruck sollte möglichst niedrig gewählt und kontrolliert werden. Im Säuglingsalter gestaltet sich die adäquate Platzierung der LMA schwieriger, Dislokationen sind häufiger.

Die LMA wird unmittelbar postoperativ bei suffizienter Spontanatmung entfernt, der Rachen ggf. abgesaugt.

▪▪ Endotracheale Intubation

Die endotracheale Intubation erfolgt in tiefer Anästhesie, idealerweise nach vollständiger Muskelrelaxierung. Ihren Stellenwert hat die Intubation im ambulanten Betrieb vor allem bei Kontraindikationen für die LMA sowie in Notfallsituationen. Daher sollten an jedem Arbeitsplatz eine altersentsprechende Tubenauswahl und zwei funktionsfähige Laryngoskope mit altersgemäßen Spatelgrößen bereitliegen.

Im Notfall immer oral intubieren!

Narkoseaufrechterhaltung

Die Narkose kann mit Inhalationsanästhetika oder Propofol intravenös aufrechterhalten werden. Nach Einleitung der Narkose mit Sevofluran erfolgt die Aufrechterhaltung z. B. unter Supplementierung von Sevofluran mit Opioiden und ggf. Muskelrelaxanzien. Bei dieser sog. balancierten Anästhesie kann die Konzentration des volatilen Anästhetikums (MAC-Wert) reduziert werden, was zu verkürzten Aufwachzeiten führt und das Maß an Nebenwirkungen reduziert (intravenöse Einleitung mit Propofol und Fortführung der Anästhesie in Form einer TIVA, s. u.).

Opioide

Bei Anwendung von Opioiden ist im Säuglingsalter mit einer erhöhten Empfindlichkeit zu rechnen. Bei allen drei nachfolgend aufgeführten Opioiden kann bei schneller Bolusinjektion – je nach Substanz unterschiedlich ausgeprägt – eine ausgeprägte Muskelrigidität, speziell des Thorax mit Glottisverschluss, auftreten. In dieser Situation kann eine Maskenbeatmung unmöglich werden.

Alfentanil Im ambulanten Bereich hat Alfentanil einen hohen Stellenwert. Die Eliminationshalbwertszeit von Alfentanil ist dosisabhängig. Das Medikament eignet sich wegen einer mit zunehmender Infusionsdauer steigenden kontextsensitiven Halbwertszeit nicht zur kontinuierlichen Infusion.
- Dosierung:
  - Bei Kombination mit Inhalationsanästhetikum:
    - 10–20 µg/kg KG initial vor LMA-Insertion oder Intubation,
    - 10–15 µg/kg KG vor Inzision,
    - 5–10 µg/kg KG bei Schmerzspitzen (z. B. Zug am Peritoneum).
  - Bei TIVA (Propofolinfusion als Hypnotikum):
    - 40–60 µg/kg KG Initialdosis,
    - weitere Dosierung in 10-µg-Schritten.

Fentanyl In der Kinderanästhesie ist Fentanyl weit verbreitet, wird aber eher im stationären Bereich eingesetzt. Fentanyl besitzt eine längere Halbwertszeit, daher besteht bei längeren Eingriffen die Gefahr der Kumulation. Bei Verzicht auf volatile Anästhetika sind ebenfalls höhere Dosierungen notwendig.
- Dosierung:
  - 2–3 µg/kg KG Initialdosis,
  - 2–3 µg/kg KG alle 20 min oder bei Schmerzspitzen.

Remifentanil Dieses ultrakurz wirkende Opiat wird unabhängig von Organfunktionen metabolisiert; nach einer Bolusinjektion wird innerhalb von 1,5 min die maximale Konzentration am Wirkort erreicht. Eine Bolusgabe ist aufgrund der ausgeprägten Thoraxrigidität jedoch nicht zu empfehlen.

Das Haupteinsatzgebiet ist die kontinuierliche Applikation im Rahmen der TIVA.
- Dosierung:
  - 1 µg/kg KG als Supplement bei Kombinationsnarkose (z. B. bei Intubation oder Schmerzspitzen), ansonsten
  - 0,2–0,4 µg/kg KG/min über Spritzenpumpe.

Total intravenöse Anästhesie (TIVA)

Die Dauerinfusion von Hypnotikum und Analgetikum, meist Propofol/Remifentanil hat sich auch in der ambulanten Kinderanästhesie etabliert.
- Dosierung:
  - Remifentanil: 0,2–0,4 µg/kg KG/min,
  - Propofol: 10–15 mg/kg KG/h (in den ersten 10 min), danach 5–10 mg/kg KG/h.
- Vorteile:
  - keine MH-Triggerung,
  - keine Leberschäden,
  - keine Atemwegsirritationen, keine Interferenz mit Atemkalk,
  - ruhiges Aufwachverhalten, geringe Agitationsinzidenz,
  - reduzierte Rate an PONV und postoperativem Shivering.
- Nachteile:
  - Notwendigkeit eines Perfusors, technische Störungen sind möglich (Cave: Paravasat, Diskonnektion, Narkoseunterbrechung!);

- rasches Abklingen der Remifentanilwirkung (HWZ <5 min), vorausschauendes postoperatives Schmerzmanagement notwendig!

Kontraindikationen für (Langzeit-) Applikation von Propofol im Kindesalter beachten!

Volatile Anästhetika

Sevofluran Wegen der raschen An- und Abflutung bei nur minimaler Irritation der Atemwege ist Sevofluran in der Kinderanästhesie das volatile Anästhetikum der Wahl für Narkoseeinleitung und -aufrechterhaltung [46].

Muskelrelaxanzien

In der ambulanten Kinderanästhesie ist eine routinemäßige Relaxierung nicht notwendig. Ausnahmesituationen sind Intubationsanästhesien. Darüber hinaus ist sie indiziert bei Eingriffen, in denen eine gute Relaxierung notwendig ist, z. B. bei großen Nabelhernien oder in Notfallsituationen wie ausgeprägte Thoraxrigidität oder Laryngospasmus.

Succinylcholin Succinylcholin ist mit erheblichen Nebenwirkungen (Trigger für MH und Rhabdomyolyse, Hyperkaliämie mit kardialen Effekten wie Rhythmusstörungen) belastet. Dieses Relaxans ist in der Kinderanästhesie nur noch als Notfallmedikament unter kritischer Indikationsstellung empfohlen.

- Dosierung:
  - Säuglinge: 2–3 mg/kg KG,
  - Kinder: 1,5 mg/kg KG.

Für Succinylcholin gilt der Grundsatz: „Always have it, never use it!"

Mivacurium Die Wirkdauer der Intubationsdosis beträgt ca. 10 min. Der Abbau erfolgt über Plasmacholinesterasen, daher ist bei Vorliegen von atypischen Enzymvarianten mit einer verlängerten Relaxierung zu rechnen.

- Dosierung:
  - Intubationsdosis: 0,2–0,3 mg/kg KG,
  - Repetitionsdosis: 0,1 mg/kg KG.

Cisatracurium (Stereoisomer von Atracurium)
Die Anschlagszeit beträgt 3–5 min, die Wirkdauer ca. 30 min. Dieses mittellang wirkende Relaxans setzt kein Histamin frei und hat kaum kardiovaskuläre Nebenwirkungen. Die Inaktivierung erfolgt organunabhängig durch Hofmann-Elimination.

- Dosierung:
  - Intubationsdosis: 0,1 mg/kg KG,
  - Repetitionsdosis: 0,02 mg/kg KG.

Neostigmin Die Antagonisierung einer noch bestehenden Relaxierung erfolgt üblicherweise mit Neostigmin.

- Dosierung: 0,05 mg/kg KG unter Vorgabe von Atropin 0,02 mg/kg KG.

18.1.10 Schmerztherapie

Im ambulanten Bereich hat die postoperative Schmerztherapie einen besonders hohen Stellenwert; eine inadäquate postoperative Schmerztherapie ist einer der häufigsten Gründe für eine ungeplante stationäre Einweisung.

Nicht oder unzureichend behandelte Schmerzen können zu Hause zu einem starken Dyskomfort des Kindes und zur Überforderung der Eltern führen und Grund für eine Klinikaufnahme sein.

Darüber hinaus können postoperative Schmerzen ein signifikanter Faktor für die Entwicklung der folgenden – im weiteren Verlauf auftretenden – Verhaltensauffälligkeiten sein: Schlafstörungen, nächtliche Unruhezustände mit Albträumen und Aufschreien sowie Regressionsphänomene, z. B. erneutes Einnässen bei bereits trockenen Kindern. In Einzelfällen bleiben diese Auffälligkeiten mehrere Monate bestehen [27].

Des Weiteren gibt es Hinweise, dass unbehandelte akute Schmerzzustände Chronifizierungsmechanismen im nozizeptiven System in Gang setzen, deren Tragweite z. Zt. nicht abgeschätzt werden kann.

Die Entwicklung der perioperativen Schmerztherapie bei Kindern war in den vergangenen Jahren fulminant. Regionalanästhesietechniken, die in der Kinderchirurgie sehr effizient einzusetzen sind, haben eine breite Anwendung erfahren. Aber auch mit systemischen Analgetika können die Schmerzen gezielt und wirksam behandelt werden. Die postoperative Schmerztherapie ist ein geeignetes Qualitätsmerkmal der Institution für die Betreuung von Kindern im ambulanten wie auch stationären Bereich [47, 48, 49].

Kein Kind muss heutzutage postoperative Schmerzen erleiden!

Die Schmerzintensität sollte im Aufwachraum anhand von validen Messmethoden vom Pflegepersonal erhoben werden. Auch die Eltern können miteinbezogen werden. Die Dokumentation des postoperativen Schmerzniveaus sollte mit verschiedenen, dem jeweiligen Alter angepassten Skalen erfolgen, z. B. VAS (visuelle Analogskala), SAS (Smiley-Analogskala) oder KUSS-Skala nach Büttner.

Als sehr wirkungsvoll in der Prävention und Therapie perioperativer Schmerzen hat sich ein multimodales Vorgehen bewährt (Tab. 18.1).

Tab. 18.1 Krankheitsbilder und Beispiele für Schmerztherapiekonzepte

Operativer Eingriff	Schmerztherapie
Zirkumzision	Peniswurzelblock + NOPA
Leistenherniotomie, Orchidopexie	N. ilioinguinalis-Block, zusätzlich Stumpfinfiltration/Skrotuminstillation; alternativ: Kaudalblock + NOPA
Nabelherniotomie	Wundinfiltration + NOPA
Ganglion/Zysten/Tumorentfernung	Wundinfiltration + NOPA
AT/TE	NOPA +Piritramid; alternativ: Metamizol/Tramadol.Dexamethason, Clonidin (Co-Analgetika)

3 Säulen der medikamentösen Schmerztherapie

- Nichtopioidanalgetika (NOPA): Novamin, Ibuprofen, Diclofenac
- Opioide
- Regionalanästhesie

Allgemeines Prinzip ist ein antinozizeptives Vorgehen im Sinne einer präventiven Analgesie. Es gilt, bis zum Wachwerden einen wirksamen Plasmaspiegel von Analgetika aufgebaut zu haben (Applikation von NOPA direkt nach der Narkoseeinleitung) oder präoperativ Regionalanästhesietechniken einzusetzen, um bereits intraoperativ das nozizeptive System zu blockieren; darüber hinaus werden Allgemeinanästhetika eingespart, was zu schnelleren Aufwachzeiten führt.

Paracetamol, Novamin und NSAR

Paracetamol

Paracetamol ist im Vergleich zu allen anderen NOPA (Novamin, Ibuprofen, Diclofenac) ein schwächeres Analgetikum mit einem durchaus erheblichen Nebenwirkungspotenzial, wenn die Tageshöchstdosis und Anwendungsdauer >3 Tage überschritten werden. Darüber hinaus stehen Assoziationen mit Asthma, Kryptorchismus und auch Autismus im Raum [2, 39].

Novamin (Metamizol)

Novamin ist ein potentes Nichtopioidanalgetikum mit einer sehr guten spasmolytischen Wirkkomponente und einem sehr günstigen Risiko-Nutzen-Profil, schwere Nebenwirkungen und vor allem eine Agranulozytose scheinen im Kindesalter extrem selten zu sein [52]. Wegen möglicher allergischer Reaktionen sollte Novamin aber nicht bei Kindern mit multiallergischer Anamnese eingesetzt werden [31–32, 35, 41].

- Dosierung:
  - 15–20 mg/kg KG Einzeldosis als Kurzinfusion über 15 min,
  - 2,5–3 mg/kg KG/h als Dauerinfusion.

Zulassung: i.v. ab dem 1. Lebensjahr, oral ab dem 3. Lebensmonat.

Diclofenac

Diclofenac ist zur postoperativen Schmerztherapie für Kinder ab dem 1. Lebensjahr gut untersucht und zeichnet sich als potentes Analgetikum aus. Bei rektaler Applikation ist die relative Bioverfügbarkeit höher als nach oraler Gabe, und die maximale Serumkonzentration wird schneller erreicht.

Laut aktueller Studienlage erhöht Diclofenac nicht das Nachblutungsrisiko das HNO-Eingriffen wie Adeno-/Tonsillektomie, auch wenn COX-Inhibitoren die Blutgerinnung beeinflussen [54]. Nebenwirkungen wie Magenschleimhautschädigung und Nierentoxizität spielen bei der Kurzzeitanwendung keine Rolle.

Bei Verdacht auf Porphyrie darf Diclofenac nicht eingesetzt werden.

In Deutschland ist Diclofenac bei Kindern unter 6 Jahren nicht zugelassen. Vor dem Hintergrund langjähriger guter Erfahrungen mit dieser Substanz, ergänzt durch die umfangreichen Daten in der Literatur, kann Diclofenac unterhalb dieser Altersgrenze nur „off label" angewendet werden, und die Eltern müssen darüber aufgeklärt sein.

- Dosierung:
  - 1,5 mg/kg KG Einzeldosis rektal,
  - 3 mg/kg KG Tagesmaximaldosis.

Ibuprofen

Diese Substanz hat sich in den vergangenen Jahren in der pädiatrischen Schmerztherapie etabliert und empfiehlt sich vor allem für die weitere Schmerztherapie zu Hause. Die Zubereitung als Saft wird von den Kindern sehr gut akzeptiert. Die Zulassung besteht für orale und rektale Gabe ab dem 3. Monat. Oral erfolgt die Resorption schnell, rektal verzögert. Die Nebenwirkungen sind NSAR-typisch; bei Kindern mit bekanntem Asthma bronchiale besteht jedoch keine Zunahme der Asthmasymptomatik unter Ibuprofen [441, 448].

- Dosierung:
  - rektal: 10 mg/kg KG Einzeldosis,
  - oral: 10 mg/kg KG Einzeldosis,
  - 40 mg/kg KG maximale Tagesdosis.

Opioide

Bei richtiger Indikationsstellung und titrierter Gabe können Opioide auch im ambulanten Bereich sicher angewendet werden. Die Überwachungsstandards im Aufwachraum inkl. Pulsoxymetrie müssen gewährleistet sein.

Die Gabe eines Opioids erfolgt stets titrierend. Hohe Opioiddosen erhöhen nicht nur das Risiko von Atemdepressionen, sondern auch von PONV!

Tramadol

Tramadol ist ein niederpotentes Opioid und kann zur Supplementierung einer nicht ausreichenden Lokalanästhesie (LA) und/oder NSAR-Analgesie eingesetzt werden. Eine orale Gabe kann bei bereits entferntem i.v.-Zugang eine Alternative sein. Ein Tropfen entspricht 2,5 mg. Die Tropfen werden mit etwas Zucker auf die Zunge gegeben, sodass die Resorption rasch – ohne First-Pass-Effekt – erfolgt. Eine kontinuierliche Gabe von Tramadol in Kombination mit Metamizol ist nach größeren Operationen z. B. im urologischen Bereich, wo ausgeprägte viszerale Schmerzen auftreten können, üblich; meist in Kombination mit Regionalanästhesie. Im ambulanten Bereich wird dieses Verfahren eher selten eingesetzt.

- Dosierung:
  - 0,5–1 mg/kg KG i.v.-Einzelgabe (wegen erhöhter Inzidenz von Erbrechen als Kurzinfusion über 20 min applizieren),
  - 0,25 mg/kg KG/h als Dauerinfusion möglich,
  - 6–8 mg/kg KG maximale Tagesdosis,
  - 1 mg/kg KG oral.

Piritramid

Piritramid ist ein analgetisch hochpotentes Opioid, ein μ-Agonist; und es wird in Deutschland sehr häufig zur perioperativen Schmerztherapie eingesetzt.

Indiziert ist es bei Eingriffen, bei denen ein höheres postoperatives Schmerzniveau zu erwarten ist und Regionalanästhesieverfahren nicht anwendbar sind, oder zur Komplettierung einer unzureichenden postoperativen Analgesie [7].

Vorteil ist die lange Wirkzeit von 4–6 h ohne wesentliche Beeinflussung der Hämodynamik. Aufgrund der langen Wirkzeit muss jedoch mit einer erhöhten PONV-Rate gerechnet werden (s.o.). Eine Atemdepression ist bei der genannten Dosierung nur in unmittelbarem Zusammenhang mit der Applikation zu befürchten; zu beachten ist ein sedierender Effekt.

- Dosierung:
  - 0,05 mg/kg KG Einzelgabe i.v.,
  - 0,025 mg/kg KG Repetitionsdosis i.v., bei Bedarf titrieren.

Nalbuphin

Mit Nalbuphin steht ein Opioid mit partiellem Agonismus (Kappa-Rezeptor) und Antagonismus (μ-Rezeptor) zur Verfügung. Nalbuphin besitzt somit einen einzigartigen Sicherheitsmechanismus (keine atemdepressive Wirkung) bei gleichzeitig mittlerer analgetischer Potenz und ist sehr gut geeignet für den Einsatz bei ambulanter Chirurgie.

- Dosierung:
  - 0,1–0,2 mg/kg KG Einzelgabe
  - Ceiling-Effekt nach 0,3–0,4 mg/kg KG

Regionalanästhesie (RA)

Die Regionalanästhesie ist die tragende Säule im multimodalen Schmerztherapiekonzept. In der Regel wird die RA nach Narkoseeinleitung durchgeführt, sodass sowohl intra- als auch postoperativ eine optimale Analgesie erreicht wird. Von Vorteil ist, dass ein Großteil der kinderchirurgischen Operationen einer RA gut zugänglich ist [4–5, 11, 56].

Das Erlernen der beschriebenen Techniken ist nicht schwierig. Kenntnisse der speziellen Anatomie sowie der Pharmakologie der LA in dieser Altersgruppe sind jedoch Voraussetzung. Die Blockaden werden in Allgemeinanästhesie durchgeführt und sollten größtenteils ultraschallgestützt erfolgen.

Seltene Komplikationen sind kardiovaskuläre Nebenwirkungen aufgrund intravasaler Injektion oder Überdosierung (▶ Übersicht).

Maximaldosen von Lokalanästhetika (bei Einzelinjektion)

- **Bupivacain: 2,5 mg/kg KG, Levobupivacain 2,5 mg/kg KG**
- **Ropivacain: 3–4 mg/kg KG**
- **Lidocain: 5 mg/kg KG**
- **Prilocain: 5 mg/kg KG**

Die meisten Erfahrungen gibt es mit Bupivacain und Ropivacain. Eine Konzentration von 0,25% bzw. 0,2% ist zur postoperativen Analgesie ausreichend. Die Wirkdauer beträgt ca. 3–5 h.

Im Folgenden sind die wichtigsten Verfahren aufgeführt, die in der ambulanten Kinderchirurgie Anwendung finden [10, 36].

Oberflächenanästhesie

Standard ist die topische Analgesie mit EMLA® (Eutectic Mixture of Local Anaesthetics). Indikationen:

- Venenpunktion,
- Lumbal- und Knochenmarkpunktion,
- Portpunktion,
- Molluskenabtragung.

> **Die Einwirkzeit von EMLA beträgt mindestens 60 min. 10 min vor Punktion sollte das Pflaster entfernt werden, da die Vasokonstriktion die Venenpunktion erschweren kann.**

Wundinfiltration und -instillation

Diese sehr einfache und hoch effiziente Technik ist – außer bei der Adenotomie/Tonsillektomie – universell anwendbar, insbesondere, wenn eine Nervenblockade nicht möglich ist, z. B. bei Ganglien-, Naevi- oder Zystenentfernung, Metallentfernung etc.

> **Bei Wundinfiltrationen ist ein ausreichendes Volumen zu verwenden (Maximaldosierung!) und die Einwirkzeit von 3–5 min zu bedenken.**

Peniswurzelblock (PWB)

Bei der Zirkumzision ist der PWB die Blockade der Wahl.

Die beiden Nn. dorsalis penis ziehen durch den subpubischen Raum nach distal und liegen bilateral von Arterie und Vene.

- Techniken:
- Bilaterale Technik (Dahlens): Einstich in 10.30- und 1.30-Uhr-Position an der Peniswurzel bis zur Perforation der Buck-Faszie.
  - Alternative Techniken wie ein subkutaner Ring um die Peniswurzel oder das präoperative Auftragen von EMLA-Creme oder Lidocaincreme und -spray sind deutlich weniger effizient als ein PWB.
- Dosierung:
  - 2 × 0,1 ml/kg KG Bupivacain 0,75%,
  - maximale Menge: 8 ml LA.

Bei PWB kein Zusatz von Vasokonstriktoren zum LA!

- Komplikationen: Der PWB ist sehr sicher. Gefäßpunktionen und Hämatome sind möglich, Urethraverletzungen sehr selten.

N.-ilioinguinalis- und N.-iliohypogastricus-Block

Diese Analgesiemethode ist sehr verbreitet bei Operationen von Inguinalhernien, Orchidopexien und Varikozelenoperationen.

Die Nn. ilioinguinalis und iliohypogastricus versorgen die Leistenregion sensibel und verlaufen unterhalb der Externusaponeurose zwischen den Mm. obliquus internus und transversus abdominis. Das distale Drittel des Skrotums wird nicht von diesen beiden Nerven versorgt, und auch die peritoneale Schmerzkomponente im Bruchsackbereich wird nicht erfasst.

- Techniken:
  - Direkt: Injektion durch den Operateur unter Sicht mit stumpfer Nadel unter die Externusaponeurose.
  - Ultraschallgestützt: Visualisierung der Nerven, Injektion unter visueller Kontrolle; bevorzugtes Verfahren, da höchste Effektivität und geringere Nebenwirkungsrate.
- Dosierung:
  - 0,2 ml/kg KG (ultraschallgestützt) bis
  - 0,5 ml/kg KG Bupivacain 0,25%/Ropivacain 0,2%.
- Komplikationen:
  - rasche Resorption,
  - hohe Plasmaspiegel,
  - selten Femoralisblock (Patient knickt beim Laufen ein),
  - extrem selten Perforation nach intraabdominal.

18

Der distale Anteil des Skrotums wird nicht vom N. ilioinguinalis innerviert; darüber hinaus werden die Schmerzen, die bei Zug am Peritoneum entstehen, über viszerale Afferenzen fortgeleitet und damit ebenfalls nicht mit diesem Block erfasst.

Plexusblockade

Axilläre Plexusblockaden sind bei Frakturen und Verletzungen bzw. Metallentfernungen an der oberen Extremität zu erwägen. Bei Kindern unter 8–10 Jahren sind RA in der Regel nur in Allgemeinanästhesie durchführbar. Die anatomischen Verhältnisse ertasten sich bei Kindern relativ leicht. Auch bei der Plexusblockade führt die ultraschallgesteuerte Anlage zu einem schnelleren Anschlag und einer höheren Erfolgsrate bei reduziertem LA-Verbrauch.

- Dosierung: 0,75 ml/kg KG LA, z. B. Ropivacain 0,2% + Lidocain 1% im Verhältnis 1:1.

Rückenmarknahe Verfahren

Ambulant kommt im Wesentlichen nur die Kaudalanästhesie infrage, die eine der am häufigsten durchgeführten zentralen Blockaden im Kindesalter ist. Prinzipiell kann dieses Verfahren bei ausgedehnteren Eingriffen unterhalb des Nabels, z. B. bei bilateralen Herniotomien bzw. Orchidopexien und Hypospadiekorrekturen, sehr effizient eingesetzt werden [34].

Kaudalkatheter sind für den ambulanten Bereich unüblich; ebenso die anderen rückenmarknahen Verfahren wie Spinal- und Epiduralanästhesie.

18.1.11 Aufwachraum

Die Anwesenheit der Eltern beim Aufwachen ihres Kindes entspricht sowohl dem Wunsch der Eltern und Kinder als auch der Vorstellung der meisten Kollegen.

In diesem Setting hat die persönliche Betreuung einen hohen Stellenwert. Eine entsprechend ausgebildete Pflegekraft ist anwesend, um die Kinder zu überwachen und die Eltern zu betreuen – oft keine leichte Aufgabe. Zur Überwachung sollte mindestens die Pulsoxymetrie dienen, ggf. EKG und mindestens bei der Abschlussuntersuchung die Blutdruckkontrolle. Die Möglichkeit zur Applikation von O_2, eine Absaugvorrichtung und Notfallequipment mit entsprechender Ausstattung zur Intubation und Beatmung müssen vorhanden sein.

Der Anästhesist ist der primäre Ansprechpartner, insbesondere bei den nachfolgend beschriebenen Problemen und Komplikationen.

Aufwachdelir (Emergence Agitation)

Vor allem Kinder im Vorschulalter können aus der Narkose mit einem extrem unruhigen, agitierten und teilweise äußerst aggressiven Verhalten aufwachen und sind dann oft in keiner Weise zugänglich. Nicht selten empfinden die Eltern diesen Zustand schockierend und haben das Gefühl, ihr Kind nicht wiederzuerkennen. Die Ursache für die Agitation ist multifaktoriell, Risikofaktoren sind:

- Geschlecht, Alter (Jungen, Kleinkindalter),
- Volatila,
- HNO-Eingriffe,
- ausgeprägtes Temperament.

Präventive Maßnahmen sind effektive Schmerztherapie sowie Clonidin und Ketamin [17, 25]. Ein Verzicht auf eine Prämedikation mit Midazolam senkt möglicherweise die Inzidenz von Emergence Agitation.

> **Bei postoperativer Agitation ist eine rasche und engagierte Therapie angezeigt: Geeignet sind geringe Dosen von Ketamin, Propofol oder Clonidin, ggf. Repetition. Die Kinder schlafen dann wieder ein und wachen meist nach ca. 15–20 min ruhiger wieder auf.**

Schmerzen

Wie oben in Abschn. „Narkose" beschrieben, kommen die verschiedenen Methoden der Schmerztherapie bereits präventiv zur Anwendung. Gelegentlich gibt es jedoch Versager von Blockaden, oder die systemische Analgesie ist noch nicht in ausreichendem Maß wirksam. Daher sollte ein Konzept für diese Fälle vorliegen. Zur kurzfristigen Überbrückung hat sich neben Metamizol als Kurzinfusion auch Piritramid i.v. oder Tramadol p.o./i.v. in den o. g. Dosierungen bewährt.

PONV (Postoperative Nausea and Vomiting)

Übelkeit und Erbrechen kann die Kinder postoperativ erheblich beeinträchtigen und ist einer der häufigsten Gründe für eine ungeplante stationäre Einweisung nach ambulanter OP [1].

Risikofaktoren für PONV sind – neben der in der Prämedikation erfassten PONV-Anamnese – Reisekrankheit, Alter (>3 Jahre, Mädchen nach der Pubertät) sowie perioperativ verabreichte Opioide, volatile Anästhetika und einige Operationen wie die Strabismus-OP und TE/AT im HNO-Bereich.

Die Häufigkeit von PONV ist bei einer TIVA im Vergleich zur Narkose mit volatilen Anästhetika und N_2O deutlich geringer, bei intra- und postoperativ erhöhtem Opioidbedarf ansteigend.

Zur Vermeidung von PONV im ambulanten Bereich und folglich einer Verringerung von ungeplanten stationären Aufenthalten ist es sinnvoll, eine umfassende Prophylaxe durchzuführen. Diese besteht zum einen darin, emetogene Substanzen möglichst zu vermeiden, zum anderen in der Durchführung einer TIVA und medikamentöser Prophylaxe. Volatile Anästhetika und Ketamin sollten vermieden werden, die Gabe von Opioiden sollte weitestmöglich reduziert und Alternativen wie Regional- und Lokalanästhesie sowie Nichtopioide eingesetzt werden. Als medikamentöse Prophylaxe sollten intraoperativ Dexamethason und Odansetron verabreicht werden. Im Aufwachraum kann zusätzlich Dimenhydrinat gegeben werden.

▪ ▪ Antiemetika

Dimenhydrinat (Vomex®)

- Dosierung: 1,25 mg/kg KG i.v., per os

Ondansetron (Zofran®)

- Dosierung:
  - 0,1 mg/kg KG i.v.
  - maximal 4 mg.

Dexamethason (Fortecortin®)

- Dosierung:
  - 0,15 mg/kg KG i.v.,
  - maximal 4 mg.

Laryngospasmus

Ein Laryngospasmus ist eine häufige Komplikation vor allem bei Säuglingen und tritt meist bei Ein- bzw. Ausleitung der Narkose auf.

- Ursachen: Meist zu flache Narkose bei volatilem Anästhetikum und zusätzlicher Irritation/Manipulation der oberen Atemwege (Sekret, Guedeltubus); gehäuft im Rahmen von Infekten der oberen Luftwege.

- Therapie: Maskenbeatmung mit 100% O_2, Maske dicht halten (CPAP um 20–30 mmHg), Esmarch-Handgriff, Unterkiefer vorziehen; ggf. Narkose vertiefen (Propofol); Rachen ggf. absaugen; Relaxierung falls weiterhin keine Ventilation möglich, nur selten ist eine Intubation notwendig.

Postextubationsstridor

Ein Auftreten ist bei Kindern z. B. mit Infekten zu erwarten, und zwar bis zu einer Stunde postoperativ.
- Therapie: Inhalation mit Adrenalin (unverdünnt), Kortison i.v.

18.1.12 Entlassung

Bei einem komplikationslosen intra- und postoperativen Verlauf können die Kinder i. d. R. nach 2 Stunden entlassen werden. Folgende Voraussetzungen sollten erfüllt sein:
- stabile Vitalparameter, Sättigung unter Raumluft wie präoperativ, kein Stridor,
- kein Narkoseüberhang, Kind ist bei Bewusstsein, im Vollbesitz seiner Schutzreflexe,
- keine oder kaum Schmerzen (NRS ≤3),
- kein oder therapiertes PONV,
- unauffällige Wundverhältnisse, keine Blutung, Verbände bzw. OP-Gebiet trocken.

Die Kinder sollten nicht zum Trinken gezwungen werden; auch eine Miktion ist nicht zwingend erforderlich.

Abschließend erfolgt ein ausführliches Gespräch mit den Eltern über das postoperative Vorgehen, vor allem bei etwaigen Auffälligkeiten. Es wird sichergestellt, dass die Notruftelefonnummern von Anästhesist und/oder Chirurg bekannt sind. Die Eltern werden instruiert, welche Analgetika (z. B. Ibuprofen als Saft) in welcher Dosierung und in welchem Zeitabstand gegeben werden **sollen**. Die Anleitung sollte schriftlich festgehalten und den Eltern mitgegeben werden, um möglichen Unsicherheiten vorzubeugen [20, 51]. Des Weiteren werden die Fragen der Eltern beantwortet, z. B.:
- Wann welches Essen, Trinken?
- Welche körperlichen Aktivitäten?
- Was tun bei Blutungen?

Am Abend des OP-Tages nimmt der Chirurg und/oder Anästhesist telefonisch Kontakt zu den Eltern auf. In diesem Gespräch wird die Schmerzmedikation oft erneut angesprochen.

Am folgenden Tag stellen sich Eltern und Kind i. d. R. noch einmal in der Praxis vor. Im Rahmen der Qualitätskontrolle können – meist in Form eines Fragebogens – Angaben zur Zufriedenheit über Ablauf, Probleme, Komplikationen sowie Verbesserungsvorschläge gemacht werden. Diese Art der Befragung wird gut angenommen, steigert die Zufriedenheit der Eltern und kann als Feedback für die Maßnahmen zur ständigen Qualitätsoptimierung dienen.

18.2 Anästhesie bei geriatrischen Patienten

A. Gottschalk

18.2.1 Hintergrund

Im Bereich der medizinischen Versorgung ist der Anteil älterer Patienten in den letzten Jahren am stärksten gewachsen [57, 67]. Dies hängt unter anderem mit der in ◘ Abb. 18.1 und ◘ Abb. 18.2 dargestellten Bevölkerungsentwicklung zusammen. Entsprechend Angaben des Statistischen Bundesamtes ist der Anteil von Patienten älter als 65 Jahre, die sich im stationären Setting einer Operation unterziehen mussten, alleine von 2005–2009 von 40,9% (n=6,1 Millionen) auf 52,4% (n=8,5 Millionen) aller Operationen (2010: n=14,9 Millionen, 2014: n=16,2 Millionen) in Deutschland angestiegen [www.gbe-bund.de]. Die Verbesserung sowohl der anästhesiologischen als auch der chirurgischen Techniken erlaubt eine frühzeitige Entlassung von älteren Patienten in ihr gewohntes Umfeld. Dies ist insbesondere in der ambulanten Versorgung von älteren Patienten wichtig, da diese in einigen Fällen nur über eine eingeschränkte Fähigkeit verfügen, sich neuen, unbekannten Situationen anzupassen. So konnte Canet bereits im Jahre 2003 feststellen, dass durch die Vermeidung des stationären Aufenthaltes bei geriatrischen Patienten das Auftreten des postoperativen kognitiven Defizits reduziert werden konnte [57, 61]. Darüber hinaus wurden respiratorische

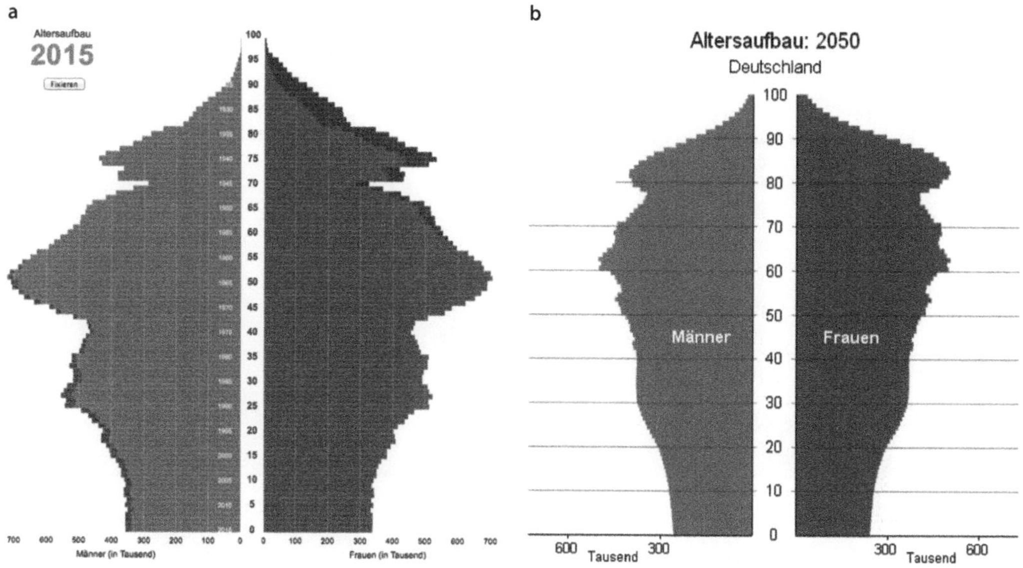

Abb. 18.1 a, b Alterspyramide in Deutschland. **a** 2015. **b** 2050 (mit freundlicher Genehmigung des Statistischen Bundesamts)

Komplikationen, nosokomiale Infektionen und insgesamt eine Reduktion der postoperativen Komplikationen festgestellt.

Außerdem führen die weiterhin zunehmenden ökonomischen Zwänge mit der zu erwartenden Kostenersparnis dazu, dass Patienten verstärkt ambulant operiert werden bzw. werden müssen. Insbesondere in Fachgebieten wie der Augenheilkunde wird die Mehrzahl der Operationen, wie z. B. die Kataraktchirurgie, inzwischen ambulant durchgeführt. Prädestiniert für die ambulante Chirurgie bei älteren Patienten sind insbesondere Eingriffe mit niedrigem kardialen Risiko, wie z. B.

- oberflächliche Eingriffe,
- endoskopische Eingriffe,
- Mammachirurgie,
- Katarakteingriffe.

Prinzipiell können ältere Patienten ebenso wie junge Patienten im Rahmen des ambulanten Operierens versorgt werden. Hierbei steht nicht das nominelle Alter der Patienten im Vordergrund, sondern vielmehr das biologische Alter. Die Eignung von älteren Patienten für das ambulante Operieren lässt sich anhand einer klinischen Untersuchung, einer adäquaten Anamneseerhebung sowie gegebenenfalls zusätzlichen angepassten apparativen bzw. laborchemischen Untersuchungen evaluieren. Das Alter per se stellt keinen Risikofaktor für Operation und Anästhesie dar. Die Durchführung von umfangreichen Untersuchungen ist jedoch bei ambulant zu operierenden Patienten kaum möglich. Im Zweifelsfalle steht jedoch immer die Sicherheit des Patienten an erster Stelle. Dies sollte insbesondere in ambulanten Zentren, die nicht an eine Klinik angebunden sind und somit nicht über die Möglichkeit einer eventuellen stationären Aufnahme oder einer notwendig gewordenen intensivmedizinischen Betreuung verfügen, berücksichtigt werden. Mit besonderer Sorgfalt sollte gerade bei älteren Patienten die postoperative Versorgung berücksichtigt werden. Hierbei ist u. a. auf einen adäquaten Heimtransport der Patienten zu achten, sowie auf eine sachgerechte Versorgung zu Hause. Ist dies nicht sicher gewährleistet muss eine stationäre Versorgung in Erwägung gezogen werden.

18.2.2 Perioperativ relevante physiologische Veränderungen im Alter

Mit zunehmendem Alter treten zahlreiche physiologische Veränderungen auf, die im Rahmen einer Narkose und der Operation beachtet werden

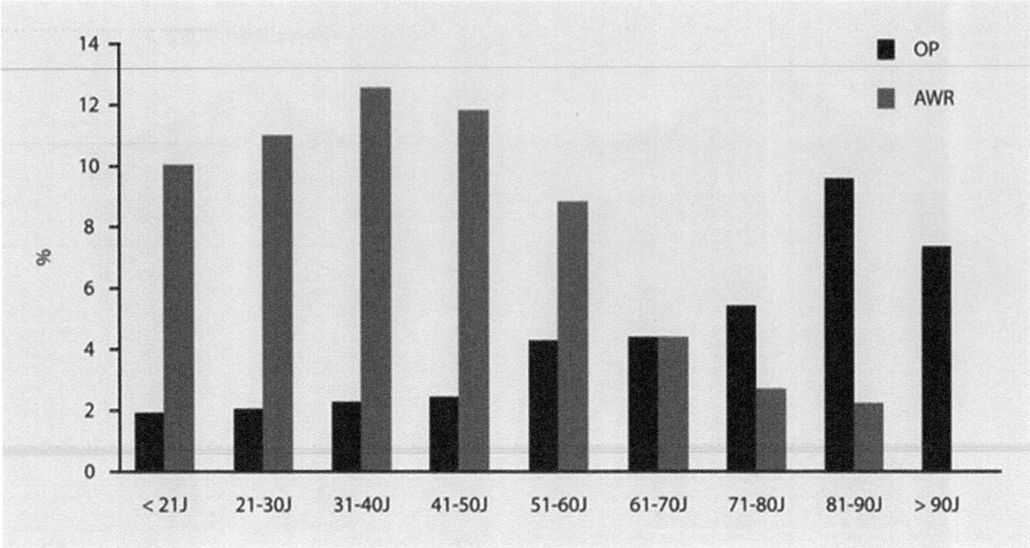

Abb. 18.2 Häufigkeit von Zwischenfällen im OP bzw. Aufwachraum in Abhängigkeit vom Alter (nach Chun [116])

müssen. Die physiologischen Veränderungen im Alter wurden ausführlich von Rosenthal und Kavic [78] beschrieben und sollen in der ► Übersicht nur auszugsweise angeführt werden.

Physiologische Veränderungen im Alter

- **Kardiale Veränderungen**
  - "Windkesselfunktion" der Aorta ↓
  - Linksherzhypertrophie
  - Arterieller Hypertonus, Herzzeitvolumen ↓
  - Koronarer Blutfluss, adrenerge Stimulation ↓
- **Pulmonale Veränderungen**
  - Restriktive Ventilationsstörungen
  - FEV_1, Vitalkapazität ↓
  - Residualvolumen, FRC ↑
- **Renale Veränderungen**
  - Glomeruläre Filtrationsrate ↓
  - Renaler Blutfluss ↓
  - Wirkung von ADH ↓
  - Renale Elimination von Medikamenten ↓
- **Neurologische Veränderungen**
  - Neurotransmittersyntheserate ↓
  - Anzahl der Opioidrezeptoren ↓
  - Sensibilität der Opioidrezeptoren ↑
- **Pharmakokinetische Veränderungen**
  - Renale Clearance ↓
  - Albuminspiegel ↓
  - Aktivität der Phase-I-metabolisierenden Enzyme ↓

Der Verlust von Parenchymzellen und die Zunahme von interstitiellem Gewebe führen zu einer reduzierten Kompensationsmöglichkeit aller Organsysteme. Die Zunahme des peripheren Gefäßwiderstandes und der Verlust der sog. »Windkesselfunktion« der Aorta führen zu einer Linksherzhypertrophie mit konsekutiver Ausbildung eines arteriellen Hypertonus, während das Herzzeitvolumen abnimmt. Weiterhin sind der maximale koronare Blutfluss und die adrenerge Stimulation im Alter vermindert. Letzteres führt zu einer Reduktion des maximalen Anstiegs der Herzfrequenz im Alter. Die Aufrechterhaltung des Herzzeitvolumens bei diesen Patienten ist von einer Steigerung des ventrikulären Preloads und des Schlagvolumens abhängig, d. h. auch eine nur moderate intraoperative Hypovolämie kann zu einer deutlichen Einschränkung des Herzzeitvolumens führen.

Im Alter kommt es häufig zu restriktiven Ventilationsstörungen, die durch eine zunehmende Rigidität des Thorax und einen Abbau der elastischen Fasern der Lunge bedingt sind. Während die FEV1 und die Vitalkapazität abnehmen, ist bei dem Residualvolumen und der funktionellen Residualkapazität (FRC) eine Zunahme zu verzeichnen. Diese pulmonalen Veränderungen können in der postoperativen Phase zu Störungen des Gasaustausches führen.

Die glomeruläre Filtrationsrate und der renale Blutfluss nehmen im Alter ab. Weiterhin ist die Wirkung von ADH an der Niere reduziert. Diese Veränderungen führen insbesondere dazu, dass Medikamente, die renal eliminiert werden, wie z. B. einige Muskelrelaxanzien (Rocuronium) oder Benzodiazepine, eine deutlich verlängerte Wirkungsdauer aufweisen. Diese Medikamente sollten entweder in der Dosierung angepasst oder ganz vermieden werden.

In Bezug auf neurologische Veränderungen ist neben der Abnahme der Neurotransmittersyntheserate hauptsächlich die Abnahme der Anzahl der Opioidrezeptoren relevant. Allerdings weisen die verbliebenen Rezeptoren eine erhöhte Sensibilität auf, sodass bei der Anwendung von Opioiden bei normaler Dosierung eine länger anhaltende Atemdepression zu erwarten ist. Neuere Untersuchungen weisen weiter darauf hin, dass bei ca. 25% aller Patienten über 65 Jahre nach größeren Eingriffen in Allgemeinanästhesie eine kognitive Dysfunktion auftritt, die teilweise auch noch nach drei Monaten nachzuweisen ist [75, 76].

In Bezug auf die Pharmakokinetik der Anästhetika ist es wichtig zu beachten, dass es neben einer verminderten renalen Clearance aufgrund einer Abnahme des Albumins zu höheren Wirkspiegeln von Medikamenten kommen kann. Dieser Effekt wird auch noch durch eine Aktivitätsabnahme der Phase-I-metabolisierenden Enzyme verstärkt.

Darüber hinaus ist zu beachten, dass 40% der älteren Patienten mindestens 5 verschiedene Medikamente einnehmen, und 12–19% dieser Patienten sogar 10 verschiedene Medikamente einnehmen [58]. Dadurch kann es zu relevanten Interaktionen mit Anästhetika und Analgetika kommen. Beachtet werden muss weiterhin, dass es sich bei den genannten Medikamenten nur um die verschriebene Medikation handelt. Darüber hinaus werden häufig nicht rezeptpflichtige Medikamente eingenommen.

18.2.3 Risiken des ambulanten Operierens im Alter

Prinzipiell muss festgehalten werden, dass das Alter des Patienten per se keinen Hinderungsgrund für die Durchführung ambulanter Eingriffe darstellt.

Zwar steigt die Prävalenz anästhesierelevanter Erkrankungen mit dem Lebensalter an, jedoch sollte sich die Auswahl der Patienten für ambulante Eingriffe vielmehr an dem Ergebnis der eingehenden Anamnese, der klinischen Untersuchungen und von bedarfsgerecht durchgeführten, apparativdiagnostischen Untersuchungen orientieren [23]. Die Leitlinien für ambulantes Operieren bzw. Tageschirurgie der Deutschen Gesellschaft für Anästhesie und Intensivmedizin (DGAI) betonen, dass sich die Auswahl der Patienten an dem physiologischen Status und nicht an dem Alter zu orientieren hat [62]. In einer Übersichtsarbeit über die Auswahl von Patienten für das ambulante Operieren bzw. die Durchführung von anästhesiologischen Maßnahmen wurde angemerkt, dass ältere Patienten ohne relevant erhöhtes Risiko ambulanten Operationen unterzogen werden können [59]. Allerdings kam es bei älteren Patienten intraoperativ in einem erhöhten Prozentsatz zu unerwünschten Ereignissen, insbesondere hämodynamischen Problemen, die in Abhängigkeit vom Alter der Patienten zunahmen (◘ Abb. 18.2) [60]. Gleichzeitig konnte aber auch gezeigt werden, dass die postoperative Komplikationsrate im Aufwachraum bei älteren Patienten deutlich niedriger liegt als bei jüngeren Patienten. Hierbei fiel insbesondere auf, dass ältere Patienten in einem deutlich geringeren Prozentsatz unter postoperativer Übelkeit und Erbrechen bzw. therapiebedürftigen starken Schmerzen litten.

Eine prospektive Untersuchung ergab, dass das Alter der Patienten keinen prädiktiven Faktor für die Wiederaufnahme von ambulanten Patienten darstellt [66]. In einer anderen Untersuchung wurde nachgewiesen, dass neben der Durchführung einer Vollnarkose, einer langen OP-Zeit, kardialen und malignen Vorerkrankungen, insbesondere ein Alter >85 Jahre ein unabhängiger Prädiktor für eine stationäre Aufnahme und mögliche Todesfolge nach ambulanten Operationen ist [64]. Weiterhin kann festgestellt werden, dass die anästhesieassoziierte Mortalität bei

Patienten ohne relevante Systemerkrankungen mit 0,4/100.000 weiterhin sehr niedrig ist [68]. Allerdings kann ein Anstieg der Mortalität bei Patienten mit relevanten Begleiterkrankungen (ASA III: 27/100.000 und ASA IV: 55/100.000) festgestellt werden [72]. Diese Zahlen machen wiederum deutlich, dass die anästhesieassoziierte Mortalität von den bestehenden Vorerkrankungen der Patienten abhängig ist, und nicht von dem nominellen Alter der Patienten.

18.2.4 Welche Voruntersuchungen sind notwendig?

Bevor auf die notwendigen Voruntersuchungen eingegangen wird, muss Folgendes festgestellt werden:

> **Das Alter der Patienten per se hat keinen Einfluss auf die ASA-Klassifikation.**

Ein nicht unerheblicher Teil der Kosten beim ambulanten Operieren wird durch präoperative Routineuntersuchungen verursacht. Hierbei wird der Umfang der notwendigen Untersuchungen allerdings unterschiedlich beurteilt. Außerdem wird der Nutzen von routinemäßigen Screeninguntersuchungen zunehmend in Frage gestellt. Eine aktuelle Übersicht über die präoperative Evaluation erwachsener nicht-kardiochirurgischer Patienten wurde unlängst im Konsens der Fachgesellschaften publiziert [DGAI, DGIM, DGCh 2010].

Laborchemische Untersuchungen

Die Häufigkeit von pathologischen Laborwerten bei der routinemäßigen Bestimmung ist entsprechend einer Übersichtsarbeit von Hesse et al. sehr niedrig (0,3–1,6%) [69]. Die Autoren folgern daraus, dass die Untersuchung von Blutbild, Serumanalyse, Blutzuckerbestimmung und Gerinnungsanalyse nur auf dem Hintergrund einer entsprechenden Anamnese und körperlichen Untersuchung notwendig ist, insbesondere da festgestellt werden konnte, dass postoperative Komplikationen bei keinem der Patienten in Zusammenhang mit nicht durchgeführten Laboruntersuchungen standen. Aufgrund medikolegaler Aspekte ist die Indikation zur Durchführung einer Gerinnungsanalyse bei der Durchführung von rückenmarknahen Regionalanästhesien eher großzügig zu stellen.

Röntgenaufnahmen des Thorax

Ein routinemäßiges Röntgen des Thorax führt je nach Studie in nur 0,1–6,8% zu neuen pathologischen Befunden. In bis zu 36% wurden bereits bekannte pathologische Veränderungen bestätigt [69]. Es konnte zwar gezeigt werden, dass die Häufigkeit pathologischer Veränderungen, die mit dem Röntgen des Thorax festgestellt wurden, mit dem Alter zunimmt, jedoch stellt das Alter per se keinen unabhängigen Prädiktor für pathologische Veränderungen dar. Die Indikation zum Röntgen des Thorax ist vielmehr in Zusammenhang mit der Anamnese und der körperliche Untersuchung zu stellen, und besteht nur dann, wenn eine klinische Verdachtsdiagnose (z. B. Pneumonie, Pleuraerguss) mit Konsequenzen für das perioperative Vorgehen erhärtet oder ausgeschlossen werden soll.

EKG-Analysen

Bei ambulanten Patienten ist der Nutzen präoperativer 12-Kanal-EKG-Analysen umstritten, da die Inzidenz schwerwiegender kardiovaskulärer Erkrankungen entsprechend der Auswahl der Patienten, die für ambulante Eingriffe geeignet sind, gering ist. Zwar erweist sich das EKG als schlechter Prädiktor für perioperative kardiovaskuläre Probleme, da in Untersuchungen bis zu 43% der Patienten pathologische EKG-Befunde aufwiesen. Allerdings scheint ein höheres Patientenalter durchaus ein unabhängiger Prädiktor für das Vorhandensein von pathologischen Veränderungen im EKG zu sein. Trotzdem wird auch bei älteren klinisch unauffälligen und kardial asymptomatischen Patienten kein präoperatives Routine-EKG durchgeführt.

In Übereinstimmung mit der Leitlinie der DGAI für anästhesiologische Voruntersuchungen ist neben einer körperlichen Untersuchung eine gründliche Anamneseerhebung auf der Grundlage des vom Berufsverband Deutscher Anästhesisten (BDA) empfohlenen Aufklärungs- und Anamnesebogens notwendig. Hierbei sollte insbesondere die körperliche Belastbarkeit der Patienten (z. B. Treppensteigen, metabolische Äquivalente = MET) eruiert werden. Weiterhin sollten mitgebrachte Vorbefunde einbezogen werden und eventuelle weitergehende

Tab. 18.2 Empfehlungen für Routineuntersuchungen

Alter (Jahre)	Hb/Hkt	Kreatinin	Gerinnung	BZ	Rö-Thorax	EKG
50–64	F	–	(X)[a]	–	–	X
65–74	X	X	(X)[a]	X	–	X
>75	X	X	(X)[a]	X	(X)	X

X = Alle Patienten, F = Frauen, [a]bei der Durchführung rückenmarknaher Verfahren.

Untersuchungen anhand der erhobenen Befunde durchgeführt werden. Allerdings kann auf der Grundlage prospektiver Studien aufgrund verschwiegener oder unbeachteter Gewohnheiten die Bestimmung folgender Parameter notwendig sein: Hb, Kalium, GPT und γGT.

In Tab. 18.2 sind anhand einer Empfehlung von Roizen die Routineuntersuchungen bei asymptomatischen Patienten dargestellt [77]. Bei Patienten mit einer pathologischen Anamnese müssen diese Empfehlungen bedarfsadaptiert erweitert werden.

18.2.5 Perioperatives Management

Das perioperative Management zielt darauf ab, die operative Belastung der Patienten, die häufig nur über geringe Kompensationsmöglichkeiten verfügen, gering zu halten. Im Bereich der ambulanten Chirurgie werden zumeist nur kurz dauernde Eingriffe ohne relevante Volumenverschiebung durchgeführt, sodass Aspekte des Volumenmanagements eine eher untergeordnete Rolle spielen. Trotzdem können einzelne Interventionen das Outcome dieser Patienten verbessern. Diese sollen im Folgenden auszugsweise dargestellt werden.

Perioperative β-Blockade

Die perioperative Gabe von β-Blockern führt zu einer Reduktion der Inzidenz von postoperativen kardialen Komplikationen [70]. Dies gilt insbesondere bei Patienten mit erhöhtem kardialem Risiko. Das höhere Alter der Patienten alleine stellt jedoch keine zwingende Indikation für den Einsatz von β-Blockern dar, wenngleich die Wahrscheinlichkeit einer koronaren Herzkrankheit trotz fehlender Klinik mit dem Alter deutlich zunimmt. Von einer präoperativen Neueinstellung mit β-Blockern wird jedoch inzwischen abgeraten, wenn bis zum OP-Termin keine ausreichende Titration nach Herzfrequenz und Blutdruck möglich ist [65].

Patienten mit koronaren Stents

Nach der Implantation eines Koronarstents erhalten die Patienten regelhaft Thrombozytenaggregationshemmer, wie z. B. ASS oder Clopidogrel. Für die Durchführung elektiver operativer Eingriffe wurden von der Europäischen kardiologischen Gesellschaft (ESC) Empfehlungen erstellt, die sich in Abb. 18.3 wiederfinden. Hierbei sollte unbedingt betont werden, dass das Absetzen von ASS nach Stentimplantation nur bei Vorliegen absoluter Kontraindikationen (z. B. bestimmte Augen-OPs, intrakranieller Eingriff und rückenmarknahe Eingriffe) zulässig ist [71]. Dies bedeutet, dass bei ambulanten Eingriffen ASS grundsätzlich weitergegeben werden sollte.

Patienten mit M. Parkinson

Bei der zunehmenden Anzahl von Patienten mit M. Parkinson sollte dringend darauf geachtet werden, dass die Medikation zur Therapie des M. Parkinson nicht abgesetzt, sondern bis zur OP weitergegeben wird. Ist eine frühzeitige postoperative Einnahme der häufig nur in oraler Darreichungsform zur Verfügung stehenden Medikation nicht möglich, sollte auf eine ambulante Operation verzichtet werden, und der Patient in einer Klinik, die eine neurologische Fachkompetenz verfügt, überwiesen werden.

Intraoperative Aufrechterhaltung der Normothermie

Im Rahmen operativer Eingriffe kann es zu ausgeprägten Hypothermien kommen. Da es bei älteren Patienten zusätzlich noch zu Einschränkungen

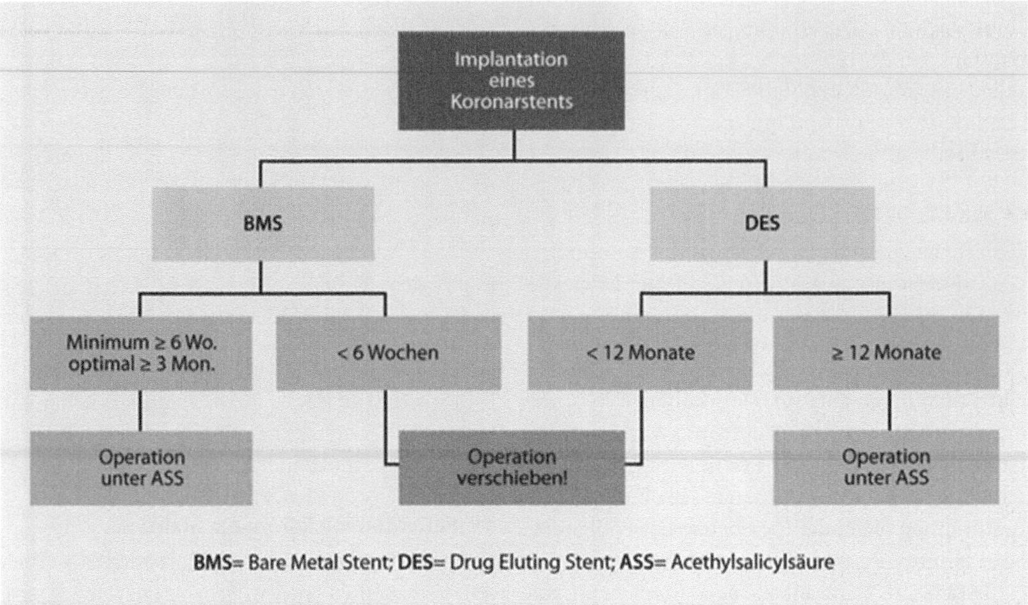

Abb. 18.3 Vorgehen bei Patienten mit Koronarstents (mit freundlicher Genehmigung der DGAI, DGIM, DGCh [62]

der zentralen und peripheren Thermoregulation kommen kann, sind diese Patienten durch eine Hypothermie besonders gefährdet. Es konnte gezeigt werden, dass eine intraoperative Hypothermie bei alten Patienten mit kardialem Risiko ein Prädiktor für postoperative kardiale Komplikationen ist [63], während die Aufrechterhaltung der Normothermie die Inzidenz von kardialen Komplikationen verringern kann. Weiterhin führt eine Hypothermie zu Wundheilungsstörungen und zu einer Einschränkung des Immunsystems. Relevant werden diese Effekte insbesondere bei einer Operationsdauer >60 min, die jedoch im ambulanten Bereich nur selten erreicht wird.

▪ ▪ Intraoperativer Flüssigkeitshaushalt

Bei älteren Patienten besteht unabhängig von der geplanten Operation und präoperativen Nüchternheit häufig eine unterschiedlich stark ausgeprägte Exsikkose. Die Aufrechterhaltung eines adäquaten intravasalen Volumens ist bei älteren Patienten aufgrund eingeschränkter Kompensationsmechanismen noch wichtiger als bei jungen Patienten. Wie bereits geschildert, hängt die Aufrechterhaltung des Herzzeitvolumens im Alter von einer Steigerung des ventrikulären Preloads und des Schlagvolumens ab, d. h. auch eine nur moderate intraoperative Hypovolämie kann zu einer deutlichen Einschränkung des Herzzeitvolumens führen.

▪ ▪ Narkoseverfahren

Die Auswahl des Narkoseverfahrens hängt insbesondere vom operativen Eingriff ab. Prinzipiell sind sämtliche Verfahren auch im Bereich der ambulanten Anästhesie durchführbar. Um jedoch die möglichst zeitgerechte Entlassung der Patienten zu ermöglichen, sollte eine vom Operateur durchgeführte Lokalanästhesie in Kombination mit einer Analgosedierung bevorzugt werden. Regionalanästhesiologische Verfahren (Spinalanästhesie, periphere Nervenblockaden) können im ambulanten Bereich ebenso durchgeführt werden. Allerdings muss darauf verwiesen werden, dass die Durchführung regionalanästhesiologischer Verfahren, insbesondere periphere Nervenblockaden, zeitaufwändiger sein können, als die Durchführung einer Allgemeinanästhesie. Weiterhin können Probleme bei der Entlassung von Patienten auftreten, wenn z. B. nach peripheren Nervenblockaden eine motorische Restblockade oder nach rückenmarknaher Anästhesie eine Blasendysfunktion besteht (▶ Kap. 16.2). Bei der Durchführung von Allgemeinanästhesien bietet sich insbesondere der Einsatz einer Larynxmaske an, da dabei auf die Anwendung von Muskelrelaxanzien verzichtet werden kann. Ob bei geriatrischen Patienten eine intravenöse Anästhesie oder eine inhalative Anästhesie durchgeführt wird, sollte individuell in dem jeweiligen ambulanten Zentrum entschieden werden. Die Reduktion von postoperativer Übelkeit und Erbrechen bei der Anwendung von intravenösen Anästhetika tritt bei geriatrischen Patienten aufgrund der generell reduzierten Inzidenz von Übelkeit und Erbrechen etwas in den Hintergrund. Bei der Anwendung von modernen Inhalationsanästhetika (Sevofluran, Desfluran) kann ein vergleichbares Aufwachverhalten wie bei der intravenösen Anästhesie erreicht werden. Weiterhin konnte gezeigt werden, dass Isofluran nach kurzen Eingriffen bei älteren Patienten eine vergleichbare klinische und neurokognitive Erholung gewährleisten konnte wie Sevofluran [74].

Postoperative Schmerztherapie

In der postoperativen Schmerztherapie bei älteren Patienten ist, wie bereits oben geschildert, insbesondere zu beachten, dass die Anzahl der Opioidrezeptoren abnimmt, die verbliebenen Rezeptoren allerdings eine erhöhte Sensibilität aufweisen. Somit ist das Risiko von Atemdepressionen bei der Applikation von Opioiden bei älteren Patienten erhöht. Aus diesen Gründen ist bei älteren Patienten unbedingt auf eine angepasste Dosierung der Opioide zu achten.

Die Grundlage für eine adäquate Schmerztherapie stellt wie immer die Applikation von Nichtopioidanalgetika dar, die regelhaft oral appliziert werden sollten (WHO Stufe I). In Abhängigkeit eventuell bestehender Vorerkrankungen (Leber-/Niereninsuffizienz) ist ein entsprechendes Analgetikum zu wählen. In Frage kommen dabei beispielsweise:

- Metamizol 0,5–1 g, 3- bis 4-mal täglich
- Diclofenac 50 mg, 3-mal täglich.

Die weitere Analgesie steht im direkten Zusammenhang mit der durchgeführten Narkose. Es bietet sich dabei an, eine periphere Nervenblockade mit angelegtem Katheter mit Hilfe einer elastomerischen Einwegpumpe für 24 h oder ggf. auch länger weiterzuführen [70]. Der Katheter kann dann inklusive Pumpe nach entsprechender Rücksprache vom Hausarzt oder bei einer erneuten Wiedervorstellung im ambulanten Zentrum entfernt werden.

Eine weitere elegante und sehr einfache Methode stellt neben der einzeitigen Infiltration des Wundgebietes mit Lokalanästhetika die kontinuierliche Wundinfusion von Lokalanästhetika über einen vom Operateur in das Wundgebiet eingelegten Katheter dar. Es konnte gezeigt werden, dass mit Hilfe dieser Methode auch bei sehr schmerzhaften Operationen eine gute Analgesie erreicht werden kann [67].

> Bei der Gabe von Opioiden der WHO Stufe II und III sollte bei älteren Patienten besonders auf eine adäquate Dosierung geachtet werden, die bereits getestet werden muss, solange der Patient sich unter Aufsicht im ambulanten Bereich befindet. Auch bei den Opioiden sollte unbedingt die orale Applikationsform gewählt werden.

18.3 Anästhesie bei Patienten mit Behinderungen

A. Gottschalk

18.3.1 Hintergrund

Entsprechend einer Publikation des statistischen Bundesamtes vom 11.5.2015 leben in Deutschland 10,2 Millionen Menschen mit einer amtlich anerkannten Behinderung. Demnach lebt in Deutschland ca. jeder achte Einwohner (ca. 13%) mit einer anerkannten Behinderung, 52% davon entfallen auf das männliche Geschlecht. 7,5 Millionen Menschen gelten dabei als schwerbehindert, während 2,7 Millionen mit einer leichten Behinderung leben. Im Vergleich zum Jahre 2009 hat die Anzahl der Menschen mit Behinderung um ca. 7% (637.000 Menschen) zugenommen.

Im bundesdeutschen Rechtswesen wird die Behinderung im Sozialgesetzbuch IX (§ 2 Abs. 1) folgendermaßen festgelegt:

Behinderung (§ 2 Abs. 1 SGB IX)
Menschen sind behindert, wenn ihre körperliche Funktion, geistige Fähigkeit oder seelische Gesundheit mit hoher Wahrscheinlichkeit länger als sechs Monate von dem für das Lebensalter typischen Zustand abweichen und daher ihre Teilhabe am Leben in der Gesellschaft beeinträchtigt ist. Sie sind von Behinderung bedroht, wenn die Beeinträchtigung zu erwarten ist.

Die Definition im Sozialgesetzbuch weist allerdings insofern Defizite auf, da Behinderung nur auf eine Schädigung oder Leistungsminderung eines einzelnen Menschen zurückgeführt wird. Beispielhaft für eine erweiterte Begriffsdefinition unter Einbeziehung der Umgebung ist die Formulierung Alfred Sanders [83]:

Behinderung liegt vor, wenn ein Mensch mit einer Schädigung oder Leistungsminderung ungenügend in sein vielschichtiges Mensch-Umfeld-System integriert ist.

Nach dieser Definition wird Behinderung nicht auf die Leistungsminderung eines Menschen zurückgeführt, sondern auf die Unfähigkeit des sozialen Umfeldes des betreffenden Menschen, diesen zu integrieren.

Eine grobe Kategorisierung von Behinderungen und eine Einteilung entsprechend der Ursache von Behinderung sind in den beiden ► Übersichten dargestellt.

Kategorien von Behinderung
- Körperliche Behinderung
- Sinnesbehinderung (Blindheit, Gehörlosigkeit, Schwerhörigkeit)
- Sprachbehinderung
- Geistige Behinderung
- Lernbehinderung
- Psychische, seelische Behinderung

Ursachen von Behinderung
- Erworbene Behinderung
  - Perinatal entstandene Schäden
  - Krankheiten
  - Unfälle
  - Alterungsprozesse
- Angeborene Behinderung
  - Vererbung (chromosomal)
  - Pränatale Schädigung

18.3.2 Probleme der ambulanten Versorgung behinderter Patienten

Wie oben bereits angedeutet liegt ein großes Problem der ambulanten Versorgung behinderter Menschen nicht nur in der vorliegenden Behinderung, sondern in der zumeist nur ungenügenden Integration in ein entsprechendes soziales Umfeld. Aus diesem Grund ist bei Patienten mit Behinderungen, die ambulant operiert werden sollen, umso mehr auf eine entsprechend ausreichende Versorgung nach der Entlassung aus der ambulanten Betreuung zu achten. Hierbei ist es nicht ausreichend, wenn der Patient in einer Pflegeeinrichtung untergebracht ist, solange nicht garantiert werden kann, dass die Patienten dort entsprechend den postoperativen Notwendigkeiten versorgt werden können.

Weiterhin muss für eine adäquate präoperative Risikoaufklärung und Einwilligung in die vorgesehenen Maßnahmen (OP und Anästhesie), sofern die Patienten nicht selbst einwilligungsfähig sind, frühzeitig die Betreuungssituation geklärt und ggf. eine Betreuung eingerichtet werden. Auch bei nicht einwilligungsfähigen Patienten sollten diese soweit wie möglich in die Aufklärung über den geplanten Eingriff einbezogen werden.

Bei der Anwendung der von der DGAI publizierten Entlassungskriterien können sich insoweit Probleme ergeben, als nicht alle Patienten mit

Behinderungen zu Person, Ort und Zeit orientiert sind. Außerdem ist es einem Teil dieser Patienten nicht möglich, sich selbstständig anzuziehen, herumzulaufen oder auch die Kontrolle über die Ausscheidung zu behalten. Aus diesen Gründen ist es bei der ambulanten Versorgung dieser Patienten unbedingt notwendig, sich detailliert mit dem präoperativen Zustand der Patienten vertraut zu machen, um diesen mit dem postoperativen Zustand vergleichen zu können.

Eine ambulante Versorgung von Patienten mit Behinderungen kann allerdings insofern vorteilhaft sein, als dass die Patienten nur kurzfristig ihr gewohntes Umfeld verlassen und sich nicht an die fremde Umgebung der stationären Versorgung einer Klinik adaptieren müssen.

18.3.3 Spezifisches Vorgehen

Das konkrete Vorgehen bei der ambulanten Versorgung von behinderten Patienten soll nachfolgend skizziert werden. Hierbei wird auch kritisch hinterfragt, inwieweit bzw. unter welchen Voraussetzungen eine ambulante Versorgung sinnvoll ist, oder eventuell doch eine stationäre Behandlung vorgezogen werden sollte.

Hierbei spielen insbesondere die Art der Behinderung und ihre Ausprägung eine maßgebliche Rolle, aber auch die Relevanz der Behinderung für die perioperative Versorgung. Im Folgenden soll diese Problematik anhand einer groben Einteilung bzw. Kategorisierung (► Übersicht) erläutert werden.

▪▪ Patienten mit körperlicher Behinderung sowie Sprach- und Sinnesbehinderung ohne perioperative Relevanz

Im Allgemeinen kann davon ausgegangen, dass diese Patienten problemlos einer ambulanten Versorgung unterzogen werden können. Hierbei sollte jedoch nicht vergessen werden, dass die Patienten im Rahmen der perioperativen Versorgung häufig einer intensiveren Betreuung bedürfen, die unbedingt gewährleistet werden muss. Außerdem muss, wie bereits oben geschildert, berücksichtigt werden, dass die üblichen Entlassungskriterien nur modifiziert auf diese Patienten angewendet werden können.

▪▪ Patienten mit psychischer und geistiger Behinderung sowie Lernbehinderung ohne perioperative Relevanz

Auch diese Patientengruppe kann einer ambulanten Versorgung unterzogen werden. Allerdings kann bei diesen Patienten die Einsicht in die Notwendigkeit der operativen Versorgung bzw. in die notwendige Nachsorge fehlen. Diese Problematik stellt sich auch im Rahmen einer stationären Versorgung, sodass bei diesen Patienten eine (personal-)intensivere Betreuung notwendig wird. Dies bezieht sich insbesondere auf die Versorgung im OP sowie im Aufwachraum. Die Einbeziehung von den Patienten vertrauten Personen (Eltern, Betreuer) kann hierbei eine große Hilfe sein.

▪▪ Patienten mit Behinderungen mit perioperativer Relevanz

Liegen bei den Patienten Behinderung vor, die perioperativ relevant sind, ist die Möglichkeit einer ambulanten Versorgung sehr kritisch zu hinterfragen. Dies liegt zum einen daran, dass die perioperative Versorgung personalintensiv sein kann bzw. aufgrund der möglichen Komplikationen eine stationäre Versorgung notwendig werden kann. Im Falle von Komplikationen ist häufig die zeitnahe Hinzuziehung von weiterem Personal (z. B. zweiter Facharzt, Oberarzt) bzw. der Einsatz von zusätzlicher Infrastruktur notwendig. Aus diesen Gründen empfiehlt es sich, diese Patienten nur im Rahmen einer operativen Tagesklinik, die räumlich und organisatorisch einem Krankenhaus angeschlossen ist, zu versorgen. Weiterhin können diese Patienten auch im Rahmen des stationären Operationsbetriebes ambulant versorgt werden.

Auf besondere, für die anästhesiologische Versorgung relevante Behinderungen, wird im nächsten Abschnitt hingewiesen.

18.3.4 Spezielle anästhesiologische Aspekte

Auswahl des Narkoseverfahrens

Zu den häufigsten spezifischen operativen Eingriffen bei Patienten insbesondere mit psychischen oder geistigen Behinderungen zählen operative Zahnsanierungen.

Die Auswahl des Narkoseverfahrens sollte sich bei Patienten mit Behinderungen immer nach den individuellen Gegebenheiten des Patienten richten. Die Durchführung einer Lokalanästhesie mit zusätzlicher Analgosedierung ist immer, ebenso wie die Regionalanästhesie, ein wünschenswertes Verfahren. Jedoch konnte gezeigt werden, dass bei 90% der Patienten mit einer geistigen Behinderung aufgrund von Agitation selbst bei kleineren, gynäkologischen Eingriffen eine Allgemeinanästhesie notwendig war [85]. Im Gegensatz dazu können bei Patienten mit körperlicher Behinderung sowie Sprach- und Sinnesbehinderung sämtliche allgemein- oder regionalanästhesiologischen Verfahren nach ausführlicher Risikoaufklärung unter Berücksichtigung der vorliegenden Behinderung und der durchzuführenden Operation durchgeführt werden.

Kraniofaziale Fehlbildungen

Die größten Probleme für die perioperative anästhesiologische Versorgung, ob nun im stationären oder ambulanten Bereich, stellen Patienten mit kraniofazialen Fehlbildungen dar. Diese treten sehr häufig im Rahmen von kongenitalen Erkrankungen bei Kindern auf und können zu einer ausgeprägten Veränderung der anatomischen Verhältnisse führen [3]. Im Wachstum der Kinder können sich diese Fehlbildungen zurückbilden, weiter ausbilden oder unverändert bleiben. Eine Auswahl von speziellen Erkrankungen mit einem häufigen Auftreten von kraniofazialen Fehlbildungen stellt die ▶ Übersicht dar.

18

Kongenitale Erkrankungen, die mit kraniofaszialen Fehlbildungen assoziiert sind

- Pierre-Robin Syndrom
- Treacher-Collins Syndrom
- Klippel-Feil-Syndrom
- Trisomie 21
- Mukopolysaccaridosen
- Beckwith-Wiedemann-Syndrom
- Vaskuläre Malformationen

Mit diesen Erkrankungen assoziiert ist häufig das Vorliegen eine Lippen-Kiefer-Gaumenspalte. Während die operative Versorgung der Lippen-Kiefer-Gaumenspalte regelhaft stationär erfolgt, kann z. B. die Herstellung eines Abdruckes für eine Trinkplatte durchaus ambulant erfolgen (▶ Fallbeispiel). Diese ambulante Versorgung setzt jedoch einen speziell eingerichteten anästhesiologischen Arbeitsplatz mit einem erfahrenen Anästhesisten (Facharzt) und mindestens einer Fachpflegekraft voraus. Der Abdruck erfolgt zwar nur in anästhesiologischem Stand-by, sofern es jedoch zu einer Aspiration des Abdruckmaterials kommt, können schwerste Komplikationen bis hin zum Todesfall resultieren.

Bei Patienten mit kraniofazialen Fehlbildungen kann es auch bei sehr guter Vorbereitung und adäquater klinischer Untersuchung (Mundhöhle, Rachenraum, Kiefergelenk, Mundöffnung, Halswirbelsäule etc.) aufgrund der anatomischen Veränderungen zu einer „cannot ventilate, cannot intubate" Situation kommen, die eine schnelles und suffizientes Management erfordert. Aus diesem Grunde sollte ein Eingriff bei solchen Patienten, wenn überhaupt dann nur in ambulanten Einrichtungen durchgeführt werden, die an ein Krankenhaus mit entsprechender Infrastruktur angebunden sind.

Fallbeispiel

Drei Monate altes Mädchen mit Pierre-Robin Syndrom (■ Abb. 18.4), welches zur Herstellung einer Trinkplatte bei Kiefer-Gaumenspalte einen Abdruck des Gaumens erhalten sollte. Die Durchführung des Abdruckes erfolgte nach Anlage eines venösen Zugangs am Fuß und Präoxygenierung in anästhesiologischem Stand-by (1 Facharzt für Anästhesiologie, 1 Fachpflegekraft und eine weitere Pflegekraft aus der Anästhesie, Monitoring: EKG, Blutdruck, Pulsoxymetrie). Vorbereitet wurden neben dem üblichen Equipment zur Intubation zuvor eine Fiberoptik, sowie ein Koniotomie-Set. Weiterhin wurden die

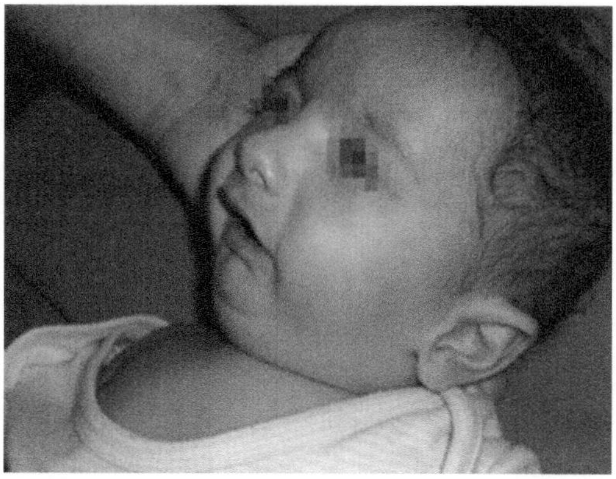

Abb. 18.4 Drei Monate altes Mädchen mit Pierre-Robin-Syndrom

im OP anwesenden Mund-Kiefer-Gesichtschirurgen informiert, um ggf. eine Notkonio- oder Tracheotomie durchführen zu können. Der Abdruck konnte komplikationslos durchgeführt werden.

Komplikationen

Eine Aussage über die Häufigkeit von Komplikationen bei Patienten mit Behinderungen lässt sich nur schwer treffen. Einerseits ist die Häufigkeit von Komplikationen, insbesondere von der vorliegenden Behinderung und eventuellen Begleiterkrankungen abhängig, andererseits auch von der Erfahrung des Anästhesisten und einer entsprechenden auf den Patienten zugeschnittenen individuellen Vorbereitung.

Die meisten Untersuchungen über die Versorgung von Patienten mit Behinderungen existieren im Bereich der Zahnmedizin. Eine retrospektive Untersuchungen an 564 Patienten, die sich einer Zahnbehandlung unterziehen mussten, zeigte, dass in 42% (n=234) der Patienten eine Allgemeinanästhesie notwendig war [81]. Hierbei kam es bei zwei Patienten zu einem Bronchospasmus, bei einem Patienten zu einer respiratorischen Insuffizienz und in einem weiteren Fall zu Herzrhythmusstörungen.

In einer weiteren Studie an Kindern mit Trisomie 21, die sich nicht-kardiochirurgischen Eingriffen unterziehen mussten, wurde die Häufigkeit von Komplikationen der Allgemeinanästhesie mit der Häufigkeit von Komplikation bei Kindern ohne Trisomie 21 verglichen [80]. Hierbei konnte festgestellt werden, dass es bei Kindern mit Trisomie 21 eine signifikant höhere Inzidenz von Bradykardien und Atemwegsproblemen gab, während bei allen anderen Komplikationen kein Unterschied zwischen beiden Gruppen festgestellt werden konnte.

18.4 Zusammenfassung

Aus den genannten Gründen ist bei einer Vielzahl von Behinderungen eine intensivere und länger andauernde postoperative Nachsorge auch nach vergleichsweise überschaubaren Eingriffen indiziert. Dies schränkt die ambulante Durchführung bei diesen Patienten erheblich ein. Vielmehr sollte die ambulante Versorgung von Patienten mit Behinderungen immer einer individuellen, kritischen Prüfung unterzogen werden. Die Art und Ausprägung der Behinderung und die möglicherweise damit assoziierten perioperativen Probleme spielen eine maßgebliche Rolle bei der Entscheidung, ob ein Eingriff ambulant durchgeführt werden sollte. Es empfiehlt sich, ambulante Eingriffe an Patienten mit Behinderungen von perioperativer Relevanz in Tageskliniken durchzuführen, die über einen direkten Anschluss an ein Krankenhaus verfügen, um im Falle von Komplikationen eine entsprechende personelle und apparative Infrastruktur gewährleisten zu können.

Literatur

Literatur zu Kap. 18.1

[1] Anderson BJ, Ralph CJ, Stewart AW, Barber C, Holford N (2000) The dose-effect relationship for morphine and vomiting after day-stay tonsillectomy in children. Anaesth Intensive Care 28:155
[2] Wong I, St John-Green C, Walker SM (2013) Opioid-sparing effects of perioperative paracetamol and non-steroidal anti-inflammatory drugs (NSAIDs) in children. Paediatr Anaesth 23:475–495
[3] Aurory Y, Ecoffey C, Messiah A, Rouvier B (1997) Relationship between complications of paediatric anesthesia and volume of pediatric anesthetics. Anesth Analg 84:234–235
[4] Bacon AK (1977) An alternative block for post circumcision analgesia. Anaesth Intensive Care 5:63
[5] Berde C (2004) Local anaesthetics in infants and children: an update. Paediatr Anaesth 14:387
[6] Biro P, Vagts D, Schultz U, Pasch T (2005) Anästhesie bei seltenen Erkrankungen, 3. Aufl. Springer, Berlin Heidelberg New York Tokio

[7] Borucki D, Hünseler C, Müller C, Theisohn M, Hering F, Roth B (2004) Piritramid in der Analgesie von Neugeborenen, Säuglingen und Kleinkindern. Der Schmerz (Suppl 1) 18:108
[8] Lewis SR, Nicholson A, Cardwell ME, Siviter G, Smith AF (2013) Nonsteroidal anti-inflammatory drugs and perioperative bleeding in paediatric tonsillectomy. Cochrane Database Syst Rev 18;7:CD003591
[9] Strom S (2012) Preoperative evaluation, premedication, and induction of anesthesia in infants and children. Curr Opin Anaesthesiol 25:321–325
[10] Baird R, Guilbault MP, Tessier R, Ansermino JM (2013) A systematic review and meta-analysis of caudal blockade versus alternative analgesic strategies for pediatric inguinal hernia repair. J Pediatr Surg 48:1077–85
[11] Choi WY, Irwin MG, Hui TW et al. (2003) EMLA cream versus dorsal penile nerve block for postcircumcision analgesia in children. Anesth Analg 96(2):396
[12] Dalens B, Vanneuville G, Dechelotte P (1998) Penile block via the subpubic space in 100 children. Anesth Analg 69:41
[13] Eberl W, Wendt I, Schroeder HG (2005) Prä-operatives Screening auf Gerinnungsstörungen vor Adenotomie und Tonsllektomie. Klin Pädiatr 217:20
[14] Handlungsempfehlungen des Wissenschaftlichen Arbeitskreises Kinderanästhesie der Deutschen Gesellschaft für Anästhesiologie und Intensivmedizin. http://www.ak-kinderanaesthesie.de. Abgerufen 01.11.11
[15] MacLaren Chorney J, Twycross A, Mifflin K, Archibald K (2014) Can we improve parents' management of their children's postoperative pain at home? Pain Res Manag 19:e115–23
[16] Jöhr M, Sossai R (1999) Colonic puncture during ilioinguinal nerve block in a child. Anesth Analg 88: 051
[17] Lehmann V, Giest J, Wermelt J, Bode C, Becke K, Ellerkmann RK (2015) [Pediatric emergence agitation]. Anaesthesist 64(5):373–80
[18] Jöhr M (2013) Kinderanästhesie, 8. Aufl. Urban & Fischer, München Jena
[19] Kaka JS, Tekle A (1992) Bioavailability of ibuprofen from oral and suppository preparations in rats. Res Commun Chem Pathol Pharmacol 76:171
[20] Kankkunen P, Vehviläinen-Julkunen K, Pietilä AM, Kokki H, Halonen P (2003) Parents' perceptions and use of analgesics at home after childen's day surgery. Paediatr Anaesth 13:132
[21] Kain Z (2003) Myths in pediatric anesthesia. Annual Meeting ASA, Refresher Course Lectures; p 284
[22] Messerer B, Grögl G, Stromer W, Jaksch W (2014) [Pediatric perioperative systemic perioperative pain management]. Schmerz 28(1):43–64
[23] Keaney A, Diviney D, Harte S (2004) Postoperative behavioural changes following anesthesia with sevoflurane. Paediatr Anaesth 14:866
[24] Manyande A, Cyna AM, Yip P, Chooi C, Middleton P (2015) Non-pharmacological interventions for assisting the induction of anaesthesia in children. Cochrane Database Syst Rev 7:CD006447
[25] Koinig H (2002) Preparing parents for their child's surgery: preoperative parenteral information and education. Paediatr Anaesth 12:107
[26] Kokki H (2003) Nonsteroidal anti-inflammatory drugs for postoperative pain: a focus on children. Paediatric Drugs 5:103
[27] Kotiniemi LH, Ryhänen PT, Moilanen IK (1997) Behavioural changes in children following day-case surgery: a 4-week follow-up 551 children. Anaesthesia 52:970
[28] Kretz FJ (2002) The future of paediatric anaesthesia is total intravenous anaesthesia. Curr Opin Anaesth 15:305
[29] Kretz FJ, Reimann B, Stelzner J, Heumann H (2000) Die Larynxmaske bei Adenotonsillektomie bei Kindern. Anaesthesist 49:706
[30] Labouvie H, Kusch M, Bode U (2009) Psychologische Interventionen bei akuten Schmerzen im Kindesalter. In: Zernikow B (Hrsg) Schmerztherapie bei Kindern, Jugendlichen und jungen Erwachsenen, 4. Aufl. Springer, Berlin Heidelberg New York Tokio; S 152ff.
[31] Lehmann K, Reinhold P (2004) Metamizol- moderne Schmerztherapie mit bewährter Substanz. MedReport 50:12
[32] Jöhr M (2015) Regional anaesthesia in neonates, infants and children: an educational review. Eur J Anaesthesiol 32:289–297
[33] Lönnqvist PA, Walid H (2005) Midazolam as premedication: Is the emperor naked or just half-dressed? Paediatr Anaesth 15:263
[34] Machotta A, Risse A, Bercker S, Streich R (2003) Comparison between instillation of bupivacaine versus caudal analgesia for posttraumatic analgesia following inguinal herniotomy in children. Paediatr Anaesth 13:397
[35] Maunuksela EL, Olkkola KT (2003) Nonsteroidal anti-inflammatory drugs in pediatric pain management. In: Schechter NL, Berde CB, Yaster M (Hrsg) Pain in infants, children and adolescents. Lippincott Williams & Wilkins, Philadelphia; p 171
[36] Morton NS, O'Brien K (1999) Analgesic efficacy of paracetamol and diclofenac in children receiving PCA morphine. Br J Anaesth 82:715
[37] Murat I, Constant I, Maud'huy H (2004) Perioperative anaesthetic morbidity in a children: a database of 24.165 anaesthetics over a 30-month period. Paediatr Anaesth 14:158
[38] Murat I, Baujard C, Foussat C, Guyot E, Petel H, Rod B, Ricard C (2005) Tolerance and analgesic efficacy of a new i.v. paracetamol solution in children after inguinal hernia repair. Paediatr Anaesth 15:663
[39] Olsson GL, Hallen B (1984) Laryngospasm during anaesthesia, a computer aided incidence study in 136.929 patients. Acta Anaesthesiol Scand 28:567
[40] Sethi AK, Chatterji C, Bhargava SK, Narang P (1999) Safe pre-operative fasting times after milk or clear fluid in children. Anaesthesia 54:51

[41] Finke W, Dübbel G, Sittl R (2009) Postoperative Schmerztherapie bei Kindern und Jugendlichen. In: Zernikow B (Hrsg) Schmerztherapie bei Kindern, Jugendlichen und jungen Erwachsenen, 4. Aufl. Springer, Berlin Heidelberg New York Tokio; S 244–255
[42] Soh CR, Ng SBA, Lim SL (2003) Dorsal penile nerve block. Paediatr Anaesth 13:329
[43] Strauss JM, Giest J (2003) Totale intravenöse Anästhesie: Auf dem Weg zum Standardverfahren bei Kindern. Anaesthesist 52:761
[44] Strauss JM, Kretz FJ et al. (2004/2005) Handlungsempfehlungen: Tagungen des Arbeitskreises Kinderanästhesie der DGAI: Speyer, Dresden. http://www.dgai.de. Abgerufen 01.11.11
[45] Becke K (2012) Anesthesia in children with a cold. Curr Opin Anaesthesiol 25:333–9
[46] Vakkuri A, Yli-Hankala A, Sarkela M, Lindgren L, Mennander S, Korttilla K et al. (2001) Sevoflurane mask induction of anaesthesia is associated with epileptiform EEG in children. Acta Anaesthesiol Scand 45:805
[47] Van Der Marel CD, Anderson BJ, Romsing J, Jacqz-Aigrain E, Tibboel D (2004) Diclofenac and metabolite pharmacokinetics in children. Paediatr Anaesth 14:443
[48] Viitanen H, Annila P (2001) Analgesic efficacy of tramadol 2 mg kg for paediatric day-case adenoidectomy. Br J Anaesth 86:572
[49] Viitanen H, Tuominen N, Vaaraniemi H, Nikanne E, Annila P(2003) Analgesic efficacy of rectal acetaminophen and ibuprofen alone or in combination for paediatric day-case adenoidectomy. Br J Anaesth 91:363
[50] Wallbergh EJ, Wellis RJ, Eckert J (1991) Plasma concentrations of midazolam in children following intranasal administration. Anesthesiology 74:233
[51] Wolf AR (1999) Tears at bedtime: a pitfall of extending paediatric day-case surgery without extending analgesia. Br J Anaesth 82:319
[52] Empfehlungen der DGAI und des BDA. Mindestanforderungen an den anästhesiologischen Arbeitsplatz (2013) Anästh Intensivmed 54:39–42
[53] Fieler M, Eich C, Becke K, Badelt G, Leimkühler K, Messroghli L, Boethig D,Sümpelmann R (2015) Metamizole for postoperative pain therapy in 1177 children: A prospective, multicentre, observational, postauthorisation safety study. Eur J Anaesthesiol 32:839–843
[54] Erisccon E, Brattwall M, Lundeberg S (2015) Swedish guidelines for the treatment of pain in tonsil surgery in pediatric patients up to 18 years. Int J Ped Otorhinolaryngo 79:443–450
[55] Schultz-Machata AM, Becke K, Weiss M (2014) Nalbuphin in der Kinderanästhesie. Anaesthesist 63:135–43
[56] Ivani G, Suresh S, Ecoffey C, Bosenberg A, Lonnqvist PA, Krane E, Veyckemans F, Polaner DM, Van de Velde M, Neal JM (2015) The European Society of Regional Anaesthesia and Pain Therapy and the American Society of Regional Anesthesia and Pain Medicine Joint Committee Practice Advisory on Controversial Topics in Pediatric Regional Anesthesia. Reg Anesth Pain Med 40:526–532

Literatur zu Kap. 18.2

[57] Aurini L, Wgite PF (2014) Anesthesia for the elderly outpatient. Curr Opin Anesthesiol 27: 563–575
[58] Barnett SR (2009) Polypharmacy and perioperative medications in the elderly. Anesthesiol Clin 27:377–389
[59] Bryson GL, Chung F, Finegan BA et al. (2004) Patient selection in ambulatory anesthesia – an evidence-based review: part I. Can J Anaesth 51: 768–781
[60] Chung F, Mezei G, Tong D (1999) Adverse events in ambulatory surgery. A comparison between elderly and younger patients. Can J Anaesth 46: 309–321
[61] Canet J, Raeder J, Rasmussen LS et al. (2003) Cognitive dysfunction after minor surgery in the elderly. Acta Anaesthesiol Scand 47: 1204–1210
[62] Deutsche Gesellschaft für Anästhesiologie und Intensivmedizin, Deutsche Gesellschaft für Innere Medizin, Deutsche Gesellschaft für Chirurgie (2010) Präoperative Evaluation erwachsener Patienten vor nicht kardiochirurgischen elektiven Eingriffen. Anästh Intensivmed 51: S787–797
[63] Frank SM, Beattie C, Christopherson R et al. (1993) Unintentional hypothermia is associated with postoperative myocardial ischemia. The perioperative ischemia randomized anesthesia trial study group. Anesthesiology 78: 468–76
[64] Fleisher LA, Pasternak LR, Herbert R et al. (2004) Inpatient hospital admission and death after outpatient surgery in elderly patients: importance of patient and system characteristics and location of care. Arch Surg 139: 67–72
[65] Fleischmann KE, Beckmann JA, Buller CE et al. (2009) ACCF/AHA focused update on perioperative beta blockade. J Am Coll Cardiol 54:2102–08
[66] Fortier J, Chung F, Su J (1998) Unanticipated admission after ambulatory surgery – a prospective study. Can J Anaesth 45: 612–619
[67] Gottschalk A, Gottschalk A (2010) Kontinuierliche Wundinfusion von Lokalanästhetika-Stellenwert in der postoperativen Schmerztherapie. Anästhesist 59:1076–1082
[68] Gottschalk A, Schulte am Esch J (2005) Grenzen der Anästhesie – Risiko- und ältere Patienten in der täglichen Praxis. Internist 46 (4): 457–465
[69] Hesse S, Seebauer A, Schwender D (1999) Ambulante Anästhesie: Welche Voruntersuchungen sind notwendig? Anaesthesist 48: 108–115
[70] Ifeld BM, Enneking FK (2005) Continuous peripheral nerve blocks at home: a review. Anesth Analg 100: 1822–1833
[71] Jambor C, Spannagel M, Zwissler B (2009) Perioperatives Management von Patienten mit Koronarstents bei nichtkardiochirurgischen Operationen. Anaesthesist 58:971–85
[72] Lienhart A, Auroy Y, Pequignot F, et al. (2006) Survey of anesthesia-related mortality in France. Anesthesiology. 105:1087–97

[73] Mangano DT, Layug EL, Wallace A et al. (1996) Effect of atenolol on mortality and cardiovascular morbidity after noncardiac surgery. Multicenter study of perioperative ischemia research group. N Engl J Med 335: 1713–1720

[74] Mahajan VA, Chonghaile U, Bokhari SA, Harte BH, Flynn NN, Laffey JG (2007) Recovery of older patients undergoing ambulatory anaesthesia with isoflurane and sevoflurane. Eur J Anesth 4: 1–6 published online

[75] Moller JT, Cluitmans P, Rasmussen LS et al (1998) Long-term postoperative cognitive dysfunction in the elderly ISPOCD1 study. ISPOCD investigators. International study of post-operative cognitive dysfunction. Lancet 351: 857–861

[76] Rasmussen LS, Johnson T, Kuipers HM et al. (2003) Does anaesthesia cause postoperative cognitive dysfunction? A randomised study of regional versus general anaesthesia in 438 elderly patients. Acta Anaesthesiol Scand 47:260–266

[77] Roizen M (1995) Preoperative evaluation. Miller R (ed) Anesthesia 4th ed, pp: 872–882

[78] Rosenthal RA, Kavic SM (2004) Assessment and management of the geriatric patient. Crit Care Med 32: S 92–105

[79] Schafer MK, Wittenmeier E (2003) Ambulante und tageschirurgische Eingriffe Anaesthesist 52: 1046–1054

Literatur zu Kap. 18.3

[80] Borland LM, Colligan J, Brandom BW (2004) Frequency of anesthesia-related complications in children with Down syndrome under general anesthesia for noncardiac procedures. Paediatr Anaesth 14: 733–738

[81] Limeres Posse J, Vazquez Garcia E, Medina Henriquez J et al. (2003) Pre-assessment of severely handicapped patients suitable of dental treatment under general anesthesia. Med Oral 8: 353–360

[82] Nargozian C (2004) The airway in patients with craniofacial abnormalities. Paediatr Anaesth 14:53–59

[83] Sanders A (2002) Behinderungsbegriffe und ihre Integrationsrelevanz In: Eberwein H, Knauer S (Hrsg) Integrationspädagogik. Kinder mit und ohne Beeinträchtigung lernen gemeinsam. 6 Aufl. Beltz, Weinheim und Basel, S 99–108

[84] VadiveluN, HarknessP, RichmanS, ShelleyKH (2004) Special anesthetic concerns in mentally handicapped institutionalized patients undergoing gynecological procedures in an outpatient setting. Conn Med 68:359–362

Zukunftsvisionen des ambulanten Operierens am Beispiel der Kardiologie

V. Leonhardt, U. Augustin, M. Maryschok, B. Zippel-Schultz, O. Schöffski, T.M. Helms

T. Standl, C. Lussi (Hrsg.), *Ambulantes Operieren in Klinik, Praxis und MVZ*,
Erfolgskonzepte Praxis- & Krankenhaus-Management
DOI 10.1007/978-3-662-49787-6_19

19.1 Einleitung

In den Jahren zwischen 2000 und 2011 ist die Anzahl an ambulanten Operationen in Deutschland deutlich gestiegen [1]. Seit dem Jahr 2011 zeichnet sich jedoch ein leichter Rückwärtstrend ab. Sowohl im europäischen [2] als auch im internationalen Vergleich [3] liegt Deutschland damit weit hinter den Zahlen anderer Länder zurück.

Die Entscheidung für oder gegen eine ambulante Operation hängt vor allem von der Erkrankung selbst, der Komplexität des Eingriffes, der Konstitution sowie Compliance des Patienten, aber auch sozialen Faktoren, wie der Nachbeobachtungsmöglichkeit im häuslichen Umfeld ab. Sollten diese Faktoren nicht gegen eine ambulante Operation sprechen, indizieren Vorteile, wie eine geringere Exposition des Patienten gegenüber Krankenhauskeimen aber auch geringere Kosten für das Gesundheitssystem, die ambulante Durchführung. Zudem belegen Erhebungen die hohe Qualität ambulanter Operationen. Diese äußert sich vor allem in einer hohen Zufriedenheit der Patienten sowie in geringen Komplikationsraten im postoperativen Verlauf [4]. Die sich immer weiter entwickelnden Operationstechniken und Anästhesiemethoden unterstützen zudem die Möglichkeiten, Operationen stärker im ambulanten Setting durchführen zu können.

Ein Bereich, in dem sich die ambulanten Operationsmöglichkeiten in den vergangenen Jahren erheblich entwickelt haben, ist die Kardiologie. In der Behandlung von Patienten mit chronischer Herzinsuffizienz und/oder Herzrhythmusstörungen stellen Herzschrittmacher, implantierbare Kardioverter-Defibrillatoren (ICD) und Systeme zur kardialen Resynchronisationstherapie (CRT) wichtige Therapieoptionen dar. Die Implantation kann heutzutage in vielen Fällen gut geplant und ambulant durchgeführt werden. Mittels einer kurzen Darstellung des Status quo und der bestehenden Herausforderungen werden im Folgenden am Beispiel der Kardiologie zwei gegensätzliche Zukunftsvisionen zum ambulanten Operieren in Deutschland dargestellt.

19.2 Herzschrittmacher und Defibrillatortherapie im ambulanten Bereich

In den vergangenen Jahren ist die Zahl der Implantationen von Herzschrittmacher-, ICD- und CRT-Systemen, sowie Loop-Rekordern u. a. aufgrund der evidenzbasierten Ausweitung der Indikationen stark gestiegen. Zunehmend konnten die Geräte auch bei älteren und multimorbiden Patienten eingesetzt werden. Mit Blick auf den demographischen Wandel und die altersassoziierte Zunahme kardialer Erkrankungen ist daher auch künftig von einem weiteren Anstieg der Patienten mit kardialen Implantaten auszugehen.

Der technologische Fortschritt hat es dabei ermöglicht, dass die Versorgung von Patienten mit kardialen Implantaten heutzutage vollständig ambulant durchgeführt werden kann – von der Diagnostik über die Implantation bis hin zur Nachsorge.

Der Nachsorgeaufwand ist jedoch recht hoch, denn gesundheitliche oder systembedingte Komplikationen lassen sich niemals vollständig ausschließen. Zudem besteht bei Implantatpatienten das Erfordernis, Betreuung und Nachsorge intra- und intersektoral abgestimmt durchzuführen. Die bisher oftmals nur unzureichende Versorgungskontinuität kann hierbei mittels moderner telemedizinfähiger Geräte sichergestellt werden. Sie ermöglichen eine tägliche Erhebung von gesundheitlichen und gerätespezifischen Parametern und damit eine frühzeitige Identifikation von Komplikationen. Durch den Austausch der erhobenen Informationen zwischen den Leistungserbringern wird somit die intersektorale Zusammenarbeit gestärkt.

Aus Sicht des Patienten geht ein ambulant durchgeführter Eingriff zudem mit vielfältigen Vorteilen einher. Zu nennen sind hier unter anderem die freie Arztwahl im Sinne der Auswahl eines dem Patienten vertrauten Arztes, die zeitnahe Rückkehr ins vertraute häusliche Umfeld, aber auch die Reduktion des Infektionsrisikos. Insbesondere die Behandlung aus einer Hand – von der Diagnostik über die therapeutische und rehabilitative Behandlung bis hin zu Nachsorge und Pflege – gibt den Patienten ein stärkeres Sicherheits- und damit auch Vertrauensgefühl.

19.3 Qualitätssicherung schafft Sicherheit und Transparenz

Der Qualitätssicherung bei ambulanten Eingriffen kommt eine hohe Bedeutung zu. Nicht nur die Krankenhäuser, sondern auch die niedergelassenen Vertragsärzte müssen bestimmte Qualitätssicherungsauflagen einhalten und nachweisen, um Operationen ambulant durchführen zu dürfen. Die Einführung und Zertifizierung eines Qualitätsmanagementsystems in der Praxis bietet hierbei ein wichtiges Werkzeug für höchstmögliche Transparenz und Patientensicherheit.

Gleichzeitig soll die Qualitätssicherung langfristig zu Verbesserungen im Bereich der Effizienz und der Effektivität führen.

Im Bereich der Implantation von Herzschrittmachern und Defibrillatoren wurde von der Deutschen Stiftung für chronisch Kranke die Qualitätssicherungsmaßnahme DOQUVIDE etabliert. In der Maßnahme werden die Versorgungsqualität und der Nutzen telemedizinischer Verfahren in der Kardiologie ermittelt und quantifiziert. Dazu werden die an der Maßnahme teilnehmenden Praxen evaluiert sowie deren Dokumentationsqualität bewertet.

An der Qualitätssicherungsmaßnahme „DOQUVIDE" sind gegenwärtig 86 Praxen (Stand Q1/2016) beteiligt, die über das gesamte Bundesgebiet verteilt sind.

19.4 Medizintechnische Innovationen – die Telekardiologie

Im Bereich der Kardiologie hat der medizintechnische Fortschritt Innovationen hervorgebracht, die eine kontinuierliche Überwachung des Patienten ermöglichen. Mittels telemedizinfähiger Implantate können gesundheitliche und gerätespezifische Parameter kontinuierlich, sogar tagesaktuell, patientenfern erfasst und analysiert werden (Telemonitoring). Dies ermöglicht es, gesundheitliche Probleme, wie Dekompensationen oder Arrhythmien, aber auch technische Probleme, wie eine abnehmende Batteriefunktion oder Elektrodenfehlfunktionen, frühzeitig zu identifizieren und schnell zu handeln [5]. Durch die zeitnahen Reaktionen kann schwerwiegenden Ereignissen vorgebeugt und somit die Prognose des Patienten verbessert werden. Zudem können Krankenhausaufenthalte verkürzt oder gar verhindert werden.

Das sog. Telemonitoring erweist sich als eine wichtige Ergänzung zur herkömmlichen Präsenznachsorge. Die Patienten sind auch zwischen den Arztbesuchen sicher versorgt. Telemonitoring ist zudem in der Lage, die Zahl der routinemäßigen Arztbesuche ohne Sicherheitseinschränkung für den Patienten zu reduzieren. Eine telemonitorische Betreuung bietet darüber hinaus die Möglichkeit, die Nachsorge durch die implantierenden Zentren, den niedergelassenen Kardiologen und den Hausarzt effektiv und effizient zu vernetzen. Besonders multimorbide und schwer kranke Patienten, die eine komplexe und engmaschige Behandlung erfordern, können von diesem Konzept profitieren. Telekardiologie und das ambulante Operieren können sich gegenseitig sehr gut ergänzen. Durch das Zusammenspiel ist es möglich, viele kardiologische Krankheitsbilder nahezu vollständig ambulant zu versorgen, von der initialen Diagnose bis hin zur kontinuierlichen Nachsorge.

19.5 Ambulantes Implantieren im Spannungsfeld zwischen patientenorientierter Versorgung und unzureichender Vergütung

Das ambulante Implantieren von Herzschrittmacher-, ICD- und CRT-Systemen sowie Loop-Rekordern bewegt sich in einem Spannungsfeld: Auf der einen Seite steht der Grundsatz „ambulant vor stationär" und das Streben, dem Patienten einen Krankenhausaufenthalt nach Möglichkeit zu ersparen. Auf der anderen Seite führen die bestehenden unzureichenden Abrechnungsmöglichkeiten dazu, dass die ambulante Durchführung von Eingriffen für den Leistungserbringer aus wirtschaftlicher Perspektive nicht als adäquat angesehen wird.

Grundlage der Abrechnung ambulanter Operationen bildet der sog. AOP-Vertrag, welcher zwischen dem GKV-Spitzenverband, der Deutschen Krankenhausgesellschaft (DKG) und der Kasseärztlichen Bundesvereinigung (KBV) vereinbart wird. Der Vertrag enthält als Anlage den sogenannten AOP-Katalog, der sämtliche ambulant durchführbaren Operationen und sonstige stationsersetzende Eingriffe gemäß § 115b SGB V festlegt. Dieser Katalog wird jährlich überarbeitet. Die Abrechnungsgrundlage bildet dabei der EBM, der über Beschlüsse des Bewertungsausschusses (besetzt mit Vertretern von KBV und GKV-Spitzenverband) weiterentwickelt wird. Grundsätzlich können ambulante Operationen beim Vertragsarzt in der Praxis, durch Belegärzte am Krankenhaus oder direkt am Krankenhaus stationsersetzend durchgeführt werden.

Aus Sicht der Vertragsärzte stellt sich jedoch vielfach die Frage, ob ambulante Operationen auf Basis des EBM überhaupt kostendeckend erbringbar sind – insbesondere dann, wenn hierfür zusätzlich entsprechende Räumlichkeiten etabliert oder angemietet werden müssen oder zusätzliches Personal bereitgestellt werden muss.

Ferner zeigt sich, dass die im AOP-Katalog abgebildeten Leistungen medizintechnische Innovationen oftmals nicht berücksichtigen und es häufig Unklarheiten in der Erstattungsfähigkeit bzw. Streitigkeiten zwischen Leistungserbringer und Kostenträger gibt. Derartige Unsicherheiten wirken für die Realisierung ambulanter Eingriffe eher hemmend als fördernd.

Fallbeispiel: Ereignis-Rekorder sind kleine Implantate, die kontinuierlich den Herzrhythmus erfassen und so seltene, bislang nicht erkannte Arrhythmien aufdecken können. Eine stationäre Kostenerstattung ist seit Jahren existent, der klinische Nutzen dieser Leistung belegt [6]. Der Implantationsaufwand und die Invasivität sind bei Ereignis-Rekordern vielfach geringer als beim Austausch eines Herzschrittmachers, der als ambulanter Eingriff abrechenbar ist. Auch sind bei einem implantierbaren Ereignis-Rekorder keine Elektroden (Sonden) im Herzen zu platzieren. Eine Abrechenbarkeit als ambulante Leistung ist jedoch bisher nicht im AOP-Katalog verzeichnet.

> **Generell kann festgehalten werden, dass die Fortentwicklung des AOP-Katalogs gegenüber dem medizinisch-technischen Fortschritt nicht ausreichend Schritt hält.**

Im Bereich der Telekardiologie zeigt sich ein wesentliches Hemmnis in der fehlenden Klärung der Finanzierung der notwendigen Technologien und Dienstleistungen. Insbesondere der ambulante Sektor ist wegen des Grundsatzes des Erlaubnisvorbehalts darauf angewiesen, dass die telemonitorische Nachsorge Bestandteil des GKV Leistungskatalogs wird und über eine eigene Kennziffer abrechnungsfähig wird. Seit 2008 ist eine Vergütung der telemedizinischen Kontrolle kardialer Implantate (Herzschrittmacher, ICD, CRT) möglich (EBM Ziffer 13552), Für die Kostenerstattung der immanent notwendigen technischen Voraussetzungen (Transmitter, Übertragungen, Datenverarbeitung, etc.) besteht bis heute keine Finanzierungsregelung. Darüber hinaus soll ab II. Quartal 2016 die Vergütung telemedizinischer Herzschrittmacher-Kontrollen entfallen.

Der dargestellte Status quo zeigt, dass die Voraussetzungen für die Weiterentwicklung des ambulanten Operierens im Bereich der Kardiologie noch Verbesserungspotenzial haben.

19.6 Zukunftsvision zum ambulanten Operieren in der Kardiologie im Jahr 2025

Im Folgenden sollen zwei fiktive Szenarien darstellen, in welche Richtung sich das ambulante Implantieren zukünftig entwickeln könnte.

19.6.1 Worst-Case-Szenario: Ambulante Operationen stehen vor dem Aus

In den Jahren bis 2025 haben sich keine grundlegenden Änderungen bezüglich der Vergütung von ambulanten Operationen ergeben. Die besonderen baulichen und organisatorischen Voraussetzungen für die Durchführung ambulanter Operationen sind durch die angebotenen Vergütungsstrukturen nicht abgedeckt. Die Leistungen können in der Folge nicht kostendeckend erbracht werden. Zudem gibt es keine Lösung für die postoperative telekardiologische Überwachung und die Qualitätssicherung ambulanter Operationen. Die unsicheren Rahmenbedingungen führen dazu, dass es auch an qualifiziertem Nachwuchs fehlt.

Die bislang ambulant tätigen Operateure müssen die implantativen Leistungen als Honorarärzte im Krankenhaus erbringen oder überlassen diese Tätigkeit gleich vollends den im Krankenhaus angestellten Ärzten. Dies hat fatale Auswirkungen auf die entstehenden Kosten. Da viele der bislang ambulant realisierten Implantationen bei stationärer Durchführung höhere Kosten verursachen, steigt die finanzielle Belastung für die Kostenträger. Hinzu kommt, dass die Krankenhäuser durch die Zunahme an elektiven Operationen überfüllt sind und Patienten nicht nur lange Wege auf sich nehmen, sondern auch lange auf Termine warten müssen. Die gestiegenen Kosten binden wiederum genau die Mittel, die für innovative Diagnostik- und Therapiemaßnahmen, wie die Telekardiologie, benötigt werden. Telekardiologie kann in diesem Fall die nachgewiesenen positiven Effekte, wie die frühzeitige Identifizierung von Herzrhythmusstörungen, Dekompensationen, Geräte- und Elektrodendefekten u. ä., nicht entfalten, was zu einem weiteren Anstieg stationärer Einweisungen führt.

Die kurzfristigen Einsparungen durch Unter- oder Nichtfinanzierung bestimmter ambulanter Operationen sowie innovativer Maßnahmen (wie beispielsweise der Telekardiologie) führen bis zum Jahr 2025 zu einem deutlichen Rückgang der ambulanten Operationen und damit verbunden zu einer deutlichen Kostensteigerung.

19.6.2 Best-Case-Szenario: Freie Fahrt für ambulante Operationen

Die Reform des EBM im Jahr 2016 hat die Vergütung des ambulanten Operierens grundlegend verändert, sodass im Jahr 2025 eine kostendeckende Leistungserbringung möglich ist. Auch wird der AOP-Katalog laufend und zeitnah an die sich ständig erweiternden Möglichkeiten der ambulanten Durchführung von Eingriffen angepasst. Seitdem wird die Erfolgsgeschichte ambulanter Implantationen nicht nur fortgeschrieben, sondern nimmt deutlich an Fahrt auf und folgt im Jahr 2025 dem früher teils vernachlässigten Grundsatz „ambulant vor stationär".

Die ambulanten Operateure sind motiviert, nach individueller Risikostratifizierung alle möglichen Eingriffe auch ambulant zu realisieren. Das Krankenhaus ist durch die neuen Finanzierungsanreize ebenfalls bemüht, mehr ambulante Operationen durchzuführen. Die bisher teilweise besser bezahlten stationären Kurzzeitfälle fallen weg. Das Kontrollsystem und die Qualitätssicherungsmaßnahmen im ambulanten Sektor sind etabliert, schlagkräftig und engmaschig. Dadurch wird der aus Kostenträgersicht nachvollziehbaren Sorge um eine mögliche Fallzahlsteigerung infolge nicht belastbarer Indikationsstellungen vorgebeugt. Die dezidierte Dokumentationspflicht bei Leistungserbringung sowie deren Abrechnung und die Kontrollorgane der ärztlichen Selbstverwaltung tragen dafür Sorge. Telemedizinische Qualitätssicherungsmaßnahmen wie die beispielhaft erwähnte „DOQUVIDE" bringen zusätzliche Transparenz in das gesamte System.

Für das Gesundheitssystem ergeben sich durch die Verschiebung der implantativen Leistungserbringung hin zu deren ambulanter Realisierung deutliche und nachhaltige Einsparungen. Die freiwerdenden Mittel können u. a. für die Finanzierung medizintechnischer Innovationen, wie bspw. neuartige kardiologische Sensoren, Verwendung finden. Diese sorgen für die kontinuierliche Erfassung relevanter Parameter, die durch Analysemechanismen eine Optimierung aller Abläufe mit Frühreaktion durch Früherkennung erlauben. Die Daten stehen zudem für die Qualitätssicherung zu Verfügung.

Für Patienten ergeben sich durch die ambulante Implantation unter Implementierung der Telekardiologie Vorteile, die sich nicht nur durch den Verbleib im gewohnten sozialen Umfeld, sondern auch in einer hohen Sicherheit bei gesteigerter Lebensqualität äußern.

Die Ambulantisierung implantativer Eingriffe führt zu deutlichen Kosteneinsparungen, die zur Bewältigung der demografischen Herausforderungen dringend benötigt werden.

19.7 Zusammenfassung

Ambulante Operationen sind sowohl für Patienten als auch für das Gesundheitssystem mit erheblichen Vorteilen verbunden. Vor allem die vertrauensvolle und vertraute Behandlung aus einer Hand sowie die Genesung im häuslichen Umfeld sind wesentliche Vorteile für die Patienten. Für das Gesundheitssystem – im Speziellen die Kostenträger – ermöglichen ambulante Operationen einen schonenden Einsatz von finanziellen Ressourcen und kommen dem Erfordernis „ambulant vor stationär" nach.

Die zwei skizzierten Szenarien sind sehr idealtypisch und vermutlich wird keines der Extreme in Realität eintreten. Dennoch besteht eine realistische Gefahr, ambulante Operationen durch unsichere wirtschaftliche Rahmenbedingungen abzuschwächen. Hinter jeder ambulanten Operationseinrichtung, egal in welcher Trägerschaft, steht auch ein Wirtschaftsbetrieb. Diese Unternehmen müssen in die Lage versetzt werden, mindestens ihre Investitions- und Betriebskosten erwirtschaften zu können. Die unternehmerischen Risiken, die durch unsichere wirtschaftliche Rahmenbedingungen und niedrige Erstattungspreise entstehen, führen möglicherweise auch dazu, dass wichtige ambulante Operationsinfrastrukturen wieder verschwinden oder gar nicht erst entstehen.

Die starren Organisationsstrukturen zwischen den Sektoren werden durch die Möglichkeiten des ambulanten Operierens zunehmend aufgebrochen. Jedoch müssen rasch Lösungen für die bestehenden Hemmnisse gefunden werden, um die Potenziale der ambulanten Operationen weiterhin nutzen und sogar ausbauen zu können. Eine zentrale Herausforderung liegt in der Schaffung einer leistungsgerechten, kostendeckenden Vergütung sowohl für die ambulant-stationäre als auch für die ambulante Leistungserbringung. Bereits im Jahr 2012 plädierte der Sachverständigenrat zur Begutachtung der Entwicklung im Gesundheitswesen (SVR) in einem Sondergutachten für eine Reform der Vergütung. Darüber hinaus müssen Strukturen etabliert werden, die die Qualität der Operationen sicherstellen. Durch ein transparentes System wird die Qualität sichergestellt und vergleichbar, was einen möglichen Missbrauch verhindert.

Die Potenziale des ambulanten Operierens wurden international vielfach anerkannt, sodass das ambulante Operieren in Gesundheitssystemen wie in Dänemark und Kanada einen festen Platz hat. Deutschland sollte die Chance ergreifen und die bereits aufgebauten Ressourcen für das ambulante Operieren stärken, um langfristig die Einspar- und Qualitätspotenziale für die Patienten und das Gesundheitssystem nutzbar zu machen. Besonders die Telekardiologie hat in Kombination mit dem ambulanten Operieren ein großes Potenzial, die Versorgungsqualität sowie die Lebensqualität der Patienten erheblich zu steigern und dabei die Kosten zu senken. Wünschenswert wäre daher eine Zukunft, die sich in die Richtung des skizzierten Best-Case-Szenarios entwickelt und nachhaltige wirtschaftliche Rahmenbedingungen für das ambulante Operieren mit sich bringt.

Literatur

[1] GBE Bund (2016): Ambulante Operationen im Krankenhaus bei Versicherten der gesetzlichen Krankenversicherung, Leistungsfälle (Anzahl). Gliederungsmerkmale: Jahre, Deutschland, Geschlecht, Kassenart, versichertengruppe. URL: http://www.gbe-bund.de/oowa921-install/servlet/oowa/aw92/dboowasys921.xwdevkit/xwd_init?gbe.isgbetol/xs_start_neu/&p_aid=3&p_aid=24876929&nummer=295&p_sprache=D&p_indsp=99999999&p_aid=63619536. Letzter Zugriff 09.03.2016

[2] Brökelmann JD, Toftgaard C (2013) Survey on incidence of surgical procedures and percentage of ambulatory surgery in 6 European countries. Ambulatory Surgery 19 (4): 116–120

[3] Toftgaard C, Parmentier G (2006) International Terminology in Ambulatory Surgery and its Worldwide Practice. In: Lemos P, Jarrett PEM, Philip B (eds.) Day surgery – development and practice. International Association for ambulatory Surgery: 35–60

[4] KVB (2010): Qualitätsmaßnahme Ambulante Operationen. Ergebnisse zur Patientenzufriedenheit und zum postoperativen Patientenverlauf bei ambulanten Operationen. http://www.kbv.de/media/sp/beilage_Ambulantes_Operieren.pdf. Letzter Zugriff 09.03.2016

[5] Mueller A, Rybak K, Klingenheben T et al. (2013) Empfehlungen zum Telemonitoring bei Patienten mit implantierten Herzschrittmachern, Defibrillatoren und kardialen Resynchronisationssystemen. Kardiologe 7(3): 181–193

[6] Drak-Hernández Y, Toquero-Ramos J, Pérez-Pereira E, Castro-Urda V, Fernández-Lozano I (2013): Effectiveness and safety of remote monitoring of patients with an implantable loop recorder. Rev Esp Cardiol (Engl Ed.) 2013;66(12):943–8

19

Serviceteil

T. Standl, C. Lussi (Hrsg.), *Ambulantes Operieren in Klinik, Praxis und MVZ,*
Erfolgskonzepte Praxis- & Krankenhaus-Management
DOI 10.1007/978-3-662-49787-6

Stichwortverzeichnis

D

E

F

G

H

I

Q

R

S

T

U

V

W

Z